24시간 고양이 병원

24시간 고양이 병원

오세운 지음

들어가며

> 아픈 고양이가
> 가장 신뢰할 수 있는
> 존재는,
> 지금 옆에 있는
> 당신이다

현재 고양이는 인간의 삶에서 없어서는 안 될 주요 부분을 차지할 뿐만 아니라 이젠 인간의 한 친구로 자리잡았다. 인간은 성가신 설치류를 잡아먹는 고양이에게 친밀함을 느껴 자신들의 울타리 안으로 고양이를 받아들였고, 고양이는 그런 특혜를 받아들이면서 생존하기 위한 투쟁을 하지 않게 된 것이다.

고양이가 보호자의 따뜻한 보살핌 아래 건강하고 행복하게 쭉 살아가면 좋겠지만 세상은 고양이에게, 아니 다른 동물에게도 인간과 마찬가지로 삶과 질병 그리고 죽음을 주었다. 질병을 안고 태어나거나 바이러스 감염으로 질병을 얻거나 노환으로 인해 크고 작은 통증을 안고 살아야 한다.

그래서 나는 오랫동안 임상 과정을 통해 얻은 진료 경험을 토대로 고양이 질환 초기부터 응급 상황까지 꼼꼼하게 담은 책을 집필하고 싶었다. 그 결과가 이 책이다. 고양이의 기초적 이해를 시작으로 대표 질병, 영양학, 바이러스, 계통별 질환, 문제행동, 동물권까지, 고양이를 키우는 보호자가 꼭 알고, 이해해야 할 모든 것을 담았다. 모든 질환에는 병의 정의, 증상, 진단, 치료를 통해 보호자가 쉽게 이해할 수 있도록 설명했다. 다만 워낙 의학용어가 어려워 쉽게 이해할 수 없는 부분이 있을 것이다. 그런 부분은 질환과 증상, 치료 정도만 인지해도 고양이를 키우는 데 있어 많은 도움이 될 것이다. 특히 보호자는 고양이가 자주 발생하는 질병은 무엇이고, 고양이의 유전질환에는 어떤 것이 있으며, 바이러스 감염이 어떤 경로로 통해 옮겨지는지, 어떤 증상들이 있는지에 대해 확실하게 이해했으면 한다.

그리고 한 가지 확실한 것은 아픈 고양이가 절대적으로 신뢰할 수 있는 존재는 고양이와 함께 살고 있는 보호자라는 사실이다. 고양이에겐 당신밖에 없다는 사실을 알면, 유기묘가 생기는 일은 줄어들지 않을까 한다.

더불어 고양이의 문제행동과 그들만의 권리 동물권, 인간이 반려동물에 대해 어떤 마음을 가져야 하는지도 담았으니, 이번 기회를 통해 반려동물에 대한 보호자의 생각을 되돌아보는 시간을 가졌으면 한다.

너무 큰 욕심일지 모르지만 수의사로서 바람은 이것이다. 인간의 이기심으로 인해 동물이 행복해질 권리를 박탈하고 있는 것은 아닌지, 그것이 옳지 않다면 어떤 식으로 순화해야 할지를 많은 사람들이 생각해보는 것. 이 책이 그런 기회가 되었으면 한다.

혹시 독자들이 왜 고양이에만 한정시켰냐고 반문할지 모른다. 그렇다면 고양이만큼 매력적인 동물은 없기 때문이라고 답하고 싶다. 고양이를 키우는 보호자는 이 문장이 어떤 의미를 가지는지 잘 알 것이다.

이 책이 사랑하는 고양이의 특별성뿐만 아니라 질병에 대해 이해도를 높이는 과정이 되었으면 한다.

2020년 3월 26일
오세운

Contents

들어가며
아픈 고양이가 가장 신뢰할 수 있는 존재는, 지금 옆에 있는 당신이다 _ 004

CHAPTER 1

한 뼘 더 이해하기
**고양이의
기초적 이해**

1 고양이 기원 – 진화적 이해 _ 014
  01 고양잇과의 첫 번째 이동 _ 019
  02 고양잇과의 두 번째 이동 _ 023
  03 집고양이의 출현 _ 025

2 고양이의 감각기관 _ 027
  01 시각 _ 027
    ✚ 빛에 따라 달라지는 고양이 동공 _ 027 | ✚ 고양이가 색맹? _ 028
  02 청각 _ 029
  03 후각 _ 030

3 중간포식자로서의 고양이 _ 032
  01 고양이는 단독 사냥꾼 _ 032
  02 사냥을 하면서 사냥을 당하다 _ 033
  03 사냥감은 자신 체중의 1% 크기 _ 035
  04 고양이의 사냥 전략 _ 036
  05 고양이의 먹이 선호도 _ 038
  06 고양이를 통해 얻는 즐거움 _ 039

CHAPTER 2

두 뼘 더 이해하기
**고양이의
대표적 질병**

1 애묘인이 주의 깊게 관찰해야 하는 대표 질병 _ 042
  01 위장과 관련된 증상들 _ 042
    ✚ 복통 _ 042 | ✚ 식욕부진 _ 044 | ✚ 구토 _ 046 | ✚ 설사 _ 050
  02 호흡기와 관련된 증상들 _ 056
    ✚ 비루(콧물) _ 056 | ✚ 재채기 _ 058 | ✚ 역재채기 _ 058 | ✚ 호흡곤란 _ 058
    | ✚ 기침 _ 060
  03 간질환과 관련된 증상들 _ 061
    ✚ 황달 _ 061 | ✚ 복수, 문맥압 항진 _ 061 | ✚ 빈혈 _ 063
  04 위장과 관련된 증상들 _ 063
    ✚ 다뇨증과 다음증 _ 063 | ✚ 소변 색 변화 _ 064

CHAPTER 3

세 뼘 더 이해하기
고양이 영양학

1 고양이의 독특한 영양학 _ 068
　01 고양이의 음식 기호성 _ 069
　02 고양이와 개의 신체적 차이 _ 070
　03 고양이의 하루에너지요구량 _ 073
　04 고양이의 식사 _ 076
　　✦ 새끼고양이의 식사 _ 076 ｜ ✦ 임신기간의 식사 _ 078 ｜ ✦ 중년과 노령묘의 식사 _ 078
　05 고양이의 주요 에너지원 단백질 _ 080
　　✦ 필수아미노산 _ 080 ｜ ✦ 아르기닌 _ 081 ｜ ✦ 메티오닌과 시스테인 _ 081 ｜ ✦ 타우린 _ 082
　06 고양이의 필요 에너지원 탄수화물 _ 083
　　✦ 집고양이에게 탄수화물이 필요한 이유 _ 084 ｜ ✦ 탄수화물이 고양이의 비만을 유도한다고? _ 084 ｜ ✦ 과도한 탄수화물 섭취가 당뇨를 유발한다고? _ 086 ｜ ✦ 사료에 첨가된 식이섬유와 유당 _ 087
　07 고양이의 에너지원 비타민 _ 088
　　✦ 비타민A _ 088 ｜ ✦ 비타민D _ 089 ｜ ✦ 니아신(B3) _ 089 ｜ ✦ 피리독신(B6) _ 090 ｜ ✦ 티아민(B1) _ 090 ｜ ✦ 엽산 _ 090
　08 고양이의 수분 섭취 _ 091
　　✦ 고양이 수분 공급에 대한 일반적 권장 사항 _ 092
　09 좋은 식습관을 만들기 위한 팁 _ 093
　10 고양이 영양과 관련한 논란들 _ 094
　　✦ 생식이 몸에 좋다? _ 094 ｜ ✦ 생식의 위험 요소 _ 095

2 사료와 관련된 여러 가지 진실과 오해 _ 099
　01 그레인 프리 사료 _ 099
　02 사료 등급이란? _ 100
　03 기능성 사료 _ 101
　04 라벨 이해하기 _ 103
　05 품종별 사료 _ 106
　06 연령별 사료 _ 107
　07 처방 사료 _ 107
　08 맛있는 사료 _ 108

3 나이에 따른 질병 _ 110
　01 질병과 노화 구분하기 _ 110
　02 노화에 따른 신체 변화 _ 112

╋ 면역계 _ 112 | ╋ 피부 _ 112 | ╋ 특수감각 _ 112 | ╋ 신장 _ 113 | ╋ 근골격계 _ 113 | ╋ 구강 _ 113

03 노령묘에서 흔히 발견되는 증상 _ 113

╋ 체중 감소와 탈수 _ 113 | ╋ 근육감소증 _ 114 | ╋ 건강해 보이는 노령묘의 체중과 근육 감소의 원인 _ 116 | ╋ 건강해 보이는 노령묘를 위한 관리 _ 117

04 노령묘의 면역계 유지 방법 _ 119

╋ 면역 노화 _ 120 | ╋ 면역 노화를 겪는 고양이의 관리 _ 121

05 노령묘의 인지기능 장애 _ 124

╋ 발생빈도 _ 124 | ╋ 왜 인지기능장애증후군이 일어날까? _ 125 | ╋ 어떻게 개선할까? _ 125

네 뼘 더 이해하기
고양이 전염성 질환

1 바이러스 _ 130

01 세균과 바이러스의 수는? _ 130
02 바이러스란? _ 131
03 면역계를 손상시키는 바이러스 _ 133
04 바이러스질환은 왜 겨울에 기승을 부릴까? _ 134

2 고양이에게 감염을 일으키는 대표적 바이러스 _ 136

01 고양이 바이러스성 호흡기질환 _ 137
╋ 고양이허피스바이러스-1(FHV-1) _ 138 | ╋ 고양이칼리시바이러스(FCV) _ 139 | ╋ 인플루엔자바이러스 _ 141 | ╋ 고양이 바이러스성 호흡기질환의 치료 _ 142 | ╋ 고양이 바이러스성 호흡기질환의 감염 예방 _ 143

02 고양이 면역결핍 바이러스질환 _ 143
╋ 고양이면역결핍바이러스 _ 145 | ╋ 고양이백혈병바이러스 _ 150 | ╋ 고양이코로나바이러스 _ 155 | ╋ 고양이파보바이러스(고양이범백혈구감소증) _ 163

다섯 뼘 더 이해하기
고양이 계통별 질환

1 귀질환 _ 170

01 귀질환의 분류 _ 170
02 외이염 _ 170
╋ 세균성 혹은 곰팡이성 외이염 _ 172 | ╋ 특이성 및 식품성 알레르기성 외이염 _ 173 | ╋ 귀 진드기 _ 174 | ╋ 이개혈종 _ 175

2 안과질환 _ 177

01 눈꺼풀 및 부속기관 질환 _ 177
✚ 눈꺼풀 무형성증 _ 178 ｜ ✚ 안검내반증 _ 178 ｜ ✚ 눈꺼풀 주위 종양 _ 179 ｜
✚ 호우중후군 _ 180 ｜ ✚ 유루증 _ 180

02 각막 및 결막질환 _ 181
✚ 결막염 _ 181 ｜ ✚ 각막에서 발생하는 병리적 현상 _ 182 ｜ ✚ 각막부종 _ 183 ｜
✚ 각막 및 결막에 발생하는 바이러스 및 세균감염증 _ 184

03 포도막질환 _ 188
✚ 고양이 특발성 포도막염 _ 189

04 수정체질환 _ 190
✚ 백내장 _ 191 ｜ ✚ 녹내장 _ 192 ｜ ✚ 수정체 탈구증 _ 193 ｜ ✚ 안구육종 _ 193 ｜ ✚ 가정 내에 구비해야 할 안과 용품 _ 194

3 치과질환 _ 196

01 고양이 구강과 치아 이해 _ 196
✚ 고양이 치아의 해부학적 구조 _ 196

02 고양이에게서 자주 발생할 수 있는 치과와 구강질환 _ 201
✚ 에나멜저형성증 _ 201 ｜ ✚ 플라그와 치석 _ 202 ｜ ✚ 치수와 치근단질환 _ 204 ｜ ✚ 치주질환 _ 205 ｜ ✚ 구내염 _ 210 ｜ ✚ 치아 흡수성 병변 _ 214

03 구강종양 _ 217
✚ 호산구성 육아종 _ 217 ｜ ✚ 편평세포암종 _ 217

4 피부와 신경근육 _ 220

01 피부질환 _ 220
✚ 고양이 여드름 _ 220 ｜ ✚ 꼬리샘과증식 _ 222 ｜ ✚ 곰팡이성 피부염 _ 224 ｜
✚ 페르시안 고양이 안면 피부염 _ 225 ｜ ✚ 지루성 피부염 _ 226 ｜ ✚ 옴 진드기 _ 226

02 신경근육질환 _ 226
✚ 소뇌 저형성증 _ 227 ｜ ✚ 팔신경얼기 발인 손상 _ 228 ｜ ✚ 요골신경 마비 _ 229 ｜ ✚ 스코티시폴드 골연골이형성증 _ 229 ｜ ✚ 디스크질환 _ 231

5 생식계 _ 233

01 고양이 중성화 수술 _ 233
✚ 고양이가 중성화 수술을 받아야 하는 이유 _ 234 ｜ ✚ 암컷 고양이의 중성화 수술 _ 235 ｜ ✚ 수컷 고양이의 중성화 수술 _ 236 ｜ ✚ 중성화 수술 시기 _ 237 ｜
✚ 중성화 수술 전 준비 _ 239 ｜ ✚ 중성화 수술 후 회복 기간 _ 239

02 생식기질환 _ 240
✚ 자궁축농증 _ 240 ｜ ✚ 유선종양 _ 242 ｜ ✚ 유선염 _ 246 ｜ ✚ 난소종양 _ 246 ｜ ✚ 잠복고환 및 고환종양 _ 247

6 심장순환계 _ 248

01 심장의 구조와 생리 _ 248
+ 심장의 정상 기능과 심부전 발병 _ 250

02 심장의 이상으로 발생하는 질환 _ 251
+ 심장근육병증 _ 251 | + 비후성 심장근육병증 _ 253 | + 심부전 _ 256 | + 부정맥 _ 260 | + 전신성 고혈압 _ 262 | + 심장사상충 _ 266

7 상부호흡계 _ 270

01 비강질환 _ 270
+ 단두종증훈군 _ 271 | + 고양이 감기(상부호흡기감염증) _ 272 | + 만성부비동염 _ 273

02 후두질환 _ 274
+ 후두 마비 _ 274 | + 후두염 _ 275 | + 후두 종양 _ 275

8 하부호흡계 _ 276

01 천식 및 만성기관지염 _ 276

02 고양이 폐렴 _ 281

03 흉강질환 _ 282

04 흉수 _ 283
+ 흉수 발생의 원인들 _ 283 | + 특발성 유미흉 _ 284 | + 기흉 _ 285 | + 횡경막 헤르니아 _ 286 | + 오목가슴 _ 286

9 소화계 _ 290

01 식도질환 _ 290
+ 식도염과 식도협착 _ 290 | + 식도 이물 _ 292 | + 거대식도증 _ 293 | + 오른쪽 대동맥궁 유잔증(혈관 고리의 이형) _ 294 | + 식도열공 헤르니아 _ 294

02 위장질환 _ 295
+ 급성위염 _ 296 | + 이물 섭취 _ 296 | + 헬리코박터 위염 _ 297 | + 만성위염 _ 298 | + 위의 운동 장애 및 배출 지연 _ 300

03 소장질환 _ 300
+ 염증성 장질환 _ 301 | + 감염성 장염 _ 303 | + 바이러스성 장염 _ 304 | + 세균성 장염 _ 304 | + 기생충 및 원충성 기생충 장염 _ 305 | + 장폐색증 _ 308 | + 장겹침증 _ 310 | + 변비 _ 311 | + 거대결장증 _ 313

04 위장관 림프종 _ 315
+ 저등급 위장관 림프종 _ 315 | + 고등급 위장관 림프종 _ 317

05 항문낭 질환 _ 318

10 간과 췌장_320

01 간질환_320
╋특발성 간지질증_320 ┃ ╋담관간염증후군_324

02 췌장질환_326
╋췌장염_327 ┃ ╋간질환을 가진 고양이의 영양보충제_329

11 내분비계_330

01 당뇨_330
╋당뇨의 병리학적 이해_330 ┃ ╋당뇨 타입_331 ┃ ╋당뇨를 유발하는 원인_331 ┃ ╋혈당 관리_341 ┃ ╋당뇨로 인한 부작용_343 ┃ ╋간단하게 알아보는 인슐린 및 주사 방법_345 ┃ ╋고양이 당뇨 주의사항_347

02 갑상샘_349
╋고양이 갑상샘기능항진증_349 ┃ ╋고양이 갑상샘기능저하증_356 ┃ ╋고칼슘혈증_357

03 부신피질호르몬질환_361
╋부신피질기능항진증_362

12 신장 및 요로계_364

01 신장질환_364
╋신장의 기능_365 ┃ ╋뇨 형성_365 ┃ ╋급성신부전_367 ┃ ╋만성신부전_371

02 신장에서 발생할 수 있는 선천성, 유전성, 발달성 질환_384
╋다낭성 신장질환_384 ┃ ╋신장 아밀로이드증_387 ┃ ╋신장종양_388 ┃ ╋신우신염_388 ┃ ╋사구체신염_389 ┃ ╋요관과 신장 결석_392 ┃ ╋수신증_393

03 하부요로계질환_394
╋특발성 방광염_394 ┃ ╋특발성 방광염에 걸린 고양이를 위한 다중적 환경 수정 프로그램_398 ┃ ╋요로결석_400 ┃ ╋요도 플러그와 요도폐쇄_402 ┃ ╋하부요로계 감염_405

CHAPTER 6
여섯 뼘 더 이해하기
고양이 문제행동

1 고양이 문제행동의 이해_408

01 고양이 문제행동의 원인_408
╋두려움(공포)_410 ┃ ╋공포증_411 ┃ ╋불안증_411

02 고양이의 불안증 관련 장애_412
╋강박장애_413 ┃ ╋과잉그루밍_414 ┃ ╋이식증_415 ┃ ╋분리불안증_418 ┃ ╋과도한 울음_420 ┃ ╋배설행동 문제_420 ┃ ╋오줌 스프레이_420

+ 공격성 _ 422

03 고양이의 문제행동을 치료하는 방법 _ 427
+ 동물의 행동수정요법 _ 427 | + 행동풍부화를 위한 환경 관리 _ 432

04 약물치료에 대한 이해 _ 437
+ 언제 사용할까? _ 437 | + 약물치료를 위해 보호자가 알아둬야 하는 사항 _ 438 | + 흔히 사용하는 행동수정 약물들 _ 439

부록

마지막으로
**한 번 더
이해하기**

1 고양이 예방접종 _ 442

01 예방접종의 목적과 백신 유형 _ 443

02 필수 백신과 권장 백신 _ 444

03 고양이 예방접종 Q & A _ 446
Q1 시중에 나와 있는 모든 백신을 접종해야 할까? _ 446 | Q2 백신 접종을 8주령부터 시작하는 이유는? _ 446 | Q3 실내에서만 키우는데 예방접종이 필요할까? _ 447 | Q4 백신 접종 이후 항체검사는 왜 할까? _ 448 | Q5 백신을 접종한 후 부작용은? _ 448

04 자가 접종과 치료에 대한 윤리적 문제와 부작용 _ 449

2. 고양이의 주요 유전질환 _ 452

01 고양이의 주요 유전질환 _ 453
+ 하부요로계질환 _ 453 | + 당뇨 _ 453 | + 단두종 증후군 _ 453 | + 다낭성 신장질환 _ 454 | + 비후성 심장근육병증 _ 454 | + 다지증 _ 454 | + 아토피 피부염 _ 454

3. 수의사 관점으로 생각해보는 동물권 _ 456

01 동물에게 권리가 있을까? _ 457

02 동물에겐 어떤 권리가 있을까? _ 459

03 동물 사이에서도 차별이 존재할까? _ 460

04 동물복지론과 그 의미 _ 460

05 반려동물을 가족이라 여기고 함께 사는 행위의 의미 _ 462

06 현실적으로 생각해보기 _ 464

CHAPTER 1

한 뼘 더 이해하기

고양이의 기초적 이해

1. 고양이의 기원
– 진화적 이해

고양이는 언제부터 지구상에 출현했을까? 고양이 기원에 관한 이야기는 보통 한두 번씩은 어디선가 들어봤을 것이다. 그 기원의 대부분은 아마도 집고양이가 되는 과정에 관한 이야기일 것이다. 그것도 중요하지만 여기선 집고양이의 기원에서 한 단계 거슬러 올라가 식육목 동물들에 대해 먼저 알아보려 한다.

식육목은 크게 '개아목'과 '고양이아목'으로 구분되는데 개아목에는 갯과와 곰과 등이 있고, 고양이아목에는 하이에나 몽구스 같은 동물과 고양잇과 등이 있다.

고양잇과는 표범아과와 고양이아과로 분류되며 표범아과에는 사자, 표범, 재규어, 호랑이, 눈표범, 구름표범, 보르네오 구름표범 등이 있으며, 이들은 따로 '빅캣'으로 분류되기도 한다. 고양이아과에서는 치타와 퓨마가 '빅캣'에 속한다.

동물 관련 다큐멘터리에서 이들이 하는 행동을 보면 전형적인 고양잇과의 행태를 볼 수 있다.

고양잇과 특성을 가지고 있는 치타

식육목의 조상으로 여겨지는 미아키스

고양이의 원시 조상은 신생대 초기에 살았던 미아키스과Miacidae의 동물로 식육목의 조상으로 여겨진다. 식육목 포유류 중 가장 원시적이고 기본적인 구조를 가지고 있으며, 크기는 족제비 정도로 북아메리카와 유럽에 거주했다. 미아키스과는 점차 식육목으로 분화되었고, 에오세 말기에 멸종된다. 이후 식육목은 점차 고양이 계통과 개 계통으로 분화되었다.

화석을 통해 알려진 고양잇과의 공통 조상은 마이오세 때 유럽과 아시아, 북미에 살았던 슈델루루스pseudaelurus다. 물론 이전에도 검치호랑이 같은 고양이 계통의 동물은 있었지만 현존 고양잇과 동물의 조상으로는 여기지 않았다.

현재 연구로는 1천 1백만 년 전 아시아에 살았던 몇 종의

CHAPTER 1 한 뼘 더 이해하기 **고양이의 기초적 이해**

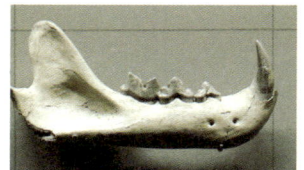

슈델루루스의 화석

슈델루루스가 분화하기 시작하여 고양잇과 동물을 구성하는데 가장 먼저 표범속 혈통의 동물이 출현한다.
이 계통의 일반적인 특징은 대형이고 으르렁거릴 수 있다는 점이다. 이 동물들의 경우 완전하게 골화되지 않은 설골과 큰 후두를 가지고 있어 폐로부터 나온 공기를 진동시키는데 사자의 경우 8~10km까지 소리를 내보낼 수 있다. 몸무게는 15kg에서 350kg까지며 거주하는 지역에서 최종 포식자의 역할을 한다. 사자Panthera leo, 호랑이 Panthera tigris, 표범Panthera pardus, 재규어Panthera onca, 눈표범Panthera uncia, 구름표범clouded leopard, 보르네오 구름표범Neofelis diardi 등이 이에 속해 있다. 구름표범류는 후두의 구조 차이로 인해 으르렁거리는 소리를 내지 못한다.
두 번째 계통은 베이살쾡이Bay cat 혈통인데 일반적으로 잘 알려지지 않은 소형부터 중형2~16kg까지 동남아시아 열대우림에서 살고 있는 고양이로 갈라진다. 아시아황금고양이Pardofelis temminckii, 보르네오황금고양이 Catopuma badia, 마블고양이Pardofelis marmorata 등이 있다.
세 번째 계통은 카라칼Caracal 혈통으로, 이 중형5~25kg의 고양이는 아프리카에서만 사는데 카라칼, 아프리카황금고양이Caracal aurata, 서벌Leptailurus serval 등이 있다.
서벌은 고양이 애호가에게도 유명한 종으로, 서벌과 집고양이를 교배시켜 만든 사바나Savannah라는 품종이 있다.
네 번째 계통은 오실롯Ocelot 혈통이다. 이 중소형1.5~16kg의 고양이는 중남미에 광범위하게 분포하고 다른 고양잇과 동물38개과 달리 염색체 개수36개가 다르다. 이 고양잇과 동물은 표범무늬를 가지고 있어 가죽용으로 사냥

표범속 혈통에 속하는 사자

아시아황금고양이와 카라칼

퓨마(위)와 아시아살쾡이(아래)

당하거나 애완용으로 길러졌다.

다섯 번째 계통은 스라소니 혈통인데 이 중형6~20kg의 고양이는 짧은 꼬리와 점이 있는 귀를 가지고 있다. 온화한 북미와 유라시아 대륙에 살고 있으며, 주로 토끼 등을 사냥한다.

여섯 번째 계통은 퓨마 혈통이며, 다양한 고양잇과 동물들이 있다. 작은 재규어런디3~10kg부터 크게는 아프리카 치타21~65kg 등이 있다. 북미 대륙에서 기원했지만 4개 대륙으로 널리 분포하고 있으며 주로 아메리카 대륙에 많이 서식하고 있다. 퓨마는 새끼 때는 얼룩무늬가 있다가 생후 3개월 정도 되면 서서히 사라진다.

일곱 번째 계통은 아시아살쾡이Asian leopard cat 혈통이다. 이 작은 고양이2~12kg는 아시아의 맹그로브 숲부터 몽골의 스텝기후까지 다양한 곳에서 서식한다. 아시아에서 가장 일반적인 작은 고양잇과 동물이다. 이 종을 집고양이와 교배한 결과 벵갈고양이가 생겨났다. 살쾡이는 현재 한국에 남아 있는 유일한 야생의 고양잇과 동물이다. 여덟 번째 계통은 집고양이 혈통이다. 이 작은 고양이 1~10kg는 전 세계에 분포하고 있는 집고양이를 제외하면 아프리카와 유라시아에 분포하고 있다.

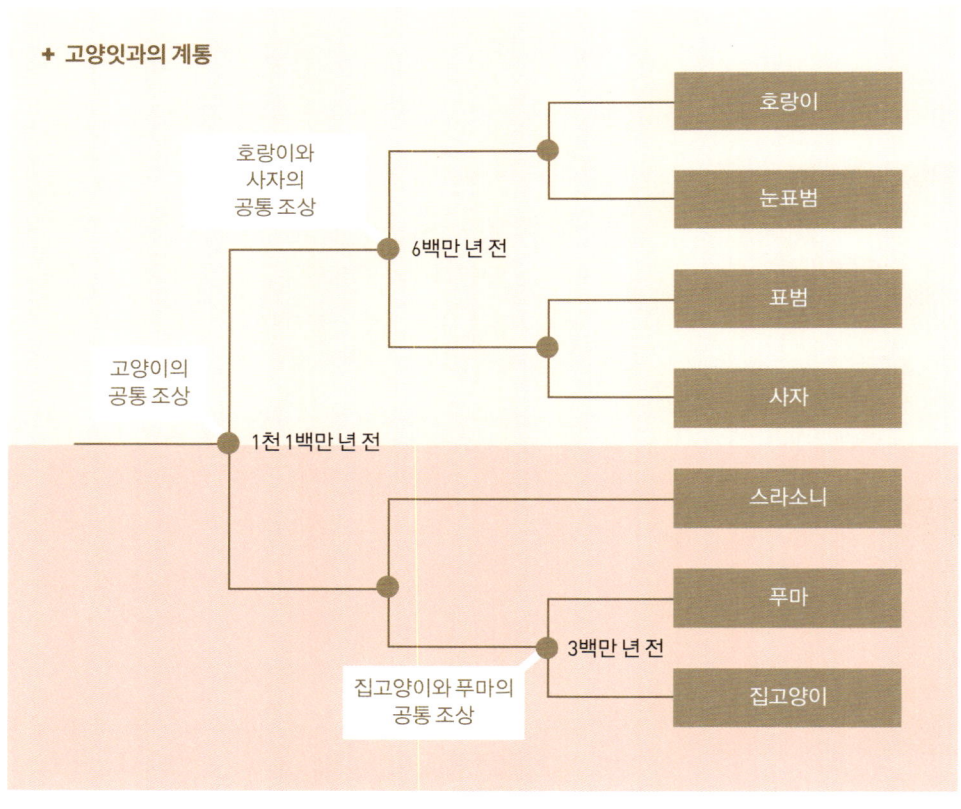

01
고양잇과의 첫 번째 이동

약 9백만 년 전 현대 고양이의 조상이 고향인 아시아에서 아프리카로[M1] 그리고 북미로[M2] 또한 아주 많은 시간이 흐른 뒤 남미로[M3] 퍼진다. 이것이 공식적으로 기록된 고양잇과의 첫 번째 이동이다. 당시 이례적으로 낮은 해수면 덕분에 베링 해협과 홍해의 끝자락이 육지가 되었기 때문에 고양잇과는 쉽게 이동할 수 있었다.

1천 8십만 년 전 슈델루루스 계통의 아시아 고양이로부터 첫 번째 분화가 일어났다. 그들은 표범속 4종과 구름표범 2종이었다. 두 번째 분화는 그로부터 1백 4십만 년 후 역시 아시아에서 분기된 베이살쾡이 혈통으로 지금은 동남아시아에 살면서 진화한 3종류의 고양이가 있다. 그 다음 분화는 카라칼 혈통으로 현재 3종류가 있으며 1천만 년 전에서 8백만 년 전 무렵 아프리카로 건너갔으며, 최초로 대륙 간의 이주를 한 시조다. 이 기간 동안 해수면은 지금보다 약 60미터가 낮아서 아프리카와 아라비아반도가 홍해 끝에서 육로로 연결되어 이주가 가능했다.

고양이는 천성적으로 세대가 지나감에 따라 점점 넓게 이주하는데 청년기에 해당하는 젊은 수컷이나 간혹 암컷들은 태어난 곳에서 벗어나 독립한다. 그들은 번식을 통해 개체수가 늘어나면서 점점 더 많은 영토가 필요했고, 먹잇감의 이주 또한 고양잇과가 멀리 그리고 널리 퍼지게 된 원인이 되었다.

아시아의 고양이들이 아프리카로 진출하는 동안에도 고양이들은 아시아를 가로질러 베링 육교를 건너 알래스카로 갔다. 하지만 해수면이 상승하여 대륙들이 분리

CHAPTER 1 한 뼘 더 이해하기 **고양이의 기초적 이해**

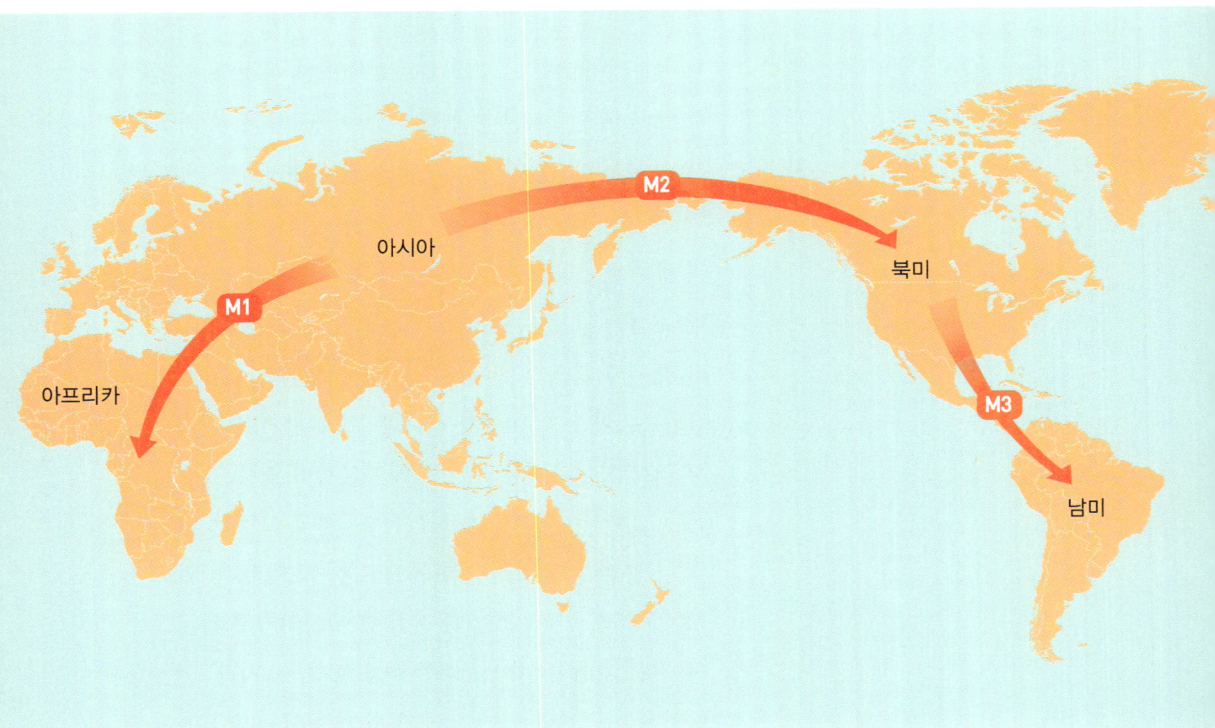

고양잇과의 첫 번째 이동

되고 고립되면서 서식지의 변화가 발생하자 새로운 종이 출현했다. 북미에서는 오실롯과 스라소니에 해당하는 링크스Lynx 혈통이 원래 이주종으로부터 8백만~7백 2십 0만 년 전에 분화했다. 각각 오실롯 혈통은 2개의 종으로, 링크스 혈통은 3개의 링크스종과 1개의 보브캣bobcat 종 총 4개의 종으로 분화했다. 퓨마 혈통은 6백 7십만 년 전부터 서서히 분화하기 시작하여 4백 9십만 년 전부터 퓨마, 재규어런디, 아메리카 치타로 분화했다. 아메리카에서 발견되는 이 종들의 화석은 전부 서부에 국한되어 있다.

2백만 년에서 3백만 년 전 빙하기가 오면서 해수면이 다시 낮아졌고, 이동하는 두 아메리카가 만나면서 파나마 지협이 생겼다. 몇몇 종은 이 기회를 놓치지 않고 이주했으며, 남쪽으로 내려오면서 새로운 대륙을 발견했다. 남아메리카는 수천만 년 동안 고립되어 있으면서 유대류가 번성했고 그중 몇몇은 육식동물이었다.

그러나 고양이들이 파나마를 가로지르자마자 크고, 날쌔고, 민첩하고, 사납고, 치명적인 그들은 재빠르게 남아메리카에서 최상의 포식동물이 되었다. 그들에겐 경쟁력이 떨어지는 유대류 포식동물은 상대가 되지 않았다. 거의 대부분의 유대류들은 이주한 오실롯 혈통에 의해 사라졌으며, 이 고양이들은 새로운 고향에서 현재까지 분화되어 지금은 7종이 남아메리카에서 살고 있다.

1만 2천 년 전 마지막 빙기가 약화됐을 때 캐나다와 미국

오실롯

CHAPTER 1   한 뼘 더 이해하기 **고양이의 기초적 이해**

북쪽을 덮고 있던 두꺼운 대륙 빙하가 서서히 녹기 시작하면서, 척박한 북미에 숲과 초지들이 나타나기 시작했다. 빙하의 거대한 해동으로 인해 북미에서는 대략 40%의 포유류종이 대재앙으로 인해 사라졌다. 다른 말로 플라이스토세Pleistocene 멸종이라고 부르는 이 사건으로 인해 75%의 대형 동물들이 멸종했다.

매머드mammoth, 마스토돈Mastodon, 다이어울프dire wolf, 짧은코곰, 메가테리움Megatherium, 초거대 땅늘보, 아메리카사자, 검치호랑이, 퓨마, 치타 등이 북미에서 사라졌다. 치타는 몇 백만 년 전 해수면이 아직 낮을 때 몇몇의 조상들이 아시아로 돌아가서 멸종을 면했으며, 이후 아프리카로 진출했다. 퓨마는 남미라는 피난처에 있다가 수많은 세대 이후 다시 북미로 진출해서 완전 멸종을 피했다. 다른 종들은 영영 돌아오지 못했다.

몽골의 마눌들고양이와 인도네시아의 납작머리살쾡이

02 고양잇과의 두 번째 이동

4백만~1백만 년 전 사이에 해수면이 다시 낮아져서 대륙들이 연결되면서 많은 이주가 이루어진다. 가장 최근에 이루어진 이주는 1만 년 전 무렵의 M11이다. 대략 치타가 베링 육교를 건너 아메리카에서 아시아로 건너갔을 그 무렵, 표범살쾡이Leopard cat와 고양잇과 혈통의 선조들도 아메리카에서 아시아로 건너왔다. 곧이어 표범살쾡이 혈통은 아시아에서 크게 번성하며 고양이와 4가지의 작은 종으로 분화된다. 오늘날에도 찾아볼 수 있는 인

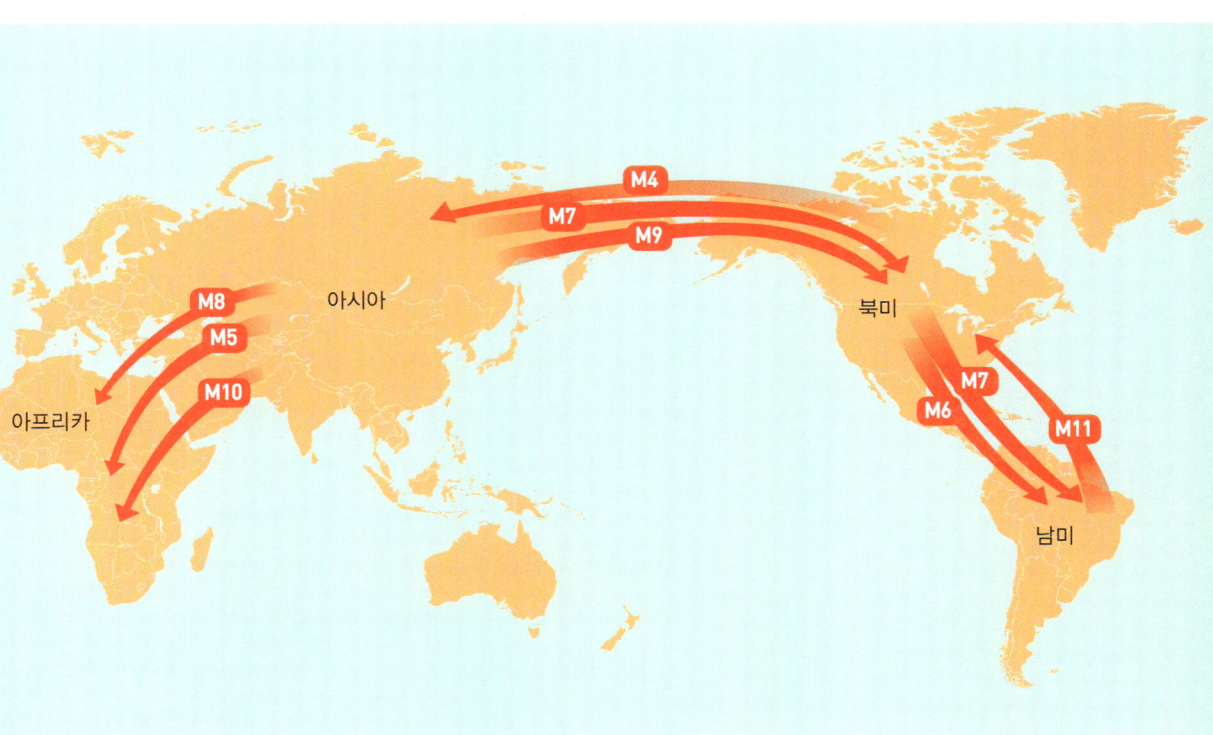

고양잇과의 두 번째 이동

도의 붉은점살쾡이rusty-spotted cat, 몽골의 마눌들고양이 Manul, 인도네시아의 납작머리살쾡이Flat-headed Cat 그리고 아시아 각지에 서식하는 고기잡이살쾡이fishing cat 등이다.

이 시기 아시아에서는 대형 표범 혈통이 이전보다 더 넓게 퍼지고 있었다. 320kg의 호랑이가 남부아시아부터 동부아시아까지 살고 있었으며, 눈표범은 북서부 중앙아시아의 히말라야와 알타이의 고원에 적응했다. 표범은 아시아를 가로질렀을 뿐 아니라 아프리카까지 진출했다. 사자와 재규어는 대략 4백만 년 전 플라이오세 시기 북미 대륙에 있었지만 플라이스토세 멸종 때 그곳에서 사라졌다. 재규어는 남미로, 사자는 이전에 살고 있었던 유럽, 아시아, 아메리카보다 더 살기 좋은 아프리카로 진출했다. 이 백수의 왕은 개체수가 확 줄어 현재 아프리카에서 3만 정도다. 아시아에서 사자는 사실상 멸종했고 현재 200마리만이 인도 구자라트 지방의 기르국립공원과 야생보호구역에서 살고 있다.

연구 결과 새롭게 밝혀진 사실은 호랑이가 멸종의 위기에 빠진 적이 있었던 것이다. 7만 3천 년 전 거대한 토바 화산이 보르네오에서 분화되어 동아시아의 수많은 포유류들이 멸종했다. 그때 호랑이도 심각한 타격을 입었다. 살아남은 소수의 호랑이들은 번식하면서 해당 지역의 새로운 종이 되었으나 현대에 와서 후손들의 유전자적 다양성 결핍으로 인해 종 전체를 유지한 개체수가 제한을 받았다. 다만 치타와 북미의 퓨마처럼 호랑이도 개체수의 좁은 틈을 통과할 수 있었다.

03 집고양이의 출현

지중해의 짙은 숲속과 광대한 사막에서는 아주 작은 10kg 이하 고양이들이 서서히 생겨나기 시작했다. 그들은 동아시아의 정글살쾡이jungle cat, 중동의 모래고양이sand cat, 아프리카의 검은발살쾡이black-footed cat와 널리 퍼진 4종의 잘 알려진 아종들유럽, 중앙아시아, 중동, 중국 들고양이이었다. 이들 중 1종의 들고양이가 역사에서 가장 성공적인 실험 즉, 고양이의 가축화가 시작되었는데 유전적 특질은 이스라엘과 중동에서 퍼진 아시안 들고양이와 같다.

현재 고양이의 가축화는 여러 번 이루어졌다고 추정되는데, 1만 년 전 무렵 비옥한 땅에서 유랑하는 인류가 모여서 마을을 만들고 농경을 하며 정착할 때, 이 최초의 농부들은 밀과 보리를 재배했다. 그 지역의 들고양이는 아마도 곡물을 노리고 모여드는 많은 설치류에게 매력을 느꼈을 테고, 인간은 성가신 설치류를 잡아먹는 고양이를 친밀하게 여겼을 것이다. 점차 길들여진 고양이와

CHAPTER 1 한 뼘 더 이해하기 **고양이의 기초적 이해**

곡식을 먹는 설치류는 함께 번성했고 그들은 언제나 인간과 함께 했다.

고양이는 인류가 이주하듯 마차와 배 등을 통해 전 세계 방방곡곡으로 퍼졌다. 현재 6억 마리의 고양이가 전 세계에 퍼져 있으며, 그들은 고양잇과 동물 중 유일하게 보호종에서 제외되었다. 19세기에 와서 인간들은 고양이의 교배를 시작했고 현재 미국 캣팬시어협회에는 메인쿤Maine Coon, 페르시안고양이Persian cat, 코랫Korat 등 41종의 교배종 리스트가 있다.

- ✓ 최근 DNA 연구 결과로 고양이 각 종의 혈통 관계에 대한 내용이 대략 밝혀졌다.
- ✓ 현대 모든 고양잇과 동물들은 약 1천 8십만 년 전 표범과 비슷한 모양의 조상으로부터 갈라져 나온 후손임이 밝혀졌다.
- ✓ 고양이의 혈통은 총 8가지로 밝혀졌다.
- ✓ 해수면의 상승과 하강에 따라 육로가 열리고 닫히는데, 이때 새로운 대륙으로 이동하고 새로운 종으로 분화되었다.
- ✓ 우리가 키우는 집고양이는 약 1만 년 전 중동지방에서 길들여졌다.
- ✓ 진화적 성공에도 불구하고 대부분의 야생 고양잇과 동물은 멸종 위험에 처해 있다.

2. 고양이의 감각기관

01 시각

고양이를 포함하여 고양잇과 동물은 포식자로서 사냥감에 대한 정보를 얻을 수 있는 감각기관 기능이 극대화되어 있다. 시각적인 면에서 보자면 고양이의 경우 아주 큰 눈을 가지고 있다. 거의 사람의 안구 크기24mm와 비슷하며, 이것은 다른 동물에 비해 고양이를 매력적으로 보이게 하는 중요한 요소다.

+ 빛에 따라 달라지는 고양이 동공

고양이의 안구는 특히 빛이 부족한 야간의 환경에 적응하도록 진화했다. 동공의 크기는 사람에 비해 3배 더 확장할 수 있으며, 빛의 양은 5배까지 늘릴 수 있다. 동공의 모양은 초식동물의 경우 경계를 위해 직사각형의 형태를 가지고 있으나 고양이는 위아래 슬릿형이다. 이런 구조는 동공을 최대한 확장해 많은 빛을 받아들이기 위해서다. 그리고 동공이 커지면 근접한 사물에 대한 거리감을 잘 느낄 수 있다.

고양이의 눈은 정면으로 쏠려 있어 시야각이 좁고 양안시 양쪽 눈으로 보는 구역이 넓어 사물의 위치 포착에 유리하다. 이런 시각적 감각은 야간의, 특히 작은 동물을 사냥하는 데 최적화되어 있다.

또한 반사판이 망막 뒤에 위치하고 있어 빛을 증폭시킨다. 물론 이러한 반사판은 다른 동물에도 많이 존재한다.

+ **고양이가 색맹?**

눈의 원추세포는 색깔을 분별하는 작용을 하는데 사람의 원추세포는 파란색, 빨간색, 초록색을 구별할 수 있지만 고양이는 빨간색을 감지하는 원추세포가 없어 파란색과 초록색만 구별한다. 특히 고양이가 느끼는 색의 감각은 밤에 활동하는 습성으로 인해 인간에 비해 높지

고양이는 수직형의 눈을 가지고 있어 동공을 최대한 확장해 많은 빛을 받아들일 수 있다.

왼쪽 사진이 사람의 색 감각이고, 오른쪽 사진이 고양이의 색 감각이다.

않고 낮의 시력도 10분의 1 정도로 심각한 근시다. 다만 고양이는 도약안구운동이 높다. 이 능력은 한 응시점에서 다른 응시점으로 도약하여 이동하는 것을 말하는데 이것으로 인해 고양이가 사냥감을 포획하는 데 매우 유리하다.

결과적으로 고양이는 색의 차이를 인지하는 뇌 부분이 발달하지 않아 색에 대한 정보를 읽을 수가 없기 때문에 고양이에게 색깔을 구별하는 능력은 큰 의미가 없다.

02 청각

고양이의 귀는 크고 독립적으로 움직일 수 있는 귓바퀴가 있다. 고양이의 귓바퀴는 사람보다 5배 많은 30개의 근육으로 움직인다. 그 근육은 귓바퀴가 소리 나는 방향으로 향하도록 조절할 수 있으며 밖에 들려오는 소리를

파란 눈의 흰 고양이는 귀가 잘 들리지 않는 경향이 있지만 환경에 빠르게 적응할수 있다.

모아 고막으로 전송한다. 사람의 가청 주파수는 약 2만 Hz이며 개는 3만 8천Hz이다. 반면 고양이의 가청 주파수는 55Hz부터 79kHz까지 들을 수 있어 사람에 비해 고주파음을 잘 들을 수 있다. 그 결과 쥐가 내는 2만Hz 이상의 초음파를 20m 밖에서도 들을 수 있어 사냥에 유리하다. 다만 파란 눈을 가진 흰 고양이는 유전적인 결함으로 속귀 구조의 주름 때문에 귀가 먹는 경향이 있지만 귀가 잘 들리지 않아도 환경에 빠르게 적응할 수 있다.

03 후각

후각은 모든 생명체의 감각기관 중 가장 중요한 감각이다. 원시적 생명체라 할 수 있는 양서류나 파충류의 뇌를 보면 후각을 처리하는 영역이 가장 크다. 결국 생존을 위한 가장 원시적이며 핵심적 기관이라고 할 수 있다. 고양이의 후각은 사람보다 20만 배 이상 예민하다는 이야기도 있을 정도로 코 점액막에 9천 9백만 개가량의 말초

고주파음을 잘 들을 수 있는 고양이의 청력

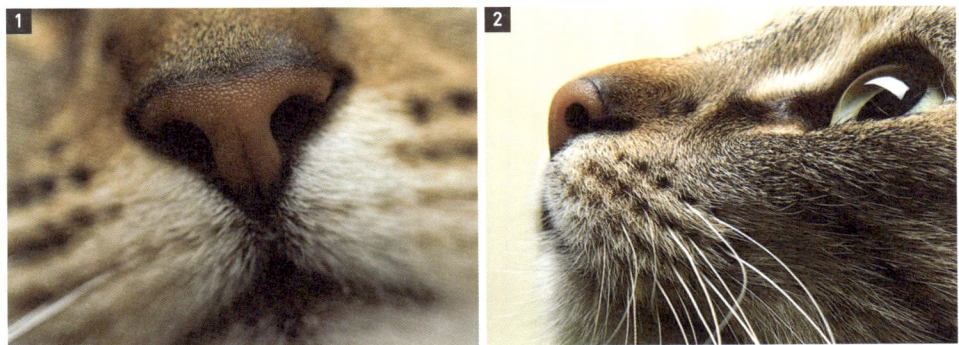

1_생존을 위한 가장 원시적이며 핵심적 기관이 바로 후각이다.
2_고양이는 후각으로 다양한 판단을 할 수 있다.

신경이 있다. 사람보다 20배 정도 많은 숫자다.

고양이는 인간보다 훨씬 많은 종류의 냄새를 맡을 수 있으며, 서비골비강과 서골 지역의 연골 기관 기관이 있어 페로몬을 감지한다. 고양이는 다른 고양이의 오줌과 냄새샘에서 풍기는 냄새만 맡아도 수컷과 암컷을 구별할 수 있다. 새끼고양이의 경우 어미의 냄새를 맡고 젖꼭지를 찾아낸다.

특히 고양이의 코는 질소화합물 냄새에 민감하기 때문에 부패한 음식물이 있을 경우 식욕이 감퇴된다. 고양이는 이러한 감각기관을 통해 쥐나 작은 동물을 사냥하는 능력을 최대화하도록 진화해왔다.

3 중간포식자로서의 고양이

01 고양이는 단독 사냥꾼

현재 한국은 반려동물의 천국이라고 할 정도로 많은 사람들이 반려동물을 키운다. 개, 고양이, 고슴도치, 햄스터, 도마뱀 등 중 유독 우리들은 개와 고양이를 선호한다. 여기서 하나 흥미로운 점은 개는 보호해주는 사람이 없으면 제대로 살아갈 수 없지만 고양이는 그렇지 않다는 사실이다. 고양이는 사람의 보살핌 없이도 길고양이로 잘 살아간다.

그것은 고양이의 독특한 행동적 특성 때문이다. 고양이 행동양식의 가장 큰 특징은 단독 사냥꾼이라는 사실이다. 고양이가 사냥하는 동물은 작고 민첩한 설치류로, 이들을 사냥하기 위해선 그 사냥감보다 더 민첩해야 한다. 고양이는 오랫동안 사냥감을 쫓는 것이 아니라 주로 사냥감이 최대한 가까이 오도록 기다린 다음에 순간적으로 낚아챈다. 고양이는 하루에너지요구량을 채우기 위해서 쥐 7마리 이상을 사냥해야 하기 때문에 야간에 오랫동안 잠복하며 사냥을 한다. 이러한 행동양식이 고양

이를 정적인 동물로 보이게 만들기도 한다.

02
사냥을 하면서 사냥을 당하다

집고양이로 길들여지기 전 고양이는 야생에서 중간포식자의 역할을 했다. 이는 다른 동물로부터 사냥당할 수 있다는 의미다. 도시 주변에는 고양이보다 더 큰 포식자가 많이 없기 때문에 상대적으로 안전하게 느꼈을 것이다. 고양이가 인간과 친근하게 지내야 하는 이유는 바로 이 점이다.

고양이는 자신을 잡아먹는 동물이 없는 안전한 곳으로 도시나 마을을 선택하게 되었고, 인간은 해악을 끼치는 쥐나 작은 설치류를 잡아먹되 자신들을 공격하지 않기 때문에 고양이를 받아들였다. 물론 이러한 특성만이 아니라 인간이 고양이를 곁에 두고자 한 원인은 그들의 외모도 한몫을 한다. 사랑스런 눈과 마주치면서 남다른 감정을 가지게 된 인간은 '고양이 집사'라는 말이 생길 정도로 고양이를 특별한 존재라고 생각하게 되었다.

고양이 행동양식의 90% 이상은 그들이 수만 년 이상 지속해왔던 중간포식자로서의 상위포식자에 대한 공포, 끊임없이 사냥을 해야 하는 특성, 야행성으로 인해 보다 독립적이 되었다. 개를 키워본 사람들은 개에 비해 고양이가 너무 심심하다는 느낌을 받을 수 있을 것이다. 개는 사람 곁을 떨어지길 싫어하고 외출하고 돌아오면 몇 년 동안 못 본 사람처럼 반긴다.

그러나 고양이는 그렇지 않다. 침팬지들의 행동을 보면 하루 종일 우두머리의 털을 고르는데 이러한 행동은 우

CHAPTER 1 　한 뼘 더 이해하기 **고양이의 기초적 이해**

고양이는 사냥감을 쫓는 것이 아니라 사냥감이 다가오도록 유도한다.

두머리로부터 버림받지 않기 위해 끊임없이 애정을 확인하기 위해서다. 개들도 마치 그들의 보호자를 우두머리로 생각하고 끊임없이 애정을 확인하려는 경향을 보인다. 그것에 대한 원인은 아마 무리에서 쫓겨나게 되면 바로 죽음이라는 오랜 진화적 경험에서 기인한 것으로 보인다.

이것은 인간도 마찬가지다. 사회적 동물인 인간은 다른 사람에게 인정받기 위해 끊임없이 애정을 확인한다. 이러한 심리적 측면들은 수십만 년 동안 무리생활을 하면서 우리의 뇌가 그러한 방향으로 진화되도록 유도했다. 그렇게 해야만 생존에 유리했기 때문이다.

고양이의 경우 물론 고양잇과 동물들이 대부분 그렇지만 독립적인 사냥꾼으로 살아왔기 때문에 그렇게 행동하지는 않는다. 다만 인간을 친근한 동료 정도로 생각하는 것 같다.

동양과 서양의 개인주의에 대한 차이점을 들자면 농경문화다. 우리 민족은 오랫동안 벼농사를 지어왔기 때문에 치수 시설이나 많은 노동력이 필요했고 그 결과 지역 공동체가 활성화되었다. 그러다 보니 상하관계를 중시하는 유교적 전통이나 인간관계를 우선시하면서 개인주의가 덜 발달했다. 이와 같이 고양이도 함께 사냥을 해야 하느냐 아니면 단독으로 살아가느냐가 그들의 행동양식에 큰 영향을 미친 것으로 보인다.

03
사냥감은 자신 체중의 1% 크기

고양이는 사냥감을 고를 때 자신 체중의 1% 정도 크기의 동물을 선택하는데 보통 50g 미만이다. 고양이의 사냥감은 작은 포유류나 새이며, 사냥 성공률은 13% 정도 된다. 고양이는 이러한 높은 실패에도 좌절하지 않는다. 고양이가 굶주려 있다면 보다 크고 위험성이 높은 먹잇감을 사냥하기도 한다. 배가 고프지 않는 경우 사냥감을 가지고 놀기도 하며 벌레를 잡아먹기도 한다. 곤충은 영양이 높지 않으나 특정 거미류의 경우 타우린taurine 성분이 풍부하기도 하다.

고양이는 항상 사냥 본능에 충만되어 있으며 놀이 행동의 대부분이 사냥 행동이다. 장난감으로 놀아주면 손으로 낚아채 입으로 가져가며 씹는 흉내를 내기도 한다. 고양이는 밥그릇에 밥이 있더라도 주변의 쥐를 보면 사냥 행동에 돌입한다. 그러고는 죽은 쥐를 밥그릇 옆에 두고는 사료를 다시 먹는 행동을 보인다. 이런 행동을 보자

고양이는 항상 사냥 본능에 충만되어 있다.

면 고양이는 배고픔만으로 사냥 행동을 하는 것이 아니라 냄새나 먹잇감의 크기, 움직임 등에 의해 자극받는 것임을 알 수 있다.

04
고양이의 사냥 전략

고양이는 사냥하는 데 있어 많은 전략을 사용하는데, 경험을 통해 행동이 세련되어진다. 사냥은 2개의 주요 전략으로 구분되는데 '따라다니기'와 '앉아서 기다리기'가 있다. 우선 첫 번째 '따라다니기'의 경우 먹잇감이 될 만한 동물이 자주 출몰하는 장소에서 조용히 움직이면서 사냥 기회를 노린다. 즉 고양이는 새로운 사냥 장소를 탐색하기보단 익숙한 곳에서 사냥하기를 선호한다.

고양이는 초음파 영역까지 소리를 들을 수 있어 쥐가 내는 긁는 소리나 울음소리를 들을 수 있을 뿐만 아니라 위치도 파악할 수 있다. 이런 소리가 나면 고양이의 사냥 행동이 활성화된다. 그리고 사냥 본능은 고양이 시각에 사

고양이는 먹잇감의 소변 냄새가 포착되면 먹잇감이 가까이 오도록 좀 떨어져 기다린다.

뒷다리로 노를 젓는 행동을 하는 고양이. 고양이는 익숙한 장소에서 사냥하는 것을 좋아하지만 몇 번의 실패가 이어지면 다른 곳으로 이동한다.

냥에 적합한 동물의 움직임이 포착되면서 본격화된다.

두 번째 '앉아서 기다리기' 전략은 쥐를 사냥하기 위한 1차적 행동 계획이다. 일단 먹잇감의 소변 냄새가 포착되면 먹잇감에서 좀 떨어져 먹잇감이 가까이 오도록 기다린다. 먹잇감이 고양이가 설정한 사냥 구역으로 진입하면 고양이는 사냥의 성공률을 계산하다가 일정한 거리에 접근하면 확 달려든다. 공격에 거의 다다를 즈음 뒷다리로 노를 젓는 행동paddling behaviour을 보이기도 하는 데 이것은 아마 먹이에 돌진하여 덮치려고 할 때 근육을 준비하는 과정으로 볼 수 있다.

고양이의 스토킹 행동Stalking behaviour은 이럴 경우 나오는데 이 행동은 사냥감 주변의 가까운 식물이나 수풀에 숨어 있는 것을 말한다. 같은 장소에서 몇 번의 실패로 이어지면 다른 곳으로 옮긴다. 고양이는 둥지의 어린 새를 잡아먹거나 두더지 굴을 파기도 한다. 그러나 토끼나 몸이 큰 다람쥐 같은 동물은 잘 사냥하지 않는다.

CHAPTER 1 한 뼘 더 이해하기 **고양이의 기초적 이해**

고양이는 먹는다는 것에 사회적 의미를 포함하지 않기 때문에 다른 고양이와 먹잇감을 공유하지 않는다.

05
고양이의 먹이 선호도

고양이는 새로운 먹이에 대한 선호도가 크다. 이전에 먹은 먹잇감과는 다른 것에 끌리는 것이다. 고양이의 단조로운 식단에 새로움을 주고 균형을 맞출 수도 있으니 새로운 먹이에 대한 선호도는 긍정적인 효과를 줄 수 있다. 또한 고양이는 독립적이라서 자신이 한 번에 먹을 만큼의 작은 동물을 사냥하기 때문에 다른 고양이와 먹이를 공유하지 않는다. 인간은 식사라는 행위를 통해 사회적 관계를 만들지만 고양이는 먹는다는 것에 어떤 사회적 의미도 포함시키지 않는다. 먹는 것은 오로지 먹는 것일 뿐이고 단독행위로 간주한다.

고양이는 보통 하루에 사냥이 가능한 범위에서 10~20번의 식사를 한다. 더불어 고양이는 청결하기 때문에 핵심 영역이 아닌 곳을 화장실로 이용한다. 사냥 중이거나 먹이를 먹을 때도 그 장소에서 벗어난 곳에서 볼일을 해결한다. 그래서 집안에서도 가급적 식사 장소와 화장실은 구분하는 것이 좋다.

06
고양이를 통해 얻는 즐거움

간단하게 고양이의 진화적 기원과 감각기관, 행동학적 특성들을 알아보았다. 간단하게 짚어보았지만 고양이를 좀더 이해할 수 있는 단초가 되었으면 한다. 고양이를 처음 키우는 분들은 고양이 행동 하나하나가 신기하고 감동으로 받아들일 수 있을 것이다. 그리고 오랫동안 함께 생활하다 보면 고양이가 보내는 애정이나 신호를 헤아려 의미를 찾아보기도 하면서 그것을 통해 즐거움을 느끼기도 한다.

우리는 고양이가 먼 곳을 쳐다보는 광경을 볼 때 굉장히 사색적이라고 느끼며 신비로운 감정을 갖기도 한다. 이것이 우리가 고양이에게 빠져드는 이유 중 하나일 수도 있다. 조금 더 광범위한 시각에서 보자면 고양이의 신체구조나 행동양식 등을 통해 매력을 더 느낄 수 있다.

그들의 얼굴은 전형적인 아기 얼굴을 하고 있으며 커다란 눈망울이 인간의 보호본능을 자극한다. 즉 포유류의 육아 행동을 유발하는 신체구조를 가졌기 때문에 영유아를 볼 때의 귀여움이나 앙증맞음과 겹쳐져 사랑스럽게 느껴지는 것이다.

이는 개에게는 느껴보지 못하는 사랑스러움이다. 특히 고양이는 성묘가 되었을 때도 유아도해 baby schema 상의 특징이 남아 있기 때문에 우리가 더욱 고양이에 매혹되는지도 모른다. 이것은 고양이를 키우는 보호자가 개와 다르게 느끼는 특별함이다.

손으로 낚아채거나 순간 도약하는 행동을 통해 고양이의 사냥 본능이 여전히 남아 있음을 확인할 수 있다.

CHAPTER 1   한 뼘 더 이해하기 **고양이의 기초적 이해**

+ 유아도해
- 큰 이마
- 털방울 같은 머리
- 통통한 뺨
- 큰 눈
- 보드라운 털
- 둥근 몸

또한 행동양식에 있어서도 고양이는 사냥에 대한 본능이 내재화되어 독립적 생활 패턴을 유지한다. 개가 어떤 물건을 물거나 쫓는 것이 주양식이라면 고양이는 손으로 낚아채거나 순간 도약하는 행동을 통해 사냥감을 쫓는 행동을 보인다. 그리고 오랜 기다림에 익숙하다. 이런 기본 행동양식이 고양이 행동의 모든 것이라고 말할 수는 없으나 근본적이 토대를 이루고 있으며 가장 원초적이라고 할 수 있다.

CHAPTER 2

두 뼘 더 이해하기

고양이의 대표적 질병

CHAPTER 2 두 뼘 더 이해하기 **고양이의 대표적 질병**

1. 애묘인이 주의 깊게 관찰해야 하는 대표 질병

이번 챕터에선 고양이가 동물병원에 내원하는 흔한 증상에 대해 말하고자 한다. 고양이 보호자 입장에서 보면 매우 중대한 질병으로 여길 수도 있는 증상이지만 수의사 입장에선 그다지 중하게 여기지 않는 경우도 많다.
하지만 증상이 심하다면 빠른 시일 내에 동물병원에 내원해야 한다는 점을 잊지 말아야 한다. Chapter 5 계통별 질병에서 더 정확하게 알아보겠지만 여기서는 대표적인 질환만 간단하게 알아보고자 한다.

위장과 관련된 증상들

+ 복통

복통은 내장 장기의 통증으로 근육 등의 통증과 차이가 있다. 내장에는 소화기관을 비롯해 심장, 신장, 폐, 간, 방광 등의 장기가 포함되어 있다. 피부나 근육 등에는 감각신경이 충분하게 존재해 외부 충격이나 염증 등에 통증을 느낄 수 있으나 내장은 감각신경이 충분하게 분포

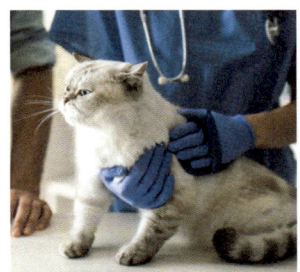

고양이가 복통을 느낄 경우 몸을 떨거나 계속 울거나 거칠게 숨을 쉰다.

되지 않아 쉽게 통증이 일어나지 않는다.

간이나 신장의 경우 손상이 있거나 질병이 발생한다 하더라도 통증이 유발되지 않는다. 위장관의 경우 통증을 느낄 수 있으나 주로 위장관 가스 등에 의한 팽창이나 혈액순환 장애, 염증으로 인한 자극으로 통증을 느끼는 정도다. 고양이가 복통을 느끼면 보통 몸을 떨거나 계속 울거나 통증을 줄이기 위해 이상한 자세를 취하며 거칠게 숨을 쉰다. 이때 보호자가 다가서거나 만지는 것을 극도로 꺼린다.

평상시 보여주던 모습과 다르게 경계어린 눈빛으로 웅크리고 있다면 불편을 느낀다는 의미로 받아들이고 그 원인을 찾아야 한다. 고양이의 복통은 내장을 구성하고 있는 평활근의 팽창으로 인해 발생한다. 또한 소화기나

+ 복통을 유발하는 주요 원인들

염증성	비염증성
위궤양 위장관 바이러스질환 (범백혈구감소증 등) 고양이 전염성 복막염 위장관 기생충 질환 자궁 세균 감염 간, 비장, 췌장 등의 농양	종양 독성물질 선천적 결함 복강 창상(탈장 같은 복벽 손상) 요관, 방광 등의 파열 요관 및 요도폐쇄 신장 혹은 담관 폐색(주로 결석 등에 의해) 위 팽창 및 돌아가는 증상

복강의 염증에 의해서도 발생할 수 있다.

+ 식욕부진

음식을 보고 먹고 그것을 지속한 뒤 끝내는 단계의 조절은 외부적이나 내부적 여러 요인에 의해 지배를 받는다. 배고픔과 포만감을 느끼게 하는 중추신경과 함께 후각은 식욕을 돋우는 역할을 한다면 미각은 음식을 계속 먹게 하는 데 중요한 역할을 한다. 음식의 온도를 높이면 냄새가 더 강해져 식욕을 돋우나 너무 높이면 식욕이 사라지기도 한다.

고양이는 짠맛, 쓴맛, 신맛, 감칠맛을 다 느낄 수 있다. 지방과 단백질 함량이 높아지면 더 좋아한다. 개는 단맛을 좋아하지만 고양이는 약한 신맛을 좋아하기도 한다. 음식의 질감도 식욕 향상에 있어 중요한 측면인데 고양이

고양이는 끈적이거나 가루 같은 것을 싫어하고 수분 함량이 높아야 좋아한다.

+ 식욕부진을 유발하는 주요 원인들

1차적 원인에 의한 식욕부진	부차적 원인에 의한 식욕부진
약물 부작용 높은 환경 온도 구역질 위궤양 위장관 폐색 종양 후각 기능 상실 면역질환 중독 환경 변화 전신질환	통증 구강, 혀, 목구멍의 종양 삼키거나 씹는 기능에 관여하는 신경의 손상 침샘 염증 턱관절 통증 안구 농양 치주질환, 치은염, 구내염 식도염

● 면역 조절 인자로 자가분비 신호, 곁분비 신호 및 내분비 신호와 관련되어 있다.

는 끈적이거나 가루 같은 것은 싫어하며 수분 함량이 높아야 좋아한다. 그러나 고양이마다 기호성의 차이가 있기 때문에 단정하기는 어렵다.

고양이는 일정량의 음식으로 위가 확장되면 먹는 것을 멈춘다. 고양이가 식욕부진을 겪는 요인은 질병이 있거나 사료가 바뀌었거나 환경 변화 또는 심리적 문제 등이 있기 때문이다. 보호자가 특히 관심을 가져야 하는 경우는 질병의 유무인데 그 외는 사료를 기존의 것으로 변경하고 심리적 문제가 생기지 않도록 환경을 바꿔주면 된다.

질병에 의한 식욕부진은 면역반응에 의해 발생하는 사이토카인Cytokine●이나 신부전에 의한 요독소 등이 간뇌

● 포만감을 감지하여 식욕을 제한하는 중추

의 포만중추satiety center를 자극하기 때문이다. 특히 구강의 통증이나 구토 증상이 있는 경우 식욕이 일어나지 않는다.

+ 구토

고양이를 키우는 보호자가 동물병원을 찾는 비율 중 높은 순위를 지키고 있는 증상이 구토다. 구토가 질병을 표하는 직접적이고 확실한 증거기 때문이다. 구토는 독성물질을 먹었을 경우 신체에서 흡수를 억제하거나 제거하기 위한 자연스런 반응이다. 구토는 위장 장애나 복부 장기에 염증이 있거나 전신적 또는 대사장애 또는 약물중독 등으로 발생한다.

구토는 우선 메스꺼움에서 시작해 헛구역질로 이어지고 위의 내용물이 입 밖으로 쏟아지는 과정을 거친다. 고양이뿐만 아니라 사람에게도 구토는 생각 외로 쉽게 유발된다. 역겨운 장면만 떠올려도 구토 증상이 나오기도 한

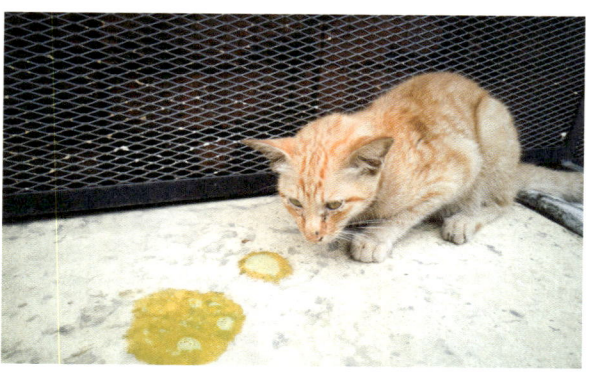

구토 증상을 보이는 고양이

다. 칫솔질을 하다가도 입안 쪽을 조금만 자극해도 구역질이 발생한다. 개의 경우는 고양이보다 구토를 더 자주 혹은 쉽게 하기도 한다. 심지어 어린 강아지는 큰소리로 혼내기만 해도 먹었던 사료를 토해내기도 한다.

다만 고양이는 음식을 섭취하기 전에 매우 신중하게 생각하는 면이 있는지라 구토 증상이 일어났다는 것은 다른 질병으로 인한 것일 수 있다. 고양이는 이전에 먹어보지 않았던 사료나 음식은 한참 냄새만 맡을 뿐 먹으려 하지 않는 경향이 심하다. 개는 자극에 민감하게 반응하는 행동에 영향을 많이 받아 음식을 먹는 반면 고양이는 신중한 성격과 소량을 천천히 먹기 때문에 구토 양상이 달라지기도 한다.

🔍 나이에 따른 구토 증상 구분

구토 증상은 위의 장애가 원인이긴 하지만 그것으로만 한정하긴 여러 복합적인 요소가 섞여 있다. 신장의 기능이 부족해도 구토가 발생할 수 있다. 고양이 보호자들은 고양이가 구토를 하면 심각한 문제가 있을 것이라고 생각해 지레 겁을 먹는 경우가 많은데 꼭 그렇지만은 않으니 큰 걱정을 하지 않기 바란다.

우선 동물병원에선 고양이가 구토를 할 경우 나이를 살펴본다. 모든 동물이 그렇듯 고양이도 유아기, 성장기, 청년기, 장년기를 거친다. 다만 사람과 다른 것은 그 시기가 굉장히 빠르다는 점이다. 2~3개월령일 경우 면역력이 약하기 때문에 위장관에 바이러스가 침투하기 때문에 구토 증상이 일어날 수 있다. 범백혈구감소증 바이러스

신장 기능이 떨어져도 구토가 일어날 수 있다.

가 감염된 경우 위장관의 극단적 손상으로 초기에 구토가 일어난다.

5개월령 이상이 되면 성묘로 가는 단계로 놀이 행동이 활발해지면서 사건사고가 많이 일어난다. 특히 반짝이거나 바스락거리는 물체에 대해 본능적으로 반응하기 때문에 털실 같은 이물질을 자주 먹는다. 이때 이물 섭취에 의한 위 장애가 일어나 구토 증상이 일어난다. 위장의 한쪽 면이 막히면 구토가 분출성으로 나타날 수 있다. 장폐색이 일어나도 심한 구토를 하기도 한다.

성묘가 되면 특별한 경우 아니면 구토 증상이 일어나지 않으나 간혹 털뭉치나 비닐 조각 등을 먹어 토하는 경우가 있다. 다만 질병이 생기면 구토 증상이 일어날 수 있다. 청년기나 장년기까지 별 탈 없이 건강하게 잘 지내다가 나이가 들어 노환으로 질병이 발생하면 구토 증상이 일어나기도 한다. 대표적으로는 만성신부전이 있으며, 나이에 따른 자연적인 신장 기능 감소로 인해 발생하며, 신장 기능 손상을 유발하는 이전의 질병으로 인해 좀더 빨리 진행될 수 있다.

신부전으로 인한 질소대사산물이 구토중추를 자극하면 구토가 유발되는데 이때의 구토는 점막이 창백하고 누가 봐도 아픈 동물로 보이는 상태에서의 헛구역질이 발생하며 식욕부진으로 노란 위액을 토한다. 고양이 나이에 따른 건강 상태에 따라 발생할 수 있는 질병을 이해한다면 구토의 의미를 좀더 잘 이해할 수 있다.

+ 구토를 유발하는 요인

- 위의 팽창 및 자극
- 뇌의 국소빈혈이나 다양한 부위로부터 좋지 않은 자극
- 통증이나 스트레스
- 멀미
- 뇌압 상승(이런 경우 구역질 없이 바로 구토 유발)
- 약물, 독성, 화학물질 등의 자극

+ 토사물에 따른 증상 이해

구토물의 상태와 원인		
	커피 가루 같은 토사물	헤모글로빈이 위산에 반응하여 생긴다.
	붉은색 토사물	붉은색의 혈액이 나왔다면 증상을 보인 시점에 출혈이 진행 중이라 할 수 있다.
	노란색 또는 녹색의 토사물	위액이나 십이지장의 담즙이 원인이다.
	검은빛을 띠는 갈색	소장이나 회장 등의 내용물이다.

🔍 토사물 상태와 색 그리고 횟수와 강도에 따른 구토의 이해

식욕은 동물의 건강 상태에 대한 1차적 지표다. 고양이가 구토할 때 토사물이 사료거나 먹은 음식이 그대로 나온 경우라면 식욕이 있는 것으로 진단한다. 관리가 잘되지 않은 어린 고양이의 구토물엔 기생충이 있는 경우도 있다. 심한 기생충 감염인 경우 기생충이 위장관으로 이동하면서 위를 자극하여 구토를 유발한다.

구토물이 노란색이라면 위액일 가능성이 높으며 공복 상태의 구토라 할 수 있다. 이런 경우는 위의 상처나 염증 혹은 궤양이 있는 것으로 판단하지만 다른 질병이 있는 경우도 고려해야 한다. 위장관의 문제가 있을 경우는 위액과 더불어 붉은색의 혈액이나 혈액이 응고되어 작은 핏덩어리가 나올 수도 있다. 출혈이 발생한 경우라면 혈액의 헤모글로빈이 공기 중 노출되어 검게 변하기도 하는데 시간이 지날수록 더 검게 변색된다.

일시적인 위장관의 불편감이나 자극이라면 1~2회의 구토를 한다. 그렇게 해서 헤어볼이나 이물 등을 제거한다. 그러나 만성질환이 있는 경우라면 좀더 지속적이며 주기적 양상을 띤다.

+ 설사

설사 또한 아주 흔히 일어나는 소화기 증상 중의 하나다. 구토가 구토중추구강를 통한 반사적 행위라면 설사는 위장관에 가해지는 직접적 자극이나 염증으로 인해 발생한다.

설사물의 양상은 다양하다. 설사물의 수분 함량의 정도

+ 위장관 장애 발생 시 체크 사항

상태	체크 사항
기본 정보	• 어리고 활동적인 고양이라면 위장관 문제 • 나이 들고 쇠약해 보인다면 질병 유무로 판단
음식	• 식욕이 있는지 또는 규칙적으로 잘 먹는지 확인 • 사료나 기타 간식을 변경했는지 또는 변경된 사료와 간식을 먹으면 구토 증상이 일어나는지 확인
거주 환경	• 화분의 꽃이나 식물을 뜯어 먹는지 확인 • 털실이나 먼지, 털 등을 그루밍을 통해 섭취하는지 확인 • 주변 환경에 위험한 물질이 있는지 확인
주기와 횟수	• 구토 증상이 규칙적인지 아니면 갑작스러운지 확인 • 구토 빈도수와 강도 확인
식습관 영향	• 고양이의 식습관을 확인(고양이가 게걸스럽게 먹고 구토하는지 판단) • 음식을 먹고 8시간이 지난 후 먹은 것을 토하면 장폐색이나 위장관 운동의 문제가 있을 수 있음
구토 양상	• 구토와 역류를 구분(구토 증상은 복부가 팽창하거나 수축하는 행위 이후 발생하고, 역류는 그러한 행위 없이 입에서 게워내듯 함)
토사물 양상	• 혈액성 : 위 점막 손상, 종양이나 궤양 • 담즙 : 소장 내용물의 역류나 기생충 유무 • 털 : 헤어볼의 형태, 위장관 운동 장애
현재 투약 상태	• 약의 부작용이거나 자극 정도 확인
행동 변화	• 침 흘림, 입맛을 다시는 행위, 구역질 • 식욕부진까지 동반할 경우 질병이 점차 심해지는 것 • 구토 증상이 행동과잉이나 식욕증진과 함께 나타나면 갑상샘 기능항진증 의심 • 먼 곳을 응시하거나 멍하게 있다면 간성 뇌증 의심 • 이전 다음다식 증상이 있었다면 당뇨성 케톤산혈증 의심
설사	• 설사와 체중 감소가 함께 나타난다면 위장관 문제로 볼 수 있음

나 첨가되는 물질 등에 따라 설사의 원인을 대략 유추할 수 있다. 단지 수분이 많아 변이 딱딱한 형태를 유지하지 못하는 경우도 있으며, 점액 물질이 분비되는 경우도 있다. 혹은 혈액이나 검은 변이 나오기도 하며, 아주 심한 설사의 경우 뜬물 같은 장액성 설사를 하기도 한다. 어떠한 형태로든 체내 수분이 설사로 과도하게 배출된다면 탈수가 발생할 수 있다. 작고 어린 동물인 경우 심하지 않은 설사라 할지라도 위험할 수 있다.

설사를 구분하는 방법으로는 설사의 발생 위치, 원인 등으로 구분할 수 있다. 설사 증상을 잘 이해함으로써 사료 등 음식 섭취에 문제가 있는지 혹은 다른 기저질환基底疾患이 있는 것인지를 판단할 수 있다.

🐾 어떤 질변의 원인이나 밑바탕이 되는 질병

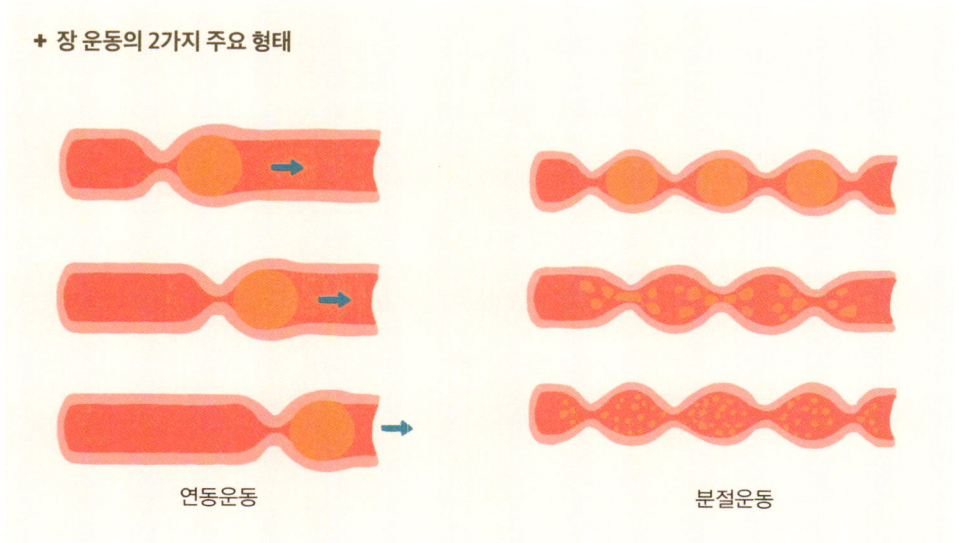

+ 장 운동의 2가지 주요 형태

연동운동　　　　　　　　　분절운동

화장실을 사용하는 고양이

위는 섭취한 음식을 기계적, 화학적으로 운동하면서 그것을 고운 죽 상태로 만든다. 이후 소량씩 십이지장으로 넘어가 소장에서 분절운동과 연동운동이 일어나면서 흡수되어 신체 각 기관으로 이동하며 영양분을 공급한다. 이후 흡수되지 못한 섬유소나 기타 음식물 찌꺼기가 대장으로 이동하면서 변으로 배출된다. 대장은 찌꺼기의 수분이나 소장 등에서 소화를 위해 배출된 체액을 다시 흡수하여 정상상태를 유지한다.

고양이 사이에선 드물지만 식중독이 일어나면 섭취한 식중독균이 독소를 발생시키거나 혹은 죽은 식중독균 자체가 독소의 역할을 하여 위장관을 자극해 심한 설사를 유발할 수 있다.

과식하는 경우라면 묽은 변을 배출할 수도 있는데 이런 경우는 제대로 소화시키지 못한 음식이 대장에서 수분 재흡수를 방해하여 발생한다. 또는 위장관에 감염을 일으키는 바이러스에 의해 소장 융모가 파괴되어 흡수 기능을 상실하고 혈액이 섞인 설사를 유발할 수 있다. 다른 만성질환으로 인해 위장관의 기능이 떨어지면서 설사 증상이 병행해 나타나는 경우도 있다.

설사는 소장성 설사와 대장성 설사로 나뉘는데 어느 정도 구분이 가능하다. 소장의 기능이 정상인데 대장성 설사가 나온다면 대부분 무른 변의 형태를 띨 것이다. 이는 대장의 주요 기능인 수분 재흡수에 이상이 생겨 발생한다. 대장성 설사는 대장의 수분 재흡수를 방해할 수 있는 지방이 과도한 경우나 과식 혹은 거친 섬유소나 소화하기 힘든 식재료를 쓴 저가 사료를 먹이는 경우에 발생

+ 소장성 설사와 대장성 설사의 구분

상태	소장성	대장성
점액 물질	거의 없음	흔하게 배출됨
혈변 배설	없음	선명한 붉은색의 혈액이 분변에 같이 나옴
분변의 성상	물설사(수양성)로 변이 많고 소화되지 않은 음식이나 지방 방울이 보일 수 있으며 냄새가 좋지 않음	수분 함량이 높아 형태가 잡히지 않는 분변. 점액이 섞여 나오기도 함
분변 형태	다양함	정상으로 보이거나 가늘게 나올 수 있음
지방변	소화되지 않은 지방 방울이 보이고 소화장애나 흡수장애가 있을 수 있음	없음
흑색변	혈액이 산화하여 검은 분변으로 보임	없음
배변 주기	정상보다 2~4배 횟수 증가	정상보다 3~5배 횟수 증가
배변 곤란	없음	있을 수 있음
이급후중 (裏急後重)	없음	있음. 자주 배변 자세를 취하나 정상적으로 배변하지 못함
식욕	염증성 장염인 경우 증가할 수도 있음	정상
꾸르륵 소리 (복명음)	있을 수 있음	없음

● 이질의 증상으로 배변하기 전에 배가 아프고 참기 어려운 경우로 배변을 하더라도 시원하게 보지 못하고 묵직한 느낌이 드는 증상

한다. 이런 경우 사료를 바꾸거나 사료의 양을 조절하면 대부분 좋아진다. 이러한 변화에도 불구하고 지속적인 설사가 발생하거나 주기성을 갖는다면 원충성 기생충을 의심해볼 수 있다.

소장성 설사는 소장 기능에 장애를 줄 수 있는 여러 원인에 의해 발생한다. 식중독 독소의 경우 소장의 수분 균형을 깨뜨려 설사 증상을 유발한다. 또는 기타 소장 등에 염증을 유발해 설사를 일으키거나 이물 등에 의해 소장벽의 손상이나 폐색이 발생하여 설사가 나타날 수 있다.

대장성 설사의 경우 대부분 식욕은 정상인 경우가 많으나 소장성 설사인 경우 식욕이 감소하거나 다른 증상과 함께 나타난다.

설사의 원인은 구토의 원인보다는 덜 다양하지만 탈수 증상으로 인해 더 위험할 수 있다. 사람이 콜레라에 걸린 경우 수시간 만에 심한 물설사 증상으로 사망할 수 있듯이, 고양이도 심한 설사는 생명에 위험할 수 있다. 심한 설사 증상을 일으키는 경우 동물병원에 빨리 방문해 탈수 치료를 받아야만 이로 인해 발생할 수 있는 합병증의 위험을 줄일 수 있다.

건강한 고양이의 갑작스런 설사

보통 과식을 하거나 소화하기 어려운 고지방식이거나 섬유소가 포함된 경우 발생할 수 있다. 보통은 하루에서 3일 이내 금식 4개월 이하는 12시간하여 위장을 정상화시킨다. 설사를 하면 사료를 소화하기 쉬운 것으로 교체해 7일 정도 먹이다가 기존 사료로 바꿔준다. 물은 정상적으로 먹도록 하면 된다. 건강하고 정상체중을 유지하는 고양이가 3주 이상 설사 증상을 보인다면 동물병원에 내원해 검사를 받아야 한다.

질병이 있는 고양이의 갑작스런 설사
설사로 인해 탈수 증상이 있다면 동물병원에 내원해 혈액검사를 통해 전해질이나 산염기의 이상이 있는지 확인한 후 수액 치료를 받아야 한다. 며칠간 식욕부진이 이어졌을 경우 장폐색도 의심해봐야 한다.

02
호흡기와 관련된 증상들

+ 비루(콧물)

고양이가 콧물을 흘리면 한쪽인지 아니면 양쪽 코에서 흐르는 것인지, 점도는 어떻게 되는지, 혈액과 함께 흘러내리는 것은 아닌지 확인해봐야 한다. 보통 콧물은 장액성, 점액성, 화농성, 점액화농성, 혈액성 등으로 구분한다. 장액성은 맑은 콧물이 나오는 경우며, 보통 코 점막의 자극으로 인해 생긴다. 상부호흡기질환의 1차적 증상이지만 보통 혀로 핥아버리기 때문에 간과하기 쉽다. 보통 흥분하거나 운동 후에 장액성 콧물이 나올 수 있으나 맑은 콧물이 계속 흐른다면 비강 점막에 지속적인 자극이 있다고 봐야 한다.

화농성은 누렇고 끈적이는 콧물이 나오는 경우며 코 점막 섬모의 외부 세균 제거 기능에 손상이 있음을 의미한다. 주로 세균 감염 등이 일어날 경우 발생한다. 점액화농성은 점액과 농성 물질이 같이 나오는 경우며 만성부비동염이 있을 때 나타난다.

혈액성은 코 점막의 손상으로 혈액이 다른 분비물과 섞여 나오는 것이고, 코피는 비강의 창상 등의 손상으로 피가 흐르는 상태이다. 콧물이 나올 때는 이런 특성을 파악하여 장액성 콧물일 경우는 고양이를 안정시킨 이후 하루 정도 경과를 보는 것이 좋으며, 더 심한 경우는 동물병원에서 진료를 받고 적절한 처방을 해야 한다.

+ **고양이 하부호흡계 해부도(고양이 천식)**
천식에 걸린 고양이는 기관지의 협착과 분비물 증가로 인해 기침과 호흡곤란 증상을 보인다.

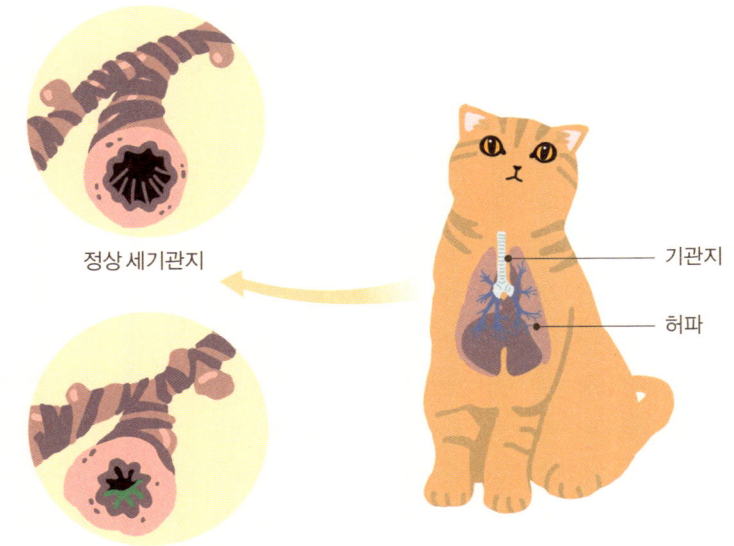

정상 세기관지

천식 환자의 세기관지

기관지

허파

+ 재채기

재채기는 콧속에 들어온 외부의 이물질, 먼지나 분비물 등을 밖으로 내보내려는 보호적 반사작용이다. 특히 코 점막의 자극은 신경말단을 자극해 재채기로 증상이 나온다. 재채기는 3단계로 진행되는데 흡입, 압축, 배출 순이다.

+ 역재채기

간혹 기침과 재채기 비슷한 행위를 계속할 때가 있다. 이는 거꾸로 하는 재채기 역재채기라고 한다. 이런 행동은 알레르기 자극이나 그것을 비강으로부터 제거하려는 과정으로 숨을 들이쉬고 내뱉는 패턴을 빠르게 반복한다. 이때 입은 다물고 있는 경우가 많고 코를 통해 공기를 내보내려고 한다.

보호자는 이런 행동을 목에 뭔가 걸려 숨을 제대로 쉬지 못하는 것이라고 생각할 수 있으나 역재채기에 해당한다. 일시적인 경우라면 진정시킨 후 경과를 지켜보는 것이 좋다. 만약 개에게 이런 증상이 발생하면 개를 안고 흥분을 진정시키고 코를 막으면 이런 행동을 빨리 멈출 수 있다. 역재채기는 질병이라고 보긴 어려우나 지속된다면 동물병원에 방문해 적절한 치료를 받아야 한다.

+ 호흡곤란

고양이에게 호흡곤란이 발생하면 호흡수가 증가하고 입을 벌린 상태에서 노력성 호흡을 하게 되며, 기면증이나 침울한 상태가 되고 웅크린 자세를 취하려 한다. 호흡곤

+ 흉수를 유발할 수 있는 기관

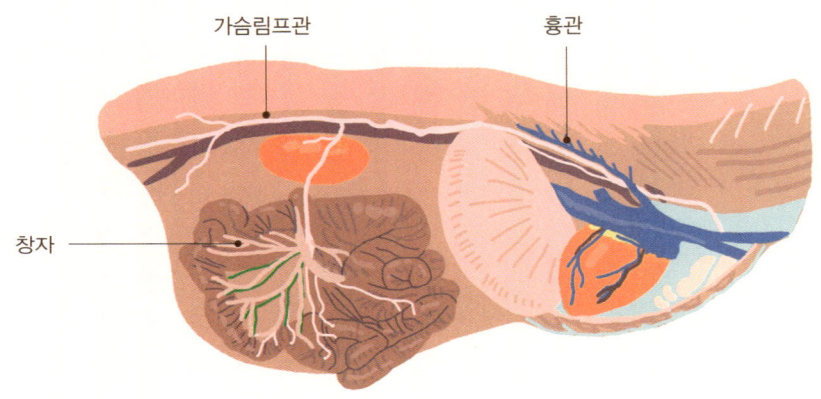

가슴림프관
흉관
창자

란을 일으키는 기전은 폐 공간이 줄어들거나 폐로의 공기 흐름이 막히는 경우다. 흉수에 염증이 생기거나 폐렴 등으로 인해 폐 확장이 막히는 경우 짧고 빠르고 얕은 호흡을 한다. 천식이나 후두 경련처럼 숨 쉬는 통로가 좁아지는 폐쇄성 질환인 경우 느리고 깊은 호흡을 한다.

상부호흡기 즉 목 부근의 폐쇄는 들이마실 때 노력성 호흡을 하게 되며, 폐 등의 하부호흡기의 문제가 일어나면 숨을 내쉴 때 힘들어 한다. 호흡곤란이 지속되면 체내 산소포화도가 급격하게 낮아져 점막이 창백해지고 기력이 점차 소실되며 저산소증으로 인한 합병증이 올 수 있다.

호흡곤란을 유발할 수 있는 대표적인 질환으로는 심장 질환으로 인한 폐수종, 흉수, 천식, 폐렴, 상부호흡기질

CHAPTER 2 두 뼘 더 이해하기 **고양이의 대표적 질병**

입을 최대한 벌려 기침하는 고양이

환 등이 있다.

+ 기침

개처럼 자주하진 않지만 고양이도 가끔 기침을 한다. 기침 역시 입안으로 들어온 자극물질을 외부로 배출하려는 정상적인 반응이다. 위장관에서의 구토 증상처럼 호흡기의 1차적 방어기전이라고 할 수 있다. 구토와 마찬가지로 기침은 의도적으로 뱉는 경우와 저절로 나오는 경우로 나뉠 수 있는데 동물 대부분은 의도적으로 뱉는 것보다 저절로 나오는 경우다.

고양이가 기침을 하는 주된 원인은 목을 자극한다거나 알레르기, 천식 혹은 폐렴, 폐수종 등 때문이다. 고양이가 기침을 하면 일단 입을 벌려 무언가에 의해 기도가 막히거나 걸려 있는지 살펴본 뒤 점막이 창백한지를 확인한다. 혹 볼 수 있다면 혀 뒤쪽까지 체크하는 것이 좋고 목 부근도 만져서 이물질 등이 만져지는지 확인한다.

기침 소리와 패턴은 발생 부위에 따라 달라질 수 있다. 마른기침은 입안 뒤쪽에 위치한 구강인두에서 나는 소리로 입안에 이물이 있거나 인두염, 점막이 증식해 돌출한 폴립♥, 구강이 다친 경우에 발생할 수 있다. 거칠고 쇳소리까지 나는 기침은 상부호흡계로 목구멍 아래에서 나는 소리다.

쇳소리가 난다는 것은 기침 이후 숨을 들이쉴 때 목구멍이 좁아졌다는 의미다. 후두염, 기관염, 후두 마비 때에도 이런 증상이 나타난다. 쌕쌕거리는 거친 기침은 천식과 만성기관지염이 있는 경우다. 흉부에서 나오는 듯한 습

♥ 점막에서 융기한 병변으로 원인이 무엇이든 주변보다 돌출되어 있으면 폴립이라고 한다.

하고 깊은 기침은 폐렴, 폐수종, 종양으로 인해 나타난다.

03
간질환과 관련된 증상들

+ 황달

황달은 몸과 눈이 누렇게 되는 질병으로 과도한 빌리루빈bilirubin의 침착으로 발생한다. 빌리루빈은 헤모글로빈hemoglobin과 같은 철분을 포함하고 있는 특수 단백질이 체내에서 분해되는 과정에서 생성되는 황색의 담즙색소다. 혈액 속에 빌리루빈 양이 비정상적으로 늘어나거나 간의 처리 능력에 문제가 생기면 황달 증상이 나타난다.

+ 복수, 문맥압 항진

복수는 혈액 속 액체 성분이 혈관 벽 밖으로 나와 뱃속

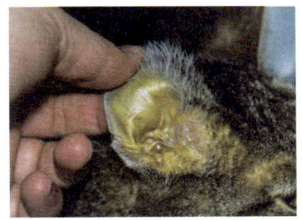

황달 증세를 보이는 고양이

+ 황달의 질병 원인

간전성 (肝前性)	헤모플라즈마증, 수혈 부작용으로 인한 용혈, 적혈구의 산화적 손상, 신생아 적혈구 용해증, 미소혈관성 용혈(파종성 혈관 내 응고, 혈관염 등), 면역 매개성, 패혈증, 적혈구 기생충, 고인산혈증
간성 (肝性)🐾	간지질증, 담관염/담관간염, 간 아밀로이드증, 간 괴사, 감염성 질병, 간흡충, 약물, 다낭성 간질환, 부종양 증후군, 종양
간후성 (肝後性)	췌장염, 종양, 담도 및 담낭 파열, 담도계 농양/육아종, 담석증

🐾 어떤 병이 간 기능의 장애 때문에 생기는 성질

+ 복수액의 특성에 따른 진단

복수액	성상	원인
여출액	색이 옅은 맑은 액	저단백혈증, 문맥압 항진, 좌심부전
변형 여출액	맑고 노란색	좌심부전, 문맥압 항진, 염증질환(췌장염, 림프구성 담관염), 복막염바이러스 감염, 종양
삼출액	혼탁하고 화농성, 혈액성	염증(췌장염, 림프구성 담관염, 감염성 복막염), 종양
유미	혼탁한 우윳빛	종양, 림프성 질환, 창상, 우심부전, 지방조직염
소변	소변색	방광 파열 등
담즙	오렌지, 노랑에서 녹색까지	담도계 파열
혈액	붉은색	혈관 파열, 종양, 응고 장애, 아밀로이드증

+ 복수를 유발하는 주요 원인들

복수 유발 질병	원인 질병
복강 종양 (성묘에서 발생)	복강 장기의 선종 및 암종
복막염	고양이복막염바이러스 감염증, 췌장염, 세균성 복막염, 유미성 복막염
울혈성 심부전 (간전성 복수)	확장성 심장근육병증, 비후성 심장근육병증, 선천성 심장병
저알부민혈증	만성 간질환, 신장질환, 단백소실성 장질환, 영양실조
출혈성	항응고제(쥐약 등), 창상, 수술

복강에 고인 것을 말한다. 대부분 간경화증이 원인이며 그밖에도 암이나 우심부전증, 결핵성복막염, 신증후군 nephrotic syndrome💊 등으로 인해 복수가 발생한다. 복수의 대표적 증상으론 배가 부풀어 오르는 것이며 불러 나온 배로 인해 호흡곤란이 생기기도 하고 복압이 상승되면 탈장이 생길 수도 있다. 또 소변의 양이 줄어들기도 한다. 한편 몸속에 나트륨이 쌓이면 복수 증상이 나타나기도 하므로 염분의 섭취를 제한하고 이뇨제를 복용해 치료할 수 있다. 또는 주사로 복수를 뽑아내는 치료도 병행할 때가 있다.

💊 다량의 단백뇨와 저알부민혈증, 부종, 고지질혈증 등의 증상이 나타나는 질환

+ 빈혈

빈혈은 적혈구의 숫자가 감소하면서 어지럼증을 유발하는 증상이다. 빈혈은 재생성 빈혈과 비재생성 빈혈로 나뉜다. 재생성 빈혈은 적혈구 출혈과 용혈溶血💊 등으로 발생하고, 비재생성 빈혈은 골수나 체내 다른 질환으로 적혈구 생성이 억제되면서 발생한다. 빈혈을 유발하는 원인은 광범위하며 다른 질환의 한 증상으로도 많이 나타난다.

💊 적혈구의 세포막이 파괴되어 그 안의 헤모글로빈이 혈구 밖으로 나오는 현상을 말한다.

04
위장과 관련된 증상들

+ 다뇨증과 다음증

다뇨증은 오줌을 많이 배출하는 증상이며 다음증은 물을 많이 먹어 생기는 증상이다. 대부분 다뇨증에 걸리면 수분을 보충하기 위해 물을 많이 먹는다. 다뇨증과 다음증은 동반되며 당뇨나 만성신부전, 갑상샘기능항진증에 걸리면 이런 증상이 나타난다.

+ 다음증의 원인들

생리적	건사료 급여 같은 식이 변화
내분비	갑상샘기능항진증(음수량이 약간 늘어나는 정도), 당뇨(음수량 증가가 분명)
신장	만성신부전(신부전의 단계에 따라 다름), 신우신염
전해질 이상	고칼슘혈증, 저칼륨혈증, 저나트륨혈증
보상성 다음증	위장관 소실(구토, 설사 등), 호흡기 소실(입을 벌리고 숨을 쉬는 경우 수분 소실), 피부를 통한 수분 발산(그루밍, 삼출물 등), 체강 내 체액 유출
의인성	이뇨제 투여, 염류 보충

건강한 고양이의 하루 음수량은 20~50ml/kg 정도다.

건강한 고양이의 하루 음수량은 20~50ml/kg 정도인데 고양이가 100ml/kg 이상의 물을 먹으면 다음증으로 진단한다. 습식 사료를 먹게 되면 음수량이 적어지지만 그루밍을 할 경우 털에 침을 묻히기 때문에 수분 섭취가 늘어난다. 이때 물로 수분을 보충하는데 과도한 경우 다음증에 걸릴 가능성이 높다. 활동성이 활발해지면 음수량에도 영향을 미친다.

+ 소변 색 변화

소변 색을 통해 간단한 질병을 확인할 수 있다. 다만 고

소변의 색에 따라 질병 유무를 판단할 수 있다.

양이는 화장실을 사용하기 때문에 소변의 색을 정확하게 판정하기는 어려울 수 있다. 다른 행동적 변화, 즉 화장실에 있는 시간이 늘어나거나 소리를 지르는 등의 변화가 있는 경우 소변 색을 확인하는 것이 좋다.

소변의 색이 노래질수록 농도가 짙어진 것이다. 음수량이 늘어나면 소변 양이 증가하고 농도도 희석된다. 이럴 때 소변 색은 묽은 노란색이나 무색이다. 약물이나 독성물질을 섭취했을 경우 소변 색은 푸른색이거나 녹색이다. 소변의 색이 붉거나 오렌지색, 파란색, 갈색, 흑색 등 등이 나오면 고양이 건강에 문제가 생긴 것으로 판단하고 동물병원에서 진찰을 받는 것이 좋다.

소변 색이 붉으면 혈액이나 헤모글로빈, 근색소, 빌리루빈이 포함된 것이고, 소변 색이 혼탁하거나 하얀색이라면 농이나 지질 등이 포함된 것이다.

CHAPTER 2　두 뼘 더 이해하기 **고양이의 대표적 질병**

+ 소변 색깔에 따른 이해

소변의 상태와 원인		
	평소의 소변	정상
	옅은 색	신장질환 유무 확인
	혈뇨	하부요로계 질환 유무 확인

CHAPTER 3

세 뼘 더 이해하기

고양이 영양학

1 고양이의 독특한 영양학

우리가 키우는 집고양이는 고양잇과에 속해 있는 육식동물이다. 육식목 안에서도 먹이의 종류 및 패턴이 굉장히 다양하다. 갯과 동물은 고기와 식물 등을 함께 먹는데 고양잇과는 고기만 먹는다. 고양이는 고대 야생고양이의 습성과 식습관을 거의 그대로 유지하고 있는 편이다. 고양이는 쥐나 새, 개구리, 곤충 등 작은 생물을 잡아먹지만 자기보다 몸집이 큰 육식동물에게 잡혀먹는 중간 포식자다. 고양이는 먹잇감이 대부분 야행성이라 밤에 주로 활동하며 경계심이 강하다. 이러한 생존 방식은 고양이의 행동이나 몸에 고스란히 녹아 있다.

고양이의 휴식 권장 칼로리는 체중이 4kg일 때 약 200kcal 정도다. 활동성이 강하면 250kcal 정도 필요하다. 고양이가 가장 흔하게 잡을 수 있는 쥐는 한 마리당 에너지 양이 30kcal 정도이니 대략 8마리를 먹어야 한다. 보통 고양이들은 7~20회 정도 음식을 먹는다. 사냥 본능이 강해 먹다가도 먹잇감이 나타나면 사냥 행동을 취하며 사냥이 끝나면 먹잇감을 그대로 놔둔 채 이전에 먹던 먹이를 먹기도 한다.

01 고양이의 음식 기호성

먹잇감에 대한 고양이의 선호도는 본능적이며 후천적이다. 고양이의 미각은 고기에 특화되어 있다. 고양이의 먹이 선호도는 어미의 임신과 수유 기간 동안 먹었던 음식물과도 관계가 있다. 새끼 때 어미의 먹는 행동을 따라 해보면서 적절한 먹이를 선택하는 것이다. 즉, 고양이의 음식 기호성은 태어난 후 6개월 동안 경험했던 식감과 향에 의해 정립된다. 새끼 때부터 고양이를 키우는 보호자는 다양한 사료 및 음식에 잘 적응할 수 있도록 이 시기 다양한 향과 식감을 주어 편식하지 않도록 하는 것이 좋다. 음식의 냄새와 향, 질감은 고양이의 식습관에 중요한 역할을 한다.

고양이가 가장 강하게 반응하는 맛봉오리는 단백질을 이루는 아미노산의 감칠맛이고, 아무 반응이 없는 맛은 단당이나 다당류에 나는 단맛이다. 아미노산이라고 할지라도 좋아하는 맛과 싫어하는 맛으로 나뉘는데 보통 물에 잘 녹는 산성의 아미노산에는 프롤린proline, 시스테인cysteine, 오르니틴ornithine, 라이신lysine, 히스티딘histidine, 알라닌alanine 등의 성분이 감칠맛을 돋우기 때문에 좋아한다.

반면 아르기닌arginine, 류신leucine, 아이소루신isoleucine 등의 아미노산에는 쓴맛이 있어 싫어한다. 신맛에는 인산Phosphoric acid, 카복실산carboxylic acid, 핵산nucleic acid 등

고양이가 강하게 반응하는 맛은 아미노산의 감칠맛이다.

CHAPTER 3   세 뼘 더 이해하기 **고양이 영양학**

의 성분이 들어 있는데 단인산염 뉴클레오티드Nucleotide는 죽은 먹잇감에 축적되는 성분으로 고양이는 이 맛을 회피한다. 고양이는 설탕이나 당에 대한 맛봉오리가 없는 편이며 음식의 온도는 자신의 체온 정도가 될 때 가장 좋아한다. 15도 이하나 50도 이상의 음식은 좋아하지 않는다.

고양이의 음식 선호도는 동물성 단백질 함량과 관계가 깊어 간이나 피, 붉은 고기, 지방 등을 좋아한다. 건사료의 표면에 묻는 지방은 향을 증진시켜 고양이의 선호도를 높일 수 있으나 향보단 질감에 더 민감하기 때문에 향이 좋다고 무조건 좋아하는 것은 아니다.

야자유나 팜핵유에 많이 함유된 중간사슬지방산medium chain fatty acid에 대해선 거부감을 나타내며 생고기와 비슷한 질감의 습식 음식을 좋아한다. 다만 오랜 세월 건사료만 먹은 고양이의 경우는 그것만 먹으려 하는 경향이 있다. 만약 음식을 먹을 때 스트레스를 받으면 나중에 그 음식을 먹지 않으려고 한다.

02
고양이와 개의 신체적 차이

고양이는 완전 육식동물로 생존하기 위해 신체기관의 진화를 거쳐왔다. 그래서 작은 먹잇감을 전문으로 사냥하는 동물로 남아버렸다. 고양이의 귀는 쥐가 내는 높은 톤의 음에 민감해졌으며, 뇌는 큰 시각피질을 가지고 있어 작고 빠른 물체의 움직임을 알아채는 능력이 빠르다. 고양이의 치아는 고기를 분쇄하는 것보다 찢는 데 특화되어 있으며, 그중 송곳니는 먹이가 빠져나가지 못하게

+ **개와 고양이의 소화 기관**
　고양이는 단백질과 지방이 대부분인 작은 동물을 먹기에 잡식성인 개에 비해 장의 길이가 **짧다**.

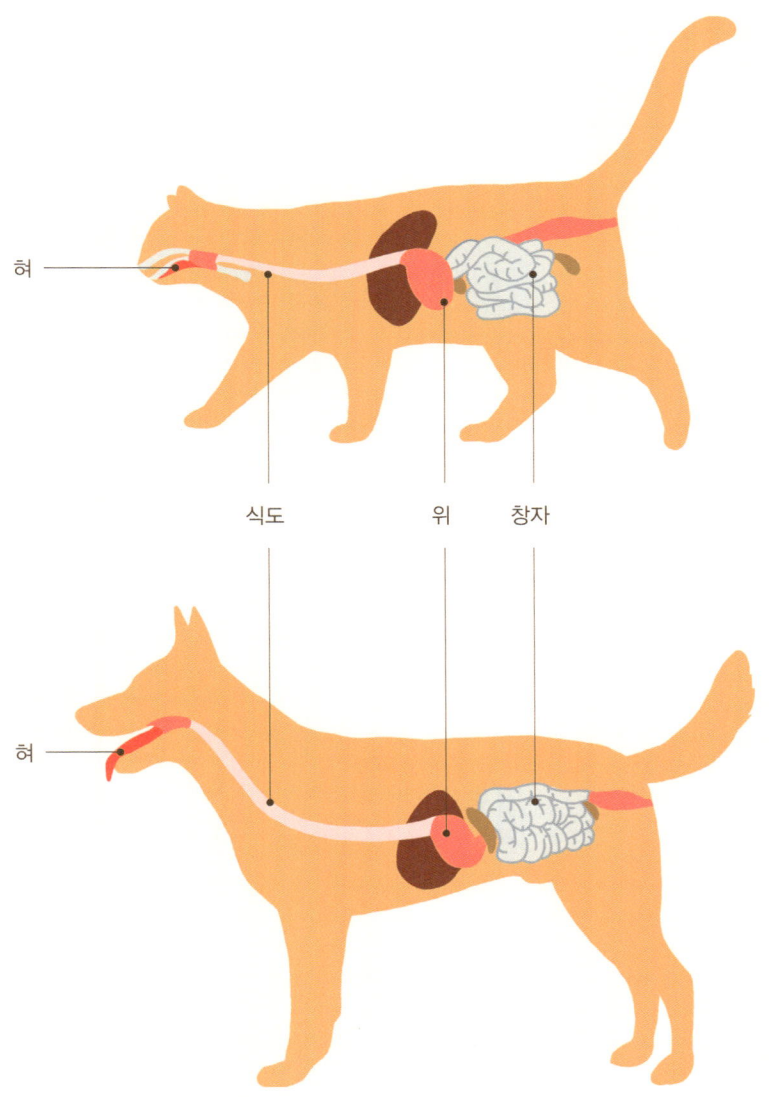

고양이의 위는 개보다 3분의 1 정도가 적다.

하는 역할을 한다. 고양이는 소량씩 자주 먹는 패턴이기 때문에 개보다 위의 용량이 적고 침에는 아밀라제 성분이 부족하다. 고양이의 최대 위 용적은 45~60ml/kg이며 개는 90ml/kg으로 3분의 1 정도가 적다고 할 수 있다.

장의 길이는 소화와 흡수에 걸리는 시간에 영향을 미치는 요소 중의 하나이다. 고양이는 주로 단백질과 지방이 대부분인 작은 동물을 먹기에 잡식성인 개에 비해 장 길이가 짧다. 고양이는 몸 대비 장의 길이가 1대 4이며, 개는 6대 4, 사람은 7대 1 정도, 초식류인 말은 12대 1 정도 된다. 고양이는 주로 고기류를 먹기 때문에 아미노산을 통해 대부분의 혈당을 만들어내며 인슐린은 단백질 섭취 시 강하게 분비된다. 고양이는 각 세포의 대사에너지를 혈당을 통해 공급받는데 이 혈당의 유지는 아미노산의 혈당 전환을 통해 이루어진다. 그래서 고양이 경우 먹이를 먹는 동안에도 혈당을 만들어낸다. 만약 고양이가 먹이를 먹지 못하면 자신의 몸의 단백질을 분해해 혈당을 만들어내기 때문에 살이 빠진다. 개의 경우 제대로 먹지 못하면 1차적으로 체내 축적한 글리코겐^{glycogen} 및 지방 등을 이용하나 고양이는 그러하지 못하다.

아픈 고양이의 경우 제대로 먹지 못한다면 몸에서 필수적으로 일어나야 하는 면역반응이나 몸의 재생 치유가 굉장히 느려진다.

고양이는 아미노산이 풍부하게 함유되어 있는 쥐의 근육을 섭취함으로써 필수아미노산을 체내에서 합성할 필요가 없지만 쥐를 먹지 못하면 그것이 부족해져 몇 가지 질병이 발생할 수 있다.

03 고양이의 하루에너지요구량

고양이의 하루에너지요구량DER을 구하기 위해서는 먼저 몇 가지에 대해 알아야 한다. 대부분의 시간을 집안에서 생활하는 고양이의 경우 에너지를 기초대사에 쓴다. 기초대사량은 생명 유지에 필요한 최소의 열량을 말하는데 이를 휴식대사량resting energy requirement, RER이라 한다. 이를 기초로 하여 고양이에게 얼마를 먹여야 하는지 알려면 먼저 체중당 칼로리 요구량을 확인해야 한다. 지방조직의 경우는 칼로리 소모량이 거의 없으므로 과체중인 경우는 정상체중으로 환원하여 계산한다. 보통은 아래와 같다.

$$RER(kcal/day) = [고양이\ 몸무게(kg)]^{0.75} \times 70$$

$$RER(kcal/day) = [고양이\ 몸무게(kg) \times 30] + 70$$

2가지 계산 방식을 활용할 수 있는데 4.5kg의 고양이는 하루 217kcal 정도가 필요하다. 이상적 체중의 지방 함량

하루에너지요구량은 활동성, 중성화 여부, 나이에 따른 인자를 곱해 구한다.

은 20% 정도고, 비만인 경우 체지방이 40~45% 정도다. 체지방이 45%인 6.8kg의 고양이의 경우 이 고양이의 적정 체중은 체지방 25%를 뺀 4.7kg이다.

이후 활동성, 중성화 여부, 나이에 따른 인자를 곱하여 하루 사료량을 구할 수 있다. 고양이 사료의 분석표엔 보통 kg당 칼로리가 표시되어 있으므로 이것을 기준으로 계량하면 된다. 일단 휴식대사량을 계산하고 나이 활동성, 중성화 여부 등으로 하루에너지요구량을 계산하는 것이 좋다.

+ 고양이의 하루에너지요구량
(앞에서 구한 휴식대사량을 곱하여 칼로리를 구한다.)

상태		휴식대사량 × 인자
중성화 안 한 경우		1.4~1.6
중성화 한 경우		1.2~1.4
비만 시		1
체중 조절 시		0.8
중년		1.1~1.4
노령		1.1~1.6
임신 시		1.6~2
수유 시		2~6
성장기 성묘가 되었을 때 예상 체중	50% 이하 시	3
	50~70% 시	2.5
	70% 이상 시	2
활동적		1.8~2.5

+ 고양이의 신체와 근육 상태 평가

체형과 특징		
지나치게 마른 체형		• 멀리서 고양이의 늑골과 요추, 골반뼈가 보인다. • 꼬리와 척추, 늑골에서 지방이 만져지지 않는다. • 근육량이 줄었다. • 옆에서 보면 복부가 움푹하게 들어갔다. • 고양이 위에서 보면 뚜렷한 모래시계형이다.
조금 마른 체형		• 늑골이 보인다. • 늑골, 척추, 꼬리에 지방이 만져진다. • 옆에서 보면 복부가 살짝 들어갔다. • 고양이 위에서 보면 등에서 허리까지 모래시계형이다. • 복부에 지방이 없다.
적당한 체형		• 겉으로 보기에는 늑골과 척추가 잘 보이지 않지만 손으로 만질 수 있다. • 허리와 복부의 뚜렷한 선이 보인다. • 복부에 약간의 지방이 있다.
조금 뚱뚱한 체형		• 늑골과 척추를 만지기 어렵다. • 허리와 복부에 선이 드러나지 않는다. • 복부가 커졌다.
지나치게 뚱뚱한 체형		• 늑골과 척추를 만질 수 없다. • 흉강, 척추, 복부에 지방이 많다. • 복부가 크고 둥글어졌다.

04 고양이의 식사

고양이의 먹이 형상은 습식형과 건식형 등으로 나뉜다. 건사료의 경우 칼로리 밀도가 높고, 탄수화물을 많이 함유하고 있으며 맛이 좋다. 다만 자율급식을 하는 고양이는 비만이 될 수 있다. 습식 형태의 캔 사료는 수분이 풍부해 물을 잘 먹지 않는 고양이에게 수분을 섭취할 수 있게 하고 포만감을 줄 수 있으나 가격이 비싼 편이다. 우리나라에서 행해지는 사료의 형태는 미국 사료관리협회 Association of American Feed Control Officials, AAFCO에서 동물사료에 대한 표준 및 규제 등을 정한 바에 따른다.

+ 새끼고양이의 식사

갓 태어난 새끼고양이에겐 어미의 초유를 먹이는 것이 좋다. 애묘인이 어미와 새끼를 함께 키우고 있다면 어미의 젖을 직접 짜 스포이트로 새끼에게 먹이면 된다. 초유에는 풍부한 이행항체가 함유되어 있어 생후 40일 이전 질병 저항력 향상에 도움이 된다.

만약 함께 생활하고 있지 않다면 대용 유제품을 선택해야 한다. 가장 쉽게 구매할 수 있는 것이 고양이 전용 분유다. 단백질 함량이나 영양소가 새끼고양이에 맞춰져 있고 액체 분유도 나와 있기 때문에 좋은 선택이 될 수 있다. 다른 하나는 농축 우유를 먹일 수 있는데 이때는 사람이 먹는 것보다 2배 진한 농도로 먹여야 한다. 일반 우유나 양젖은 새끼고양이에게 너무 묽기 때문이다.

고양이와 개의 젖은 다량의 지방과 약간의 유당, 적당량의 단백질이 함유되어 있는데 우유나 양젖은 다량의 유당과 약간의 단백질이 함유되어 있고 열량의 밀도가 고

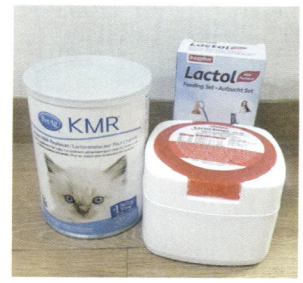

고양이 분유

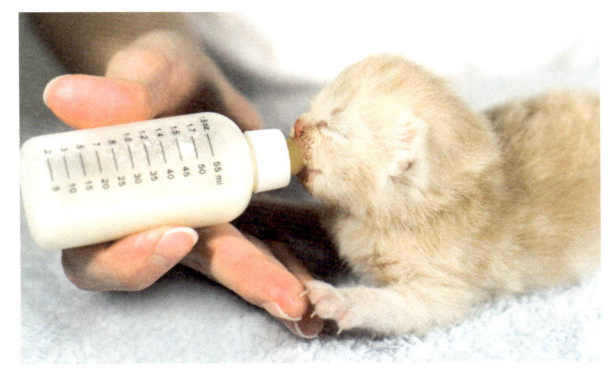

새끼고양이는 초유를 먹는 것이 가장 좋으나 그렇지 못할 경우 고양이 전용 분유를 먹이는 것이 좋다.

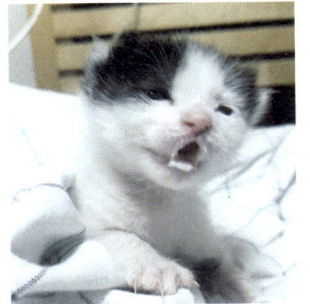

새끼고양이에게 우유나 양젖을 먹이면 영양이 결핍되고 성장 속도도 느려진다.

양이나 개의 젖보다 낮다. 고양이에게 우유나 양젖을 먹이면 영양이 결핍되고 성장 속도도 느려진다. 또한 우유와 양젖에는 유당이 많이 함유되어 있어 새끼고양이가 설사하기 쉽다. 임상으로 관찰한 결과 농축 우유를 먹이는 것보다 고양이 전용 분유를 먹이는 것이 체중이나 성장에 안정적이었고 설사도 하지 않았다.

새끼고양이가 생후 3~4주령이 되면 6~9주령까지가 이유기다. 이유기 초기에는 습식이나 물에 불린 건사료를 급여한다. 이유기 첫 2주령까지 초유나 고양이 분유를 먹이고, 5~6주령이 되면 조금씩 고형 사료를 급여한다.

이유기가 끝나면 성장에 맞는 사료를 먹어야 한다. 5개월령까지는 성장기로 자율적으로 양껏 먹게 해도 괜찮지만 5개월 이후에는 칼로리 조절이 필요하다. 중성화 수술을 받은 수컷은 중성화 수술을 받지 못한 수컷에 비해 칼로리가 28% 정도 덜 필요로 하며, 암컷의 경우는 33%가 줄어든다. 10개월령 정도 되면 성묘 체중에 도달하는데 이때 성묘용 사료로 바꿔줄 수 있다.

+ 임신기간의 식사

암컷 고양이가 임신을 하면 칼로리를 조금씩 늘려 체중을 안정적으로 늘려줘야 한다. 이때는 새끼고양이용 사료를 먹이는데 이 사료의 영양 성분이 비율 면에서 균형이 잘 잡혀 있기 때문이다. 고양이가 임신하면 미네랄과 비타민도 따로 챙겨줘야 한다.

+ 중년과 노령묘의 식사

고양이가 7살 정도 되면 중년으로 본다. 그러나 대사나 소화상의 변화는 그 이후에 나타난다. 그래서 11살 정도를 중년으로 보고 15살 즈음을 노령 단계로 본다.

대부분의 동물은 나이가 듦에 따라 하루에너지요구량이 줄어드는 것에 비해 나이 든 고양이의 경우는 오히려 체중을 유지하기 위해 더 많은 칼로리를 필요로 한다. 그리

임신한 암컷고양이에게는 새끼고양이 사료를 먹일 뿐만 아니라 미네랄과 비타민도 챙겨 먹여야 한다.

고성묘와 노령묘의 활동량은 크게 달라지지 않는다.
더불어 나이 든 고양이는 단백질과 지방의 소화 능력이 줄어드는데 12살 이상의 고양이 30% 정도는 소화기의 지방 흡수가 감소했고, 20% 정도는 단백질 소화 흡수가 줄어들었다. 감소된 소화 흡수 능력은 다른 영양소, 비타민과 미네랄의 흡수 저하를 가져올 수 있다. 그래서 나이 든 고양이는 그것을 보충하기 위해 더 많은 음식을 먹으려 하는 경향이 생긴다.
중년과 노령묘가 적절한 영양 섭취를 유지하기 위해선 개별 고양이에 대한 평가가 필요하다. 건강검진을 통해 별 다른 질환이 없는 상황에서 체중만 감소한 노령묘의 경우 소화하기 쉽고 칼로리 밀도가 높은 음식을 주어야 한다. 나이 든 고양이는 노묘용 사료를 먹어야 하는데 부득이하게 노묘용 사료를 구매하지 못하면 새끼 때 먹었던 성장기용 사료를 주는 것도 무방하다. 다만 성장기용 사료를 먹이면 비만이 되기 쉬우니 주의해야 한다. 건강한 노령묘에게 신장질환이 없다면 단백질 제한을 할 필요는 없다.
고양이의 비만은 주로 5~10살 정도, 즉 성묘가 되면 나타나는데 11살쯤 되면 비만률이 급격하게 줄어든다. 7살 이상의 고양이를 위한 시니어용 사료는 체중을 줄이려는 의도로 만들어진 것이다. 그렇기 때문에 노령묘에게 시니어용 사료는 적절하지 않다. 요즘 고양이의 수명이 늘어나는 추세라 중년이나 노령묘의 영양도 알아두는 것이 좋다.

05 고양이의 주요 에너지원 단백질

고양이의 에너지원은 단백질과 지방이다. 단백질을 섭취해 필수아미노산을 얻고, 지방을 섭취해 필수지방산을 얻어 에너지의 수요를 맞춘다. 그 후 다른 영양분을 고루 섭취한다. 단백질의 필수아미노산은 고양이에게 매우 중요한 영양원이다. 단백질은 체내에서 아미노산으로 분해된 후 흡수된다. 단백질의 영양가는 그 속에 함유된 아미노산의 종류와 양에 의해 정해지는데 아미노산은 체내에서 다른 아미노산으로 만들어지는 것과 체내에서 합성되지 않고 음식으로 섭취되어야 하는 것이 있다.

+ 필수아미노산

고양이는 음식을 섭취함으로써 단백질을 통해 필수아미노산을 얻는다. 고양이가 섭취해야 할 필수아미노산은 아르기닌, 히스티딘, 아이소류신, 류신, 라이신, 메티오닌methionine, 페닐알라닌L-phenylalanine, 트레오닌threonine, 트립토판tryptophan, 발린valine이며 시스테인으로부터 합성할 수 없는 타우린을 추가적으로 섭취해야 한다.

새끼고양이를 위한 단백질 요구량은 강아지에 비해 1.5배 높다. 그래서 질소 함량이 높은 고단백의 사료를 먹어야 한다. 단백질이나 다른 성분으로부터 발생한 질소 대사산물은 간에서 요소회로를 통해 제거된다. 대부분의 잡식동물은 저단백 음식을 먹어 아미노산 분해에 관여하는 효소 농도를 줄임으로써 아미노산들을 보존하려 한다. 고양이의 경우 저단백의 사료를 섭취하면 아미노산 이화작용🐾과 요소회로🐾에 관여하는 효소가 낮아지고

🐾 생물의 조직 내에 들어온 물질이 분해되어 에너지원으로 사용되는 일로 호흡도 이화작용에 속한다.

🐾 요소는 포유류의 오줌에 들어있는 카보닐기에 2개의 아미노기가 결합된 화합물이고, 요소회로는 포유류의 간에서 요소로부터 암모니아를 합성하는 화학 반응 경로다.

> 아미노산이나 지방과 같은 비탄수화물로부터 포도당을 형성하는 일이다.

그것을 조절하는 능력도 떨어진다.

특히 단백질은 당신생작용●에 지속적으로 이용된다. 고양이가 야생에서 생활하는 경우 탄수화물을 먹을 일이 거의 없기 때문에 주로 단백질을 이용해 포도당을 얻었다. 다른 동물의 경우 음식을 먹고 나면 몇 시간 후에 영양소를 포도당으로 바꾸는데 고양이는 음식을 먹고 난 직후 바로 시작되며 항시적으로 혈당을 유지하기 위해 당신생작용을 계속한다. 그래서 혈중 암모니아 수치를 높이지 않고 신체 활동을 위한 에너지를 만들어낼 수 있는 것이다.

+ 아르기닌

아르기닌은 오줌을 통해 질소를 배출해주는 기능을 하는 요소회로에 꼭 필요한 아미노산이다. 아르기닌이 없는 음식은 고양이 건강에 나쁜 영향을 미칠 수 있다. 아르기닌이 부족해진 고양이는 구토, 과도한 침 흘림, 과다한 활동, 지각 과민 등이 나타나다가 암모니아 중독으로 인해 죽음에 이를 수도 있다. 고양이 체내는 아르기닌을 합성할 능력이 없기 때문에 아르기닌이 함유된 음식을 섭취하지 않으면 요소회로가 원활하게 작동할 수 없어 심한 암모니아혈증이 일어난다. 다만 동물의 근육조직 등엔 아르기닌 성분이 높아 육식동물은 별도의 합성이 필요 없다.

+ 메티오닌과 시스테인

황 성분을 가지고 있는 아미노산인 메티오닌과 시스테

인은 고양이가 섭취해야 할 영양원이다. 메티오닌은 단백질 합성에 필요한 아미노산이며, 시스테인은 단백질의 구성요소로 털이나 피부의 중요 구성 성분이다. 시스테인은 황을 포함한 황 산화물로 펠리닌felinine을 합성하기 위한 전구체이기도 하다. 펠리닌은 고양이 소변에서 보이는 아미노산으로, 이것의 생물학적 기능은 완전히 밝혀지진 않았으나 페로몬으로서 영역 표시의 기능을 하는 것으로 보인다. 2개월 이상부터 나타나며 수컷에서 고농도로 나타난다. 풍성한 털과 페로몬 표시를 하기 위해선 황이 함유된 아미노산이 많이 필요하다.

+ 타우린

타우린은 아미노산의 일종으로 세포의 전해질 균형 유지, 세포 내 미네랄 조절, 쓸개즙 생성, 면역체계 유지 및 항산화 등의 기능을 하는데 고농도의 타우린은 뇌, 망막, 심장, 근육 등에 집중되어 있다.

많은 포유류는 쓸개즙 합성을 위해 글라이신glycine이나 타우린을 이용하는데 개와 고양이는 타우린만 이용해 담즙산을 중합한다. 개는 시스테인에서 타우린을 충분히 합성할 수 있으나 고양이는 그 양으론 충분하지 않아 음식물로 섭취해야 한다. 타우린 결핍은 확장성 심근증, 망막변성, 생식 실패를 일으킨다. 고양이의 경우 타우린을 체내에서 합성하는 것보다 근육에 풍부하게 함유되어 있는 작은 동물을 사냥해 먹는 것이 더 쉽기 때문에 그 기능이 점점 퇴화한 것으로 보인다. 그 결과 현재 거의 체내 합성을 하지 못하게 진화되었다.

● 단맛이 나는 무색 결정의 아미노산으로 젤라틴 등 동물 단백질에 많이 함유되어 있다.

06 고양이의 필요 에너지원 탄수화물

고양이는 다른 포유류와 마찬가지로 3가지 주요 영양소의 산화를 통해 에너지를 얻는다. 고양이는 육식동물이라서 탄수화물이 없는 먹이만 먹어야 한다고 생각하나 고탄수화물 사료에도 즉각적으로 적응할 수 있다.

고양이가 고탄수화물 사료에 적응하기 어려울 것이라고 생각하는 생화학적 이유는 세포 내 포도당을 인산화하는 데 필요한 글루코키나아제glucokinase와 침 속에 아밀라제 효소가 부족하기 때문이다.

탄수화물은 소장을 통해 혈당이라는 형태로 체내에 들어온다. 체내에 들어온 혈당은 간문맥을 통해 1차적으로 간을 통과하고 간세포와 췌장의 베타 세포에 분포하고 있는 글루코키나아제를 통해 인산화 작용을 한다. 하지만 고양이의 경우 위의 능력이 떨어져 탄수화물만 섭취하게 되면 소화 장애가 일어난다.

그래서 고양이는 주로 단백질을 주요 에너지로 삼는 것이다. 탄수화물로 얻을 수 있는 혈당이 부족해지면 근육 등에 있는 단백질을 대사해 혈당을 만들어낸다. 하지만 탄수화물을 적당하게 섭취하면 단백질 이화작용을 보완할 수 있다.

식이 탄수화물은 여러 가지 형태로 나뉘는데 대표적인 것이 단당류, 전분, 식이섬유 등이 있다. 전분의 경우 적절한 공정으로 잘 익히면 고양이가 소화하는 데 무리가 없다. 과당이나 갈락토스galactose 같은 단당류를 과잉섭취하면 소화기 대사에 무리를 줄 수 있으니 소량만 섭취하는 것이 좋다. 다만 적절한 공정을 거친 전분은 90% 이상의 소화율을 보이고 대사도 쉬워 적절하게 섭취하면 건강

● 생물체가 몸 밖으로부터 섭취한 영양원을 몸 안에서 분해하고 합성해 생명 활동에 필요한 물질이나 에너지를 생성한 뒤 필요하지 않은 물질을 몸 밖으로 내보내는 작용이다.

을 유지하는 데 도움이 될 것이다.

+ 집고양이에게 탄수화물이 필요한 이유

포유류는 탄수화물로 흡수된 포도당을 에너지로 사용한 이후 남은 것은 글리코겐glycogen, 당원 형태로 간이나 근육에 저장된다. 저장된 글리코겐은 혈당이 떨어지면 해당과정*을 통해 혈중 포도당 농도를 높이고, 여기서 남는 포도당은 지방으로 전환된다. 동물의 세포는 포도당을 1차 에너지원으로 사용하는 것이다. 특히 뇌의 경우 절대적으로 포도당이 필요하다.

하지만 고양이는 주로 단백질을 섭취하는 육식동물이기 때문에 탄수화물이 부족하면 단백질을 통해 포도당을 만든다. 그래서 고양이는 탄수화물을 꼭 섭취하지 않아도 된다고 말하는 것이다.

하지만 집고양이로 진화하면서 사냥을 통해 다른 동물의 근육을 섭취하지 못하게 되면 고양이는 자신의 근육을 통해 포도당을 만든다. 만약 고양이가 점점 마르고 있다면 단백질이 부족하다는 지표가 된다. 그렇기 때문에 집고양이의 경우 탄수화물 섭취는 꼭 필요하다.

고양이 사료로 탄수화물 함량이 높은 제품을 선택하는 것이 좋은데 탄수화물로 당신생작용을 하므로 단백질 분해가 감소되기 때문이다.

+ 탄수화물이 고양이의 비만을 유도한다고?

비만의 주된 원인은 과식 때문이다. 다만 지방 성분은 다르게 해석할 수 있는데 한 연구에 따르면 지방 함량이 높

* 동물의 여러 조직에서 산소 없이 포도당을 분해해 에너지를 얻는 대사과정이다.

은 사료의 경우 기호성이 좋아져 비만 가능성을 높였다고 밝혔다. 고양이의 비만을 예방하기 위해선 애묘인은 사료 100g당 칼로리를 확인하는 것이 좋다. 탄수화물보단 지방 함량이 높은 경우 무게 단위당 칼로리가 높다. 일반적으로 고양이의 건사료에는 높은 탄수화물이 포함되어 있다. 건사료의 경우 30~60%까지, 캔인 경우는 0~30%까지다. 탄수화물 중에서도 소화하기 쉽고 활용량이 높은 전분의 함량이 높다. 고양이의 경우 전분을 소화하고 흡수하는 데 별 무리가 없다. 다만 전분의 종류, 열처리 정도, 전분 과립의 크기, 열가공 등에 의해 소화 흡수에 영향을 받으며, 적절한 공정에 의해 만들어진 사료는 소화 흡수력이 크게 증가한다. 식이 전분은 상대적으로 저렴한 식재료로 건사료를 가공할 때 호화糊化를 통해 사료 형태를 잡아주는 역할을 한다.

● 녹말에 물을 넣어 가열할 때 부피가 늘어나고 점성이 생겨서 풀처럼 끈적이게 되는 것

무게 단위당 칼로리는 탄수화물보단 지방이 높다.

+ 과도한 탄수화물 섭취가 당뇨를 유발한다고?

고탄수화물 사료가 고양이 당뇨를 유발할 수 있다는 이야기가 많다. 고탄수화물 사료가 췌장의 베타 세포에서 인슐린 분비를 지속시키면서 베타 세포에 손상을 입혀 당뇨가 발생한다는 것이다. 그러나 고양이 췌장에서의 인슐린은 혈당에 비해 아미노산의 혈중 농도가 높을수록 많이 분비된다. 단당류가 40% 이상인 사료를 먹인 경우 고혈당과 당뇨가 생길 수도 있지만 전분 등의 탄수화물을 섭취할 경우는 그런 예가 없었다.

+ 탄수화물 대사와 관련한 주요 생화학 용어 정리

포도당 신생(glyconeogenesis)	비탄수화물로부터 포도당 합성
글리코겐 분해(Glycogenolysis)	저장형 포도당으로부터 포도당을 유도해냄
해당과정(glycolysis)	포도당을 피부르산(Pyruvic acid)으로 변환하는 과정
글리코젠 합성(glycogenesis)	포도당을 저장형인 글리코겐으로 만들어 간세포와 근육에 저장
헥소키나제(Hexokinase)	포도당이 포함된 육탄당을 인산화하는 효소군들로 해당과정의 첫 단계
글루코키나아제(Glucokinase)	헥소키나제 중 하나로 간에 많이 존재하는 동질효소. 포도당만을 인산화함

건강한 고양이를 기준으로 다양하게 연구한 결과 곡물과 전분 등의 탄수화물 함량을 높인 사료에선 혈당이나 인슐린 분비에 문제가 없었다. 더욱이 최신 연구에서는 탄수화물 섭취 후 포도당 수치나 인슐린 반응에 영향을 미치는 일이 거의 없는 것으로 밝혀졌다. 결론적으로 탄수화물의 섭취가 당뇨병의 원인으로 보기는 어렵다. 차라리 나이가 듦에 따라 활동성 감소, 과도한 칼로리 섭취가 당뇨병의 주요 위험 인자로 보는 것이 타당하다.

+ 사료에 첨가된 식이섬유와 유당

식이섬유는 고양이 장의 건강과 기능을 위해 필요한 탄수화물이다. 발효되지 않는 식이섬유는 사료량을 크게 만들어 적은 칼로리를 섭취하고도 포만감을 느끼게 해주는 역할을 하고, 발효성 식이섬유는 장의 활동을 증진시켜 변의 대사를 원활하게 하는 등 신체에 중요한 영양성분이다.

유당의 경우 새끼 때는 이를 소화할 수 있는 효소가 장 상피에 많았으나 나이가 듦에 따라 줄어든다. 어미고양이의 젖에는 3~5% 정도 유당이 들어 있고 이는 대사에너지의 20%를 차지한다. 즉 새끼 때는 유당을 잘 소화할 수 있지만 성묘가 되면 많은 양의 유당을 흡수하지 못한다. 그것 중 일부가 대장 세균에 의해 분해되어 설사를 일으키기도 한다. 새끼나 어린 동물은 설탕 분해 효소가 낮기 때문에 설탕이 많이 섞인 음식을 먹이지 않는 것이 좋다.

CHAPTER 3　세 뼘 더 이해하기 **고양이 영양학**

+ 고양이와 개의 소화계 차이점

고양이	개
짧은 주둥이(무는 힘이 커짐)	긴 주둥이
타우린 합성 불가능	타우린 합성 가능
단백질을 이용해 혈당 조절	탄수화물으로부터 혈당 조절
단백질 분해효소가 항상 활성화되어 있음	단백질 분해효소는 단백질을 섭취할 경우만 활성화됨
베타카로틴을 비타민A로 변환하지 못함	식물 베타카로틴을 비타민A로 변환 가능
리놀렌산(linolenic acid)을 아라키돈산(arachidonic acid) 으로 변환하지 못함	리놀렌산을 아라키돈산으로 변환 가능
간세포 내에서의 글루코키나아제와 글리코겐 합성효소가 부족	간세포 내 글루코키나아제와 글리코겐 합성효소를 가지고 있음
췌장 아밀라제가 개보다 20배 정도 덜 생산됨	췌장 아밀라제가 고양이에 비해 20배 많이 생산함
알파-리놀렌산을 DNA와 EPA🐾로 변환할 수 없음	알파-리놀렌산을 DNA와 EPA로 변환할 수 있음

🐾 DHA, DPA와 함께 음식물을 통해 섭취해야만 하는 불포화 지방산(오메가 3 지방산)으로 콜레스테롤 저하나 뇌기능을 촉진하고 류머티스성 관절염, 심장질환, 동맥경화증, 폐질환 등 질병 예방에 효과가 있다.

07 고양이의 에너지원 비타민

+ 비타민A

고양이는 베타카로틴을 섭취하여 비타민A로 변환할 수 없기 때문에 비타민A는 섭취를 통해 보충해야 한다. 다만 생간이나 대구간, 영양제를 과다 복용할 경우 비타민 A과잉증에 걸릴 수 있다. 혈중 비타민A치가 정상치의 2배 이상이 보이면 중독 증상이 나타나는데 힘줄건이나 인대의 부착 부분에 골조직이 증식하면서 경추 부분에 강직성척추염을 일으킬 수 있다. 점차 심해지면 전신 관절의 강직을 일으키게 된다.

+ 비타민D

비타민D는 달걀노른자, 생선, 간 등에 들어 있지만 주로 햇빛을 통해 얻을 수 있다. 고양이의 경우 비타민D를 피부로부터 합성하지 못하기 때문에 일정 정도는 섭취를 해야 골다공증을 예방할 수 있다. 고양이는 비타민D를 많이 필요로 하지 않기에 영양제 형태로 섭취하면 과잉 급여될 수 있다. 비타민D가 과잉이 되면 고칼슘혈증, 위장 장애, 신장질환이 나타난다. 미국의 한 사료 회사에서 실수로 과잉 혼합되어 문제가 발생한 적도 있었다.

+ 니아신(B3)

비타민 B3인 니아신niacin은 뇌기능을 향상시키고 관절염이나 혈관 개선에 효과를 가진다. 니아신은 체내 트립토판으로부터 내인성內因性으로 합성할 수 있으나 포유류마다 효율성이 다르다. 쥐의 경우 높은 효율성을 갖지만 고양이는 아주 소량만을 합성한다. 부족한 경우 식욕 저하, 발열, 구강의 발적, 궤양, 설사 등을 일으킬 수 있다.

> 어떤 병의 원인이 몸속에 있는 성질을 뜻하는 것으로, 당뇨나 유전질환을 내인성 질환이라고 한다.

+ 피리독신(B6)

비타민 B6의 작용을 갖는 피리독신pyridoxine은 적혈구에서 산소를 운반하는 헤모글로빈을 합성하고 단백질 대사에 중요한 효소를 구성하는 성분이다. 그리고 신경전달물질의 생산과 세로토닌serotonin🐾의 분비에 관여하는 수용성 비타민이다. 고양이는 개보다 4배 이상의 피리독신이 필요하다. 피리독신이 결핍되면 피부염, 구내염 등의 질환이 발생한다.

🐾 뇌의 사상하부 중추에 있는 신경전달물질로 기분을 조절하고 식욕, 수면, 근수축과 관련한 많은 기능에 관여한다.

+ 티아민(B1)

티아민Thiamine은 수용성 비타민 중 하나로 에너지 대사와 핵산 합성에 관여한다. 고양이는 개보다 4배 이상의 티아민을 필요로 하는데 아미노산 대사와 당신생작용이 높게 일어나기 때문이다. 조리되지 않은 날생선을 많이 먹는 고양이에겐 티아민 결핍증이 일어날 수 있다.

또 고양이는 개보다 장내 세균이 많은 편으로 이 세균들로 인해 티아민이 장내에 흡수되지 못해 부족해질 수도 있다. 티아민이 결핍되면 식욕부진, 체중 감소, 침울, 확장된 동공, 보행실조🐾, 쇠약, 경련 등의 신경 증상이 일어나기도 한다.

🐾 근육 운동이 제대로 이루어지지 않아 노력해도 똑바로 걸을 수 없는 상태. 요즘은 '조화운동못함증'이라고 한다.

+ 엽산

엽산은 비타민 B의 일종으로 체내에서 DNA와 아미노산의 합성과 적혈구 형성에 필요한 영양원이다. 엽산은 야생고양이가 사냥을 통해 충분히 섭취되었기 때문에 진화하는 동안 합성하는 효소가 사라졌거나 그 기능이 약해졌다. 그렇기 때문에 현재의 고양이는 개보다 4배 이상의 용량이 더 필요하며 충분한 섭취가 이뤄지지 않을 경우 신경 손상이 일어날 수도 있다.

08 고양이의 수분 섭취

고양이의 하루수분요구량은 체중당 50ml이다. 성묘인 경우 200~250ml의 수분을 공급해줘야 한다. 이러한 수분은 음수와 음식 속의 수분, 체내 대사를 통해 만들어진 수분을 통해 얻을 수 있다. 탄수화물, 단백질, 지방은 1g이 대사될 때 각각 0.4g, 0.6g, 1.1g의 물이 만들어진다. 야생의 고양이가 200g 정도의 고기를 먹는다고 한다면 고기의 수분 함량이 70%이므로 별도로 물을 섭취하지 않아도 필요한 수분을 공급받을 수 있다. 집고양이가 캔사료만 250g 정도 먹는다고 한다면 이미 충분한 양의 수

물그릇은 여러 군데 놓아 쉽게 수분을 섭취하도록 해주는 것이 좋다.

분을 섭취하거나 체내 대사수분을 통해 하루수분요구량을 공급받을 수 있다. 다만 건사료만 먹이는 경우 수분을 보충해야 한다. 건사료의 수분 함량은 8% 정도로 하루수분요구량에 미치지 못한다.

+ 고양이 수분 공급에 대한 일반적 권장 사항

고양이가 마시는 물은 수돗물이나 생수가 무난하다. 다만 수돗물을 주는 경우 소독 냄새로 물 마시는 것을 기피할 수도 있다. 그러면 음수에 대해 몇 가지 알아보자.

정상 고양이를 위한 음수 권장사항

- ✓ 물은 물그릇이나 분수를 통해 섭취하게 하는데 여러 군데 놓는 것도 수분을 섭취하는 데 도움이 된다.
- ✓ 물그릇은 직경 15cm 이하가 좋다. 집에서 여러 마리를 키우는 경우 여러 사이즈의 물그릇을 준비하고 고양이의 기호에 맞춰 선택하게 한다.
- ✓ 수도꼭지나 화장실 바닥, 싱크대에서 떨어진 물을 마시려는 고양이가 있는데 이때 위험한 물질을 삼킬 수 있으니 주의를 줘야 한다. 잘못하면 커피나 차, 에너지드링크 등을 먹고 소화 장애가 발생할 수 있다.

🔍 요로계질환을 가진 고양이를 위한 음수 권장사항

- ✓ 수분이 풍부한 습식 사료를 먹인다.
- ✓ 고양이가 특정한 맛을 좋아한다면 물에 캔 사료를 소량 섞어 마시게 한다. 시중에 캣 밀크 같은 제품도 있으니 이것을 활용해도 좋다. 다만 락토우즈가 포함된 유제품은 피하는 것이 좋다. 체중 kg당 2g까지가 한계용량이며, 일반 우유로 따진다면 체중 kg당 50ml까지다.
- ✓ 물을 마실 때도 호기심을 자극해 음수를 늘릴 수 있다. 가령 여름에 얼음을 넣는다든가 향을 섞어주면 물을 마시는 재미에 빠질 수 있다.

09 좋은 식습관을 만들기 위한 팁

고양이의 주식은 건사료와 통조림으로 나뉜다. 건사료는 시중에 다양하게 판매하고 있으니 연령에 맞춰 구매하면 된다. 몇몇 브랜드는 젖을 갓 뗀 새끼고양이용, 헤어볼용, 위장이 민감한 고양이용 등으로 구분지어 판매하기 때문에 고양이의 상황에 따라 선택하면 된다. 캔사료는 건사료보다 비싸지만 수분이 많이 함유되어 있기 때문에 수분 보충에 도움이 된다. 영양 성분이 충분하고 소화나 흡수하기 좋으며 체중을 유지할 수 있는 것이라면 건사료든 캔 사료든 어느 것이라도 좋지만 고양이의 기호성을 충분히 따져 골라야 한다. 그렇다면 사료를 통해 고양이에게 좋은 식습관을 만들어주기 위해 알아둘 몇 가지를 알아보자.

🔍 올바른 고양이 사료 급여 방법

- ✔ 사료는 자유롭게 먹을 수 있도록 하되 소량씩 급여해야 한다.
- ✔ 고양이는 음식을 먹은 후에 밥그릇으로부터 떨어진 곳으로 가서 물을 먹는 행동을 보이므로 밥그릇과 물그릇은 1m 이상 떨어뜨리는 것이 좋다.
- ✔ 여러 종류의 사료나 간식을 주면 다양한 맛에 탐구할 정도로 열중해 과식하기 쉽다.
- ✔ 놀이를 통해 활동성을 높이면 식욕을 증진시킬 수 있다.
- ✔ 고양이가 과식하면 스트레스가 높다는 증거일 수 있기 때문에 다른 방식으로 스트레스를 줄이는 것이 좋다. 고양이를 칭찬할 때는 간식을 주는 것보다 같이 놀아주거나 만져주면서 응원한다.

10 고양이 영양과 관련한 논란들

+ 생식이 몸에 좋다?

고양이가 그들의 조상이 그렇듯, 날고기를 먹는 완전 육식동물이라고 생각하는 분들은 고양이에게 생식을 먹이곤 한다. 시중에 파는 일반 사료들은 열가공을 통해 비타민이나 미네랄, 효소 등이 파괴되기 때문에 고양이 영양을 생각하면 생식을 주는 것이 좋다고 생각하기도 한다. 이것은 잘못된 생각일 수 있다.

우선 고양이가 완전 육식동물이 된 것은 환경의 변화에 따른 적응의 산물로 이해해야 한다. 포유류는 생존의 효율성을 위해 잡식성이 되기도 하고, 초식이나 육식이 되면서 진화했다. 각 동물들은 처해진 생존 방식에 맞춰 외형이나 운동능력뿐만 아니라 체내 대사 과정도 바꿨다. 육식과의 동물이지만 채식만 하는 판다는 환경 적응의 산물이다. 고양이는 건조한 기후로 인해 섭취할 만한 식물이 없어지자 큰 동물을 사냥하기보단 영양이 풍부한 작은 동물을 잡아먹도록 진화해왔다. 그러다가 인간과 관계를 맺은 것이다.

그렇다고 해서 고양이가 다른 포유류로부터 완전히 새로운 종이 된 것은 아니다. 포유류의 기본적 토대 위에 먹잇감의 구분으로 인해 대사의 차이가 발생했고, 그 결과 개와 다른 특징적인 질병을 얻게 되었다. 고양이를 이해하는 데 있어 이런 부분을 깊이 염두에 두어야 할 것이다.

+ 생식의 위험 요소

영양 불균형

고양이가 날고기를 좋아하는 것은 분명한 사실이지만

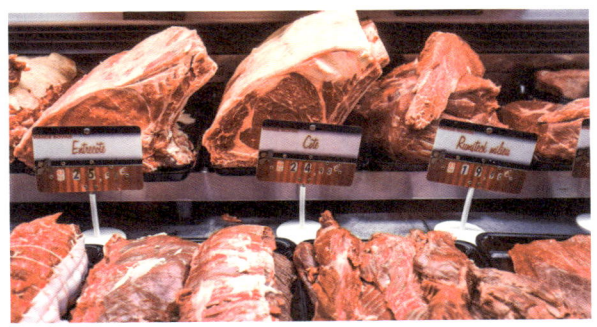

날고기를 잘못 먹으면 대장균, 살모넬라, 캠필로박터 등 식중독균 감염 등의 문제가 발생할 수 있다.

가정에서 키우는 집고양이의 경우 생식을 해줄 수 없다. 보호자가 매끼 영양에 맞춰 날고기를 급여해야 하는데 이것이 생각만큼 쉽지는 않다.

생식의 위생 문제

날고기는 잘못 먹으면 대장균, 살모넬라 salmonella♥, 캠필로박터 campylobacter♥♥ 등 식중독균 감염 등의 문제가 발생할 수 있다. 이러한 균은 사람에서 동물로, 동물에서 사람으로 감염을 일으킬 수도 있다.

오른쪽의 자료는 2018년 네오딘바이오벳에서 고양이 사료를 검사한 결과다. 여기에서 살모넬라가 발견되는 6건이 보이는데 이중 2건은 가정에서 생식을 만들어준 경우다. 1건은 14살의 고양이였는데 일주일간 식욕부진으로 인해 체중 감소와 변이 연해지는 증상을 보였다.

고기류는 살모넬라균에 감염되기 쉽다. 조직학적으론 괴사성 감염, 장염, 간질성 폐렴이 나타날 수 있다. 또한 실온 상태에서 먹다가 남겨진 생식에서 균들이 증폭하게 되면 식중독의 문제가 나타날 수 있다.

생식의 부적절하거나 위험한 성분들

생식을 할 경우 위험한 성분들이 체내에 들어올 수 있기 때문에 주의해야 한다. 생달걀의 경우 아비딘 avidin♥ 성분이 있어 바이오틴 biotin♥♥과 결합하여 바이오틴결핍증을 일으킨다. 특히 달걀흰자에는 트립신♥♥♥ 저해제가 들어있어 단백질을 소화하는 데 문제가 발생한다.

날생선의 경우 티아미나아제 thiaminase♥♥♥♥와 트리메틸

♥ 사람이나 동물의 장에 기생하는 병원성 세균으로 식중독이나 위장염을 일으킨다.

♥♥ 그람 음성의 만곡된 간균으로 감염 부위가 생식기에 한정되어 있으나 감염된 조직이나 오염된 물질을 섭취하면 구강으로도 전염된다.

♥ 달걀흰자 속 단백질로 달걀노른자에 들어 있는 바이오틴과 강력하게 결합하면 바이오틴을 불활성화시켜 신진대사에 장애를 일으킬 수도 있다.

♥♥ 달걀노른자나 쇠간, 신장, 인삼 등에 들어 있는 비타민B 복합체의 하나로 효모나 일부 세균을 배양하는 데 필요한 물질이다. 결핍되면 탈모나 피부염 등을 유발한다.

♥♥♥ 이자에서 분비되는 소화 효소

♥♥♥♥ 티아민(비타민 B1)을 세포 물질을 합성하는 데 이용되는 피리미딘(pyrimidine)과 담황색의 불쾌한 냄새를 가진 액체인 티아졸(thiazole)로 분해하는 효소로 어패류 내장에 분포한다.

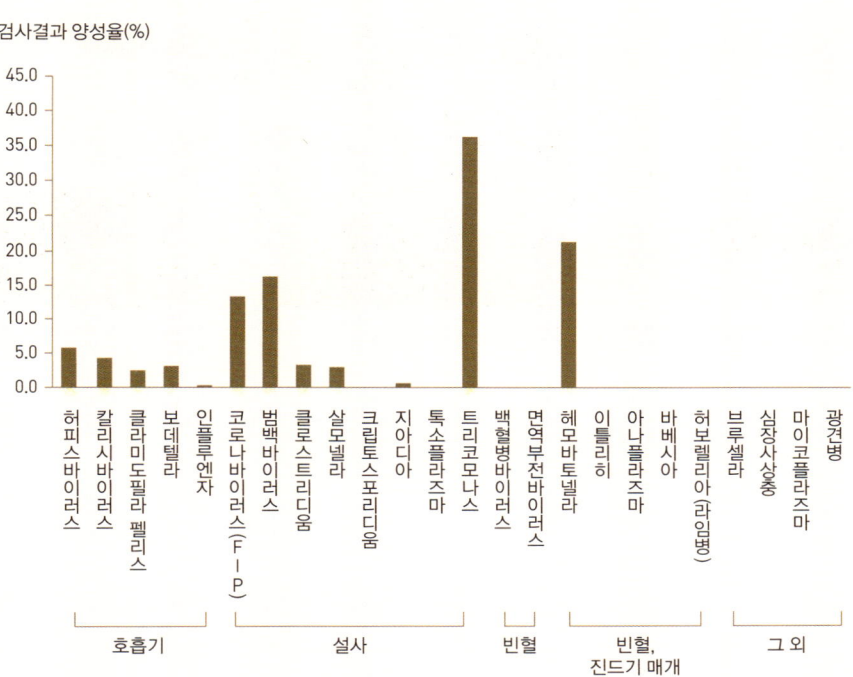

병원체	총 검사수	양성 수	병원체	총 검사수	양성 수
허피스바이러스	581	35	트리코모나스	214	75
칼리시바이러스	587	23	백혈병바이러스	403	0
클라미도필라 펠리스	567	13	면역부전바이러스	399	0
보데텔라	223	8	헤모바토넬라	64	11
인플루엔자	337	1	이틀리히	58	0
코로나바이러스(FIP)	665	79	아나플라즈마	58	0
범백바이러스	553	84	바베시아	9	0
클로스트리디움	201	7	보렐리아(라임병)	7	0
살모넬라	200	6	브루셀라	1	0
크립토스포리디움	200	0	심장사상충	10	0
지아디아	206	1	마이코플라즈마	6	0
톡소플라즈마	502	1	광견병	3	0

날달걀과 날생선, 날콩의 독성은 고양이에게 식중독을 유발시킬 수 있다.

❤ 낮은 농도에선 어패류 냄새가 나고 높은 농도에서 암모니아 냄새가 나는 무색의 가스

아민trimethylamine❤ 성분이 들어 있다. 티아미나아제는 티아민을 파괴하고 트리메틸아민은 철분과 결합해 오랫동안 섭취하면 빈혈을 일으킨다. 날콩의 경우 위장관 장애를 유발하는 렉틴lectin과 위장관 점막을 손상시키는 탄닌tannin 그리고 단백질을 소화하는 데 장애를 일으키는 트립신 저해제, 청산가리 중독을 일으키는 청산글리코시드cyanogen glycoside 등의 성분이 들어 있기 때문에 익혀 먹어야 독성이 제거된다.

2 사료와 관련된 여러 가지 진실과 오해

고양이를 키우는 사람이라면 고양이에게 어떤 사료를 먹일지에 대한 고민이 많을 것이다. 특히 처음 고양이를 키우는 사람은 첫 사료를 선택하는 데 매우 신중해질 것이다. 시중에는 다양한 사료가 판매되고 있고 그 중에 어떤 사료가 좋은지는 정확하게 파악할 수는 없다. 그렇기 때문에 좋은 사료에 대한 기준을 알고 그것을 판단할 수 있는 안목을 높여야 한다.

01 그레인 프리 사료

그레인 프리 사료는 곡물을 첨가하지 않은 사료지만 그것을 탄수화물이 없는 것으로 이해해서는 안 된다. 보통 사료에는 쌀이나 밀, 보리 등의 곡물을 섞는데 밀이 들어가기 때문에 10% 정도의 글루텐이 포함되어 있다. 정확하게 그레인 프리 사료는 글루텐 성분이 포함되지 않는 것을 말한다. 그 외에 30~40% 정도의 탄수화물이 들어 있다.

CHAPTER 3 　세 뺨 더 이해하기 **고양이 영양학**

그레인 프리 사료는 글루텐이 첨가되지 않을 뿐 30~40%의 탄수화물이 들어 있다.

02
사료 등급이란?

사료의 등급은 국가나 특정 단체에서 규정한 것이 아니라 편의적 기준에 따라 자의적으로 만들어진 것이다. 다만 우리나라의 경우 진돗개 사료, 혹은 고양이로 따지면 대용량 사료, 프리미엄, 오가닉 등의 이름을 붙여 판매하기도 한다. 여기서 진돗개 사료란 진돗개에게만 먹이는 사료가 아니라 가장 저렴한 사료를 말하는 것이다.

모든 사료에는 영양학적으로 지방이나 단백질 함량이 기준 이상 맞춰져 있다. 기본적으로 중량 대비 가격이 높다는 것은 좋은 원재료를 사용했다는 의미일 테지만 비싼 사료가 꼭 좋다고 할 수 없다. 원재료가 의심스러울 정도로 지나치게 가격이 낮은 사료가 아니라면 고양이에게 적합하게 만들어졌을 것이다. 사료의 선택은 믿을 만한 브랜드와 고양이의 영양 상태에 맞춰 그 기준에 맞는 재료를 사용했는지를 살펴보는 것이 좋다.

건사료의 장점은 에너지 밀도가 높아 소량만 먹어도 충분한 칼로리를 섭취할 수 있다는 것이다. 중요한 것은 하루 총 필요 칼로리를 계산하고 건사료 급여 시의 양, 혹은 건사료와 습식사료를 같이 주는 경우 적정한 양을 계산하여 주는 것이 좋으며 습식사료의 경우 건사료처럼 영양이 균형 있게 첨가되는 것이 아닌 만큼 잘 조절해서 급여해야 한다.

03 기능성 사료

기능성 사료는 특히 개에게 맞춘 것이 많다. 눈물이 나지 않게 하는 사료, 관절이나 피부에 좋은 사료, 저알레르기 사료 등으로 기능성을 장점으로 내세운 사료다. 요즘에는 품종별 사료까지 등장했기 때문에 애묘인이라면 어떤 선택을 해야 할지 난감할 수도 있다.

기능성 사료는 약간의 첨가물을 섞거나 사료 알갱이 크기가 어느 정도인지에 따라 구분된다. 어떻게 보면 과대

사료의 기능성을 과장하는 경우가 많기 때문에 사료를 선택할 때 기능성보단 적절한 영양소가 충분히 들어 있는지 확인하는 것이 좋다.

CHAPTER 3 세 뼘 더 이해하기 **고양이 영양학**

고양이는 개에 비해 영양제 섭취에 대한 필요성이 적은 편이다.

광고가 아닐까 할 정도로 기능성을 과장하는 경우도 많다. 대표적으로 피부에 좋은 사료는 오메가지방산 정도를 추가한 것이다. 사료는 주식이지 약이 아니기 때문에 그 기능성에 초점을 맞추면 안 된다. 특정질환이 있는 경우는 그에 맞춰 사료를 급여하면 된다.

다만 사료가 장점으로 내세우는 부분이 어느 정도의 의미를 갖는지 파악하는 안목을 키우는 것도 중요하다. 가급적 제품화된 사료가 좋은 이유는 제품 제조 과정에서 동물의 특성에 맞는 영양학을 적용했기 때문이다. 거기에 굳이 추가적인 영양제 등은 필요하지 않다.

고양이의 경우 필수아미노산이나 필수적으로 보충해야 할 비타민이 있지만 이미 사료 제조 공정에서 영양학자나 수의사들이 관여한 영양학적 기초를 바탕으로 만들어졌기 때문에 사료만 먹는다고 해서 영양이 부족해지지 않는다. 다만 연령별로 나눈 사료의 가장 큰 특징인 단위당 칼로리를 잘 확인하고 구매하는 것이 좋다.

고양이의 경우 보통 개보다 영양제에 대한 요구가 적은 편이다. 개는 관절, 피부 및 일반영양제, 프로바이오틱 probiotic 등 여러 영양제를 섭취해야 한다. 다만 고양이는 육식동물로 진화하는 과정에서 불필요한 효소 활성이 사라지다 보니 고양이만의 특별한 영양 섭취가 필요하다.

현재 유통 중인 사료나 고양이 제품에는 이미 충분하고 남을 정도로 고양이에게 필수적인 비타민, 아미노산, 지방산 등을 공급하고 있다. 고양이에게 참치캔만 준다든지 하는 극단적 상황이 아니라면 유통 중인 제품을 통해 건강한 삶을 살아갈 수 있다.

최근 한 연구에서 허피스바이러스에 걸린 고양이에게 L-라이신을 포함한 영양제를 많이 먹였는데 큰 효과가 없는 것으로 밝혀졌다.

또한 설사를 하거나 소화장애가 있는 경우 프로바이오틱을 먹이곤 하는데 과학적 입증이 부족한 상황이다. 최근에는 SNS 광고를 통해 고양이와 관련된 다양한 영양제에 대한 정보들이 넘쳐나고 있지만 대부분 과장일 가능성이 높다. 고양이의 영양 상태에 따라 사료를 섭취하고 활발하게 생활하는 만큼 건강에 좋은 것은 없다.

04
라벨 이해하기

라벨은 고양이의 영양이나 기호성 등을 고려해야 하는 애묘인 입장에서는 매우 중요한 부분이다. 라벨에는 '표시 사항'이라 하여 사료법으로 표시 기준들이 적용되어 있다. 먼저 라벨을 잘 이해하기 위해서는 다음의 표기명에 대한 이해가 필요하다.

CHAPTER 3 세 뼘 더 이해하기 **고양이 영양학**

아래의 그림은 로얄캐닌 사료의 표기 사항이다. 각종의 영양성분을 구체적으로 제시하고 있다. 우리가 조금은 낯설게 느껴지는 성분은 조회분, NFE 그리고 대사에너지 산출방식인 NRC 85나 NRC 2006이다.

요즘 들어서면서 대부분의 사료 라벨에 탄수화물 함량 표시가 빠지고 있다. 그렇다고 해서 탄수화물이 포함되지 않은 것은 아니다. 사료 성분 표시에 가용 무질소물NFE이란 표기가 있다. 이 성분은 식품 전체의 성분을 100으로 하여 이것에서 수분, 단백질, 지질, 섬유, 회분%의 합계를 뺀 나머지 성분을 말한다. 여기에 포함될 수 있는 성분이

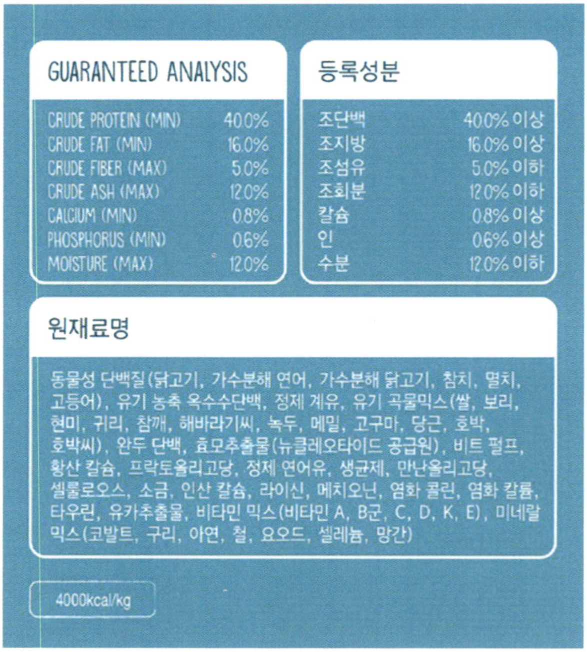

GUARANTEED ANALYSIS		등록성분	
CRUDE PROTEIN (MIN)	40.0%	조단백	40.0% 이상
CRUDE FAT (MIN)	16.0%	조지방	16.0% 이상
CRUDE FIBER (MAX)	5.0%	조섬유	5.0% 이하
CRUDE ASH (MAX)	12.0%	조회분	12.0% 이하
CALCIUM (MIN)	0.8%	칼슘	0.8% 이상
PHOSPHORUS (MIN)	0.6%	인	0.6% 이상
MOISTURE (MAX)	12.0%	수분	12.0% 이하

원재료명

동물성 단백질(닭고기, 가수분해 연어, 가수분해 닭고기, 참치, 멸치, 고등어), 유기 농축 옥수수단백, 정제 계유, 유기 곡물믹스(쌀, 보리, 현미, 귀리, 참깨, 해바라기씨, 녹두, 메밀, 고구마, 당근, 호박, 호박씨), 완두 단백, 효모추출물(뉴클레오타이드 공급원), 비트 펄프, 황산 칼슘, 프락토올리고당, 정제 연어유, 생균제, 만난올리고당, 셀룰로오스, 소금, 인산 칼슘, 라이신, 메치오닌, 염화 콜린, 염화 칼륨, 타우린, 유카추출물, 비타민 믹스(비타민 A, B군, C, D, K, E), 미네랄 믹스(코발트, 구리, 아연, 철, 요오드, 셀레늄, 망간)

4000kcal/kg

+ **사료의 일반 성분 분석의 분류**

분류	과정	중요 구성물질
수분(건물) DM(dry matter)	물의 비등점 바로 위의 온도(102~105℃)에서 시료를 18시간 이상 건조시킨 다음 무게의 손실량을 수분으로 계산하고 남은 양을 건물로 계산한다.	물과 휘발성 물질 100% - 수분% = 건물%
조회분(광물질) CA(crude ash)	550~600℃에서 2시간 이상 연소시켜서 모든 유기물이 타서 없어진 후 남은 무기물을 말한다.	광물질 원소들
조단백질 CP(crude protein)	일반적으로 단백질에는 질소 함량이 평균 16% 함유되어 있기 때문에 질소의 함량을 얻은 후 N × 6.25의 계산에 의하여 조단백질 함량을 구한다.	단백질, 비단백태질소 화합물
조지방 EE(ethen extract)	시료♥를 에테르에 8~16시간 동안 추출시킨 후 에테르를 휘발시킨 다음 무게의 차이를 계산하여 조지방 함량을 구한다.	지방, 유지, 왁스, 각종 채소
조섬유 CF(crude fiber)	약산과 약알칼리로 각각 30분간씩 끓인 후 남은 물질을 조섬유로 한다.	일부의 셀룰로오스, 일부의 헤미셀룰로오스, 리그닌
가용 무질소물 NFE(nitrogen-free extract)	시료를 100으로 하고 위에서 얻어진 각종 영양소 1, 2, 3, 4, 5를 합하여 뺀 값을 말한다.	전분, 당류, 약간의 셀룰로오스와 헤미셀룰로오스, 리그닌

♥ 시험이나 검사, 분석 시에 사용하는 물질이나 생물

전분을 포함한 탄수화물이다. 주로 식이섬유질을 포함한 탄수화물의 합이 가용 무질소물이라 할 수 있다. 질소가 포함되지 않았다고 하는 것은 단백질 성분이 아니라는 의미이기도 하다. 혹시 이런 표기를 보고 이 사료에는 탄

CHAPTER 3 세 뼘 더 이해하기 **고양이 영양학**

고양이도 탄수화물을 통해 충분한 영양을 공급받을 수 있다.

수화물이 포함되어 있지 않다고 생각하면 안 된다. 가용 무질소물의 함량을 보면 보통 40~50% 사이가 된다. 생각보다 많은 양의 탄수화물 성분이 포함되어 있다. 다만 탄수화물이 들어 있다고 해서 건강상의 문제가 있다는 뜻은 아니며 고양이도 충분하게 탄수화물을 통해 영양을 공급받을 수도 있다는 의미이다. 이런 점을 알아야 사료에 대한 오해 등이 생기지 않는다.

05 품종별 사료

품종별 사료는 고양이가 필요한 기본 성분에 품종별로 더 필요한 영양소를 추가한 것을 말한다. 고양이의 경우 샴siamese과 페르시안persian 품종이 이에 해당한다. 페르시안 고양이의 경우 풍성한 털을 유지하기 위해 몇몇 영양소를 추가할 필요성이 있다. 건강한 털과 피부를 위해 오메가지방산, 구강 크기에 맞는 사료 사이즈, 요로계 건강을 위한 미네랄이나 프로바이오틱을 첨가할 수 있다. 다만 품종별 사료를 먹어도 좋지만 그렇지 않더라도 건강상 문제는 발생하지 않는다.

06 연령별 사료

연령별 사료는 나이가 듦에 따라 칼로리 요구량의 증감, 골관절질환, 영양성분의 비율 변환 등을 기본으로 하여 고양이 연령대에 맞춘 것이다. 어느 정도는 이런 구분에 맞추는 것이 기본이나 우선 보호자가 고양이의 영양상태, 체중을 잘 체크해 적절한 영양 관리를 해주는 것이 가장 좋다. 특히 나이가 들어감에 따라 체내 영양흡수율이 감소하기 때문에 더 많은 칼로리가 필요할 수 있다. 다만 과다하게 섭취하면 비만이 될 수 있기 때문에 고양이 상태에 맞춰 적절하게 섭취를 할 수 있도록 주의를 기울어야 한다.

07 처방 사료

처방 사료는 특정질환에 걸린 고양이를 위해 수의사가 처방하는 사료로, 약으로 이해해서는 안 된다. 요즘은 처방 사료의 종류도 많아져 모든 계통별 질병에 맞추려고 하나 불필요한 경우도 적지 않다. 처방 사료가 활성화된 이유 중의 하나는 요로계 결석을 치료하기 위해서다. 고양이가 특정질환을 앓고 있다면 영양학적 요구량에도 차이가 생겨 특정 영양성분을 급격이 줄여야 할 때도 있다. 최근에는 다양한 처방 사료들이 만들어지고 있어 보호자가 손수 만들어야 하는 번거로움이 줄었지만 수의

CHAPTER 3   세 뼘 더 이해하기 **고양이 영양학**

고양이는 지방과 나트륨 함량이 높은 사료를 좋아한다는 논란이 있었지만 정확한 근거도 없는 실정이다.

사 입장에서 보면 불필요하다 싶을 정도로 많은 종류의 처방 사료가 판매되고 있다. 권장할 만한 것은 보호자가 고양이의 질병 상태에 대한 이해도를 높이고 특정 영양 성분이 질병을 완화하거나 혹은 악화시키는지에 대해 정확하게 인지하고 있는 것이 좋다.

08
맛있는 사료

유독 고양이들이 좋아하는 사료에는 몇 가지 공통점이 있다는 논란이 있었다. 그 첫 번째가 지방 함량이 높다는 것이다. 보통 새끼고양이용 사료는 지방이나 단백질 함량이 높지만 성묘를 위한 사료는 지방 함량이 높지 않다. 사료는 기름에 튀기지는 않으나 마지막 처리 과정에서 기름을 뿌린다. 비빔밥에 참기름을 한 방울 떨어뜨려 풍미를 높이는 것과 같다. 이 정도일 뿐 유독 고양이가 좋아하는 사료에는 지방 함량이 매우 높게 포함된 것은 아니다.

두 번째는 염분이 높다는 것이다. 사람도 음식이 싱거우면 맛이 없다고 느끼듯 고양이도 그런 미각을 가지고 있다. 다만 고양이의 기호성을 높일 만큼 염분이 많이 들어가 있다는 정확한 근거는 발견되지 않았다.

고양이의 하루 소금 요구량은 보통 체중의 21mg 정도다. 42mg 이상은 권장되지 않는다. 처방 사료 중 로얄캐닌 유리너리 S/O 제품은 나트륨 함량을 높여 오줌을 산성화하고 이뇨 작용을 일으켜 요로계질환을 예방하는 제품으로 알려져 있다. 그리고 건강상 문제가 없을 정도의 수준이다. 다만 안타까운 점은 일반 제품에 표기 사항으로 나트륨 함량을 잘 표시되지 않는다는 사실이다.

3 나이에 따른 질병

우리는 나이가 듦에 따라 노화하고 자연적으로 사망하는 순환적 과정을 지켜보면서 노화를 자연스러운 현상이라고 여겼다. 물론 자신에게 돌아오는 노화는 받아들이기 힘들었지만 그것 또한 시간이 흐르면서 자연스럽게 순응해왔다. 그래서 질병과 노화를 구분하기보단 늙으면 그만큼 아픈 것이라고 단순하게 생각해왔다. 하지만 이제부터는 노화와 질병은 구분해야 한다.

01 질병과 노화 구분하기

신체는 성장이 멈추는 순간부터 세포나 장기 단위에서 조금씩 기능 소실과 손상이 일어난다. 이로 인해 노화가 진행되면서 외부 자극에 대한 반응이 저하되고 항상성을 유지할 수 있는 능력이 감퇴되어 외부 스트레스에 취약해진다. 그 결과 질병에 대한 감수성이 증가되어 만성 질환으로 이어질 가능성이 높아진다.

고양이와 개는 사람보다 더 빠른 성장과 노화 과정을 거친다. 고양이는 태어난 지 5개월 정도가 지나면 성묘에 가까운 몸집을 가지게 된다. 체격이 작아서 성장이 빠른 것은 아니다. 호랑이는 태어난 지 1년 정도 지나면 정상적인 체격을 갖출 수 있다.

이런 차이점을 살펴보면 성장과 노화의 연관성에 대해 조금은 힌트를 얻을 수 있다. 현재 노화의 원인에 관한 확실한 답은 없지만 염색체 텔로미어telomere의 길이가 짧아짐에 따라 세포 괴사가 일어나 더 이상 증식하지 못해서 노화가 일어난다고 추정하고 있다. 이 이론은 종양과 관련한 연구에 이용되고 있다. 또 하나는 산화 스트레스와 관련된 이론으로 산화 스트레스로 인해 세포 손상이 발생하여 노화가 일어난다는 것이다.

산소 자체는 상당히 반응성이 강한 원소다. 과산화수소나 산소계 표백제 등의 성분은 발생기 산소를 만들어 세척 작용을 한다. 이러한 성분을 제거하기 위해 항산화 효소와 항산화 물질인 비타민C와 비타민E 등을 이용할 수 있다. 그러나 이것만으론 노화를 막을 수 없다.

오랫동안 수의사로 반려동물을 진료한 결과 약간 곤혹감을 느끼는 것은 나이에 따른 치료의 적절성이었다. 보통 반려동물이 10살을 넘었다면 질병을 앓고 있다고 해도 수술이나 적극적 치료에 소극적이 된다. 보호자의 입장도 마찬가지로 노화로 받아들이고 적극적 치료를 소홀히 하는 경향이 있다. 노화로 인식하면서 치료 시기를 늦추다가 반려동물의 통증이 심해지면 매우 다급해하며 동물병원을 찾는다. 그런 차원에서 보자면 질병과 노화는 확실하게 구분하고 이해하는 노력이 필요하다.

02 노화에 따른 신체 변화

◉ 살아 있는 식세포가 몸 안의 다른 세포나 입자들을 섭취하는 과정으로 주로 몸 안의 세균이나 이물을 잡아먹는다.
◉◉ 포유류의 결합 조직에 들어 있는 탄력성이 많은 단백질의 하나로 힘줄과 대동맥 벽 따위에 많다.

+ 면역계

면역세포의 탐식작용◉과 백혈구 수치가 감소하면서 면역계 기능이 저하된다. 이 결과 면역세포 비율이 변화한다. 그러나 이러한 면역력은 노화보다는 만성질병, 면역억제제 등에 더 크게 영향을 받는다.

+ 피부

고양이 피부가 노화를 시작하면 콜라겐과 엘라스틴◉◉이 감소하고 피부층이 얇어지고 탄력성이 감소한다. 이 증상은 고양이의 탈수 상태와 혼동하기 쉽다. 다만 노묘는 어린 고양이보다 그루밍을 적게 하기 때문에 털이 뭉치고 피부염이 발생한다. 발톱의 힘도 약해진다.

+ 특수감각

노화가 일어나면 후각, 미각, 시각, 청각이 약해진다. 수정체에 렌즈핵경화증이 나타나기도 하는데 이는 수정체의 가장 먼저 발생한 부분부터 청색 또는 뿌옇게 변하는 것을 말한다. 시력에는 문제가 없다. 이는 백내장과는 다르게 정상적인 노화 과정에 해당한다.

그리고 고혈압으로 인해 동공 반응이 느려지고 홍채가 위축되고 망막의 변화가 발생하는데 이것은 질환일 수도 있지만 노화에도 속한다. 후각 및 미각 기능이 감소하기 때문에 자연스럽게 식욕이 떨어지는데 이것은 자연스러운 노화라 할 수 있다.

+ 신장

신장의 노화는 신장의 크기, 혈류량, 사구체 여과율이 감소하면서 칼륨 대사에 문제가 생겨 고칼륨혈증이 흔하게 발생한다.

+ 근골격계

근골격계는 연골 구성과 생리의 변화로 인해 퇴행성관절염을 일으키고, 체중 감소로 인해 근육량이 낮아진다. 활동성이 약화되어 근육 위축이 발생하며 전체적으로 쇠약해진다.

+ 구강

구강의 노화로 치주질환, 치아 흡수성 병변, 치아 소실, 구강종양이 흔히 나타난다. 다만 성묘의 경우 구강질환을 앓게 되면 통증으로 식욕이 떨어지고 체중이 감소한다.

03
노령묘에서 흔히 발견되는 증상

+ 체중 감소와 탈수

10살 이상의 고양이는 비만보단 저체중이 더 흔히 나타난다. 비만이 당뇨, 관절염 등으로 인한 질병률을 증가시키지만 저체중 역시 질병과 사망에 있어 위험인자 중 하나다. 12살 이상 15%의 노령묘가 저체중이 나타나고, 14살 이상을 넘어가면 젊은 고양이에 비해 15배 이상 저체중의 위험성이 있는 것으로 보고되었다. 물론 비만도 당뇨 등의 질병으로 사망할 확률이 높다.

노령묘에서의 체중 감소는 체지방 소실이나 지방 제외 체중 소실, 또는 둘 다일 수 있다. 의도치 않은 체중 감소는 질병의 초기 증상일 수 있으며 노령묘 사망률의 예측변수가 될 수 있다. 나이가 들면 여러 가지 이유로 사망하지만 보통 사망 전 2년에서 2년 반 전부터 체중이 감소하기 시작한다.

한 조사에서는 체중과 지방, 근육량 감소가 사망률 증가와 밀접한 관련성이 있는 것으로 나타났다. 정상 체중에서 100g당씩 감소할 때마다 사망률이 6.4% 높아지는 것으로 보고되었기 때문이다. 그래서 체중 감소를 막으면 사망률이 낮아지는지를 조사해본 결과 어느 정도는 사실로 밝혀졌다. 종양 환자에서 높은 신체충실지수BCS수치를 가진 경우 저체중인 고양이보다 6개월을 더 산 것으로 나타났다. 이러한 조사들을 통해 체중 감소가 사망률과 밀접한 연관성이 있는 것으로 추정하고 있다.

+ 근육감소증

근육 감소는 노화에 따른 지방 제외 체중 감소에 해당한다. 근육감소증은 생애 후반기에 두드러지는데 복잡하고 다양한 원인들로 인해 발생한다. 하지만 근육감소증이 질병을 통해 유발되진 않는다. 보통 근육 감소는 지방 증가로 상쇄되어 체중의 변화가 없는 경우가 많다. 이런 현상은 모든 동물에게 해당된다.

사람의 경우 근육감소증은 근육의 강도와 기능의 소실이 동반되고 사망률을 높이는데 노령묘도 25~30% 정도의 지방 제외 체중이 감소하면 사망률이 증가하는 것으로 보고되었다.

노화가 진행됨에 따라 불충분한 단백질 섭취는 지방 제외 체중 감소를 일으킬 수 있다. 식이단백질을 섭취하면 체내 단백질로 전환하거나 혈당을 만드는 작용을 하는데 식이단백질 섭취가 부족해지면 고양이를 비롯한 동물들은 지방 제외 체중으로부터 위의 2가지 기능을 하기 위해 골격근 위주로 단백질을 소모한다.

전통적인 질소밸런스 연구에서 고양이는 질소밸런스를 유지하기 위해 대략 체중당 1.5g의 단백질을 섭취해야 한다고 하였으나 지방 제외 체중 유지를 위해서는 체중당 5g 이상 섭취거나 단백질로 소모하는 칼로리양으로 34%가 더 필요하다고 조사되었다. 낮은 칼로리를 섭취하는 고양이의 경우 소모하는 칼로리로서 단백질 섭

+ **근육충실지수(MCS)**

정상	가벼운 손실	중간 정도의 손실	심한 손실

근육충실지수의 결정은 척추, 견갑골, 요추 근육에 대한 주관적인 평가에 기초한다.

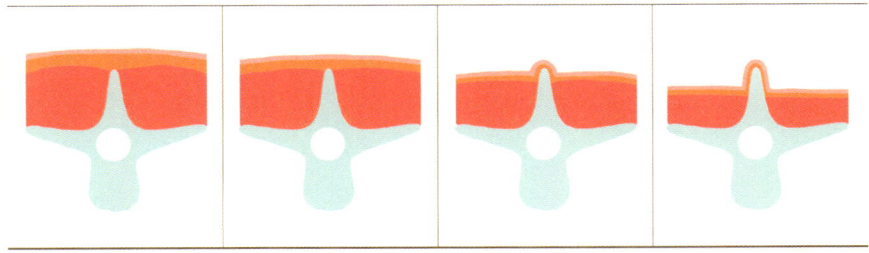

취가 더욱 중요해진다. 특히 노령묘는 소화 기능의 저하와 체내 대사의 변화로 인해 고단백 섭취가 필수적이다. 다만 점진적으로 진행하는 지방 제외 체중의 감소는 즉시 인식하기 어렵다. 특히 체지방이 많은 경우는 더욱 그러하다. 보통은 이러한 인식을 기본 바탕으로 고양이의 몸을 만져보아 근육충실지수 muscle condition score를 통해 근육량을 평가할 수 있다.

+ 건강해 보이는 노령묘의 체중과 근육 감소의 원인
노령묘의 체중 감소 원인은 다양하다. 식욕이 저하된 노령묘의 체중 감소는 보통 감각 기능후각 및 미각의 소실, 구강 내 염증, 관절염으로 인한 통증, 만성신부전 같은 질환 등이 발생할 수 있다.

보통 나이가 들어가면 칼로리 요구량이 감소한다. 고양이의 경우 이런 현상이 10~12살까지 나타난다. 이 시기를 넘어서면 체격이 줄어들지만 칼로리 요구량은 늘어난다. 13살 이후 이 상황은 명백해진다. 한 연구에서 10살령의 고양이는 에너지흡수율이 8% 정도, 단백질 소화흡수율이 6% 정도가 감소했다.

또한 비타민E와 비타민B를 비롯하여 미세 영양소의 흡수 능력도 감소했다. 노령묘의 경우 코발라민 cobalamin, 비타민 B12 결핍도 흔하게 나타난다. 소화 흡수 기능의 저하는 점차적으로 단백질과 에너지 부족 상태로 이어져 체중 감소가 명백해진다. 많은 노령묘의 경우 영양실조증도 나타나기도 한다. 시니어 사료를 먹이는 경우도 체중 감소를 일으킬 수 있다. 이 사료는 주로 비만에 걸린 중년의 고양이에게 필요한 것이지만 이런 이해 없이 연령만 확인하고 사료를 준다면 영양실조를 유발할 수도 있다.

+ 건강해 보이는 노령묘를 위한 관리
건강해 보이는 노령묘의 체중이 줄어들면 가급적 원인이 되는 질병이나 환경적 요인을 찾으려고 노력해야 한다. 체중 감소의 원인을 찾았다면 치료가 가능하지만 어떤 경우는 체중 감소 외에 다른 질병이 발견되지 않을 때도 있다.

근본적으로 체중이 줄어든다는 것은 질병의 첫 증상이지만 진단이 어려울 수 있다. 일단 이런 경우 고양이의 영양 관리를 통해 체중과 근육량을 관리해야 한다.

소화율이 감소한 노령묘는 소화하기 쉬운 고칼로리 사료를 먹여야 한다. 고칼로리 사료는 g당 4kcal 이상의 대사에너지가 포함된 건사료를 말한다. 또한 지방 소화 능력의 감소로 지용성 비타민과 미네랄의 흡수가 줄어들기 때문에 영양제 보충이 필요하다.

지나치게 마른 노령묘는 새끼고양이용 사료를 급여할 수도 있다. 이런 사료는 소화흡수율이 좋고 미량영양소♥와 단백질 함량이 높다. 캔 사료는 수분 섭취율은 높일 수 있으나 에너지 밀도 부분이 낮아 오히려 체중 감소를 유발할 수도 있다.

환경적 요소, 즉 밥을 주는 시간이나 장소 등으로 식욕이 줄어들 수 있으니 식사 시간은 가급적 정해진 시간에 주는 것이 좋기 때문에 자동급식기를 이용하는 것도 한 방법이다. 식사 장소는 조용하고 아늑한 곳이 좋다. 식기는

♥ 극히 적은 양이지만 성장에 반드시 필요한 영양소로 무기물과 유기물로 나뉜다.

가급적 고양이 어깨 높이까지 높여줘 식사하기 편하게 해주면 좋다. 특히 관절염이 있는 경우 더욱 그러하다.

만약 사료를 바꿔줘야 한다면 점진적으로 진행해야 한다. 예를 들면 새 사료를 익숙한 밥그릇에 주고 그 옆에 기존의 사료를 놓아둔다. 새 사료에 익숙해지면 기존 사료의 양을 서서히 줄인다. 최소 1주일은 걸리나 식욕이 좋지 않거나 예민할 때는 몇 주 걸릴 수도 있다.

최근 노인층의 근육 소실 위험성에 관한 기사가 많이 나오는데 노령묘의 경우 영양 관리나 질병 치료를 통해 장수하는 경우가 많다. 고양이의 연령에 따른 영양학적 변화들을 이해하고 평상시 체중이나 식욕의 변화 등을 잘 관찰하여 보다 건강한 노령의 삶을 살도록 보살피는 게

+ 통증이 있는 고양이에게 나타날 수 있는 증상

관찰 요인	특이적 증상
정상행동의 변화	운동성 또는 활동성 감소, 기면, 식욕 저하, 그루밍 감소
이상행동	부적절한 배뇨, 부적절한 소리 지름, 공격성, 사회적 상호작용의 감소, 표정이나 자세의 변화, 안절부절, 숨기
만질 때 반응	몸의 긴장 증가, 통증 부위 만질 때 움찔거림
생리 특성의 변화	심박수 증가, 호흡수 증가, 체온 증가나 감소, 혈압의 변화, 동공 확장

+ 노령묘의 식욕을 촉진하는 방법

- 학습된 혐오를 피하기 위해 신선하고 좋아하는 사료를 준다.
- 넓고 깊이가 얕은 그릇을 사용하고, 그릇 위치를 높인다.
- 체온에 근접한 온도의 음식을 준다.
- 수분이 포함된 촉촉한 음식을 준다.
- 조용하고 아늑한 곳에서 식사를 하게 한다.
- 음식을 먹는 동안 고양이를 쓰다듬으면서 칭찬해준다.

애묘인의 기쁨이 될 것이다.

04
노령묘의 면역계 유지 방법

나이 든 고양이의 경우 만성질환이 많이 발생하기 때문에 고양이가 건강하게 살기를 바란다면 면역력을 높여주는 것이 가장 좋다. 그리고 고양이마다 영양적 요구가 차이가 나므로 애묘인의 경우, 함께 생활하는 고양이에게 맞는 영양 관리가 가장 중요하다. 일반적인 방법론은 꼭 알아두지만 그것이 지금 함께 생활하고 있는 고양이에게 다 적용되는 것은 아니니 개별적으로 살펴보는 것이 좋다. 다만 고양이의 면역 노화에 대한 연구가 부족하다 보니 현재 사람의 노화 연구에 맞춰 추정할 뿐이지만 앞으로 더 많은 연구로 더 정확하게 사전 방안을 마련할 수 있지 않을까 하는 희망을 가져본다.

외부환경의 생물이나 유해한 물질은 숨을 들이마시거나 피부나 점막을 통해 침투할 수 있다. 그래서 신체의 면역계는 이런 것에 맞서기 위해 진화해왔다. 우리 몸에 질병 유무는 숙주宿主♥ 면역계가 온전한지에 따라 달라진다. 우리 몸은 무수한 세균과 바이러스 균에 의해 둘러싸여 있다. 구강부터 시작해 소화기 혹은 피부 등 엄청난 세균과 함께 생활하고 있다.

그럼에도 감염증이나 질병이 발생하지 않는 이유는 우리 몸의 면역계가 건강한 상태를 유지하고 있기 때문이다. 우리의 면역계는 이러한 감염증의 발생과 건강한 상태에서 균형을 유지하기 위해 엄청난 노력을 기울이고 있다. 하지만 이 면역계가 무너지면 유해한 물질이 침투되어 병리 기전에 따라 질병이 발생한다.

+ 면역 노화

면역 노화는 정상적인 노화 과정에서 면역 기능이 감소되면서 일어난다. 노화는 질병이라기보다는 세포나 장기 기능의 저하에 따른 결과라고 할 수 있다. 나이가 들면 면역체계가 외부 항원을 식별하는 능력이 떨어진다. 따라서 류머티즘 관절염 등 자기 면역 질환♥이 자주 발생하면서 대식세포大食細胞♥♥가 세균이나 암세포 및 기타 항원을 천천히 파괴한다. 이런 과정을 통해 노령으로 접어든 동물에게 암이 발생하기도 한다. 더불어 면역 노화는 새로운 병원균에 대한 방어 능력을 떨어뜨려 염증이나 세균 감염이 더욱 빈발해진다.

♥ 기생 생물에게 영양을 공급하는 생물

♥ 자신의 항원에 대해 항체를 만들어 생기는 면역병으로 후천성 용혈성 빈혈, 만성 관절 류머티즘 등이 있다.

♥♥ 생물의 혈액, 림프, 결합 조직에 있는 백혈구의 하나로 침투하는 병원균이나 손상된 세포를 포식하여 면역 기능 유지에 중요한 역할을 한다.

조혈

골수는 적색골수와 황색골수로 나뉘며 백혈구, 적혈구, 혈소판을 만드는 중요한 곳이다. 백혈구와 적혈구 등은 주로 적색골수에서 만들어지는데 황색골수주로 지방이 많아 황색으로 보임도 존재한다. 노화가 진행되면 적색골수가 황색골수로 되고 출혈이 심한 경우 혈액 생산을 늘리기 위해 반대가 되기도 한다. 고양이도 사람과 마찬가지다. 노화가 진행되면서 적색골수 대비 황색골수 비율이 점차 증가한다.

말초 순환

말초혈액 속의 백혈구의 수는 어린 고양이2~4살령에 비해 노령묘10~14살령일수록 두드러지게 낮아진다. 백혈구의 호중구, 단핵구, 호염구의 경우는 나이와 상관없이 일정하나 특정한 면역세포의 경우 나이가 듦에 따라 전체적으로 감소하기도 하고 비율이 바뀌기도 한다. 이러한 경향이 노령묘에서 면역기능을 저하시키는 요인이 될 수 있다.

+ 면역 노화를 겪는 고양이의 관리

노령묘는 정기적인 건강검진, 좋은 식단, 치과 관리, 백신 접종 등을 통해 보다 건강한 삶을 누릴 수 있다. 다만 노령묘는 심장질환, 신장질환, 갑상샘기능항진증, 관절질환, 당뇨, 구강질환, 종양 등의 질병이 자주 나타날 수 있으니 평소 애묘인은 고양이에게 이상은 없는지 주의 깊게 관찰해야 한다.

CHAPTER 3 　세 뼘 더 이해하기 **고양이 영양학**

🔍 정기적인 건강검진

건강검진은 기본이 되는 이학적 검사피모 검사나 검이경 검사 등 외에도 혈액검사혈구, 혈액 생화학 검사 등, 방사선 촬영, 복부 초음파, 혈압 측정 등이 포함된다. 정기적인 검진을 통해 고양이의 몸 상태를 확인하고 질병을 초기에 발견해 치료할 수 있다.

다만 건강검진은 그 시점의 고양이의 일반적 건강 상태만 알려줄 뿐이므로 훗날의 다른 질병의 발생을 예견해 주지 않는다. 그렇기 때문에 애묘인은 고양이의 평상시 식욕이나 행동 변화를 항상 잘 관찰해야 한다.

🔍 치과 관리

노령묘의 면역력이 떨어지면 구강 안에 세균에 감염되기 쉽다. 구강을 청결히 하고 양치질을 잘하면 세균의 성장을 억제하고 치석이 생기는 것을 예방할 수 있다. 그리고 정기적으로 동물병원에서 구강을 검사하고 스케일링을 하는 것도 중요하다.

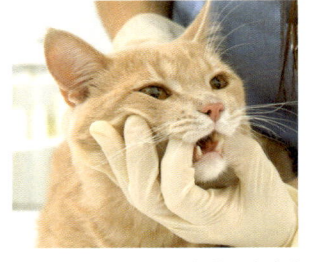

면역 노화를 겪는 고양이는 정기적인 검진을 통해 고양이 몸 상태를 확인하고 질병을 초기에 발견하는 것이 좋다.

🔍 백신 접종

고양이 백신 접종은 고양이 감염성 질환에 대한 중요한 예방책이다. 백신은 비용 대비 효율적인 건강관리 수단이자 치사율과 사망률을 예방할 수 있는 관문이다. 하지만 고양이의 백신 접종은 논쟁의 여지가 있다. 왜냐하면 고양이의 면역 노화에 대한 본격적인 연구가 부족하고, 노령묘에 대한 적절한 백신과 접종 횟수 및 시기에 대한 이해도 낮은 편이기 때문이다.

나이 든 고양이의 경우 특징적으로 유일하게 존재하는 특이항원은 그대로기 때문에 매년 정기접종은 잘한다면 백신에 대한 세포성 면역과 항체는 잘 유지된다. 8살 이하의 고양이의 경우 백신 접종으로 3종 백신 안에 포함된 파보, 허피스, 칼리시바이러스에 대해 적절한 면역 반응을 보였다. 그러나 그 이상의 고양이는 백신 접종에 대한 면역 반응이 떨어지는 것으로 나왔다. 이러한 점을 보았을 때 8살 이상의 고양이 백신 접종은 항체검사를 통해 면역력이 잘 형성되고 있는지를 먼저 확인해보는 것이 좋다. 항체 형성이 낮다면 접종 횟수를 늘려 일정한 간격으로 재접종하는 것도 필요하다.

면역 영양

면역세포의 60%와 항체 형성 세포의 90%가 위장관에 존재한다. 그래서 위장관을 거대한 면역기관으로 만든다. 그렇기 때문에 위장관의 면역력을 높이는 것은 나이 든 고양이를 건강하게 만드는 것이라고 할 수 있다.

고양이 경우 위장관의 세균덩어리는 태어날 때 자궁을 통과하는 과정에서 시작된다. 그 후 양육 과정, 어미와의 접촉, 환경, 음식을 통해 위장관에선 세균들로 득실거린다. 다양한 미생물들이 소화를 돕고 위험한 세균들로부터 위를 보호한다. 그중 유용한 장내 미생물인 프리바이오틱스prebiotics가 있는데 고양이의 위장 내 면역력을 강화시켜 건강에 도움을 준다고 알려져 있다. 다만 프리바이오틱스가 건강에 확실하게 도움을 주는지에 대해선 실험적으로 명확하게 밝혀진 것은 없다.

05 노령묘의 인지기능 장애

수의학의 발달과 영양개선, 보호자의 세심한 건강관리를 통해 나름 장수하는 고양이의 숫자가 늘어나고 있는 추세다. 다만 슬프게도 사람과 마찬가지로 인지기능 장애로 인해 행동의 변화를 겪는 고양이도 증가하고 있다. 이런 행동적 변화는 다른 여러 가지 원인 즉, 전신 질병갑상샘기능항진증 등, 뇌병변종양 등, 행동학적 문제불안장애 등, 인지기능 장애 등으로 나타날 수 있다. 뚜렷한 질병이 발견되지 않으면 인지기능장애증후군으로 진단한다. 가장 흔하게 보이는 증상은 무기력, 방향 감각 상실, 분변실금, 비정상적 또는 공격적 행동, 습성이 바뀜, 소리 계속 지르기, 소리가 커짐, 수면 과다 또는 수면 감소, 요실금, 이동 거부 등이다.

+ 발생빈도
인지기능장애증후군은 흔히 치매로 불리며 모든 동물에게 나타나는 현상이다. 인지기능이 퇴화되는 시기에 행동의 변화가 나타나는 것이 특징으로 7~11살까지의 고양이 중 36%가 문제행동을 나타냈고, 16~19살까지의 고양이에서는 88%로 증가했다.
최근 연구에서는 11~14살의 고양이 중 28%가 적어도 인지기능장애증후군과 관련한 1가지 이상의 문제행동을 보이고, 15살 이상의 고양이에선 50% 이상으로 증가했다. 주로 과도한 소리 지름과 방향을 잃은 채 걷거나 움직이는 행동이 가장 흔하게 나타났다.

+ 고양이의 행동 변화를 유발할 수 있는 질병들

- 인지기능장애증후군
- 염증과 통증(신체 어디라도)
- 관절염
- 전신 고혈압
- 갑상샘기능항진증
- 만성신부전
- 당뇨
- 요로계 감염
- 위장관 질병
- 간질환
- 시각과 청각 소실
- 뇌종양
- 감염성 질환들(바이러스 질환)
- 치아 및 치주질환
- 1차성 행동학적 문제

+ 왜 인지기능장애증후군이 일어날까?

인지기능장애증후군의 원인에 대해 정확하게 말할 수는 없으나 노화가 진행되면서 뇌혈류 감소, 혈관 주위 작은 출혈, 동맥경화 같은 혈관성 변화로 발생할 수 있다. 더불어 신체는 대사에너지를 만드는 과정에서 활성산소가 발생하는데 이것은 독성물질로 정상적인 경우는 항산화 방어기전이 존재해 손상이 많이 일어나지 않으나 질병이나 노화, 스트레스 등으로 이 방어기전에 문제가 생겨 손상이 지속되면 인지기능장애증후군을 일으킬 수 있다.

+ 어떻게 개선할까?

인지기능장애증후군은 완치할 수는 없지만 적절한 방법으로 진행 속도를 늦출 수 있다. 관리 방법으론 적절한 환경 조성과 식이 관리, 약물치료 등이 있다.

🔍 노령묘를 위한 집안 환경 조성

고양이가 전문 수의사를 통해 인지기능장애증후군이라는 진단을 받으면 집안의 환경에 변화를 주는 것이 좋다. 환경 변화에 따른 정신 자극은 활동성과 신경성장인자의 증가를 일으켜 뇌기능을 활성화한다. 그럼 환경을 어떻게 개선하면 좋은지에 대해 알아보자.

- ✔ 눈의 노화로 인해 시야가 어두워질 수 있기 때문에 형광등 외 2차적인 조명을 밝혀 노령묘가 돌아다니기에 충분할 정도로 밝게 하는 것이 좋다. LED 조명을 곳곳에 놓는 것도 환경적 자극이 될 수 있다.
- ✔ 노령묘의 영역 내에 물그릇이나 밥그릇, 화장실 등을 추가적으로 배치한다. 또한 노령묘는 점프 등의 활동에 고통을 느끼고 움직임에 어려움을 겪기 때문에 계단을 오르내릴 필요가 없어야 하고, 높은 위치에 올라가기 위해 보조턱을 만들어주면 이동하는 데 도움을 줄 수 있다.
- ✔ 밥그릇과 물그릇의 위치를 약간 높이면 먹거나 마실 때 머리를 숙일 필요가 없기 때문에 좀더 편안해한다.
- ✔ 잠자리 위치와 스크래처, 화장실, 장난감 등은 노령묘가 체취를 남겨 영역과 구조를 인식하는 중요한 부분이다. 체취가 나는 곳일수록 노령묘가 정서적 안정을 느낄 수 있다. 그리고 화장실은 충분히 크고 입구를 낮게 만들어야 볼일 보는 데 불편함이 없다.

🔍 노령묘의 식이 관리

치매에 걸린 사람의 경우 과일, 채소, 비타민E와 비타민C, 비타민B12, 엽산 등이 인지기능에 도움이 될 수 있다. 또한 알파리포산alpha-lipoic acid, 엘-카르니틴L-carnitine이 미토콘드리아 기능을 증진시키고, 오메가 지방산은 세포막의 건강을 증진시켜주기 때문에 치매에 효과가 있다. 그러나 지나치면 위험하다.

고양이의 경우 항산화제, 오메가 지방산, 비타민C와 비타민E, 베타카로틴, 플라보노이드, 셀레늄 등의 영양소가 인지기능 개선에 도움이 될 수 있다. 다만 이러한 효과가 어느 정도인지는 과장이 많으므로 합리적인 선에서 결정해야 한다.

🔍 인지기능장애증후군에 효과 가능성이 있는 약물

사람과 개의 경우 인지기능 보존을 위해 몇 가지 약물들이 사용되어왔다. 콜린에스테라아제cholinesterase❤ 억제제, 셀레길린Selegiline❤❤, 항산화제, 비스테로이드성 항염증제 등이 있다. 그러나 극히 소수의 약물만이 노인 치매 약물로 승인받았다. 영국이나 미국에서는 개의 치매 치료에 셀레길린, 프로펜토필린propentofylline, 니세르골린nicergoline만이 승인을 받았다.

고양이의 인지기능장애증후군을 개선하는 약물로 승인된 제품은 아직 없지만 개에서 사용되는 약물을 적용할 수 있고 어느 정도 효과가 있는 것으로 보여진다. 항불안제나 항우울제 같은 약물을 사용하기도 한다.

결론적으로 고양이의 인지기능장애증후군은 완치될

❤ 아실콜린의 가수 분해를 빠르게 할 수 있도록 도와주는 효소
❤❤ 도파민 분해를 억제하는 효소로 우울증, 파킨슨병, 치매 치료에 사용하는 약물

수는 없지만 보호자의 노력과 정성 그리고 전문의의 약물치료를 통해 진행을 막을 수는 있다.

CHAPTER 4

네 뺨 더 이해하기
고양이
전염성 질환

CHAPTER 4　네 뺨 더 이해하기 **고양이 전염성 질환**

1 바이러스

고양이는 다른 반려동물에 비해 바이러스로 인해 발생하는 질병이 상당히 많을뿐더러 치명적이기까지 하다. 그렇기 때문에 바이러스에 대한 기본 이해가 중요하다. 바이러스는 다른 유기체의 살아 있는 세포 안에서만 생명 활동을 할 수 있는 감염원이다. 세포 내 기생하는 생명체로는 세균이나 원충류가 있다. 세균은 기본적으로 핵과 스스로 살아갈 수 있는 기본 생존 도구를 가지고 있으나 바이러스는 이 모든 도구를 세포나 세균에 전적으로 의존한다.

01 세균과 바이러스의 수는?

사람 몸 안팎에 함께 살아가는 세균 수는 얼마나 될까? 예전에는 몸 세포수의 10배라고 추정했지만 최근 연구에 따르면 1.3배로 밝혀졌다. 그렇다면 바이러스는 얼마나 될까? 38조 개 정도 된다.

바이러스는 단순히 개수로 따지기 어렵다. 인체에 존재

🦠 박테리오파지는 '세균'을 의미하는 'bacteria'와 '먹는다'를 의미하는 'phage'가 합쳐진 합성어로 세균을 먹는 바이러스를 뜻한다.

하는 바이러스는 대다수가 박테리오파지bacteriophage🦠로 세균 안에 감염된 형태로 존재한다. 그 바이러스 중에는 실제로 인체에 감염을 일으키는 바이러스도 있으며, 프로바이러스provirus라는 형태로 인간의 유전자에 끼워져 있는 형태도 있다. 이런 바이러스 유사물질의 합을 바이러스체Virome라 하는데 우리 몸은 세포들과 세균들, 바이러스 및 온갖 유기물이 합쳐진 존재인 것이다. 이것들을 배제하고 우리의 몸을 이해하는 것은 불가능하다.

02 바이러스란?

우리 피부는 핵이 탈락한 죽은 세포로 구성되어 있으며 시간이 지나면서 각질로 벗겨진다. 이런 피부층에는 세균이나 바이러스가 침투하기 어렵지만 각질층이 존재하지 않는 구강 및 생식기는 세균이나 바이러스가 침투하기 좋은 공간이다. 대부분 바이러스는 구강이나 호흡기를 통해 침투한다.

광견병 바이러스는 사람이나 동물에게 함께 감염을 일으키지만 고양이만 가지는 바이러스는 사람에게 감염을 일으키지 않는다. 그 이유는 바이러스 종류마다 자신이 좋아하는 세포의 특성이 다르기 때문인데 이를 친화성이라고 한다. 친화성을 갖는다는 것은 바이러스에 스포이트처럼 생긴 가시와 세포의 수용체가 잘 달라붙는 특성을 말한다. 세포의 수용체가 다르기 때문에 고양이의 바이러스가 사람에게 옮겨 들어온다고 해도 별다른 감염 없이 빠져나간다.

바이러스 기본 구조는 공 모양의 형태로, 생존에 필요한

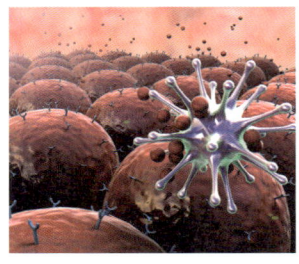

세포의 특정 수용체에 바이러스가 달라붙는 모습

CHAPTER 4   네 뺨 더 이해하기 **고양이 전염성 질환**

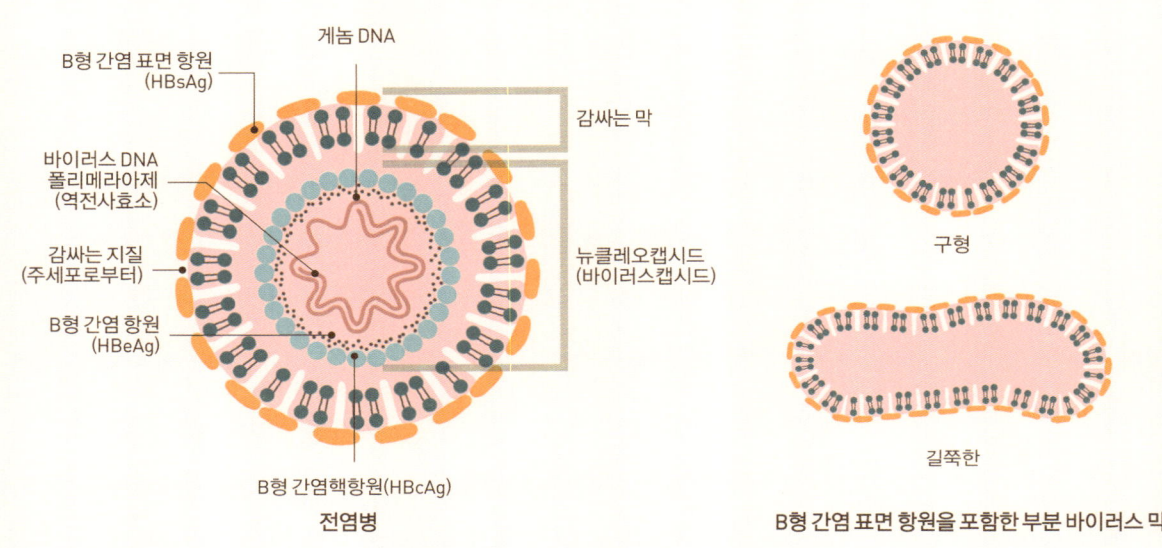

+ 바이러스의 기본적 구조(B형 간염 바이러스)
바이러스는 가장 기본인 자신의 유전정보와 이를 안전하게 보호할 캡시드, 다른 세포에 결합할 구조물을 가지고 있다.

기본 물질인 핵산DNA 또는 RNA과 그것을 둘러싼 단백질 껍질캡시드로 이루어져 있다. 단백질 껍질 밖에는 당단백질이라 하는 돌출된 구조물이 있으며 세포막의 특정 수용체리셉터와 친화성을 갖는다. 특정 바이러스에 대한 수용체가 호흡기 세포에 있다면 이곳에서 질환이 생긴다. 같은 호흡기 세포라 할지라도 바이러스에 대한 특정 수용체 유무에 따라 감염이 일어나거나 일어나지 않는다. 특정 수용체에 결합한 바이러스는 숙주세포 내로 이동하여 증식을 일으킨다.

바이러스는 DNA나 RNA 유전물질을 가지고 있으며 세포질 내에서 유전물질의 복제와 증식을 일으킨다. 또한 바이러스에 필요한 단백질 성분을 만들어내기 위해 RNA를 통해 단백질을 합성한다. 이러한 과정이 활발하다면 이 세포는 바이러스가 빠져나오면서 파괴된다. 반면 바이러스가 세포에 침입한 이후 활동을 정지한다면 잠복기 상태로 진입한다.

고양이는 개와 다르게 면역결핍증이나 백혈병을 일으키는 바이러스를 갖고 있다. 이 바이러스는 레트로바이러스retrovirus 계통의 것으로 에이즈바이러스와 유사하다. 이 레트로바이러스의 주된 특징은 자신의 RNA를 DNA로 복사해 프로바이러스 형태로 세포 내 DNA에 끼워 넣는 것이다. 이 상태에서 면역반응이 약한 경우 증식을 하다가 면역반응이 강해지면 활동을 멈춘다. 이러한 특성으로 고양이백혈병이나 면역결핍증은 잠깐 동안의 활발한 증식기를 거치다가 오랜 잠복기로 넘어간다. 초기 잠깐 동안의 활성기의 증상은 거의 노출되지 않아 알아채기가 어렵다.

- deoxyribonucleic acid, 데옥시리보 핵산이라고도 하며 유전자의 본체로 데옥시리보스를 함유하는 핵산으로 바이러스의 일부 및 모든 생물의 세포 속에 있으며, 진핵생물에서는 주로 핵 속에 있다.
- ribonucleic acid, 리보핵산이라고도 하며 오탄당 하나인 리보스를 함유하는 핵산으로. 단백질을 합성하는 중요한 역할을 한다.
- 백혈병바이러스, 육종 바이러스와 같이 RNA를 유전자로 가지는 종양 바이러스 무리

03
면역계를 손상시키는 바이러스

우리 몸속에 살아 있는 세균들은 대부분 특별한 질병을 일으키지 않고 잘 지낸다. 그러다 피부 손상이나 면역력의 저하가 일어나면 피부나 구강 등을 통해 정상적으로 공존하던 세균 및 바이러스 감염이 일어나게 된다. 우리 몸속의 면역계는 매우 중요한 역할을 하는데 바이러스는 이것을 무너뜨리기 위해 끊임없이 항원성의 변이를

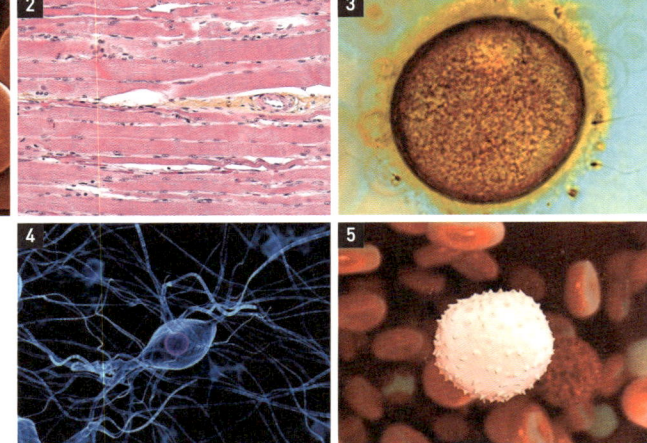

1_ 적혈구 7.5㎛
2_ 근육세포 20~500㎛
3_ 인간 난자세포 140㎛
4_ 신경세포
5_ 백혈구 10~12㎛

일으킨다. 가장 대표적인 예가 독감바이러스다. 면역계가 손상되면 바이러스에 감염되기 쉽기 때문에 급성감염을 일으키거나 체내로 깊숙이 잠복해 면역 과잉 증상 등을 나타낸다.

04 바이러스질환은 왜 겨울에 기승을 부릴까?

바이러스질환은 보통 겨울철에 일으키기 쉽다. 바이러스의 전염이나 증식은 낮은 온도에 발생하기 적합하고 체내 면역력이 떨어지는 시기이기 때문이다. 바이러스는 고온 건조한 외부 환경에 노출되면 오래 살아남지 못하고 일광소독을 통해 소멸된다. 물론 모든 바이러스가 그렇다는 것은 아니다. 바이러스마다 생존환경이 다르기 때문에 주의해야 한다. 범백혈구감소증 바이러스는 실온에서 한 달간 생존할 수도 있다.

+ 인간에게 영향을 미치는 바이러스체

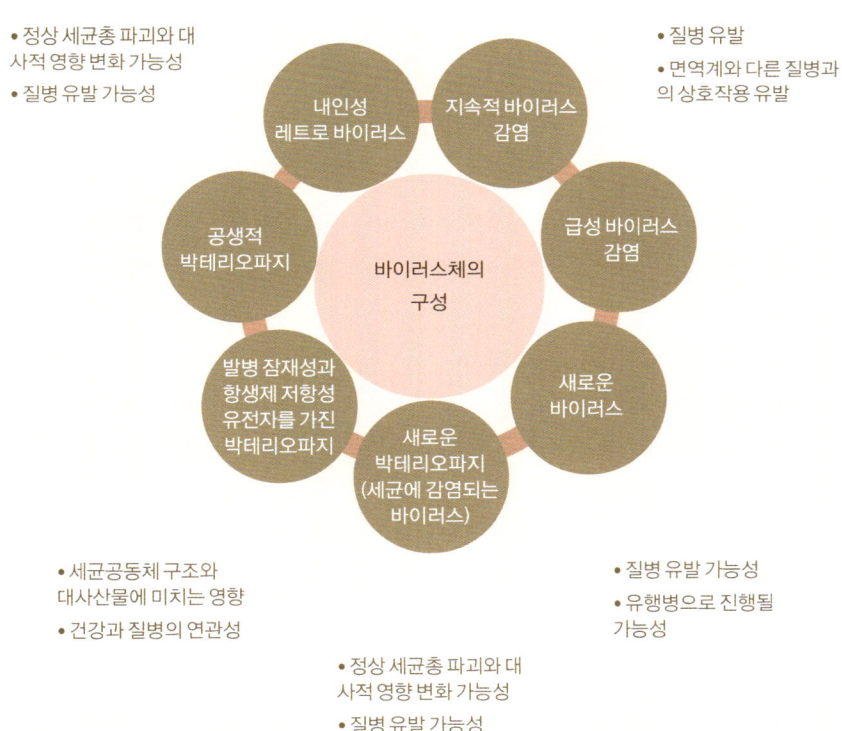

2. 고양이에게 감염을 일으키는 대표적 바이러스

고양이에게 감염을 일으키는 대표적 바이러스는 고양이 바이러스성 호흡기질환과 고양이 면역결핍 바이러스 질환 등으로 나눌 수 있다. 고양이 바이러스성 호흡기질환은 고양이허피스바이러스-1 Felineherpesvirus, FHV-1, 고

+ 고양이 감염 대표 바이러스

고양이 바이러스성 호흡기질환	• 고양이허피스바이러스-1 • 고양이칼리시바이러스 • 인플루엔자바이러스
고양이 면역결핍 바이러스질환	• 고양이백혈병바이러스 • 고양이면역결핍증바이러스 • 고양이코로나바이러스 • 고양이파보바이러스

양이칼리시바이러스feline calicivirus, 인플루엔자바이러스influenza virus 등이 속하고, 고양이 면역결핍 바이러스질환은 고양이백혈병바이러스feline leukemia virus, 고양이면역결핍증바이러스immunodeficiency virus, 고양이코로나바이러스Corona Virus, 복막염바이러스 등이 속한다. 이것에 대해 자세하게 알아보자.

01 고양이 바이러스성 호흡기질환

고양이 사이에서 상부호흡기질환은 아주 흔하다. 특히 스트레스가 많이 발생하고 전염성균이나 바이러스가 생존하기 쉬운 집단에서 생활하면 많이 발생한다. 이 질환은 몇 가지 병원체의 동시 감염이 가능하다. 가장 대표적인 병원체로는 고양이허피스바이러스-1과 고양이칼리시바이러스다. 인플루엔자바이러스도 고양이에서 발생

상부호흡기질환은 고양이가 스트레스를 많이 받거나 전염성균이나 바이러스가 생존하기 쉬운 집단에서 생활하면 많이 발생한다.

- 호흡기 질환을 일으키는 병원균
-- 상기도 감염증을 유발하는 가장 일반적인 박테리아
--- 박테리아의 특성을 가지고 있는 미생물로 열에 약하고 폐렴, 관절염, 식물병 따위를 일으킨다.

할 수 있지만 상대적으로 드물다. 보통 바이러스질환에 의해 조직이 손상되면 2차적으로 세균에 감염된다. 감염이 지속되면 화농성의 콧물이 흐르거나 눈곱이 끼는 등의 증상이 나타난다. 그 결과 보르데텔라 브론키셉티카 Bordetella bronchiseptica-, 클라미도필라 펠리스 Chlamydia felis--, 마이코플라즈마 Mycoplasma--- 등의 세균성 호흡기질환도 발생한다.

+ 고양이허피스바이러스-1(FHV-1)

고양이 바이러스성 비기관지염 FVR: Feline viral rhinotracheitis 으로 불리는 고양이허피스바이러스-1은 고양이가 한번쯤은 감염이 될 수 있는 질환이다. 건강한 고양이의 경우 이 바이러스 분비율은 2%고, 1차적으로 3차신경절에 잠복한다. 이 질환에 감염된 고양이는 잠복기를 거친 이후 증상을 나타내다가 면역반응이 활성화되면 3차신경절에 잠복하게 된다. 위치는 귀 위쪽 부분이다. 3차신경절에 잠복했던 허피스바이러스는 이동이나 수유, 새로운 고양이, 다른 질환, 면역억제 치료 등의 스트레스 인자 등으로 인해 재발이 일어날 수 있으며, 이때 바이러스 분비는 잠복기의 반도 되지 않는 4~12일 사이에 일어난다. 바이러스 분비 기간은 보통 7일 정도이나 13일까지 지속될 수 있다.

어미가 고양이허피스바이러스-1에 걸리면 수유를 통해 새끼고양이한테까지 감염이 일어난다. 이 바이러스질환은 18시간 동안 실온에서 생존할 수 있으며 소독제나 건조 상태에서 사멸된다. 주로 직접 접촉을 통해 전파가 일

고양이가 어릴 적 고양이허피스바이러스-1에 걸리면 이후 만성부비동염이나 각막질환의 원인체가 된다.

어나며 집단으로 거주할 경우 어떤 매개체로 인해 전염되기도 한다. 공기 중 재채기 등을 통한 전염은 많지 않고 전염 범위는 1~1.5m를 넘지 않는다.

이 바이러스가 갓 태어난 고양이에게 감염을 일으키면 상부호흡기 상피를 파괴하여 비갑개의 골 융해녹아풀어짐와 비염 등을 일으킨다.

어릴 적 이 질환에 걸리면 이후에 만성부비동염을 앓을 수도 있다. 또한 고양이 각막질환의 주요한 원인체로서 궤양성 각막염, 기질성 각막염, 각막괴사증각막분리괴사증, 각막 부골편, 포도막염을 유발한다. 고양이허피스바이러스에 심하게 감염되면 안검유착이라 하여 결막 간 유착이나 결막염, 결막 간의 유착과 건성각결막염, 심한 호산구성 안검염을 일으킨다.

+ **고양이칼리시바이러스(FCV)**
고양이칼리시바이러스는 RNA바이러스로 구형의 캡시드를 갖고 있는데 이것이 컵으로 눌린 모양을 하고 있어

칼리시라는 명칭을 달았다. 고양이허피스바이러스-1과 같이 고양이칼리시바이러스는 10~50% 정도가 호흡기 질환의 원인체로 여길 정도로 상부호흡기질환을 일으킨다. 여러 마리의 고양이를 키우는 환경에서 가장 잘 발생하며 다른 RNA바이러스와 마찬가지로 유전자는 지속적으로 빠른 변이를 일으키며, 시간이 지날수록 균주가 다양해진다.

감염된 고양이는 임상증상 없이 한 달 이상 구강인두 감염이 지속될 수 있는데 이를 보균 상태라고 한다. 구강인두口腔咽頭를 통해 바이러스가 지속적으로 분비되며 이 바이러스를 가지고 있는 고양이는 다른 고양이에게 전염시킬 수 있다. 감염과 분비 기간은 몇 주에서 몇 달 동안 지속될 수 있다. 그러나 일부는 평생 지속되기도 한다. 호흡기 분비물이나 기침을 통해 직접 전파가 가능하

■ 입안 뒤쪽에 위치한 인두 부분으로, 공기와 음식물이 지나가는 통로다.

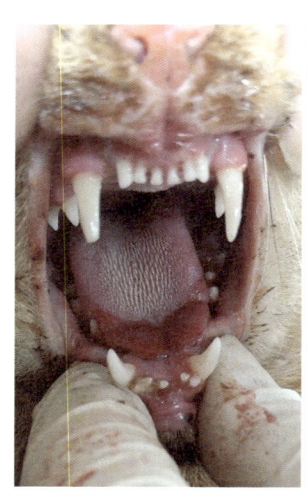 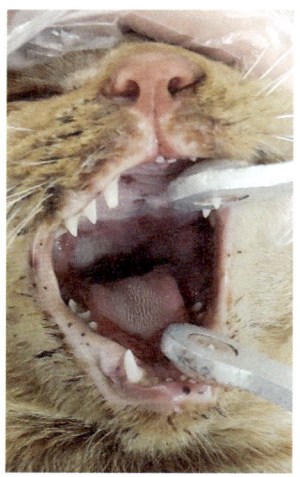

고양이칼리시바이러스에 걸린 고양이의 혀와 잇몸 앞부분에 궤양이 진행되고 있다.

며 분변이나 그루밍을 통해 벼룩 등 다른 생물체에도 감염이 될 수 있다.

이 질환은 미란성 또는 궤양성 증상도 잘 일으킨다. 미란은 표피 부분에 손상을 일으키는 것을 말하며, 코끝 부분, 혀, 입술, 때론 결막 등에 발생하며, 완치하는 데는 2~3주 정도 소요된다. 고양이칼리시바이러스의 감염이 지속되면 림프형질세포성, 궤양증식성 구내염을 일으키며, 입천장혀궁 점막과 작은 어금니 그리고 어금니 근처 등에 염증을 일으킨다.

고양이칼리시바이러스로 인해 유발되는 고병원성 전신질환virulent systemic disease에 걸리면 구강뿐만 아니라 다른 장기에도 감염을 일으켜 식욕부진, 고열, 체중 감소, 구강 염증, 발바닥 패드의 궤양, 코와 눈의 염증 등의 증상이 나타난다. 병변으론 세포 간 밀착연접을 파괴하고 혈관염을 일으키며 폐렴, 간, 췌장에도 손상을 가할 수 있다.

+ 인플루엔자바이러스

돼지에서 유래된 H1N1 인플루엔자바이러스는 급성 호흡기질환으로 흔히 독감이라 불린다. 보통 기침, 콧물, 가래와 같은 감기 증상을 일으키는데 발열, 오한, 근육통, 두통, 식욕부진 등의 심한 증상을 동반한다. 돼지에서 사람에게로, 사람이 고양이에게로 감염 이동이 이뤄졌는데 고양이 간 접촉으로 발생할 수도 있다.

1997년 홍콩에서 발생한 조류독감으로 불리는 H5N1 인플루엔자는 전 세계로 확산되었다. 동남아시아 등으로 번졌으며 고양이 감염은 조류독감에 걸린 새를 먹은 고양이에게서 발생한 후 그것을 매개체로 전파가 되었다.

+ 고양이 바이러스성 호흡기질환의 치료

상부호흡기질환의 주된 치료는 보통 피하수액 투여, 2차 감염을 예방하기 위한 항생제 섭취, 영양 공급 등이 있다. 식욕부진으로 3일 이상 아무것도 먹지 못하는 경우 피딩 튜브를 장착해 영양을 공급해야 한다. 고양이칼리시바이러스-고병원성 전신질환인 경우 치사율이 50% 이상일 수 있으니 적절한 시기에 치료를 잘 받아야 한다.

고양이허피스바이러스의 경우 각막염, 심한 결막염, 궤양성 안면피부염이 지속된다. 재발하면 항바이러스제를 사용해야 한다. 특히 이 질환에 감염될 경우 결막 세포에 손상을 일으켜 안구건조증을 유발할 수 있으므로 인

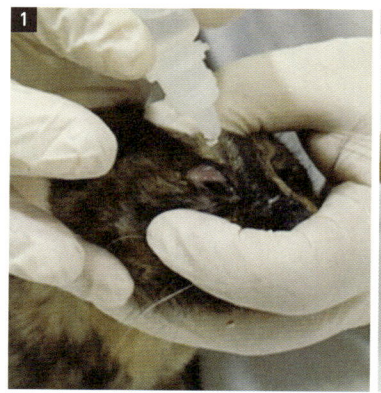
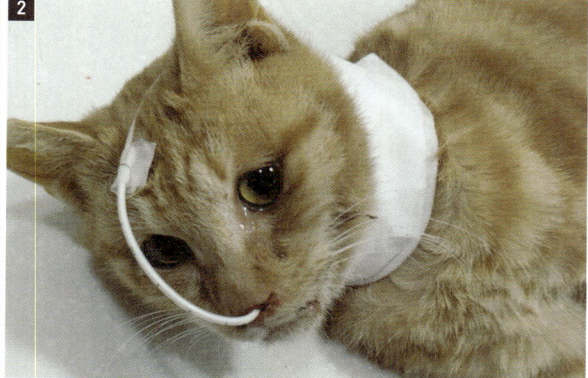

1_심한 결막염이 있는 고양이에게 안약을 점안하는 모습
2_오랜 시간 식욕부진이 있는 경우 비위관 장착 등을 통해 강제로 급여해야 한다.

고양이 쉼터 등은 바이러스성 호흡기질환이 전파되는 공간이다.

공눈물을 점안해야 한다.

고양이칼리시바이러스는 만성구내염의 원인이 될 수도 있다. 특히 목 쪽에 발생한 구내염은 난치성인 경우가 많다. 임상적 완치율은 50~60%까지이며, 병변 부위 치아 발치, 혐기성, 그람양성균에 대한 항생제 투여, 구강청결제 등을 통해 30~40% 정도 치료 효과가 나타나기도 한다. 이렇게 치료했는데 완치하지 못한다면 항생제와 항염증제를 이용한 장기 치료가 필요하다.

+ 고양이 바이러스성 호흡기질환의 감염 예방

백신 접종, 스트레스 감소, 과밀 사육 등을 줄이고, 전염 통로가 될 수 있는 방석이나 덮개 등을 완벽하게 소독해야 한다. 락스를 30배 희석한 용액이나 버콘$^{virkon\ S}$ 제품을 이용하여 소독하면 효과가 좋다. 모든 고양이는 상부호흡기 바이러스에 대해 보균 상태일 수 있으며, 공기 중 전염은 1.5m까지 전파될 수 있으니 언제든 바이러스 감염이나 분비를 일으킬 수 있다는 점을 염두에 둬야 한다. 새로운 고양이를 집안에 들일 때는 잠복기 등을 고려해 3주 정도 격리하여 보호해야 한다. 고병원성 조류독감이 확인된 지역에선 실내에서만 생활하도록 하고, 새를 잡는 행동을 하지 못하게 해야 한다.

02 고양이 면역결핍 바이러스질환

고양이면역결핍바이러스는 RNA바이러스로 레트로바이러스에 속한다. 하이에나뿐만 아니라 집고양이와 야생고양이 등에도 발생한다. 에이즈바이러스처럼 면역결핍 바이러스질환 또한 만성적이며, 지속적인 감염을 일으키며 최종적으로는 면역결핍 상태가 된다.

야생 상태에서 싸우거나 물리면서 감염되는데 주로 수컷에게 많이 발생한다. 이 바이러스에 감염된 암컷의 경우 자궁이나 수유를 통해 50% 이상 태아로 전파된다. 실질적으로 인간의 면역결핍 바이러스 연구에 고양이들이 많이 이용되고 있다.

어린 동물일수록 증상이 빠르게 나타나거나, 어떤 품종에 따라 선천적으로 더욱 치명적일 수 있다. 감염 시 바이러스의 양과 감염 경로 등에 따라 증상 정도가 다를 수 있다. 이런 요인들은 바이러스 역동학, 감염 후 면역반응, 임상증상, 진행 과정에 차이를 가져온다.

급성감염과 바이러스혈증🐾 억제 이후 무증상 시기가 온다. 잠복기는 아니고 바이러스가 지속적으로 감염을 일

🐾 혈액 중에 바이러스가 있는 상태로 바이러스가 숙주에 감염되어 이동할 때 혈관이나 림프를 이용해 이동할 수 있다.

고양이 면역결핍 바이러스질환은 어린 고양이일수록 진행 속도가 빠르다.

고양이 면역결핍 바이러스질환은 주로 수컷에게 많이 발생하나 임신한 암컷이 감염되면 태아에게도 전파된다.

으키는 상태로 바이러스 혈중 농도가 다시 상승한다. 이 기간은 경우마다 다르다.

급성 바이러스일 경우 임상증상은 나타나지 않으며 지속 기간은 개체마다 다르다. 종말 단계에서 면역결핍 증상이 나타난다. 무증상 시기에는 전신에 림프샘 비대 증상이 나타나기도 하며 고열이 있거나 몸이 쇠약해지기도 하는데 며칠에서 몇 주 정도 지속된다. 감염 증상이 뚜렷해지면 급성장염, 위염, 피부염 등이 나타난다. 고양이 면역결핍 바이러스질환에는 고양이면역결핍바이러스, 고양이백혈병바이러스, 고양이코로나바이러스 등이 있다.

+ **고양이면역결핍바이러스**

고양이면역결핍바이러스는 1986년 캘리포니아 사육장에서 발견되었다. 레트로바이러스에 속하는 바이러스

CHAPTER 4 네 뼘 더 이해하기 **고양이 전염성 질환**

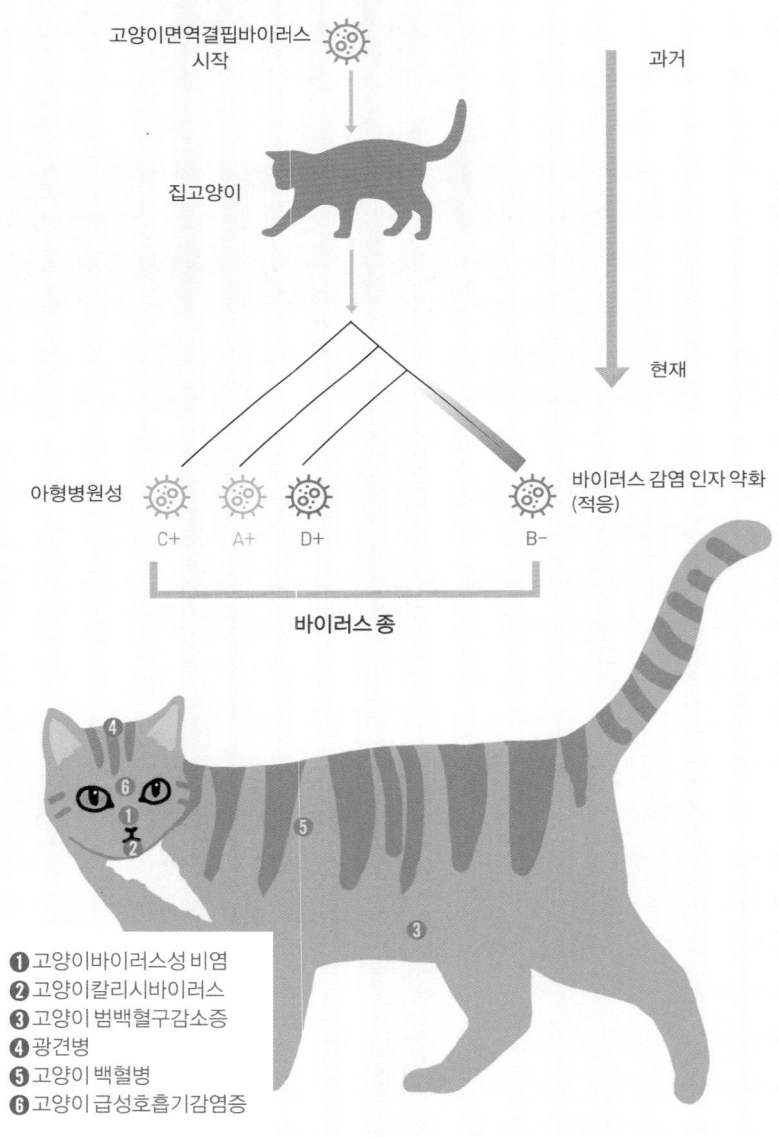

■ 혈액 중에 바이러스가 있는 상태로 바이러스가 숙주에 감염되어 이동할 때 혈관이나 림프를 이용해 이동할 수 있다.

로 고양이백혈병바이러스감마레트로바이러스와는 다르게 렌티바이러스lentivirus■에 속한다. 이 속에는 인간면역결핍바이러스AIDS도 포함된다.

고양이면역결핍바이러스는 바이러스의 구조나 안정, 유전적 특성 등에서 고양이백혈병바이러스와 유사한 측면이 많지만 고양이면역결핍바이러스는 비교적 다양한 세포에 감염을 일으킨다. 역전사효소를 갖기 때문에 돌연변이율도 높다.

감염 경로

감염 경로는 물고 뜯으면서 싸움을 한다던가 감염된 고양이에게 그루밍을 해주면서 전염된다. 주로 길고양이나 수컷에서 많이 발생하는데 암컷의 경우 교미할 때 교상 등의 상처로 감염될 수 있다.

물론 지속적인 일상적 접촉을 통해서도 전파가 가능하다. 자궁을 통한 전파는 태반에 염증을 일으키기 때문에 유산이나 사산이 일어날 가능성이 높다. 암컷이 감염되었다고 해서 태아 모두가 감염되는 것은 아니지만 바이러스혈증일 때 태아에게도 감염된다. 다만 임신한 고양이가 오래전에 감염되었지만 당시 건강한 상태라면 태아 감염률이 낮다.

이 바이러스에 감염된 고양이는 면역반응을 통해 증식을 억제할 수 있으나 완전히 제거된 것은 아니다. 이 과정은 감염 후 1~3달 사이에 발생하는데 무증상의 시기다. 바이러스의 증식은 느리지만 계속되며 이 단계는 수개월에서 수년이 지속될 수 있다. 이후 면역 억제 상태가

+ 고양이면역결핍바이러스 진행 단계

관찰 요인	특이적 증상
급성기	침울, 식욕부진, 고열, 림프샘비대증 등이 나타나거나 증상 없이 지나갈 때도 있음
잠복기	증상이 없지만 증식이 이뤄지는 시기로 수개월에서 수년까지 지속 가능. 혈액학상 골수세포의 감염은 말초의 세포감소증을 유발함
후천성 면역결핍증 연관 복합증 단계 (AIDS-related complex phase)	면역 억제 상태가 되면 2차적으로 세균 등이 감염되면서 면역매개성 질병이 발생할 수 있음. 또는 다른 바이러스, 세균, 곰팡이 등의 감염이 발생함
후천성 면역결핍증(AIDS)	말기 단계로 신경증상, 종양, 다른 병원체 감염, 기회감염 등이 특징으로 이 시기에 접어들면 몇 개월 안에 사망할 수 있음

되면서 면역결핍증이 다시 나타난다.

증상

고양이면역결핍바이러스 감염의 증상은 매우 다양하며 전형적인 증상은 보이지 않는다. 그래서 보통은 2차적 세균이나 곰팡이균 감염 등으로 나타나는 증상을 치료한다. 가령 면역결핍증이 발생하면 정상 상태에서 공존할 수 있는 모낭충 같은 기생충이 증식하고 증상을 유발한다. 가장 흔한 증상 중 하나는 만성구내염이지만 안구질환도 많이 나타난다. 또는 종양이 발생하는가 하면 신경조직에도 감염되어 경련, 인지장애, 마비, 행동 변화 등이 나타날 수 있다.

진단

혈액 내 바이러스 특이항체를 검출하는 진단 키트를 이용해 진단을 내린다. 급성감염 시기일 경우 혈중 바이러스가 높게 검출되나 이후 잠복기에 들어서면 바이러스가 면역세포 내로 침투하기 때문에 혈중에 남아 있지 않는다. 그래서 검사는 바이러스에 대한 항체가 만들어졌을 때 실시하는 것이 유용하다. 감염 이후 60일 정도 지나면 항체를 검출해낼 수 있지만 감염 후 4개월 이후에 검출되기도 한다.

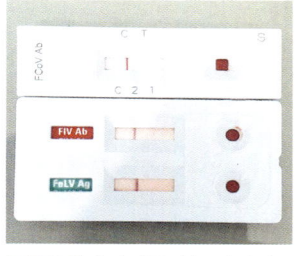

동물병원에서 사용하는 바이러스 진단 키트로 10분 내외로 검사를 진행할 수 있다.

치료

고양이면역결핍바이러스는 2차적으로 발생한 감염에 대한 치료가 주를 이룬다. 주로 항염증제를 투여하면서 충분하게 영양을 공급해줘야 한다. 진단 이후 얼마나 살 수 있을지는 치료 관리가 어떤지에 따라 달라질 수 있다. 관리만 잘하면 수년간 정상적인 활동을 하면서 살 수 있다. 특히 치료를 할 때는 가급적 제품화된 사료나 간식을 먹여야 하며 생식 등의 식중독 위험이 있는 음식은 피해야 한다. 그리고 가장 중요한 것은 고양이면역결핍바이러스에 걸린 고양이가 다른 고양이와 접촉하지 않도록 격리해서 보살펴주는 것이다.

+ 고양이백혈병바이러스

고양이백혈병바이러스는 레트로바이러스의 아종인 감마레트로바이러스에 속하는데 1964년 처음 림프종을 가진 고양이에게서 발견되었다. 모든 고양이는 게놈^{Genom}에 정상적으로 존재하고 물려받은 내인성 레트로바이러스 유전물질이 있다. 보통 어미로부터 유전적으로 물려받는데 레트로바이러스 자체가 숙주세포의 DNA를 통해 증식을 유발하면서 후손들에게 이 유전자를 전달한다.

감염 경로

고양이백혈병바이러스는 주로 입을 통해 전염되는데 고양이 타액에 바이러스가 함유되어 있기 때문이다. 싸움이나 고양이 간의 그루밍이나 접촉, 화장실, 물, 밥그릇 등을 통해 감염이 이뤄진다. 뇨나 분변을 통한 감염은 드물다.

이 바이러스는 지질용해성으로 소독제와 비누, 가열, 건조에 사멸된다. 그래서 방석이나 매개체를 통한 간접 전염보단 직접 접촉을 통해 전염이 이뤄진다. 실내에서만 생활하는 고양이의 경우 고양이백혈병바이러스에 걸릴 확률은 거의 없다. 다만 중년 이상의 고양이는 잠복기 상태에서 바이러스 활성화가 다시 일어날 수 있기 때문에 잘 관찰해야 한다. 공기 중 전파가 이뤄지지 않아 격리되었다면 전염이 되지 않는다.

감염 통로

고양이백혈병바이러스는 단독 감염인지 혹은 집단 감염

❤ 림프샘의 비대로 인하여 생기는 병의 증세

인지에 따라 증상이 다양하다. 그리고 고양이의 면역반응이 어떠한지에 따라 다르다. 기본적으로 구강과 코를 통해 감염이 이뤄지고 감염 이후 발열, 기면, 림프샘 병증 lymphadenopathy❤ 등이 나타난다. 이 질환에서 골수의 바이러스 감염은 매우 중요한 단계로 감염된 림프구들이 골수를 감염시키고 그곳에서 바이러스에 감염된 혈액이나 백혈구 등을 생산하기 때문이다. 침샘 감염 이후에는 침을 통해 많은 양의 바이러스가 배출되고 뇨나 변으로 소량이 분비된다.

🔍 **진행 단계**

고양이백혈병바이러스에 감염되면 다양한 진행 단계를 거친다. 일부 고양이의 경우 감염이 되더라도 몇 주 안에 증식이 억제되면서 골수까지 감염이 되지 않는다. 이런

+ 고양이백혈병바이러스의 다양한 진행 단계

진행 단계	증상
회귀성 감염	백혈병바이러스가 존재하지만 증상이 나타나지 않음
비진행성 감염	바이러스혈증이 나타나지 않지만 항체는 만들어짐
진행성 감염	혈액이나 골수 감염이 일어난 상태로 지속적으로 바이러스혈증이 나타남
기회감염	면역계 손상으로 세균, 곰팡이균 등이 감염을 일으킴

고양이백혈병바이러스에 감염되면 체중이 감소되고 털의 상태가 불량해지거나 불임에 걸릴 수 있다. 임신한 상태라면 낙태 가능성이 높다. 더욱 위험한 것은 림프종이나 백혈병에 걸릴 확률이 높다는 것이다.

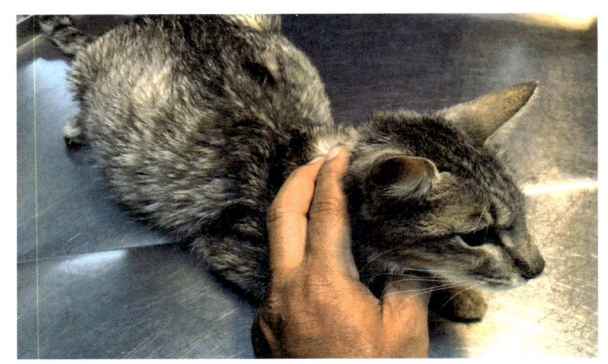

고양이는 회귀성 감염regressive infection, 면역 억제 상태가 되면 진행성 감염으로 이행될 수 있는 상태으로 백혈병바이러스가 존재하지만 증식이 이뤄지지 않는 단계라고 할 수 있다. 그러다가 면역 억제 상태임신, 면역억제제 투여 등가 발생하면 바이러스의 증식이 다시 일어나는 경우다. 나이가 들면서 악성종양으로 발전할 수 있다. 회귀성 감염 상태인 고양이는 대부분 증상이 나타나지 않는다.

다른 진행 방식으론 비진행성 감염abortive infection과 진행성 감염progressive infection이 있다. 전자는 바이러스혈증viraemia이 나타나지 않지만 항체는 만들어진다. 후자는 혈액이나 골수 감염이 일어난 상태로 지속적으로 바이러스혈증이 나타난다. 또 고양이면역결핍바이러스와 마찬가지로 면역계의 손상으로 인해 기회감염이 발생한다. 기회감염이란 면역계에 의해 억제되는 세균들이 면역계 손상으로 인해 감염을 일으키는 것을 말한다. 고양이백혈병바이러스로 인한 증상은 아니지만 2차적으로 발생하는 증상들이다.

🔍 증상

이 바이러스에 감염되면 가장 흔하게 나타나는 것이 종양인데 림프종과 백혈병이 있다. 고양이백혈병바이러스에 감염된 고양이는 림프종이 발생할 확률이 60배 이상 높아진다. 이 바이러스에 걸린 고양이의 4분의 1 정도가 림프종과 백혈병에 걸리는데 흉선, 다병소성, 척수, 신장, 안구에 림프종이 발생했다. 흉선 림프종이 발생한 고양이들에게서 백혈병바이러스 항원을 검사한 결과 80%에서 양성이 나왔으나 소화기 림프종이 발생한 경우에는 10% 이하였다. 흉선 림프종이 발생한 고양이는 전형적으로 무기력해지거나 호흡이 가빠지고 구토 증상을 나타낸다. 림프종이 발생하거나 백혈병에 걸린 고양이는 대부분 4살 미만이었다.

🔍 진단

동물병원 내에서 혈중 내 바이러스를 검출하는 진단 키

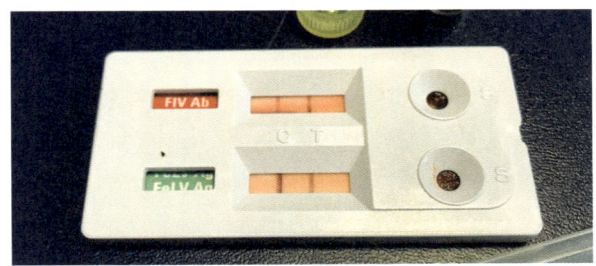

백혈병은 혈중 내 바이러스를 검출하는 진단 키트를 이용해 진단을 내릴 수 있다.

+ 혈액 중에 바이러스가 있는 상태

검사 방식	검체	결과
효소면역분석법 (동물병원 내 간이 진단 키트)	혈청, 혈장, 전혈	건강한 고양이의 검사 결과 양성이 나온다면 다른 회사의 제품을 이용해 재검사할 것을 권장한다. 양성이 진행성 감염 상태를 의미하진 않으며, 1~3개월 이후 재검사하거나 면역형광측정법으로 검사한다. 감염 1개월 이내에는 가짜 음성이 나타날 수 있다.
면역형광측정법	혈청, 골수	효소면역분석법보다는 덜 민감하다.
중합 효소 연쇄 반응		실험실마다 민감도나 특이성의 차이가 크므로 항원검사 이후 확진을 위해 시행할 수 있다.

+ 고양이백혈병바이러스나 면역결핍증바이러스 검사가 필요한 경우

- 건강이 좋지 못한 고양이(이전에 검사했더라도 재검 필요)
- 새로 입양하는 모든 경우(2개월 이상의 간격을 두고 2번은 검사해야 함)
- 감염된 고양이나 감염이 의심되는 경우, 특히 교상이 있는 경우
  (2개월 이상의 간격을 두고 2번은 검사해야 함)
- 고양이백혈병이나 면역결핍 바이러스에 걸린 고양이와 함께 생활하는 고양이(매년 검사)
- 고양이백혈병이나 면역결핍 바이러스 백신을 접종하기 전 검사
- 헌혈할 경우
- 보호소나 입양하기 전(2개월 이상의 간격을 두고 2번은 검사해야 함)
- 길고양이 중성화 수술 전 권장

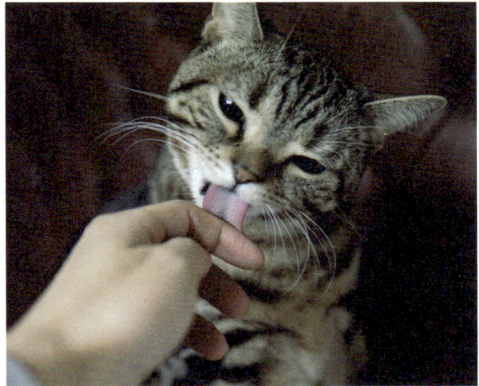

질병을 가진 고양이가 가장 신뢰할 수 있는 존재는 고양이와 함께 살고 있는 보호자다.

트를 이용한다.

치료

고양이백혈병바이러스에 대한 확진을 받았다면 우선 건강한 고양이와 완전히 격리한 뒤 치료에 전념해야 한다. 다만 이 질환은 항바이러스제나 면역억제제 사용에 제한이 많다. 기회감염의 경우 원인체와 장기에 맞춰 항생제를 사용한다. 고양이백혈병바이러스의 감염은 다양한 형태의 진행을 보이므로 생존 시간을 예측하기 어렵다. 종양이나 다른 질병의 진행 경과에도 영향을 받을 수 있으니 건강한 상태라면 2차적으로 발병한 질병 치료를 통해 수명을 연장할 수 있다.

+ 고양이코로나바이러스

고양이코로나바이러스는 고양이에게 자주 걸리는 아주

흔한 바이러스지만 소수의 경우만 복막염으로 진행한다. 고양이코로나바이러스는 단일 RNA바이러스로 유전 변이를 아주 쉽게 하는 경향이 있기 때문에 한 고양이 안에서도 다양한 코로나바이러스가 발견될 수 있다.

이런 유전적 변이는 장기마다 혹은 병변이 일어나는 곳의 세포 사이에서도 나타날 수 있다. 그리고 아직까지 고양이가 전염성 복막염을 일으키는 원인이 코로나바이러스의 유전적 변이 때문인지는 분명하지 않다. 많은 수의 고양이는 코로나바이러스에 저항성을 가진다.

감염 경로

고양이코로나바이러스는 분변이나 구강으로 감염이 이루어지는데, 보통은 화장실을 통해서다. 다만 이 바이러스는 감염성이 높기 때문에 집단으로 생활하는 고양이들 사이에서는 보균상태나 재감염이 이뤄진 고양이로 인해 90% 정도 항체가 만들어져 있다.

특히 보호소에 있는 고양이의 경우 스트레스로 인해 바이러스 분비가 높은 비율로 증가한다. 건강한 고양이는 침을 통해, 복막염에 걸린 고양이 75% 정도는 분변으로 바이러스가 분비된다. 고양이코로나바이러스 항체검사에서 음성이 나온 경우는 바이러스를 분비하지 않지만 양성이 나온 경우에는 3마리 중 1마리에서 바이러스를 분비한다. 높은 항체를 가진 고양이의 경우 더 많은 바이러스를 분비한다. 코로나바이러스는 건조한 환경에서는 7주간 생존할 수 있으나 대부분 세척제나 소독약에 의해 제거된다.

+ 고양이코로나바이러스 감염 단계

진행 단계	
일시적 감염	70%로 일시적으로 장염 증상을 보이나 회복
지속적 감염(보균상태)	13%
저항	5~10%
복막염으로 진행	1~3%

복막염바이러스에 감염되어 포도막염이 발생한 상태로, 눈의 이상으로 동물병원에 내원해 전염성 복막염 진단을 받는 경우가 흔하다.

❤ 몸속 장기 등이 제 기능을 하지 못하고 멈추거나 둔해지는 상태

증상

고양이가 코로나바이러스에 감염되어 면역력이 떨어져 있다면 전신감염으로 발전할 수 있다. 아마도 복막염으로 발전하는 대부분의 고양이는 몇 달 전부터 스트레스를 받았을 것이다. 스트레스로 면역력이 떨어지고 그로 인해 바이러스 분비가 증가하는 것이다. 코로나바이러스로 인해 전염성 복막염에 걸린 고양이는 체중이 줄어 등이 도드라져 보이는데 습식 복막염일 경우 복수와 복부 팽만이 나타나 호흡곤란이 생긴다. 건식 복막염일 경우 눈에 병변이 생기고 신경증이 나타나며 여러 장기에 화농성 육아종이 생겨 장기부전❤이 발생할 수 있다. 면역반응의 정도에 따라 코로나 장염, 다장기 염증성 혈관염, 삼출성 복막염, 비유출성 복막염, 안과질환 등이 나타난다.

+ 코로나바이러스 감염에 의해 나타날 수 있는 질병과 증상들

질병	증상
코로나바이러스 장염	호흡기 불편함과 설사 등이 나타나면 새끼고양이의 경우 성장이 정체될 수 있다.
삼출성 복막염	복수나 흉수가 발생하여 복부가 비대해지는데 처음에 비만과 구분하지 못할 수 있다. 복부 팽창, 약한 미열, 체중 감소, 호흡곤란, 빠른 호흡, 음낭 확장, 심잡음, 점막 창백, 황달 등의 증상이 나타난다.
비유출성 복막염	삼출성 복막염보다 더 만성적인 증상으로 미열, 체중 감소, 멍함, 식욕 감소, 황달 등의 증상이 나타난다. 안구 내 병변이 나타나기도 한다.
다장기 염증성 혈관염	복막염 바이러스가 혈관에 질병을 일으켜 혈관을 확장시키고, 혈장 및 체액이 유출되어 복강이나 흉강에 고인다. 주로 장기에 화농육아종을 발생시킨다.
안과질환	홍채의 색 변화로 홍채 전체나 일부에서 갈색으로 변하고 때론 파란 홍채가 녹색으로 변하기도 한다. 망막출혈이나 망막박리가 일어날 수 있다. 다만 톡소플라즈마, 면역결핍증, 백혈병, 전신 곰팡이 감염 등으로 안구질환이 생길 수 있으니 이 부분 잘 감별해야 한다.
신경질환	비유출성 복막염인 경우 25~33%에서 신경 이상이 나타날 수 있는데 나쁜 예후다. 정신 상태 변화와 보행 장애가 뒤따를 수 있다. 발열, 행동 변화, 경련, 마비, 운동실조🐾, 측정과대증🐾 등의 증상이 나타날 수 있다.
그 외 증상	• 위장관에 바이러스가 침투되어 변비, 만성설사, 구토 등의 증상이 나타나며 촉진할 경우 비후된 장이 만져질 수 있다. • 비화농성 피하병변이 나타나 목이나 앞다리, 흉부 바깥쪽에 작은 돌기가 생긴다.

🐾 신경이나 뇌의 장애로, 몸 여러 부분이 조화를 잃어 운동을 하고자 해도 하지 못하는 질환
🐾 생각하는 보폭과 실제 보폭이 맞지 않아 허우적거리는 행동

+ 코로나바이러스 검사 목적과 항체검사 결과 해석

검사 목적	양성	음성
감염성 복막염 또는 코로나 장염의 진단	단순 코로나 장염에 걸렸거나 감염성 복막염 감염이 있을 수 있으므로 다른 진단법으로 확인 필요	코로나바이러스에 노출되지 않았음을 의미. 그러나 아주 심한 유출성 복막염인 경우 복수증에 항체가 몰려 혈액에서 검출되지 않을 수 있다.
감염성 복막염에 걸린 고양이의 모니터링	2~3개월 단위로 재검	임상증상과 다른 검사 수치가 정상으로 돌아왔다면 복막염과 관련한 치료를 중단해도 괜찮다.
복막염이나 코로나 장염에 걸린 고양이와 접촉한 경우	2~3개월 단위로 음성이 될 때까지 재검	접촉 후 최소 3일 이후 검사해 음성으로 나오면 안심할 수 있다.
교배 전 검사	2~3개월 후 재검	
보호소 등에 입소 시	양성인 경우 스트레스를 최대한 줄이고 2~3개월 후 재검	
수술 및 다른 스트레스를 줄 수 있는 치료 전 (면역억제제 등)	분변 상에 코로나바이러스를 검출할 수 있는 RT-PCR로 검사한다. 면역억제제는 코로나바이러스가 복막염으로 발전할 수 있는 촉매제가 될 수 있음	

🔍 진단

고양이코로나바이러스의 경우 진단에 어려움이 많다. 그 이유는 분변 등에서 바이러스를 검출했다고 해서 감염성 복막염으로 진단하기 어렵기 때문이다. 가장 좋은 진단법은 복수가 있는 경우 이 검체를 실험실에 보내 바이러스를 검출하는 것인데 복부에서 검체를 채취하는 것이 힘들다.

또한 혈액 중에 바이러스가 순환하지 않기 때문에 검출이 쉽지 않다. 예전에는 복수액을 가지고 비중이나 점도를 평가하는 간이검사법을 많이 활용하기도 했다.

코로나바이러스 항체는 감염 후 18~21일 후에 나타나며 수유에 의한 코로나바이러스의 모체이행항체는 5~6주령까지 지속된다. 이 시기에 혈액을 통한 항체를 검사하면 양성이 나올 수 있다. 물론 코로나바이러스 항체가 있다고 해서 전염성 복막염이라고 확진하진 않는다. 진단 키트에 바이러스 항체 값이 높게 나오면 일정 시간 지난 후에 다시 검사한다.

🔍 검사 결과 해석

고양이코로나바이러스 항체검사는 건강한 고양이에서도 양성이 나올 수 있어 한계는 분명 존재하지만 매우 유용하다. 항체검사에서 양성이 나왔다고 해서 모두 복막염은 아니며, 유출성 복막염을 가진 고양이 일부는 낮은 항체가나 음성이 나올 수도 있다. 이런 경우 항체가 바이러스와 결합해 혈중 항체가 거의 없어서일 수도 있다.

비유출성 복막염의 경우 바이러스에 대한 항체가가 높아

유출성 복막염에 걸린 고양이의 복부 방사선 사진으로, 복부 내에 위장관 및 간, 신장, 방광의 모양이 보이지 않는 것은 복수가 가득차 있다는 것을 의미하기도 한다.

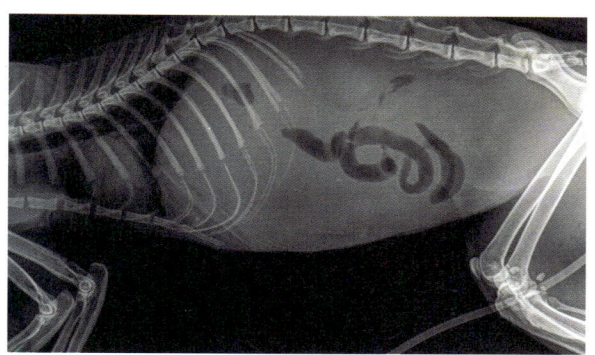

● 바이러스에 감염된 동물세포가 생성하는 당단백질로 바이러스의 감염과 증식을 저지하는 작용을 한다.

서 진단 키트에서 음성인 경우는 거의 없다. 그래서 비유출성 복막염의 전형적 증상을 가진 고양이의 항체검사에서 양성이 나왔다면 복막염이라 잠정 확진할 수 있다.

여러 마리의 고양이를 키울 경우 코로나바이러스에 감염될 확률이 높고 고양이 사이에서 생기는 스트레스로 복막염으로 발병할 가능성이 높아진다. 그렇기 때문에 항체검사뿐만 아니라 다른 여러 검사를 통해 확진에 이르도록 해야 한다.

🔍 치료

사람도 바이러스 간염 등을 치료하는 것은 쉽지 않으며 치료는 항바이러스제와 인터페론interferon●을 이용한다. 고양이코로나바이러스로 인해 복막염이 확실하다면 치료를 해야 하는데 이 질환의 주요 유발 인자는 스트레스기 때문에 가급적 고양이에게 스트레스를 주지 말아야 한다. 치료한다고 해서 검사나 약물로 고양이를 힘들게 하면 증상이 더 악화될 수 있으니 주의해야 한다.

코로나 장염의 경우 설사는 소장성이므로 몇 주 이내 자연적으로 치유된다. 다만 탈수 증상을 완화하기 위해 수액을 점적하기도 한다. 지속 감염형에서의 설사는 주로 대장성이며, 변실금便失禁*이 나타날 수 있다. 수액요법과 유산균 제재를 이용한 치료가 적절하다. 이런 경우 항바이러스 치료는 효과가 없다.

아쉽게도 임상형 전염성 복막염일 경우 일반적인 치료

* 조임근 조절에 이상이 생기거나 인지기능이 소실된 상태에서 대변이 무의식적으로 나오는 현상

+ 유출성, 비유출성 고양이 전염성 복막염 치료 약물들

유출성	비유출성
❶ 글루코코티코이드(glucocorticoid) – 덱사메타손(dexamethasone) – 프레드니솔론(prednisolone)	• 폴리페놀 면역자극제를 매일 복용 • 폴리페놀 면역자극제가 없다면 글루코코티코이드 이용 • 고양이 인터페론 오메가 등을 투약
❷ 고양이 인터페론(Interferon) 오메가	
❸ 폴리페놀(polyprenol) –권장되지 않음	

방법이 없어 확진이 내려지면 전문의는 안락사를 권하기도 한다. 그렇기 때문에 초기에 발견해 치료하는 것이 가장 좋다. 전염성 복막염의 임상증상은 주로 바이러스의 세포 독성 때문이 아니라 바이러스에 대한 과도한 면역 매개 반응 때문에 발생하기 때문에 치료 방향은 염증과 면역 매개 반응을 억제하는 데 맞춰져야 한다.

항생제를 투약하거나 면역억제제, 인터페론 그리고 영양분을 섭취하도록 관리하면서 생명을 연장하는 방법으로 치료해야한다.

+ 고양이파보바이러스(고양이범백혈구감소증)

고양이범백혈구감소증은 고양이가 파보바이러스Parbovirus에 감염되어 나타나는 질병이다. 파보바이러스는 혈청학적으로 균일해서 단사 DNA를 갖는다. 그렇기 때문에

바깥 생활을 하는 고양이는 언제든 파보바이러스에 감염될 수 있다.

DNA를 합성하기 위해선 DNA 중합효소가 필요하다. 이 효소는 빠르게 유사분열 세포의 핵에 존재하는데 주로 골수, 임파 조직, 소장점막 조직 등에 많이 존재하며 감염을 일으킨다. 그 결과 구토 및 설사를 유발한다.

이 바이러스는 매우 안정적이라서 실온에 1년까지도 살아남을 수 있다. 분변에 있는 바이러스는 5~10개월 정도 살 수 있으나 건조하고 뜨거운 여름의 날씨에서는 취약하다. 56℃에서 30분간 버틸 수 있으며, 그 아래 온도에서는 더 오래 살아남을 수 있다. 알코올이나 기타 소독약에서도 약 70% 정도 살아남는다. 고양이범백혈구바이러스는 소독약에 저항성이 강해 주로 차아염소산나트륨이 포함된 제품을 많이 사용했으나 인체 유해성과 탈색 등의 문제가 있었다. 이러한 단점을 보완한 제품이 현재 판매되고 있다.

고양이범백혈구감소증에 걸리면 갑작스럽게 식욕이 떨어지고 활기가 감소하며, 구토 등의 증상을 유발하다가 설사 증세까지 보이다 죽는 질병이다. 나이에 따라 증상이 다르게 나타날 수 있고 치사율도 달라질 수 있다. 병의 명칭은 이 바이러스에 감염되면 백혈구 수치가 극적으로 감소하기 때문에 붙여졌다.

감염 경로

고양이파보바이러스는 모든 종류의 고양잇과 동물에게 감염을 일으킬 수 있다. 바이러스 자체가 안정적이기 때문에 바깥 생활을 하는 고양이는 언제든 감염될 수 있다. 새끼고양이가 많이 태어나는 계절에 감염률이 높지

병원에서 사용하는 소독제

만 새끼고양이의 경우 초유를 통해 이 바이러스에 대한 항체가 3개월까지 지속된다. 파보바이러스가 포함된 백신을 접종하면 20주까지 지속된다. 접종을 하지 않은 고양이들은 75% 이상이 감염된다.

감염된 고양이는 바이러스 분비 기간이 짧지만 바이러스 자체가 외부환경에 오래 살아남아 전염이 잘 이뤄진다. 바이러스가 활성화된 시기에는 고양이 몸의 모든 분비물에서 바이러스가 검출되나 주로 분뇨나 분변을 통해 배출된다. 치료가 된 뒤에도 최대 6주까지 분뇨나 분변을 통해 바이러스가 배출되기도 한다.

자궁을 통한 감염도 이뤄지는데 범백혈구감소증에 걸린 고양이와 함께 생활하는 가정에 새로운 고양이를 입양하려면 백신을 접종한 후 항체검사를 한 뒤 들여야 한다. 화장실, 옷, 신발, 손, 이불 등이 감염 매개물이 될 수 있기 때문에 소독 관리에 철저해야 한다. 다만 워낙 생존율이 높은 바이러스기 때문에 최대한 조심하는 것이 좋다.

CHAPTER 4   네 뼘 더 이해하기 **고양이 전염성 질환**

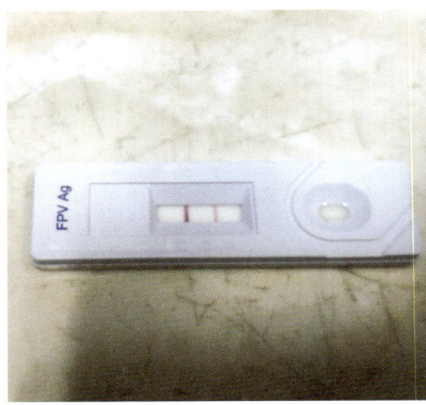
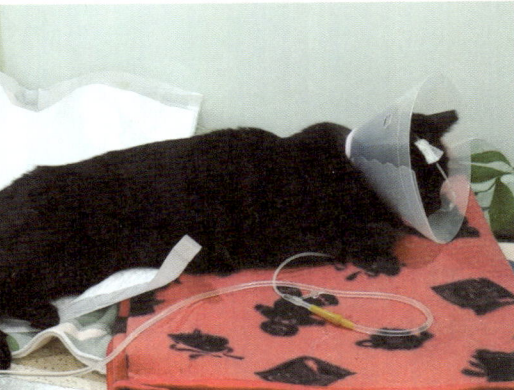

고양이가 파보바이러스에 감염되어 고양이범백혈구감소증에 걸렸다면 구토와 설사 증세를 보이다 급작스럽게 죽기도 한다.

파보바이러스는 어린 고양이에게 감염될 때 치명적인 결과를 낳는다. 개에게도 감염되는 파보바이러스와 거의 비슷한 증상을 보이는데 차이는 있다. 보통 고양이의 파보바이러스는 개에게 감염시키지 않지만 개의 파보바이러스는 고양이와 개, 동시에 감염을 일으킬 수 있다.

🔍 증상

파보바이러스에 의해 고양이범백혈구감소증에 걸리면 준임상형 감염과 임상형 감염으로 나뉜다. 준임상형은 바이러스에 감염되었지만 아무런 증상을 나타내지 않는 것을 말하고, 임상형은 바이러스에 감염되어 증상이 나타나는 것을 말한다. 준임상형 감염은 주로 나이 든 고양이에게서 나타난다.

고양이파보바이러스 감염은 급성이 대부분으로 고열과

침울증, 식욕부진이 이어지다 3~4일 뒤에 구토 증상이 나타난다. 구토나 식욕부진으로 인한 탈수 증상이 나타난 고양이는 물그릇에 머리를 얹어 웅크린 자세를 취하기도 한다. 말기 단계에 가면 설사와 저체온증이 나타난다. 5개월령이 된 고양이가 이 바이러스에 감염되면 설사하면서 급작스럽게 죽기도 한다. 임신 기간에 감염되었거나 접종한 경우 불임이나 사산을 할 수 있으나 어미는 증상이 나타나지 않는다.

그러나 감염되어 태어난 새끼는 보행장애, 운동실조, 떨림 증상이 나타날 수 있다. 이런 경우 소뇌 기능의 손상으로 인해 다리가 벌어지고 과도한 움직임을 보이며, 머리가 떨리는 증세를 보인다. 전형적인 소뇌 형성부전증이나 건강에는 큰 문제없이 잘 자란다. 다만 시신경에도 문제가 나타날 수 있다.

진단

분변에서 간이 진단 키트를 이용하여 진단을 내린다. 바이러스 분비는 잠복기나 감염 초기에는 일어나지 않기 때문에 보통 증상이 나타난 이후에 확진이 가능하다. 소장의 감염이 아직 심하지 않은 상태에선 음성으로 나오지만 증상이 나타나고 검사 결과 양성이라면 확진을 내릴 수 있다.

진단 키트의 민감도는 바이러스 항원의 양에 따라 달라진다. 바이러스에 감염되었지만 소장 감염이 심하지 않다면 음성으로 나올 수 있으며 며칠 이후 재검하면 양성으로 나올 수 있다. 백신 접종을 한 지 얼마 되지 않은 고양이의 경우 검사를 하면 양성이 나올 수 있다고 하지만 진단 키트마다 다를 수 있다.

🔍 치료

고양이범백혈구감소증의 치료는 수액을 점적하거나 항생제를 투약하는 것이다. 보통 생리식염수나 칼륨 등이 포함된 수액을 맞는데 구토나 설사 등의 증상에 따라 수액의 종류를 달리 할 수 있다.

추가적으로 항구토제를 이용하여 구토 증상을 줄이고 적절한 항생제 치료를 통해 균혈증🐾을 치료해야 한다. 다만 이 질환의 경우 바이러스가 빠른 증식을 하기 때문에 면역반응을 돕는 인터페론 오메가는 큰 치료 효과를 보이지 않는다.

🐾 몸속에 들어온 병원균이 혈액의 흐름을 타고 몸의 다른 부위로 옮아가는 일

CHAPTER 5

다섯 뼘 더 이해하기

고양이 계통별 질환

1 귀질환

01 귀질환의 분류

귀질환은 부위에 따라 병명이 달라진다. 귀의 바깥쪽外耳,외이, 즉 귓구멍에 생기는 질병은 외이염, 고막 안쪽 관자뼈 속에 있는 공간인 가운데귀中耳에 생기는 질병은 중이염, 귀 가운데 안쪽에 단단한 뼈로 둘러싸여 있는 부분인 속귀內耳, 즉 반고리관, 전정기관, 달팽이관에 생기는 질병은 내이염으로 분류한다.

고양이에게 가장 흔하게 발생하는 것은 외이염으로 이것이 만성으로 진행되면서 증세가 악화되면 고막이 파열되는 등의 중이염으로 발전한다. 또한 내이염으로도 발전할 수 있는데 이럴 경우 고양이는 눈 밑이 떨리고 전신의 운동 부조화로 신경의 기능 이상을 나타내는 운동실조증을 얻을 수 있다.

02 외이염

외이염은 귓구멍 안쪽부터 고막 전까지 이어지는 원통형의 공간에 염증이 생기는 것을 말한다. 고양이의 경우

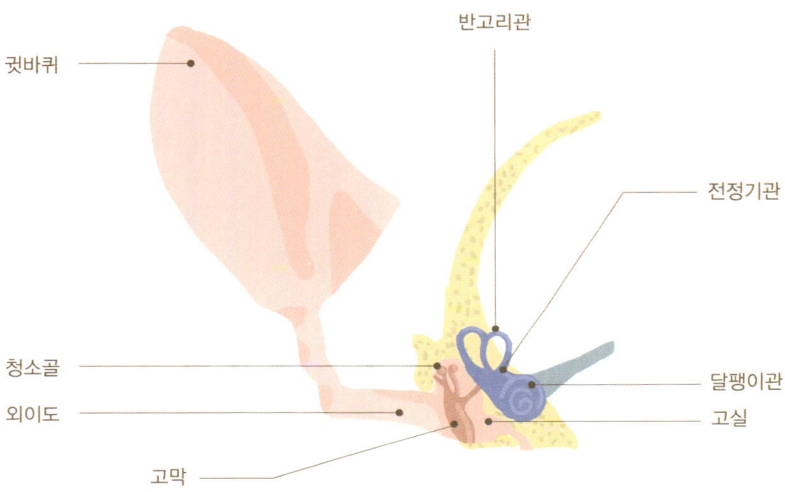

귀를 청결하게 관리해야 질환을 예방할 수 있다.

개에 비해 외이염이 발생하는 비율은 적은 편이다. 주로 귀 진드기에 의한 기생충성 외이염이나 간혹 외이도에 염증이 생겨 발생할 수 있다.

귀에 염증이 생기면 귀가 가려워 심하게 긁기 시작하는데 이때 부분 탈모가 이어진다. 귓속에서 흑갈색과 같은 마른 귀지가 나오고 귓바퀴 안쪽이 빨갛게 붓거나 통증이 생긴다. 외이염을 제대로 치료하지 않으면 내이염으로 발전되어 청력이 상실될 수도 있기 때문에 조기에 치료해주는 것이 좋다.

또한 편평세포암종squamous cell carcinoma, 비만세포종양 mast cell tumor, 귀지샘종양ceruminoma 등이 발병할 수 있으

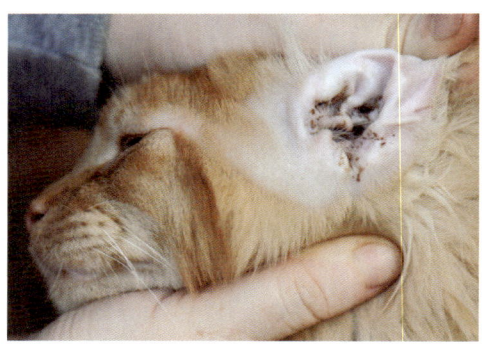 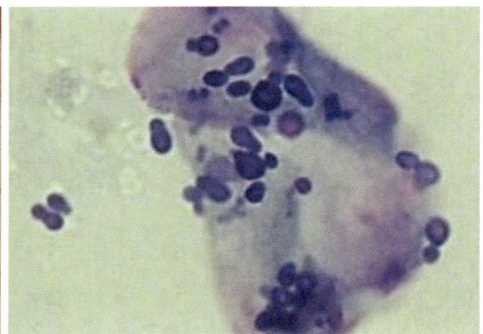

고양이 귓속에 꽉 차 있는 진갈색의 마른 귀지(좌)와 곰팡이성 외이염을 일으키는 곰팡이균(우)

니 귀질환에 대해 간과해서는 안 된다.

+ 세균성 혹은 곰팡이성 외이염

외이도를 청결하게 관리하지 못하면 세균이나 곰팡이균에 쉽게 감염되어 귓바퀴에 염증이 발생한다. 이것을 세균성 혹은 곰팡이성 외이염이라고 한다. 이 질병이 발생하면 고양이는 머리를 흔들거나 귀를 긁는다. 또한 분비물이나 진한 갈색의 마른 귀지가 나오기도 한다. 귀가 가려워 심하게 긁기 시작하면서 부분 탈모가 이어지고 귓바퀴 안쪽이 빨갛게 붓거나 통증이 생긴다.

진단과 치료

외이도 감염이 심하면 외이도 속이 잘 보이지 않는다. 세균 배양과 항생제 감수성 검사를 통해 감염된 세균을 확인하고 고양이에게 효과적인 항생제를 선택해 사용한다. 외이염은 약물치료로 쉽게 완화될 수 있지만 재발률이 높다. 그때마다 항생제를 사용하면 내성이 생길 수 있기 때문에 세균이나 곰팡이균에 감염되지 않도록 예방하는 것이 더 중요한데 고양이용 귀 세정제를 이용해 일주일에 2~3회 정도 귀를 닦아주면 된다. 다만 고양이가 굉장히 거부감을 표현할 수 있기 때문에 익숙해지는 과정이 필요하다.

+ 특이성 및 식품성 알레르기성 외이염

특이성 알레르기성은 환경 변화로 알레르기 반응에 따라 염증이 발생하고, 식품성 알레르기성은 음식물로 알레르기 반응에 따라 염증이 발생하는 외이염이다. 식품성보다 특이성이 더 흔하며 증상도 빨리 발견되며 이개혈종Otohematoma을 유발하기도 한다.

진단과 치료

세균 및 곰팡이균 외이염 증상과 비슷하지만 분비물이 더 많이 생기는 특징을 가지고 있다. 귀를 청소한 후에도 빠른 시간에 분비물이 다량 쌓이기도 한다.

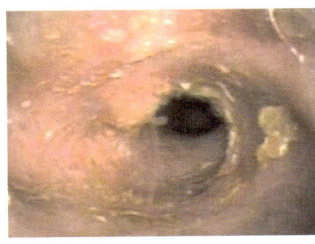 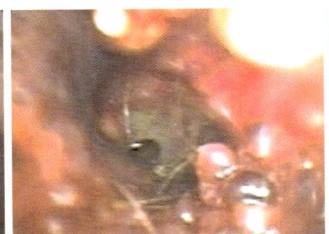 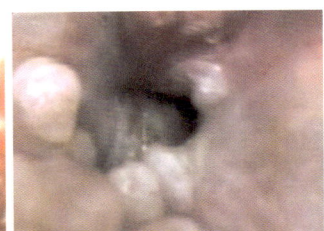

검이경으로 바라본 외이염의 증상들

항생제 감수성 검사를 통해 적당한 항생제를 선택해 치료한다. 가장 중요한 것은 환경에서 알레르기를 일으킬 수 있는 화초나 먼지를 최대한 줄이고 식품성 알레르기인 경우 문제가 되는 음식을 배제하는 것이 좋다.

+ 귀 진드기

귀 진드기는 체외 기생충인 귀 진드기에 의해 감염되어 발생하는 질병으로 감염성이 높다. 귀 진드기는 귀지, 림프, 혈액 등을 영양분으로 섭취하는데 옴은 진드기와 달리 피부를 뜯어 먹기도 한다. 귀가 청결하지 않은 상태에서 쉽게 감염되거나 새끼고양이는 어미에게 전염되는 경우가 많다. 귀 진드기는 번식력이 강하기 때문에 순식간에 증식할 수 있다.

귀 진드기

🔍 증상 및 진단

귀 진드기의 가장 큰 특징은 가려움이다. 고양이는 귀가 가려우면 계속 머리를 흔들거나 앞발로 귀를 긁는다. 분비물이 나오면서 악취가 날 수 있고 발열이 일어날 수도 있다. 다량의 흑갈색 귀지를 만들어내는데 진드기가 귀지샘을 자극해 귀지를 분비하도록 만들기 때문이다. 귀가 가렵기 때문에 계속 긁다 보면 염증이 발생해 이개혈종이 생기기도 한다. 검이경으로 귀 안을 들여다보면 귀 진드기들이 귀 안을 기어 다니는 모습을 볼 수 있다.

🔍 치료 및 예방

고양이가 귀를 가려워한다면 무조건 동물병원에 내원

고양이는 귀가 가려우면 계속 머리를 흔들거나 앞발로 귀를 긁는다.

해 귓속을 청소해야 한다. 귀 진드기의 수명은 21일 정도로 2~3주 동안 기생충약을 투여해 치료한다. 증세가 심하면 항생제와 소염제를 사용하기도 한다.

귀 진드기 또한 예방이 중요하다. 이불이나 양탄자 등에 진드기가 잘 생기기 때문에 실내 환경을 청결하게 관리하고, 진드기 제거제를 이용해 진드기를 제거해야 한다. 더불어 정기적으로 귀를 청소하면서 청결에 관심을 가져야 한다. 또한 귀 진드기는 감염률이 높기 때문에 다묘인 가정은 한 마리가 감염되었다면 다른 고양이와의 직접적 접촉을 피하고 격리해야 한다.

+ 이개혈종

앞에서도 말했지만 외이염이나 귀 진드기의 증상이 점점 심해지면 이개혈종이 발생할 수 있다. 외이염이나 귀 진드기의 증상은 가려움이다. 가려움을 피하고자 귀를 과도하게 긁고 머리를 흔들면 고양이 귀 안쪽에 출혈이

고양이가 귀를 가려워하면 동물병원에서 원인을 찾아 치료를 한 뒤 수의사에게 안전한 귀 청소법을 배운 뒤 가정 내에서 정기적으로 관리해줘야 한다.

 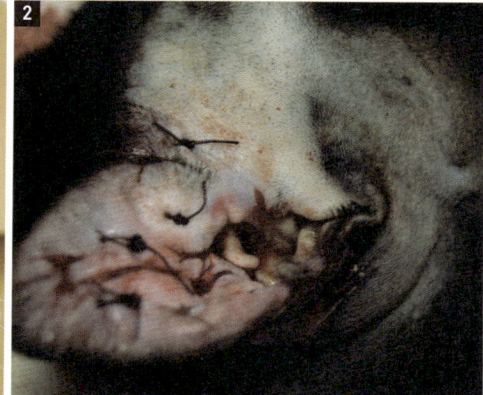

1_ 이개혈종으로 귓바퀴가 부은 모습
2_ 이개혈종으로 수술하고 봉합한 고양이 귀

생기고 축적된 피로 귓바퀴가 붓는데 이것이 이개혈종이다.

🔍 진단과 치료

우선 검이경을 통해 외이염이나 귀 진드기로 인한 이개혈종이 발생했는지 원인을 확인해야 한다. 혹시라도 용종이나 종양이 있다면 필수적으로 조직검사를 해야 한다. 이개혈종은 다른 질환으로 인해 발생하는 병이기 때문에 근본적인 원인을 찾아 치료하는 것이 중요하다. 외이염이나 귀 진드기로 인한 것이라면 외용약으로 14~21일 치료하면 어느 정도 완치된다. 다만 용종이나 종양으로 인한 것이라면 수술로 제거해야 한다.

2 안과질환

01 눈꺼풀 및 부속기관 질환

눈에 질병이 생겼다면 눈 이외에도 몸 안에 어떤 질환이 생겼다는 신호일 수 있으니 절대로 가볍게 넘겨서는 안 된다.

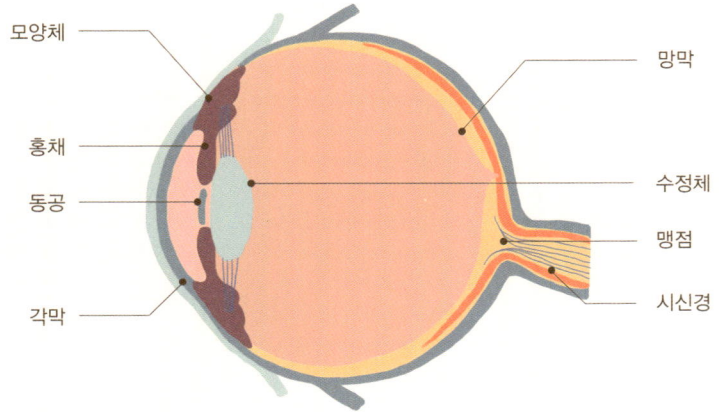

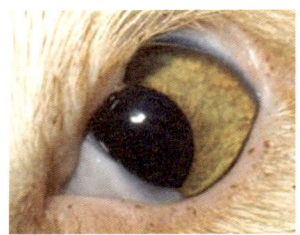

눈꺼풀 무형성증 상태인 고양이

+ 눈꺼풀 무형성증

주로 위 눈꺼풀 외측에 나타나며 심한 경우는 전체적으로 확산되는 형태로 나타난다. 옆의 사진은 위 눈꺼풀 외측의 절반 정도에 눈꺼풀 무형성증이 나타난 경우다. 주원인으론 바이러스 감염, 유전적 문제 등으로 추측하고 있다. 태어난 후 몇 달까지는 알아채지 못할 수 있다. 이 질환을 가지고 있는 고양이는 털이 눈을 찌르거나 눈이 제대로 닫히지 않아 만성적으로 각막염이 발생한다.

+ 안검내반증

아래의 사진을 보면 코와 가까운 아래의 눈꺼풀이 눈 쪽으로 말려들어간 모습을 볼 수 있다. 안검내반증은 눈꺼풀의 가장자리가 눈으로 말려들어가서 그 부위의 털이 각막을 찔러 눈물을 과다하게 흘리고 그 자극에 눈을 비비는 행동으로 염증이 발생하는 질병이다.

안검내반증은 주둥이가 짧은 품종의 고양이에게 자주 발생한다.

주로 주둥이가 짧은 품종의 고양이에게서 많이 발생한다. 이런 고양이들은 안구돌출증, 각막 감각 저하, 불안정한 눈물막, 눈 깜박임 횟수 저하 등의 증상을 함께 가지고 있으며 눈 주위의 털이 변색된다. 각막괴사증 등의 만성적 각막염이 발생하기 쉽다. 수컷 메이쿤은 증상이 더욱 심한데 아마 눈 주위의 과도한 털 때문으로 보인다. 심한 경우 수술로 교정해야 한다.

+ 눈꺼풀 주위 종양

개와는 달리 고양이의 눈꺼풀에서 발생하는 종양은 대부분 악성이고 침윤성이 강하다. 대표적인 것이 편평세포암종이다. 10살 이상의 경우 흔하게 발생하나 비만세포종양의 경우는 6살 정도가 평균 발생 연령이다. 종양을 제거하는 수술을 하기 전 조직검사, 전신으로 종양이 전이되었는지 등의 검사가 필수적이다. 종양을 제거하는 위치에 따른 눈꺼풀의 기능을 보존하기 위한 검토도 필요하다.

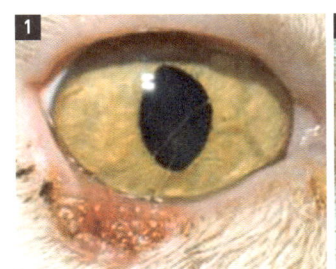 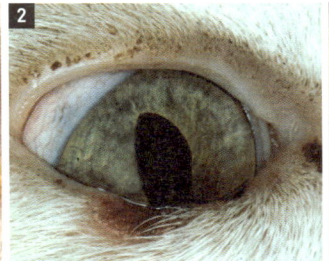 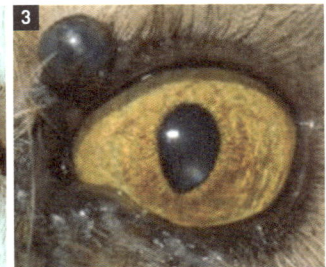

1, 2_편평세포암종 3_아포크린땀샘낭종

호우증후군을 보이는 고양이

+ 호우증후군

호우증후군Haw's syndrome은 세 번째 눈꺼풀, 즉 삼안검이 상승 또는 튀어나와 발생하는 안과질환이다. 삼안검은 순막이라고도 하며 눈꺼풀 아래에서 각막 위를 덮어 수분을 유지하면서도 앞을 볼 수 있게 하는 투명 또는 반투명한 막이다. 눈 내측 아래쪽으로 보면 핑크빛 조직을 볼 수 있다. 사람은 반월추벽이라 하여 눈꺼풀 안쪽에 작은 돌출된 조직으로 흔적만 남아 있다. 주로 버미즈에게서 자주 발생하지만 며칠 지나면 사라진다. 다만 위장관의 바이러스 감염과 관련되어 있기 때문에 원인 치료를 하는 것이 좋다.

과도하게 눈물을 흘리면 눈 주위의 털이 변색된다.

+ 유루증

고양이 유루증Epiphora은 쉽게 말해 눈물흘림증으로, 비루관이 막히거나 이상이 생겨 발생한 질환이다. 비루관은 눈과 코를 연결하는 구조물이다. 평균 이상으로 많은 양의 눈물을 흘리거나 눈 주위의 털이 변색되거나 냄새가 나면 이 질환을 의심할 수 있다. 유루증은 정확한 원인을 찾아내면 완치할 수 있다. 다만 방치한다면 결막염, 포도막염, 각막염 등으로 발전할 수 있다.

일단 증상이 나타나면 보호자는 눈물을 닦아주고 눈꺼풀 청결에 신경을 써야 한다. 그리고 눈 주변의 털을 제때 관리하면 유루증의 발생 확률은 낮아진다. 눈곱이 보인다면 동물병원에 내원해 점안액 등을 처방받아 정해진 시간마다 점액해준다.

02
각막 및 결막질환

🐾 상피는 체내외 모든 표면을 덮는 세포층이고 상피세포는 상피를 구성하는 세포.
🐾🐾 기관의 기능을 실제적으로 나타내는 조직
🐾🐾🐾 막에서 고유질과 내피층 사이에 투명하고 세포가 없는 균질적인 층으로 각막을 보호한다.

각막은 3개의 층으로 구성되어 있다. 그것은 상피세포上皮細胞🐾, 각막실질🐾🐾, 데스메막Descemet🐾🐾🐾 이다. 각막은 투명한 조직으로 각화되지 않으며 혈관, 멜라닌색소가 없고, 콜라겐 조직으로 이루어져 투명하다. 각막에 염증이 발생하면 결막의 혈관들이 각막으로 이주한다.

+ 결막염

결막의 충혈을 유발하는 요인은 단지 안과 감염에 의한 것이라기보다 전신감염의 한 증상으로 나타나는 경우가 많다. 녹내장, 눈꺼풀의 염증, 각막염, 포도막염, 공막염 등의 다양한 질병의 한 증상일 수 있다. 그렇기 때문에 결막에 출혈이나 염증이 발생했다면 다른 질환도 의심해봐야 한다.

감염성 결막염의 경우 허피스바이러스와 클라미도필라 펠리스 감염이 주요 요인이다. 추가적으로 마이코플라즈마, 보데텔라 브론키셉티카 등의 세균도 결막염을 일으킬 수 있지만 미약하다.

결막염의 치료는 원인 질환에 대한 충분한 이해가 있어야 한다. 허피스바이러스나 클라미도필라 펠리스에 대한 확진은 쉽지 않지만 허피스바이러스의 경우 클라미도필라 펠리스와의 동시 감염이 드물기 때문에 각막염까지 발생하면 허피스바이러스 감염으로 진단한다. 항클라미도필라 펠리스 약물은 3~4주 정도 전신 투약과 점안제를 병용하는 것이 좋다. 클라미도필라 펠리스 감염은 전신 장기에 감염을 일으키므로 충분한 투약으로 장기의 손상을 막아야 한다.

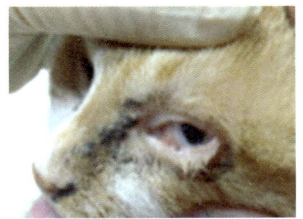

심한 결막염에 걸린 고양이

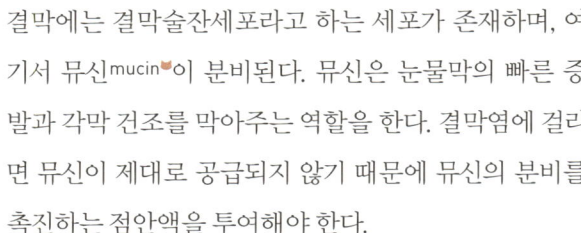

● 동물의 외분비샘에서 분비되는 점성물질

결막에는 결막술잔세포라고 하는 세포가 존재하며, 여기서 뮤신mucin●이 분비된다. 뮤신은 눈물막의 빠른 증발과 각막 건조를 막아주는 역할을 한다. 결막염에 걸리면 뮤신이 제대로 공급되지 않기 때문에 뮤신의 분비를 촉진하는 점안액을 투여해야 한다.

특히 허피스바이러스에 감염될 경우 결막술잔세포의 수가 극적으로 감소하고 다시 정상으로 돌아오는 데 한 달 정도가 걸린다. 그렇기 때문에 더욱 결막염이 심해진다. 새끼고양이의 경우 눈꺼풀이 거의 염증물로 붙어버리는 경우가 흔하다.

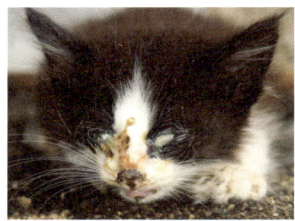

심한 결막염 감염으로, 눈에 고름이 생겨 눈 뜨기가 어려운 새끼고양이

+ 각막에서 발생하는 병리적 현상

각막이나 결막질환을 살펴보기 전 각막에서 발생하는 병리적 현상들에 대해 알아보자.

◉ 각막 혈관 신생

정상 각막에는 혈관이 없으나 염증이 발생하면 혈관이 결막에서 각막실질로 뻗어나간다. 표층으로 이동하는 혈관은 나뭇가지 형태이며 각막 경계면에서 단일한 혈관이 된다. 결막의 혈관은 표층에 존재하며 각막 경계면에서 각막실질 부분으로 혈관이 생겨난다. 이때의 혈관은 고슴도치 가시 모양으로 뻗는다. 그후 손상된 곳으로 이동하는데 이 모양으로 각막 손상의 원인이나 위치를 가늠해볼 수 있다.

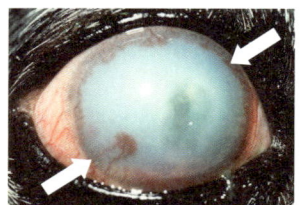

염증이 발생하면 혈관이 결막에서 각막실질로 뻗어나가기 때문에 그것으로 각막 손상의 위치를 확인할 수 있다. 이 사진에선 화살표로 표시된 곳이 손상된 위치다.

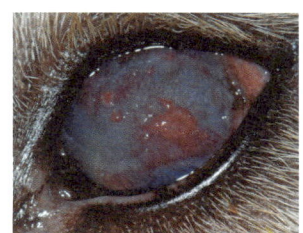

혈관 신생과 섬유화가 심한 각막

🔍 각막 섬유화

이것은 상처가 난 각막의 치유 과정에서 생기는, 하얗게 보이는 상처 조직으로 염증이 가라앉고 회복 과정에서 점차 사라진다. 다만 완전하게 사라지지는 않는다. 심한 경우 상처 부위에 홍채가 달라지기도 한다. 대표적으로 허피스바이러스에 감염될 경우 잘 발생한다.

🔍 각막 착색

각막에 만성적 자극을 가하면 각막 상피에 멜라닌색소가 침착한다. 심하면 각막실질에 침착할 수도 있다. 보통은 각막에 염증이 생기면 각결막 연접부의 멜라닌 세포가 이동하고, 각막이 착색되면 표면에 검은 갈색이나 검은색의 부착물이 보인다. 주로 눈 주변의 털이 안구를 찔러 자극하거나 그것으로 눈을 비비는 행동으로 발생할 수 있다.

또한 각막실질에 지질이나 광물질 등이 침착할 수 있는데 이는 유전적인 것으로 보이며 고양이에겐 드물다.

🔍 각막실질 녹아내림

각막실질의 콜라겐이 녹농균, 염증세포 등이 분비하는 콜라겐 분해 효소에 의해 녹아내리는 듯이 분해될 수 있다.

➕ 각막 부종

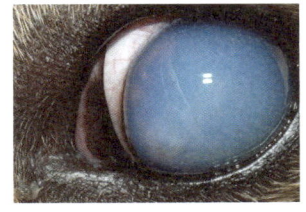

각막 부종이 발생한 고양이의 눈

각막은 비교적 세포와 수분이 적은 조직이다. 각막 부종이 발생하면 수분이 각막실질에 스며들어 투명함이 사라진다. 상피세포는 눈물 등의 수분이 각막실질로 스며

💧 눈의 각막과 수정체 사이(전안방) 및 홍채와 수정체 사이(후안방)를 가득 채운 물 같은 액체

드는 것을 막고, 내피세포는 눈 안쪽의 안방수aqueous humor, 眼房水💧가 각막실질에 스며드는 것을 막으며 각막실질 내의 수분을 조절한다. 이 조직들이 손상을 입게 되면 투명성이 사라지고 각막실질에 수분이 유입되어 부종이 발생한다.

각막 내피세포는 손상되면 다시는 재생되지 않는다. 그래서 나이 든 고양이는 손상 이후 치유되지 않아 각막 부종이 나타나기도 한다. 상피세포는 재생이 활발하게 이뤄지기 때문에 내피세포의 손상보다 부종 발생이 적다. 내피세포의 손상은 녹내장, 포도막염 등 안구 내 염증이나 압력의 증가로 인해 발생하며 각막 부종이 발생하면 안개 낀 파란색으로 뭉게구름 같은 각막을 볼 수 있다. 각막의 상피세포 손상은 국소적으로 발생하지만 내피세포 손상은 전체 각막의 부종을 유발한다.

심한 각막 부종은 각막실질이나 내피세포에 수포를 형성한다. 이러한 수포들이 합쳐지면 파열이 일어나 각막 궤양으로 진행되고, 이것이 만성화되면 각막의 혈관화가 일어난다. 각막의 수분을 빼줄 수 있는 삼투압성 안약이 도움이 될 수 있다.

+ 각막 및 결막에 발생하는 바이러스 및 세균감염증
허피스바이러스와 클라미도필라 펠리스는 상피세포에 친화성이 있기 때문에 감염되면 주로 결막에 전염된다. 심해지면 각막 상피까지 감염을 일으킨다. 마이코플라즈마, 보데텔라 브론키셉티카의 경우는 결막에만 감염을 일으킨다. 칼리시바이러스는 상부호흡기질환을 유

발하지만 많은 경우 결막염도 일으킨다. 보통 각막에 염증이 발생했다면 허피스바이러스에 감염되었다고 보는 편이 적절하다.

허피스바이러스 감염증

허피스바이러스는 상피세포에서 빠르게 증식하여 세포를 파괴하며 평생 신경절에 잠복한다. 스트레스 등에 의해 재활성화되지만 대부분 소독제에 의해 균이 죽는다. 감염은 주로 점액침, 콧물, 눈물 등을 통해 이뤄지지만 재채기나 직접 접촉을 통해서도 전염이 된다. 초기 감염 후 2~10일간 잠복 기간을 거쳐 눈, 구강인두, 콧물 등을 통해 1~3주간 바이러스가 분비된다. 평생 보균상태인 경우 간헐적으로 분비가 되기도 한다.

허피스바이러스에 의한 각막질환은 혈관신생, 섬유화, 부종, 백혈구 침윤 등이 있다. 대다수의 고양이가 감염 이후 잠복기 상태로 임상증상이 나타나지 않지만 일부 고양이는 만성화가 되고 재발하는 경향도 보인다.

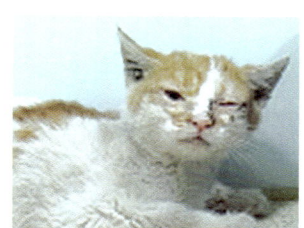

허피스바이러스에 감염된 고양이

허피스바이러스 감염으로 발생하는 각막질환

• **각막궤양**

고양이에서 각막궤양이 발생했다면 다쳐서 상처가 생긴 경우가 아니라면 대부분은 허피스바이러스에 의한 각막궤양이다. 각막을 찌르는 이물이나 안검내반증, 속눈썹증trichiasis🔖 등이 각막궤양을 유발할 수 있다. 허피스바이러스 감염에 의한 각막궤양은 나뭇가지 형태로 발생한다. 허피스바이러스는 주로 각막 상피세포에서만 증

🔖 첩모난생(睫毛亂生)으로 속눈썹의 배열이 불규칙해 각막에 상처를 입을 수 있을 정도로 안쪽으로 성장하는 상태로, 트라코마, 외상 따위의 흉터가 원인이다.

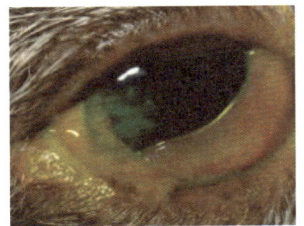

허피스바이러스로 인해 각막에 궤양이 생겼다.

식하기 때문에 각막실질에는 병증을 유발하지는 않으나 세균이 2차 감염을 일으켜 각막궤양이 심해질 수 있다. 항바이러스 치료는 궤양이 완전히 치료될 때까지 지속해야 하고, 각막 상피가 손상되어 각막실질에 세균이 감염될 수 있기에 항생제 점안액도 사용해야 한다.

• **각막분리괴사증**

각막분리괴사증Corneal Sequestration은 고양이에서만 나타나는 독특한 각막질환이다. 각막의 중앙부에 궤양성, 괴사성 염증이 진행되어 검게 변하거나 주기적으로 눈을 잘 뜨지 못한다. 치료는 내복약을 통한 내과적 방법과 각막절제술로 침범한 부위를 제거하고 결막 등을 이용해 각막을 덮어주는 외과적 방법이 있다.

🔍 클라미도필라 펠리스 감염증

클라미도필라 펠리스는 세포 내에서만 기생하며, 점액이나 직접 접촉을 통해 전파되는 특성을 가진다. 또한 상피세포에서 증식하며 숙주 내에 지속적으로 존재한다.

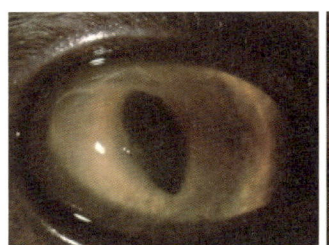 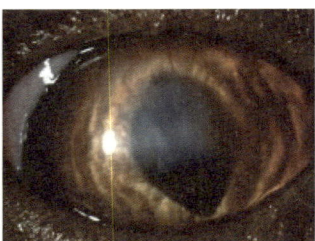 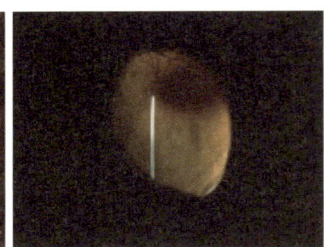

각막괴사분리증은 각막 일부가 검은색으로 변하는 증상을 보인다.

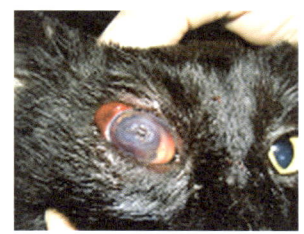

각막에 궤양이 생긴 고양이

허피스바이러스보다 감염 범위가 넓어 장이나 질상피, 폐, 비장, 간, 복막, 신장 등에 감염이 일어날 수 있다. 고양이가 클라미도필라 펠리스에 감염되면 눈 이외의 증상이 없다고 하더라도 내복약 등을 이용한 전신 투약이 필요하다. 잠복기는 3~5일이며, 결막염, 미열, 턱밑 림프샘염 등을 일으킨다. 고양이허피스바이러스 감염과는 다르게 호흡기 증상은 거의 없다. 감염된 고양이는 60일 이상 이 균을 분비할 수 있다.

이 감염증은 자연적으로 치유가 될 수 있지만 완전한 치료를 위해서는 항생제 치료가 필요하다. 전형적인 증상은 미약한 만성 결막염이다. 클라미도필라 펠리스에 감염된 고양이와 접촉한 고양이는 이 균에 감염되었을 확률이 높기 때문에 함께 치료받는 것이 좋다. 허피스바이러스와 클라미도필라 펠리스 동시 감염은 드물다.

항바이러스제의 이해

대부분의 항바이러스제는 바이러스를 죽이는 것이 아니고 증식을 억제하는 약이다. 증식을 억제하여 면역체계가 손쉽게 바이러스를 제거하도록 도와준다. 항바이러스제는 부적절한 면역반응으로 임상증상의 재발이 일어나는 경우에 진가가 발휘된다.

또한 항생제 등을 이용하여 손상된 조직에 쉽게 감염이 일어나는 세균 등의 감염도 함께 치료해야 한다. 허피스바이러스 감염에 의한 각막궤양의 경우 항생제가 포함된 점안액도 필요하다. 항바이러스제는 안전 범위가 항생제보다는 좁아서 지속적으로 사용해야 하는 경우에

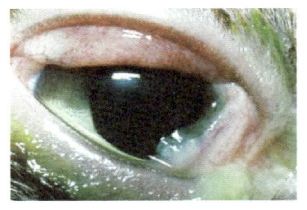

클라미도필라 펠리스에 감염된 결막. 심한 부종이 일어난 상태다.

는 주의해야 한다.

03 포도막질환

● 눈알의 뒷부분을 둘러싸고 있는 어두운 적갈색의 얇은 막으로 빛을 차단하거나 눈알에 영양을 공급하는 역할을 한다.

포도막은 홍채, 모양체, 맥락막脈絡膜●으로 구성된다. 각막과 공막이 눈의 바깥부분을 둘러싸는 막이라 한다면 포도막은 그 막 안에 홍채와 연결되어 수정체를 잡아주는 구조인 모양체와 맥락막이 연결되어 또 하나의 안구 안의 막을 이루는 구조물이다. 이를 통틀어 포도막이라 한다. 포도막염은 홍채와 모양체에만, 또는 맥락막과 인근의 망막, 혹은 전체 포도막에 염증을 유발한다.

고양이의 경우 포도막염은 서서히 진행되기 때문에 잘 알아채지 못한다. 그렇기 때문에 고양이에게 미약하게 안구출혈 증상이 나타나면 안과 검사가 필요할 수 있다. 전안방의 방수 흐림●, 전방 축농●●, 전방출혈, 각막후면 침착물, 각막 부종, 축동縮瞳●●●, 안구 내압의 변화를 가져온다. 전안방 포도막염이 있는 경우 안구 내압은 보통 낮아진다. 후포도막염의 경우는 증상을 나타내지 않는 경우가 많아 검사 시 안저검사●●●●가 필요하다.

● 단백질 성분이 증가하여 빛을 비췄을 때 뿌옇게 보이는 현상
●● 전방 세포의 증가가 심해지면서 각막 안쪽에 고름이 차는 현상
●●● 동공 조임근의 작용에 의해 동공이 축소되는 현상
●●●● 암실에서 검안경으로 눈바닥의 상태를 검사하는 것으로, 눈병 외에 당뇨병과 동맥경화증 등의 진단과 결과 판정을 위해 실시한다.

눈은 특성상 염증이 잘 발생하지 않도록 여러 기전을 가지고 있다. 눈에 염증이 생기면 사물을 인식하는 데 문제가 생기므로 진화적으로 안구 내가 투명해지도록 염증 반응을 억제하는 기전을 발전시켰다. 그럼에도 포도막에 염증이 생기므로 눈에 나타나는 증상은 함부로 방치해선 안 된다. 포도막염이 발생하면 눈꺼풀을 씰룩거리는 눈꺼풀연축, 안구 함몰, 광선 기피, 눈물흘림증 등이 나타난다.

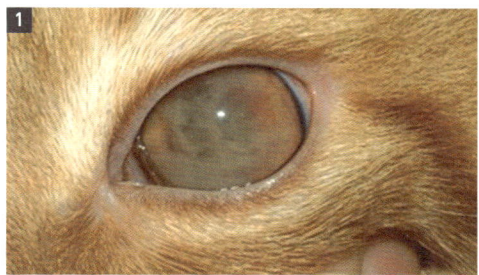 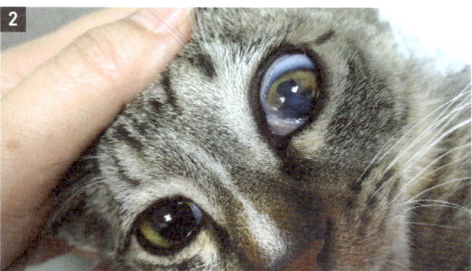

1_ 특발성 포도막염으로, 안구 내 단백질 물질이 유출되어 있다.
2_ 안구 내 염증으로 홍채가 각막에 유착되어 있다.

+ 고양이 특발성 포도막염

포도막염을 일으킬 수 있는 수많은 전신질환 및 국소질환들이 있지만 특정 원인을 밝혀내기 어려운 특발성 포도막염이 70%를 차지한다. 이런 경우 공격적 증상 치료가 필요하며, 치료되어도 재발할 가능성이 높다.

경련성 홍채증후군

이 질환은 좌우의 동공 크기가 다른 동공부동증이 있는 경우 의심해볼 수 있다. 경련성 홍채증후군 Spastic Pupil Syndrome은 백혈병 검사 시 100% 양성으로 나온다는 주장이 있다. 백혈병이 신경염을 유발하여 안면신경을 3번 손상시켜 동공부동증이 일어난다는 것이다. 물론 동공부동증을 유발하는 요인은 고양이백혈병 외에도 아주 다양한 요소가 있다.

포도막 종양

고양이의 포도막에서 원발적으로 발생하는 종양은 홍

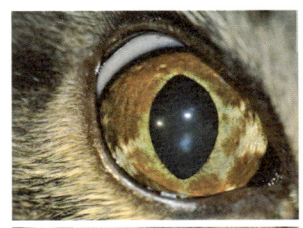

미만성 홍채 흑색종에 걸린 고양이의 눈

채모양체상피종양iridociliary epithelial tumor, 미만성 홍채 흑색종, 고양이 안구육종feline ocular sarcoma, 골수외 형질세포종extramedullary plasmacytoma이다. 안구에 종양이 발생한 경우 원발성인지 전이성 종양인지 확인해야 한다. 고양이는 미만성 홍채 흑색종과 고양이 안구육종이 흔하다.

미만성 홍채 흑색종

미만성 홍채 흑색종은 종양이 홍채에 산개해서 발생한 것으로, 홍채 표면 위로 튀어나와 보인다. 발병 초기에는 나이 든 고양이에게 흔하게 보이는 양성의 홍채 색소 침착과 비슷하게 보여 알아채기 어렵다. 진단은 홍채 검사로 내리지만 검사가 매우 어렵다. 양성의 홍채 색소 침착이라 할지라도 이후 흑색종이 되기도 한다. 증상은 홍채색의 변화를 들 수 있는데 홍채에 검은 점이 보이기도 하며 두꺼워지거나 불규칙적으로 변하기도 한다. 홍채의 변화로 인해 녹내장이 올 수 있다.

치료는 나이 든 고양이의 경우 질병 진행 속도가 느리기 때문에 경과를 관찰하면서 내과 치료로 진행하고, 젊은 고양이는 빠른 진행을 보이고 악성종양이 전신으로 전이될 수 있기 때문에 안구적출술을 고려하기도 한다.

04 수정체질환

수정체는 수많은 투명 섬유를 포함하고 있다. 고양이에서 가장 흔한 수정체질환은 백내장과 수정체 탈구증으로 원발성이라기보단 만성포도막염으로 인해 발생한다. 2가지 질환 모두 개보단 드물게 나타난다. 그러므로 백내장이나 수정체 탈구증이 있는 고양이는 포도막염에 대한 검사를 함께 진행해야 한다.

+ 백내장

백내장은 어떤 원인에 의해 수정체 섬유 혹은 수정체낭 phacocyst, 水晶體囊이 비생리적으로 혼탁해진 상태를 말한다. 고양이의 동공을 봤을 때 하얀 막이 보인다면 백내장을 의심할 수 있다. 백내장에 걸리면 동공이 하얗게 되고 빛의 강약에 따라 동공의 크기가 작아졌다 커졌다 한다. 원인은 다양한데 선천적 기형이나 유전, 독소, 외상, 전신성 질병, 노화 등이 있다.

당뇨로 인한 백내장은 개에게서 흔하게 발생하지만 고양이는 드물다. 그 이유는 혈당을 육탄당 알코올의 일종인 소비톨sorbitol로 변환시켜 수정체를 혼탁하게 만드는

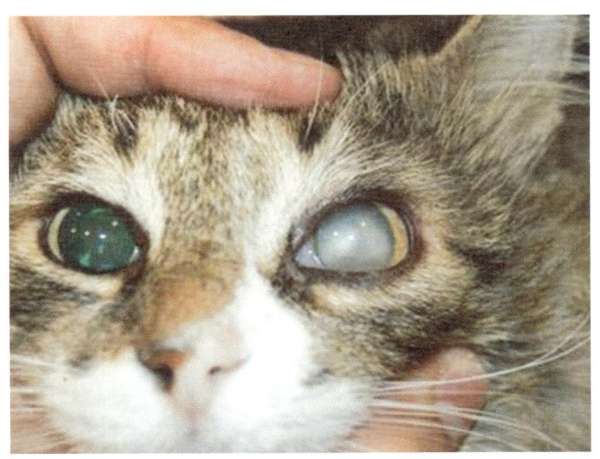

고양이의 수정체가 혼탁해진 모습. 고양이는 싸움 등으로 수정체가 손상되어 백내장이 잘 발생한다.

녹내장이 발병하자 한쪽 눈이 커졌다.

알도스 환원효소가 개에 비해 적기 때문이다.
백내장의 진행을 늦추는 안약이 있지만 시력을 회복할 수 있는 확실한 방법은 수술이다. 다만 수술을 결정할 때는 전문적이고 경험이 풍부한 수의사를 찾아 상의해야 한다.

+ 녹내장

녹내장은 사람뿐 아니라 동물의 시력을 앗아가는 무서운 질병이다. 녹내장은 안구의 압력, 안압 상승으로 시신경이 압박을 받아 시력을 잃게 되는 질병이다. 일반적으로 안압의 정상범위는 10~25mmHg 정도인데 안압이 25mmHg 이상이라면 위험 신호가 될 수 있다. 안구 안에는 안방수가 흐르면서 정상적 기능을 보조하는데 이것이 눈 안에서 제대로 순환하지 않으면 안압이 올라간다.
주로 동공이나 홍채 각막각❤에 손상이 생기는데 녹내장은 원발성이거나 다른 질환에 의해 유발된다. 급성녹내장의 경우 눈에 통증이 느껴지고 눈꺼풀 경련과 유루증

❤ 홍채와 각막 사이에 각이 진곳

이 나타난다.

고양이가 통증으로 비명을 지르거나 잠을 자지 못하면 얼른 동물병원에서 치료를 받아야 한다. 상태가 심하면 24~48시간 안에 시력을 잃을 수도 있다. 만성녹내장은 통증 증상이 뚜렷하지 않고 정도도 경미하지만 방치해선 안 된다. 녹내장이 생기면 각막 부종이나 공막의 얕은 층에 울혈 등이 생기기도 한다.

치료 방법은 안압을 조절해서 영구적인 시력 상실을 막는 것이다. 삼투성 이뇨제를 정맥주사로 놓거나 안압을 낮추는 안약을 점안해야 한다. 이미 시력을 잃었다면 안구적출술을 시행하며, 실리콘 의안을 삽입하기도 한다.

+ 수정체 탈구증

수정체 탈구증은 속발성으로 포도막염, 녹내장, 노년성 황반변성 등의 원인으로 2차적으로 발생한다. 수정체 탈구증은 수정체를 안구에서 제거하는 것이 1차 치료이다. 다른 병발하는 안과질환에 대해서는 적절한 치료가 이루어져야 한다.

+ 안구육종

안구 내에 종양이 발생하여 안구가 커진 고양이의 눈

고양이 안구 내 생긴 육종은 사망률이 높은 공격성이 강한 종양이다. 이 종양은 '외상 후 안구내육종'이라는 명칭을 가진 적이 있었다. 안구육종이 발생한 고양이 대부분이 수년 전에 눈에 외상을 입은 병력이 있었기 때문이다. 현재 이 종양은 수정체의 전안방 쪽 상피세포가 외상에 대한 반응으로 악성 변화를 일으켜 종양화된다고 추정

CHAPTER 5　다섯 뺨 더 이해하기 **고양이 계통별 질환**

소안증에 걸린 새끼고양이로, 소안증은 한쪽 또는 양쪽 눈의 모든 치수가 비정상적으로 작은 선천성 기형이다. 하지만 눈에 다른 결함은 없다.

하고 있다. 만성포도막염과 안구 내 주사제 주입 등이 안구육종을 일으킬 수 있는 요인으로도 알려져 있다.

그렇기 때문에 수정체에 천공성 외상을 입은 경우는 평생 치료와 관찰이 필요하다. 이 종양은 침윤성이 강해 안구를 제거한다 할지라도 주변의 조직에 전이되었을 수 있다. 다만 흔한 종양은 아니다.

진단하기 위해선 검사를 해야 하는데 각막은 보통 불투명하고 전안방에 덩어리가 있을 수 있지만 각막 안을 확인하기 어렵기 때문에 안구 초음파검사를 주로 사용한다.

＋ 가정 내에 구비해야 할 안과 용품

고양이가 안과질환을 겪고 있다면 가정 내에 꼭 구비해야 할 안과 용품이 있다. 고양이 눈에 출혈이 일거나 붓는다면 재빨리 응급처치를 하고 증상이 나아지지 않는다면 재빨리 전문 수의사에게 진료를 받아야 한다.

+ 가정 내에 구비해야 할 고양이 안과 용품

생리식염수와 약솜

깨끗한 솜에 생리식염수를 적셔 가볍게 눈 분비물을 닦아준다. 다만 생리식염수의 유통 기간은 꼭 지키되 그 안에 이물질이 발생했다면 새로운 것으로 대체해야 한다.

항생제 안약 혹은 안연고

안과질환을 치료받은 동물병원에서 스테로이드가 들어가지 않은 항생제 점안액이나 안연고를 처방받아 고양이 눈에 문제가 생길 경우 사용한다.

원통보호대

고양이가 안과질환에 걸리면 다리로 얼굴을 비비는데 이때 각막에 깊은 상처가 날 수 있다. 그럴 때 원통보호대를 씌워 눈을 보호해야 한다.

3 치과질환

01 고양이 구강과 치아 이해

고양이는 개나 사람에 비해 구강의 길이가 짧고, 치아 크기가 작고 치아 수도 적다. 고양이는 앞니 3개, 송곳니 1개, 전구치 상악에 3개와 하악에 2개, 어금니가 상악에 1개와 하악에 1개씩 있다. 고양이 치아에서 가위와 같은 역할을 하는 것은 열육치 carnassial Tooth로서 상악의 세 번째 전구치와 하악에 첫 번째 어금니가 서로 맞물리면서 자르는 작용을 한다.

고양이의 치아는 작은 동물을 사냥하고 먹는 용도에 적합하다. 고양이의 치석 제거 시술을 하면 다른 치아보다 하악의 어금니에 치주질환이 훨씬 심한 것을 볼 수 있다. 아무래도 사료 등을 씹어먹을 수 있는 치아 부위이기에 다른 치아보다 질환에 걸릴 확률이 높다.

+ 고양이 치아의 해부학적 구조

치아는 치관crown, 齒冠🐾, 치경, 치근으로 나뉘는데 치관은 에나멜enamel, 법랑질과 상아질 그리고 치수dental pulp, 齒髓🐾,

🐾 치아머리라고도 하며 치아에서 법랑질로 덮여 있는 부분을 말한다.
🐾 치수강을 가득 채우고 있는 부드럽고 연한 조직

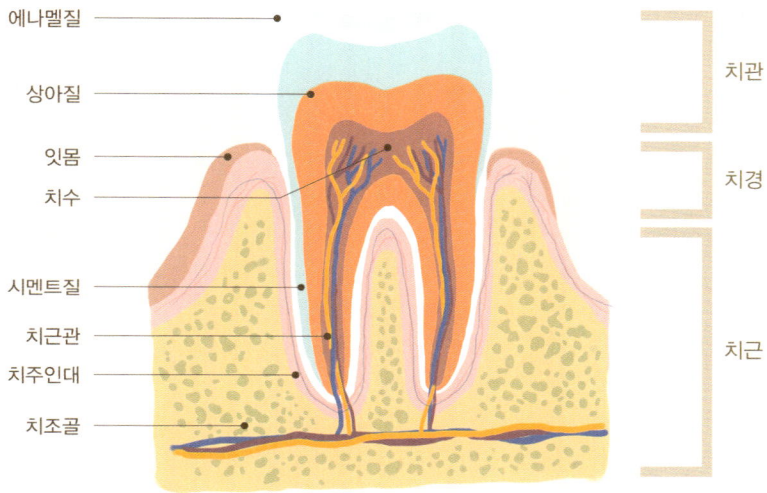

치경은 잇몸치주, 치근은 시멘트질과 치조골 그리고 치근관과 치주인대로 분류한다.

에나멜은 노출된 치아의 바깥을 둘러싸고 있으며 신체 구조 중 가장 단단한 재질이다. 고양이의 에나멜은 사람의 그것에 비해 얇다. 사람의 것 두께가 2.5mm가 최대인데 고양이는 0.2mm 수준이다. 에나멜 다음으로 치아의 대부분을 이루는 것이 상아질dentin이다.

상아질은 처음부터 두껍게 형성되는 것이 아니라 나이가 들어감에 따라 치수로부터 영양을 공급받아 그 두께가 안쪽을 향해 두꺼워진다.

+ 고양이의 연령에 따른 치수 크기
치수 크기로 나이를 추정하는 데 근거 자료가 될 수 있다.

4개월 / 7개월 / 1살 / 2살 / 3살

시멘트질백악질은 치아 상아질 뿌리 쪽에 붙어 있는 물질이고, 치조골은 상악골위턱뼈 및 하악골아래턱뼈에서 돌출된 부위로 치아를 지지하는 역할을 한다. 치주인대는 시멘트질과 치조골을 연결하는 인대로서 치아가 충격을 받으면 완충작용도 한다. 치수는 신경과 혈관이 풍부하게 분포하고 있기 때문에 상아질에 영양을 공급한다.

🔍 증상을 통한 질환 알아보기

증상을 잘 관찰하면 구강 혹은 다른 부위에 어떤 질병이 생겼는지 쉽게 이해할 수 있다. 애묘인은 키우는 고양이의 눈이나 귀, 얼굴, 입술 등을 정기적으로 관찰해 이상이 없는지 점검해야 한다.
양쪽 콧구멍에서 숨은 잘 쉬어지는지 확인하기 위해 한쪽 콧구멍을 막고 유리잔 등을 대고 뿌옇게 되는지도 확

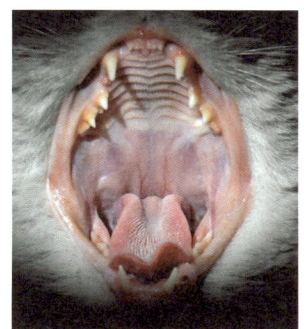
고양이의 치식은 단촐하다.

인해보고, 얼굴은 대칭성이 잘 맞는지, 농성 분비물이 나오는지, 눈이 튀어나오거나 들어가 보이지는 않는지 관찰해야 한다. 턱관절의 경우 만질 때 통증을 느끼는 정도를 확인해야 한다.

입안도 가끔 벌려보아 치아 상태, 잇몸 색, 냄새 등을 살펴보는 것이 좋다. 고양이의 치식은 단촐하기 때문에 한눈에 전체를 살펴볼 수 있다. 잇몸의 염증, 치석, 송곳니 들림 증상이 있다면 빠른 시간 안에 치과 진료를 받는 것이 좋다.

❶ 입 냄새

입 냄새는 구강질환에 의해서도 발생하지만 내과질환의 경우에도 발생할 수 있다. 입안에 궤양이나 염증이 발생하면 악취가 날 수 있지만 만성신부전에 걸려도 입 냄새가 심하다.

❷ 침 흘림

고양이는 무언가를 삼키기 어렵거나 주저할 때 혹은 입안의 것을 억지로 뱉어낼 때 침을 흘린다. 개와 고양이는 입술이 없기 때문에 침을 뱉지 못한다. 그래서 침을 그대로 흘리면서 입안의 무언가를 제거하려는 것이다.

구강에 염증이 생겼거나 식도를 막는 기계적 폐쇄, 신경계 이상 등으로 입을 제대로 다물지 못할 정도로 통증이 있을 경우 이런 행동을 보인다. 입을 닫기 어려워한다면 악관절 탈구나 관절을 이루는 뼈의 골절을, 열기 어려워한다면 상악과 하악의 골절을 의심할 수 있다.

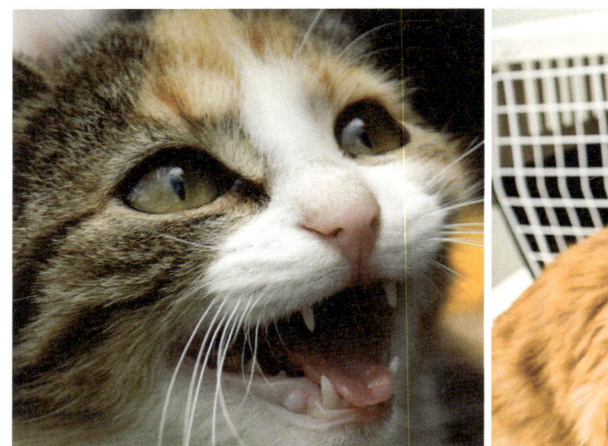
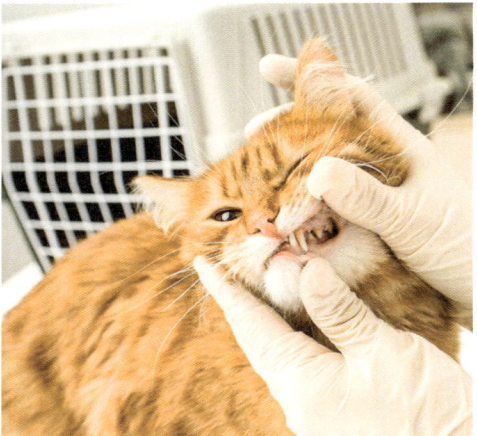

애묘인은 정기적으로 고양이의 입안을 벌려 치아 상태, 잇몸 색, 냄새 등을 살펴보는 것이 좋다.

❸ **앞발로 얼굴을 자꾸 비비는 경우**
입안의 통증이 있을 때 고양이는 이런 행동을 자주 한다.

❹ **아래턱이 떨리는 경우**
고양이가 아래턱을 떠는 경우는 보통 사냥감을 발견했을 때 보이는 행동이지만 치아 흡수성 병변으로 인한 통증으로 그럴 수도 있다.

❺ **코에서 농성 콧물이 나오는 경우**
송곳니의 뿌리 끝 염증으로 인해 이런 증상을 보이기도 한다.

02 고양이에게서 자주 발생할 수 있는 치과와 구강질환

고양이는 충치라고 불리는 우식증이 거의 없으며 주로 치주질환과 치아 흡수성 병변 등이 잘 발생한다. 구강질환으론 구내염이 대표적이다. 이를 표현하는 다양한 의학용어가 있으며 그 용어의 변천은 우리가 이 질병에 대해 어떻게 이해해왔는가와 연관되어 있다. 또한 나이가 듦에 따라 종양성 구강질환도 나타날 수 있다.

+ 에나멜저형성증

에나멜은 치아의 외피로 상아질을 보호하는 유백색의 반투명한 단단한 물질이다. 에나멜 층은 치아가 맹출萌出*되기 전에 이미 완전하게 형성된 상태로 잇몸 밖으로 나온다. 유치의 에나멜 형성 시기는 임신기간 42일부터 태어난 후 15일까지고, 출생 후 2주부터 3개월까지는 영구치의 에나멜이 형성된다. 이때 에나멜에 손상을 입으면 에나멜저형성증이 발생하는데 태어날 때는 정상으로 보이나 점차 색의 변화나 에나멜 결손이 나타난다.

원인은 선천성, 국소성, 전신성 영향으로 일어난다. 선천성은 유전자의 변이에 기인하고 국소성은 치아가 자라는 시기에 충격이나 염증이 발생했을 경우 영향을 받는다. 전신성은 영양결핍, 발열을 일으키는 질환, 저칼슘나 불소과잉 섭취 등이 있다. 개의 경우 홍역 바이러스에 감염된 경우 발생한다.

일시적 감염이나 발열성 질환 등을 통해 발병한 뒤 회복되면 그 시기 동안만 영향을 받아 밴드형으로 결손 부위가 나타난다. 에나멜저형성증이 있으면 상아질이 노출되어 통증을 유발할 수 있다. 이후 나이가 들면서 상아

* 일정한 시기가 되어 치아가 잇몸을 열고 나타나는 현상

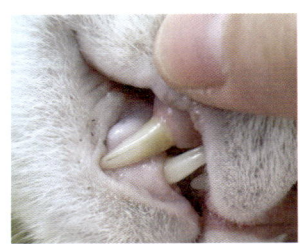
에나멜이 결손된 부분에 플라그 및 착색이 되어 있다.

질이 점점 두꺼워지면서 통증이 줄어든다. 다만 에나멜층이 결손된 부위에 플라그가 쉽게 낄 수 있으며 심한 경우 만성치수질환이 나타난다. 이런 경우 가정에서의 치아 관리가 매우 중요하다. 그리고 정기적으로 방사선검사를 받아 치수염이나 다른 질환으로 진행되는지를 관찰해야 한다.

고양이 치아에 불소 제품을 바르는 것은 치아의 에나멜을 촉진하면서 튼튼하게 하고 미생물이 분비한 산용해 성분에 대한 저항성을 만들어주지만 자칫 삼키거나 하면 부작용이 있으니 주의해야 한다.

+ 플라그와 치석

플라그는 세균의 응집과 세균이 만들어낸 부산물, 침, 구강 내 찌꺼기 등의 덩어리다. 플라그는 깨끗한 치아 면에 수분 내에 축적되기 시작한다. 초기 축적은 잇몸의 표면에서 시작되며 치아와 잇몸 사이로 확장되어 증식한다. 음식이 치아와 구강에 닿지 않더라도 플라그의 세균은 침을 통해 영양을 공급받아 잇몸 사이에 증식한다.

플라그 형성 과정

플라그의 형성은 2가지 과정을 거친다. 첫째는 박테리아의 초기 부착이며, 두 번째는 부착된 세균의 응집과 증식을 통한 축적이다. 건강한 잇몸의 플라그는 호기성균好氣性菌과 선택적 혐기성균嫌氣性菌으로 이루어져 있다. 잇몸염이 진행될수록 플라그는 치아와 잇몸 사이로 파고든다. 그러면서 점점 더 혐기성균이 증식하기 좋은 환

● 산소가 있는 곳에서 정상적으로 자라는 세균
● 산소가 없는 곳에서 생육하는 세균

◕ 주로 구강에서 발견되며 치주질환과 관련이 있는 세균
◕◕ 장내 미생물 세균으로 만성 염증성 질병과 연관이 있는 것으로 추정된다.
◕◕◕ 혐기성의 그람양성구균으로 구강, 장관, 질에 상재되어 있다.
◕◕◕◕ 박테로이데스과(Bacteroidaceae)에 들어가는 1균속으로 구강 내나 수화관에 상재하고 때론 궤양성 구내염으로 일으키는 요인이 된다.
◕◕◕◕◕ 매독이나 재귀열, 와일씨병 등을 일으키는 원인균

오른쪽 마지막에 보이는 4번째 전구치를 보면 치아 표면에 홈이 파진 부분이 보일 것이다. 이것을 발육구라고 하는데 이 부분에 치석이 잘 발생한다.

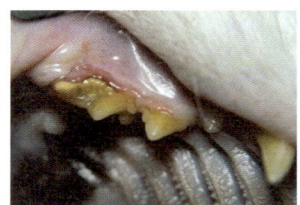

4번째 전구치에 끼인 치석

경을 마련한다. 호기성균의 숫자가 감소하진 않지만 혐기성균의 증식으로 인해 그 비율이 점점 높아진다.

치주염의 잇몸 밑 균총은 주로 혐기성이며 포르피로모나스 진지발리스Porphyromonas Gingivalis◕, 프레보텔라 Prevotella◕◕, 펩토스트렙토코커스Peptostreptococcus◕◕◕, 푸소박테륨Fusobacterium◕◕◕◕, 스피로헤테스spirochetes◕◕◕◕◕ 등으로 구성된다. 개의 치주염에서는 푸소박테륨과 스피로헤테스가 높은 비율로 나타난다. 고양이에서도 비슷한 양상이다.

치석의 형성 과정

치석은 침 속에 존재하는 광물질에 의해 석회화된 것으로 플라그가 형성되고 4시간 정도 지나면 형성되기 시작한다. 치석은 70~90%가 무기물인 칼슘염으로 이루어져 있다.

잇몸 위쪽 치석은 침으로부터, 잇몸 아래쪽 치석은 무기물 체액으로부터 공급받는다. 치석은 거친 표면을 가진 치아에 더 달라붙는다. 동물의 경우 주로 상악에 생기는데 아마도 안쪽 치아는 혀로 플라그를 제거하지만 바깥쪽은 그게 어렵기 때문으로 추정한다.

치석은 상악 네 번째 전구치에 특히 잘 생기는데 이 부위가 침샘이 나오는 부위일 뿐만 아니라 치아 표면의 발육구가 있기 때문이다. 치석은 그 자체로 질환을 일으키진 않지만 치아 표면에 달라붙어 지속적으로 치주질환의 진행을 돕는 역할을 한다. 다만 치석 없는 깨끗한 치아를 가졌지만 심한 치주질환이 생길 수 있고 치석은 많

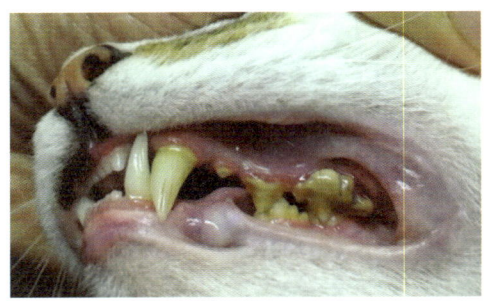
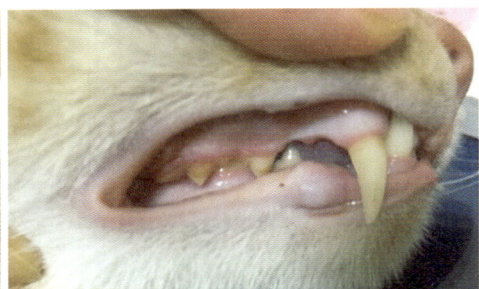

플라그와 치석이 쌓인 고양이 치아

지만 치과질환이 없는 경우도 많다.

잇몸 밑의 치석은 치주질환의 원인이라기보다는 결과물일 수 있다. 노령묘의 경우 치과 검사를 해보는 것을 권한다. 만약 치석이 많이 껴 있다면 치석을 제거해야 하는데 마취 없이 하는 치석 제거는 피해야 한다.

플라그와 치석은 치아와 잇몸 위쪽뿐만 아니라 잇몸 밑도 제거해야 하는데 이러한 부위는 마취 없이 제거하기는 거의 불가능하기 때문에 제대로 된 스케일링이라 할 수 없다.

+ 치수와 치근단질환

치수는 치수강과 근관 내부를 채우고 있는 소성결합조직으로 신경과 혈관이 풍부하게 분포해 있다. 어린 고양이의 치수강은 넓지만 나이가 들면서 상아질이 안쪽으로 쌓여 좁아진다. 치수질환으로 치수 충혈, 치수염, 치수 변성, 치수 괴사 및 괴저 등이 있다. 치수에 염증이 생기면 더 이상 상아질의 생성은 중단되고 치수강이 칼슘

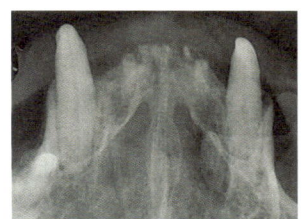

고양이 하악 송곳니 방사선 사진으로, 치조골의 팽창이 보인다.

🐾 면역 조절 인자로 자가분비 신호, 곁분비 신호 및 내분비 신호와 관련되어 있다.

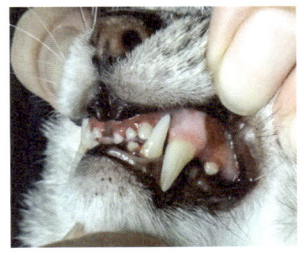

잇몸은 세균 자체의 독성보다 면역반응에 의해 더 손상을 입는다.

으로 대체되기도 한다.

치근단은 치아 뿌리 주변의 조직으로 만성치수염이나 치수 괴사로 이곳에 질환이 발생한다. 진행이 계속되면 방사선 상에 뿌리 부근의 공간이 확장되어 보인다. 치주인대의 소실로 치조골의 파괴로까지 이어질 수 있다. 심하면 치아 뿌리 끝에 염증이 발생해 고름이 쌓이는 치첨농양이 생길 수도 있다. 이 질환은 얼굴이 붓거나 눈 밑 농이 생기기 전까지 알아채기 어렵다.

+ **치주질환**

잇몸 밑에 플라그가 형성되면 염증반응이 일어나면서 면역세포에서 사이토카인cytokine🐾이 분비된다. 여기서 증식한 세균에서 독소가 나오면서 잇몸과 치주에 염증을 일으킨다. 사이토카인의 작용에 의해 혈관 확장, 백혈구 증식, 염증물질 분비 가속화를 통해 빠르게 치주염으로 진행하기 때문에 조기에 잇몸염을 치료해야 치주염으로 발전하지 않는다. 이런 경우는 세균 자체 독성물질이나 생성물에 의한 손상보다는 면역반응에 의해 잇몸과 치주가 더 손상을 입는다. 특히 면역결핍증, 당뇨, 기타 질병이 있을 경우 치주질환이 더욱 심해질 수 있다. 잇몸염에서 치주염으로의 진행은 연부조직을 손상시키고 파골세포osteoclast를 통해 골조직을 감소시킨다.

🔍 **잇몸염**

잇몸에 염증이 생기면 세균 증식으로 잇몸이 취약해지고 쉽게 피가 날 수 있다. 출혈의 양은 잇몸염의 정도에 비례

한다고 알려져 있다. 고양이의 잇몸염은 가정에서 육안을 통해 확인할 수 있다. 잇몸염이 있는 경우 입술을 들춰보면 치아와 경계를 이루는 잇몸 색이 붉어지면서 부어 있다. 사람도 2~3주 정도 치아 관리를 하지 않으면 잇몸염이 발생하면서 잇몸 색이 변하고 부종이 일어난다. 잇몸염 치료의 기본은 플라그를 잘 제거하는 것이다. 칫솔질을 통해 플라그를 제거하고 가정 내에서 치아 관리를 잘해줘야 한다. 잇몸염은 재발 가능성이 높기 때문에 가정 내 관리가 중요하다.

치주염

잇몸염이 잇몸에만 국한된 염증이라면 치주염은 잇몸 밑 프라그에 의해 주변 조직에 염증이 생기는 것을 말한다. 치주조직에는 잇몸, 치주인대, 시멘툼, 치조골 등이 포함되어 있다. 치주염은 치주인대 공간을 통해 치아 뿌

+ 잇몸염 단계

- GI 0 염증이 없는 단계
- GI 1 약한 염증 단계로 특정 부위에 약하게 색의 변화가 있는 단계
- GI 2 색이나 염증 정도는 위의 단계와 같지만 잇몸 전체에 약한 염증이 걸쳐 있는 단계
- GI 3 중간 정도 염증 단계로 발적, 광택, 부종, 잇몸 경계에 증식이 있는 단계
- GI 4 심한 염증 단계로 심한 발적, 부종, 출혈, 응혈, 궤양이 있는 단계

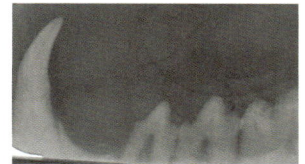
치아 방사선 사진으로, 심한 치주질환으로 치아 뿌리가 드러나 있다.

리 쪽으로 확장된다. 더 진행되면 치조골의 소실까지 일어난다. 이 과정에서 치주포켓이 형성되고 깊어지면서 치조골이 소실되면 치아가 빠져나온다.

고양이의 경우 2년령 정도 되면 70% 이상 치주염이 나타난다. 치조골 소실 형태는 수평형과 수직형, 2가지다. 수평형은 치주염이 있는 치조골이 일정한 깊이로 수평적으로 소실되는 것이고, 수직형은 염증이 있는 치아의 주변에 수직형으로 치조골 소실이 발생하는 형태다. 동물의 경우 대부분 수평형이다. 이런 경우는 주변의 조직이 없어 치아의 보존이 어렵다.

치주염은 2가지 형태로 나타나는데 하나는 치주염이 깊어질수록 잇몸도 같이 퇴축되는 것이고, 다른 하나는 치주염이 뿌리 쪽으로 깊이 침범해도 잇몸은 그 높이가 그대로인 형태다. 2가지 형태가 동시에 나타날 수 있다. 치주염으로 치아가 빠지면 염증은 사라지지만 소실된 뼈

+ **치주염 단계**

- Normal (PD0)
- Stage 1 (PD1)   치은염만 있는 단계
- Stage 2 (PD2)   초기 치주염, 25% 정도 부착 상실, 방사선상 초기 치주염 확인
- Stage 3 (PD3)   중간 치주염, 25~50% 정도 부착 상실
- Stage 4 (PD4)   진행된 치주염, 50% 이상 부착 상실

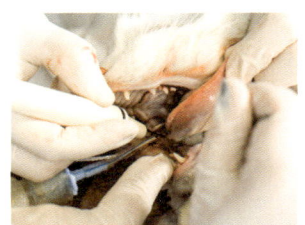

초음파 치석제거기를 이용하여 고양이 치석을 제거하는 모습

는 재생되지 않는다.

치주염 또한 잇몸염처럼 플라그와 치석 제거가 1차 치료다. 그 후 염증 치료를 한다. 치주인대가 상실되면 잇몸 끝부분 안의 치석과 플라그도 적극적으로 제거해줘야 한다.

🔍 치주염으로 발생하는 국소병변

• 구비강누공

개에서 흔하나 고양이는 드물게 나타날 수 있다. 치주질환이 뿌리 끝까지 진행하게 되면 송곳니의 경우 상악의 비강까지 염증이 발생하게 되고 뼈가 소실되어 구멍이 난다. 재채기를 유발하기도 하며 코에서 피나 농이 나올 수 있다.

• 하악골절

치주질환이 심한 노령묘의 발치 시 발생할 수 있다. 또한 턱에 충격을 받으면 발생할 수 있다. 치조골의 심한 소실로 인해 하악의 뼈가 많이 줄어들게 되면 약한 충격에도 쉽게 골절이 일어난다.

• 안구 내 염증 및 안구 돌출

단두종인 페르시안 고양이는 송곳니의 뿌리 부분이 안구 후방에 인접해 있기 때문에 치주질환이 뿌리 끝까지 진행된다면 안구에도 영향을 미칠 수 있다. 안구 내 염증, 안구 돌출 등의 문제가 나타날 수 있다. 치주질환은 구강종양의 위험성을 높일 수 있다.

• 치주질환이 전신에 미치는 영향

고양이의 치주질환은 매우 흔하다. 잇몸염이나 치주염인 경우 혐기성 세균의 증식으로 독성뿐 아니라 세균 등에 의한 면역반응으로 치주조직에 좋지 않은 영향을 미친다. 치주질환은 몸의 다른 부위의 상처나 염증과는 다르게 지속적으로 만성적 감염 상태를 유지하기 때문에 전신적 영향이 클 수 있다.

그래서 치주질환을 '조용한 살인자'라 부르기도 한다. 치주질환이 있는 경우 세균들이 혈액 속으로 침투하여 칫솔질이나 씹는 것만으로도 일시적 세균혈증을 일으킬 수 있다. 간과 신장은 몸 혈액의 필터링 역할을 하는데 세균혈증이 발생하면 세균들이 이 기관에 자리를 잡고 미세농양을 형성하고 염증성 변화를 일으킨다. 간으로의 침투는 간실질의 염증과 문맥門脈🐾의 섬유화를 일으킨다.

개의 경우 치주질환은 담즙 정체를 일으킬 수 있다고 알

🐾 척추동물의 위, 창자, 이자, 지라의 모세관을 돌고 온 정맥의 피를 모아서 간으로 나르는 굵은 정맥

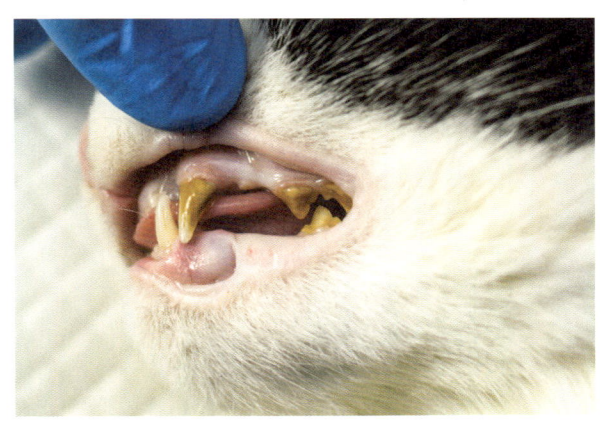

치주질환은 만성적 감염 상태를 유지하기 때문에 전신적으로 영향이 클 수 있다.

려져 있다. 또 심장 판막에 영향을 미쳐 심장내막염을 일으킬 수 있다. 고양이의 경우 비후성 심장근육병증이 꽤 많이 나타나는데 치주질환이 이 질병의 진행 과정에 영향을 미칠 수 있다. 치주질환에서 증식한 세균은 신장 사구체 모세혈관에 친화성이 있어 사구체신염을 일으킬 수 있으며, 면역복합체를 형성한 후 과잉 면역반응 등으로 신장실질에 손상을 가속화한다.

그래서 간이나 신장 기능이 떨어져 있다면 적절하게 치아 관리를 해주는 것이 무엇보다 중요하다.

+ 구내염

구내염 자체는 구강 내의 세균 증식과 면역력 저하에 따른 구강 점막의 염증을 의미하나 고양이의 경우 특이적으로 발생하는 특정 구강질환을 지칭하는 용어다. 사람의 경우 피곤하거나 임신했을 경우 자주 발생하지만 고양이의 경우 발병 원인이 정확하게 밝혀지지 않고 있다. 추정한 바에 의하면 칼리시바이러스나 백혈병바이러스, 면역결핍바이러스도 구내염 발생에 한 역할을 하는 것으로 고려됐지만 정확한 연구 결과는 나오지 않았다.

고양이 면역결핍증의 경우 면역글로불린A(IgA) 농도를 감소시킨다고 알려졌는데, 이런 염증성 질병을 가진 경우 침에서 면역글로불린A 농도가 줄어든 것과 연관이 있지 않을까 생각되기도 했지만 구내염을 가진 대부분의 고양이를 검사했지만 백혈병이나 면역결핍증에 대해 음성으로 나왔다.

현재 고양이의 대다수가 만성치주염 등의 질환을 갖고

있기에 치아프라그에 대한 과도한 염증 반응으로 추측하고 있다.

대부분의 구강 내 염증이 구강인두에 몰려 있어 뒤쪽 구내염이라 부르기도 한다. 임상적으로는 구강 점막과 잇몸, 특이하게도 목구멍 뒤쪽에 심한 염증성 증식이 나타난다.

증상

고양이가 구내염에 걸리면 입냄새가 심하고 식욕이 떨어지거나 먹기를 힘들어하고 입을 긁거나 침을 흘리는 증상을 보인다. 심한 경우 입을 살짝만 들춰봐도 잠정진단을 하는 것이 충분할 정도다.

다만 심하지 않은 경우 잇몸염이나 치주질환과의 구별이 어려울 수 있다. 가장 큰 차이점은 치아 뒤쪽의 입안 상태를 관찰하는 것이다. 치아 부근 외에 뒤쪽으로 발적이나 부종 등이 보인다면 구내염으로 진단한다.

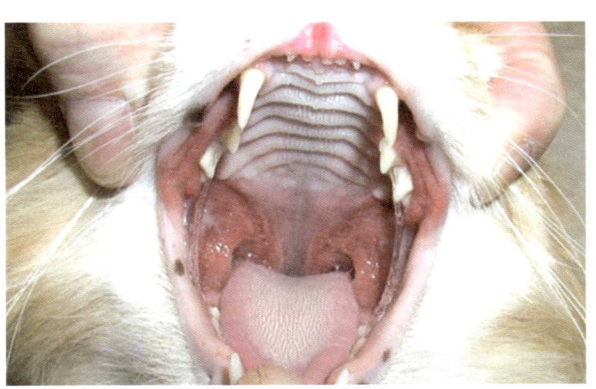

구내염은 목 뒤쪽에 발적이나 부종이 보인다.

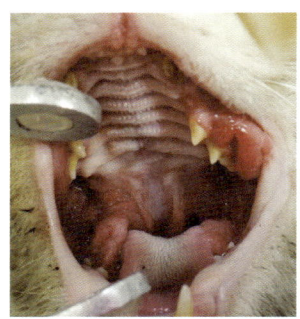

구내염에 걸린 고양이 구강 상태

구내염에 걸린 고양이의 치료는 염증을 제거하는 것보단 줄이는 것이 최선이 될 수 있다.

진단

고양이 구강에 염증을 유발하는 요인은 다양하지만 이에 대한 염증 반응이 어떠한가에 따라 구내염이 될 수도 있고 그렇지 않을 수도 있다. 이 질환에는 수많은 병명이 있는데 만성치은염 또는 만성구내염 feline chronic gingivostomatitis, FCGS, 고양이 치은염-구내염-인두염복합증 feline gingivitis-stomatitis-pharyngitis complex, GSPC, 고양이 림프구성-형질세포성 치은염 feline lymphocytic-plasmacytic gingivitis 등으로 불려왔으며 연구 성과에 따라 변화했다. 진단할 경우 치주질환, 구강 내 종양 및 다른 구강 내 염증질환인지를 구분해야 하며 필요시 전염성 검사를 진행하여 증상 없이 잠복 중인 전염병에 대해 검사할 필요가 있다. 조직검사와 방사선검사는 구강 내 종양성 질환과 구분하는 데 도움이 된다.

치료

치료의 최종 목표는 구강 내 염증을 제거하는 것이지만 염증을 줄이는 치료가 최선일 수도 있다.

• **약물치료**

구내염은 과도한 면역반응으로 인한 조직의 염증이므로 염증을 억제하기 위해 면역억제제를 사용하기도 한다. 보통 항생제와 함께 사용할 수 있고 장기간 사용해야 치료 효과가 나타난다. 면역억제제를 복용하는 동안은 증상의 개선을 보일 수 있지만 중단하면 원래의 상태로 돌아간다. 면역억제제는 주로 부신피질호르몬을 사용하는데 장기 복용하면 전신적 문제를 야기할 수 있다. 약물치료의 목적은 구내염으로 인한 고통을 줄이고 식욕 등의 증상을 개선하기 위한 것이지만 발치를 통해 구내염의 증상을 개선하기 어려운 경우에만 적용되는 것이 좋다. 인터페론이나 다른 면역억제제를 사용하는 경우도 있다.

• **치아 발치**

치아 프라그가 구내염을 일으킬 수 있는 주요 원인이 될 수 있기 때문에 발치를 통해 프라그 형성을 원천적으로 제거한다. 치아를 발치할 경우 상하악 전구치와 구치는 완전하게 발치해야 한다.

또한 발치한 이후 치조골에 남아 있는 치주인대나 잔존물을 잘 제거해줘야 한다. 구내염을 치료하기 위한 치아 발치는 많은 노력과 인내가 필요한 처치며, 한번의 시술로 끝나지 않는 경우가 많다. 고양이 발치에 대한 충분한 이해와 경험을 가진 동물병원에서 치료받는 것을 추천하며, 구내염과 치아 발치에 대한 설명을 충분히 들은 이후에 결정해야 한다. 또한 고양이 입장에서도 극심한 고통이 발생할 수 있는 치료법이며 이후 영양 관리도 중요하다.

구내염이 심한 경우 모든 치아를 발치하는 것을 권한다. 이후 방사선검사를 통해 치아 뿌리 등에 염증이 잔존하는지 확인한다. 전체 발치 시 하악 송곳니는 다른 치아보다 크고 치아 뿌리가 길기 때문에 주의해야 한다. 고양이 하악뼈는 U자형으로 아래턱 송곳니를 발치하다 골절이

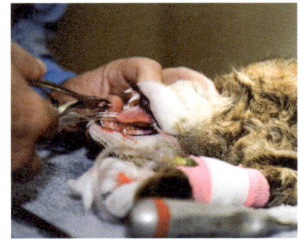

구내염에 걸려 발치하는 고양이 모습

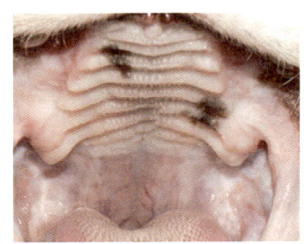

치아를 발치한 후 구강 내 모습

되는 경우가 있다. 동물병원마다 다르지만 발치 시 하악 송곳니는 치관 부분만 잘라내고 신경치료 후에 점막을 봉합으로 마무리하여 골절 위험성을 줄이기도 한다. 다만 뿌리가 남으면 염증이 생길 수 있기 때문에 권장하지는 않는다.

앞니나 송곳니를 남겨둔 상태라면 이 또한 엄격한 관리가 필요하다. 치아를 발치했다고 해서 구내염 증상이 완전하게 사라지는 것은 아니다. 다만 약물치료만 할 경우보다 적은 용량의 면역억제제만으로도 유지가 되기 때문에 전신에 미치는 영향이 적다.

• 레이저 치료

발치 후 보조로 레이저 치료를 할 수 있다. 다만 단독으로 할 경우 치료 효과에 대해 논란의 여지가 있기 때문에 발치 후 보조 치료로 활용하는 것을 권장한다.

+ 치아 흡수성 병변

고양이 치아 흡수성 병변치아흡수증, feline osteoclastic resorptive lesion은 치아의 잇몸 라인과 맞닿아 있는 곳부터 시작해 점점 치아가 소실되는 질환으로 발병률은 25~75% 정도이다. 나이를 먹을수록 발병률이 높아져 6살 이상의 고양이 60%에서 발병하기도 한다. 이 질환은 뼈를 파괴하는 파골세포 때문에 일어나는데 치조골의 발생 또는 재생 시에 나타나는 이 세포는 정상적인 치아 구조의 재건을 담당한다. 하지만 이 세포가 원활하게 기능을 하지 못하면 치아를 망가뜨린다.

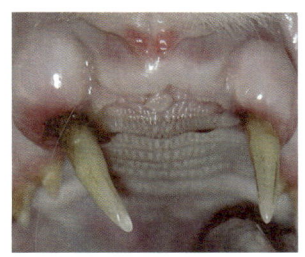

치아 흡수성 병변을 앓고 있으면 치석이 끼고 치아가 변색된다.

정확한 발생 기전에 대해서 알려져 있지 않다. 다만 비타민D의 과잉 섭취가 한 요인으로 추정되기 때문에 사료 내 비타민D 함량에 유의한다. 보통 치아 흡수성 병변은 치주질환과 함께 나타난다.

증상

치아 흡수성 병변이 심할 경우 고양이는 사료를 먹을 때 통증을 느끼거나 사료 알갱이를 통째로 삼키거나 입에서 음식을 떨어뜨리거나 과도하게 침을 흘린다. 또는 잇몸 부근의 발적과 치석이 나타나는데 그것이 진행되어 치관까지 침범하면 치아가 변색된다. 고양이가 물이나 사료를 먹는 중 하악턱을 빠르게 떤다면 이것으로 인한 통증일 수 있다.

보통은 2살 이상에서 나타나며 4~6년 정도 되어야 임상 증상이 분명하게 나타난다. 치아 흡수성 병변이 많이 나타나는 치아는 하악의 첫 번째 전구치다.

진단

치아 흡수성 병변은 외관상 정상으로 보이는 경우가 많기 때문에 방사선검사를 활용해 진단한다. 검사하면 치주인대의 퇴행, 시멘트층 증식, 치조골 과증식 같은 이상이 나타난다. 치아 흡수성 병변은 5단계로 나눌 수 있다. 제1기는 조기 병변이고, 제2기는 병변이 상아질로 들어간다. 제3기는 병변의 범위가 치수강까지 넓어지고, 제4기는 병변의 범위가 치수뿐만 아니라 치관 상실로 이어진다. 제5기는 치관이 상실되고 치근만 남는다.

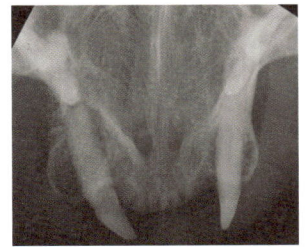

치아 흡수성 병변이 나타난 방사선 사진

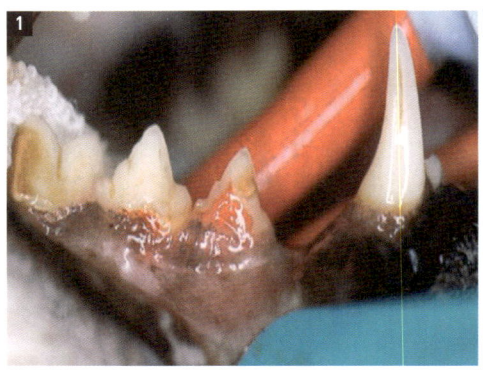 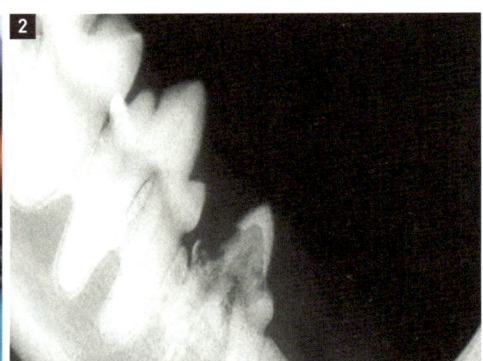

1_ 하악과 전구치의 손상으로 육아조직이 증식한 모습
2_ 치아 흡수성 병변으로 인해 치아가 손상된 모습

🐾 모세혈관, 섬유 모세포 등으로 이뤄진 증식력이 강한 어린 결합 조직

흡수성 병변이 치아 뿌리에서 치관으로 침범하고 구강 환경에 노출이 되었다면 염증성 육아조직肉芽組織🐾이 결손 부위를 채운다. 이때 치관은 부스러지고 잔존 뿌리가 치조골에 남게 된다. 그것이 주위조직을 자극해 농양이나 국소 골수염을 일으킬 수 있다. 치조골이 부풀어 오르는 것은 흡수성 병변이 잇몸을 완전히 덮고 있을 때 발생한다. 몇 가지 다른 특이적 형태 중 하나는 송곳니에서 치조골의 융기가 커지고 튀어나오는 것이다. 이런 증상들은 치주질환의 일환으로 분류되기도 한다.

🔍 치료

가장 좋은 치료는 발치나 치관제거술이다. 발치는 뿌리 조직까지 흡수성 병변이 있는 경우 안쪽의 뿌리 잔존물까지 깨끗이 제거한 후 점막을 봉합하여 노출된 치조골을 덮어준다.

치아의 뿌리가 치조골과 융합이 되었다면 완전한 뿌리 발치가 어렵기 때문에 치관제거술을 한다. 치관 부분만 절제하고 플랩으로 덮어줄 수 있다. 가급적 수의사에 판단에 따라 적절한 치료를 선택해야 한다. 불소나 기타 예방적 치료는 의미가 없으나 비타민D의 과잉 섭취가 의심된다면 줄이도록 한다.

03 구강종양

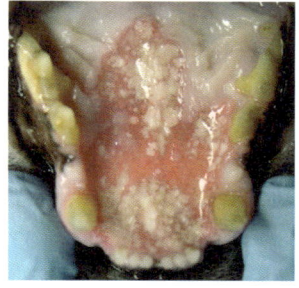

구강 표면에 하얀 부위로 뒤덮인 호산구성 육아종

+ 호산구성 육아종

호산구성 육아종eosinophilic granuloma은 알레르기성 피부질환으로 구강, 입술, 피부 등에 발생할 수 있다. 이, 모기, 음식, 접촉성, 환경 알레르기 등에 대한 과민반응으로 발병한다고 여겨진다. 구강에서 발견될 때는 연구개, 경구개의 점막, 혓바닥, 혀 밑에서 자주 발견된다. 구강 표면은 하얀 부위로 얼룩덜룩해지는데 호산구성 궤양이 윗입술 앞부분에서 보인다.

어린 암컷 고양이에게 흔하게 발생하며 조직학적으로 호산구의 침윤이 나타난다. 편평세포암종과 구분하기 위해 구강의 특이한 염증이 발견될 때는 치료 전에 조직검사를 해야 한다. 확진 시 치료는 주로 면역억제제를 사용하며 세균 감염에 대한 항생제 치료도 병행한다. 음식에 의한 과민반응이 의심된다면 저알레르기 사료를 급여하여 호전되는 반응을 확인해야 한다.

+ 편평세포암종

편평세포암종은 주로 고양이 구강에 발생하는 악성종

편평세포암종은 침윤성이 높아 치조골과 잇몸까지 암종이 증식한다.

양이다. 빠르게 진행되고 침윤성이 높아 초기 진단이 필요하다. 발병 후 생존 기간은 12개월을 넘기기 힘들다.

가정 내 치아 관리

치주질환의 예방과 치료에 있어 가장 중요한 부분이 가정 내에서 하는 치아 관리다. 그중 칫솔질은 가장 효과적인 플라그 제거 수단이다. 칫솔질은 어릴 때부터 시작해야 하는데 4개월령부터 유치가 빠지고 영구치가 나와서 그 이전의 칫솔질은 무의미할 수 있지만 어릴 적부터 익숙해져야 하기 때문에 이때부터 습관을 들이는 것이 좋다. 횟수는 1일 1회 이상이어야 효과가 있다.

• **바른 칫솔질**

고양이를 위한 칫솔질은 칫솔모를 치아 면에 45도 각도로 기울여 잇몸 밑부분까지 닦아야 플라그를 제거할 수 있다. 보통 회전해서 닦거나 위아래로 솔질을 한다. 고양이에게 칫솔질을 할 경우 매우 편안한 자세를 취하게

고양이가 칫솔질에 익숙해질 수 있도록 어릴 적부터 습관을 들여야 한다.

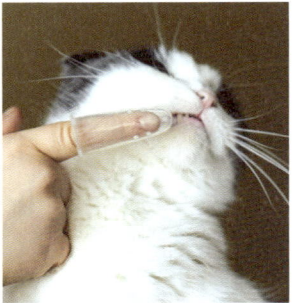

한 뒤 옆에서 부드럽게 닦아줘야 한다.

처음에는 옆쪽의 치아 즉 전구치와 구치 부분을 먼저 칫솔질을 하고 그것에 익숙해지면 바깥쪽 치아 면과 잇몸 경계면까지 전체적으로 진행한다. 애묘인이 가장 힘들어하는 것이 안쪽 칫솔질이다. 그것이 매우 어렵다면 바깥면이라도 꾸준하게 닦아줘야 한다.

칫솔질이 끝나면 아주 잘했다고 보상을 한다. 애묘인과 고양이는 칫솔질과 빗질이 매우 일상적인 행위라고 여겨야 한다.

• **덴탈 사료와 간식류**

칫솔질 외에 고양이의 플라그와 치석을 제거하는 덴탈 사료나 간식이 있다. 혹은 물에 타거나 발라주는 제품도 있다. 아무리 좋다고 하는 제품도 칫솔질만큼 좋은 치주질환 예방 수단은 없다. 단지 칫솔질을 보조할 수 있을 뿐이다. 칫솔질 없이 이런 제품만으로 치아를 관리하는 것은 거의 치아 관리를 하지 않는 것과도 같다.

습식 사료가 플라그 생성을 촉진한다고 하지만 건사료라고 플라그가 안 생긴다고 할 순 없다. 고양이를 위한 덴탈 제품은 미국수의구강협의회에서 인증하는 마크 Veterinary Oral Health Council, VOHC®가 찍힌 것을 선택하는 것도 좋은 방법이다. 그곳에서 운영하는 사이트에 가면 제품 리스트가 있으니 참조하기 바란다.

미국수의구강협의회에서 인증하는 마크가 찍힌 구강 제품을 선택하는 것이 좋다.

피부와 신경근육

01 피부질환

피부는 몸의 표면을 덮어 수분과 영양의 유실을 막고 다른 외부의 자극성 상처가 침입하지 못하도록 보호막 역할을 한다. 피부는 땀샘과 피지선, 털, 발톱 등의 다양한 부속기관과 연결되어 있다.

최근 고양이 피부병이 증가하는 추세다. 사람과 마찬가지로 공기 오염과 자외선의 영향, 환경의 변화, 약물 과다 복용 등과 관련이 있다. 개와 비교하면 피부염의 발생 빈도는 낮은 편이지만 품종별, 성별에 따라 발생할 수 있다. 그럼 고양이에게 자주 발생하는 피부병에 대해 알아보자.

+ 고양이 여드름
모낭의 각화와 피지선 증식을 일으키는 질병으로 면포 좁쌀여드름, 탈모, 딱지, 농포, 발적 등의 증상이 나타난다. 보통 턱 부분에 발생하는 것이 전형적인데 턱밑에 검은 면포가 보이고 털이 빠져 있거나 빨갛게 부어 있다.

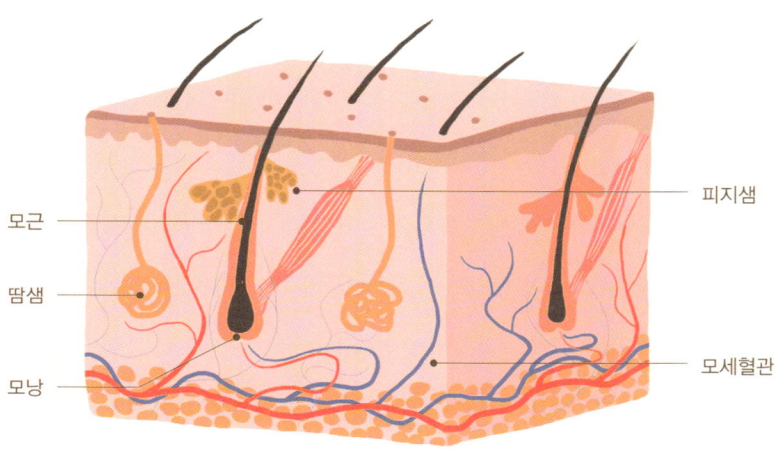

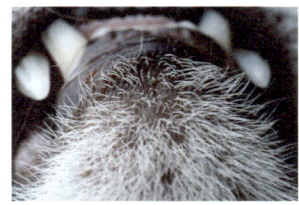

고양이 턱 부위에 생긴 까만 좁쌀 여드름

피지 분비로 인해 진득해지기도 한다. 심한 경우는 세균에 감염되어 모낭염이나 부스럼증이 생기고, 턱이 붓기도 한다.

보통 고양이가 털을 깨끗이 관리하지 않을 때 생기는 것으로 추정하며 모낭충이나 피부 진균증, 말라세지아 효모균malassezia의 2차성 감염에 의한 것일 수도 있다.

진단

• **시안**

고양이 턱 부분에 면포가 발생하거나 턱이 붓거나 결절, 열꽃, 부스럼 등이 있는지 확인한다.

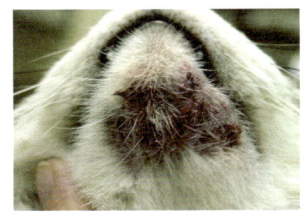

세균에 감염되어 화농으로 진행된 고양이 여드름

• 현미경검사

털을 채취해 현미경으로 세균 포자가 있는지 관찰한다. 피부에 삼출액이 보이면 슬라이드글라스를 그 부위에 직접 눌러 액을 묻힌 뒤 검사하기도 한다.

• 세균 배양

2차성 감염이 의심될 때 세균과 곰팡이 배양검사를 한다.

• 피부 생체검사

초기 치료가 효과가 없을 경우 피부 생체검사를 통해 기저질환을 확인한다.

🔍 치료

피부가 빨갛게 부어오르거나 세균 감염까지 진행된 경우라면 항생제 치료를 시작한다. 국소적으로는 턱밑의 털을 제거하고 피지를 제거하는 성분 등이 포함된 처방 샴푸를 이용하여 턱밑 부분을 닦아내고, 이후 클린다마이신 clindamycin❤ 성분이 포함된 연고 등으로 치료 및 관리한다. 따뜻한 물수건을 턱밑에 대면 면포가 잘 빠져나올 수 있다. 컨디션 등에 따라 심해질 수 있으니 항상 청결하게 관리해줘야 한다.

❤ 항생제의 하나로 세균의 단백 합성을 억제해 항균 작용을 한다.

+ 꼬리샘과증식

고양이는 꼬리 뿌리 쪽에 커다란 피지선이 있어 기름을 분비하고 냄새를 풍긴다. 이것이 비정상적으로 과증식 하면서 피지를 다량 분비해서 이 부위 털들이 서로 엉키게 되는 질병이 꼬리샘과증식 tail gland hyperplasia이다.

보통 중성화하지 않은 수컷이나 좁은 공간에 갇혀 사는 고양이에게서 많이 발생한다. 아마도 좁은 공간에선 그루밍을 잘 못하기 때문은 아닌가 추측한다. 탈모나 색소 침착도 나타날 수 있으며 심해지면 세균에도 감염될 수 있다. 2차성 감염에 걸리면 가려움이 느껴지며 다른 질환도 생길 수 있다.

이 질환은 중성화하지 않은 수컷 고양이에게 흔하게 발생하지만 성별이나 중성화 수술과 상관없이 발병하기도 한다. 히말라얀 Himalayan이나 페르시안, 샴 siamese, 렉스 rex 같은 품종인 경우 흔하게 나타난다.

증상과 진단

염증으로 인해 통증과 가려움으로 꼬리를 핥거나 물어 그 부위가 붓고 탈모가 일어난다. 털을 채취해 현미경검사를 하거나 세균 배양검사 등을 통해 2차 감염 여부가 있는지 확인한다.

치료

• 중성화 수술

중성화하지 않은 수컷인 경우 중성화 수술로 개선될 수 있다.

• 약용 세정제

피지를 용해할 수 있는 샴푸를 이용하여 꼬리를 세척하고 가볍게 마사지를 해준다.

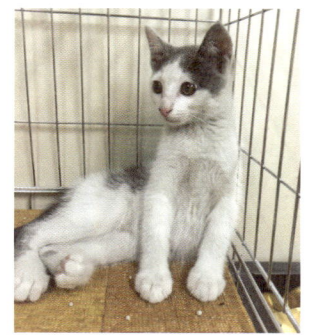

꼬리샘과증식은 중성화하지 않은 수컷이나 좁은 공간에서 생활하는 고양이에게서 자주 발병한다.

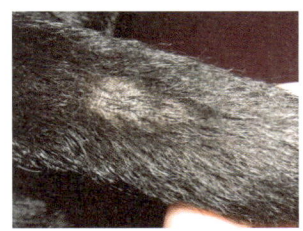

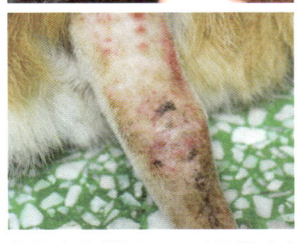

통증과 가려움으로 꼬리를 핥거나 물어 그 부위가 발적되거나 탈모 증상이 나타난다.

• **약물 치료**

증상이 심하면 0.1% 레티노산 함유 크림을 정규적으로 발라주면 도움이 된다. 2차 감염이 이뤄지면 증상에 맞는 약물을 투여한다.

• **털과 피부 관리**

증상이 나타나는 부분의 털을 밀어주거나 빗질 등 피부 관리를 해주면 도움이 된다.

+ **곰팡이성 피부염**

이 질환은 고양이에게 흔하게 발생하며 전염성이 강하다. 가장 흔한 균주는 개소포자균 M. canis이며, 다음은 석고상포자균 Microsporum gypseum과 백색종창균 Trichophyton mentagrophytes이다. 고양이의 경우 개소포자균의 저장고의 역할을 하기도 하지만 정상 세균총은 아니다. 전염은 보통 직접 접촉이나 매개물 접촉을 통해 이루어진다.

곰팡이균은 고양이가 건강한 피부로 적당한 각질층을 가졌다면 감염이 쉽게 이뤄지지 않는다. 털 사이를 뚫고 피부에 감염성 포자가 도착해도 건강한 피부는 뚫을 수 없다. 하지만 면역력이 떨어지거나 습해서 짓무른 피부의 경우 감염이 쉽게 일어난다.

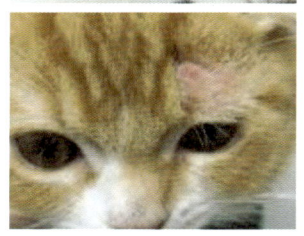

곰팡이성 피부염은 전염성이 강해 습하고 짓무른 피부에 쉽게 감염된다.

🔍 **증상 및 진단**

곰팡이균에 감염된 부위에 원형 탈모, 털 부스러짐, 각질, 가려움 등의 증상이 나타난다. 일부에 감염되었다가 점차 전신으로 옮겨진다. 보통 탈모와 함께 발적 상태를 보이다가 원형으로 넓게 번진다. 감염이 오래 진행된 경우에는 가운데를 중심으로 털이 다시 나기 시작하면서 회복한다. 우드등 검사나 배양검사, 현미경검사를 통해 진단할 수 있다.

🔍 치료

곰팡이성 피부염의 잠복기는 1~3주이며 감염의 회복은 면역력에 따라 달라진다. 건강한 고양이의 경우 자연 치료되는 질병이지만 치료해야 하는 목적은 치료 기간을 줄이고 다른 동물에게 감염되는 것을 억제하고 주변 오염을 최소화하기 위해서다. 치료를 하지 않으면 60~100일 정도 증상이 지속되지만 치료를 하면 한 달 정도로 줄어든다.

일반적으로 항진균 내복약을 1개월 정도 복용한다. 치료 과정이 끝나면 곰팡이균 배양검사를 통해 곰팡이 포자가 없음을 확인하고 완치됐을 경우 내복약을 중지한다.

+ 페르시안 고양이 안면 피부염

원인은 불분명하나 페르시안 품종에서 발생한다. 페르시안 고양이 안면 피부염 Facial Dermatitis of Persian Cats은 피지 분비물 등이 검게 변해 눈, 코, 입 주위에 쌓이는 질환이다. 초기에는 가려움증이 없지만 진행이 되면 염증이 발생하면서 아프고 가려움증이 생긴다. 뚜렷한 치료법은 없으며 세균 감염이 동반된 경우 항생제 치료를 한다. 아주 심한 경우 코티코스테로이드 corticosteroids, 부신피질호르몬로 치료할 수 있다. 보통 약을 먹으면 증상이 호전되

페르시안 종에서만 생기는 페르시안 고양이 안면 피부염은 피지 분비물 등이 검게 변해 눈, 코, 입 주위에 쌓이는 질환이다.

지만 투약 중단 이후에는 언제든 재발할 수 있다.

+ 지루성 피부염

지루성 피부염은 피지의 분비가 많은 부위에 잘 발생하는 만성염증성 피부질환이다. 피지선의 증식과 모낭의 각화로 발생할 수 있다. 이 증상들은 사람의 여드름 증상과 유사할 수 있다. 다만 고양이 여드름과 꼬리샘과식 증하고는 조금 다르다. 지루성 피부염은 피지선 분포가 많은 부위에서 발생하며 전형적으로 턱밑, 꼬리 윗부분 혹은 안면부 등에서 잘 발생한다. 치료는 완치 자체가 어렵기 때문에 피부를 청결하게 유지하는 것이 증상을 줄이는 방법이다.

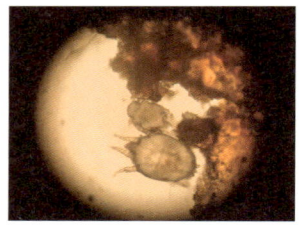

옴 진드기는 피부 조직 안에 잠복해 있다 직접적 접촉을 통해 고양이에게 감염된다.

+ 옴 진드기

옴 진드기의 감염으로 생기는 피부병이 옴이다. 옴 진드기는 피부 조직 안에 잠복해 있다 직접적인 접촉을 통해 고양이에게 옮긴다. 옴에 감염되면 간지러움에 시달리며 심할 경우 피부에서 피가 나면서 각질이 벗겨지고 탈모가 일어난다. 현미경검사로 감염 원인을 확인하고 1~2달 정도 외용 세정제와 바르는 구충제를 함께 사용하면 증상이 완화된다.

02 신경근육질환

고양이의 신경근육질환은 대부분 낙상에 의해 발생한다. 고양이는 순간적으로 과격한 움직임을 보이기 때문에 높은 곳에서 떨어지거나 자신의 운동 범위 이상의 움직임을 보이는 경우 근육, 인대, 신경, 골격 등에 손상이 발생한다.

고양이에게 흔하게 발생할 수 있는 신경근육질환은 소뇌 저형성증Cerebellar Hypoplasia, 팔신경얼기 발인손상Brachial Plexus Avulsion, 요골신경 마비Radial nerve paralysis, 스코티시 폴드 골연골이형성증Scottish Fold Osteochondrodysplasia 등이 있다.

+ 소뇌 저형성증

소뇌는 감각 인지의 통합과 근육운동의 조정과 제어에서 중요한 역할을 한다. 하지만 소뇌가 정상보다 작거나 완전히 발달하지 않으면 소뇌 저형성증이 발생하는데, 고양이가 임신기간이나 출산 전후 소뇌 배엽에 범백혈구감소증 바이러스가 침투하면 소뇌상피의 신경절세포에 손상을 입히면서 발생하는 질환이다. 흔들리는 고양이 증후군Wobbly Cat Syndrome이라고도 한다.

> 푸르키녜 세포라고 하는데 체코의 생리학자 요한네스 푸르쿤니예(Johannes Evangelista Purkunje)가 소뇌상피의 신경절세포를 발견했기 때문에 그의 이름을 따 그렇게 부르기도 한다.

소뇌 저형성증인 랄피는 머리를 흔들며 제대로 걷지 못하는 고양이다. 그 옆에 항상 랄피를 걱정하는 듯 살피며 서성이는 개 맥스의 이야기는 해외 뉴스로 보도되어 많은 감동을 주었다.

증상

새끼고양이가 처음 걷기 시작할 무렵 마치 사람이 술을 마시고 걷는 모습으로 네 발을 벌린 자세로 휘청거리듯 보행한다. 소뇌의 기능 상실로 보행에 장애가 생기지만 다른 이상은 없기 때문에 건강하게 살아갈 수 있다.

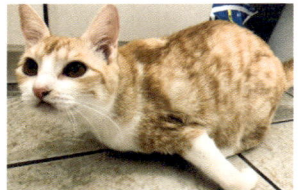

팔신경얼기 발인 손상을 입은 고양이로, 왼쪽 어깨와 팔의 마비가 일어나 몸을 축 늘어뜨리고 있다.

+ 팔신경얼기 발인 손상

상완신경총은 경추에서 시작해 어깨, 상완, 전완, 발을 포함한 앞다리의 운동과 감각을 조절하는 신경 대부분을 형성하는 신경 네트워크라고 하는데 지금은 팔신경얼기라고 한다. 앞다리의 요골신경, 정중신경, 척골신경이 이곳에서 갈라져 나간다. 고양이가 높은 곳에서 뛰어내리다가 떨어지거나 한쪽 앞다리가 강하게 늘어나 신경이 뜯기듯 손상을 받으면 팔신경얼기와 그 감각신경에 손상이 일어난다. 그것을 팔신경얼기 발인 손상 Brachial Plexus Avulsion이라고 한다.

증상

팔신경얼기가 손상되면 보통 한쪽 앞다리를 제대로 움직이지 못하거나 감각이 소실되어 어깨 부위나 앞다리가 늘어진다.

치료

신경계의 구조적 손상이 거의 없는 경우는 며칠 만에 자연적으로 회복할 수 있지만 물리치료 등을 받으면 회복 기간을 단축할 수 있다. 다만 신경 손상이 심하면 앞다리의 기능을 상실한 채 살아야 한다. 간혹 불필요한 앞다리가 삶의 질을 떨어뜨리기에 앞다리를 절단할 수도 있다.

+ 요골신경 마비

요골신경은 앞다리 발목을 당겨주는 신경이다. 요골신경의 근위부에 손상이 발생하면 앞다리를 더 굽히는 경향이 있다. 손상의 정도에 따라 자연적으로 회복하거나 영구 장애를 가질 수 있다. 물리치료를 통해 적극적 자연회복을 유도할 수 있다.

+ 스코티시폴드 골연골이형성증

스코티시폴드는 인위적인 교배로 인해 유전질환을 가질 수 있는 고양이다. 귀 연골 발달에 변형이 일어나면 귀 연골이 귀를 받쳐주지 못해 귀가 접힌다. 그리고 비정상적인 연골 형성으로 관절이 망가지는 질환을 가질 수도

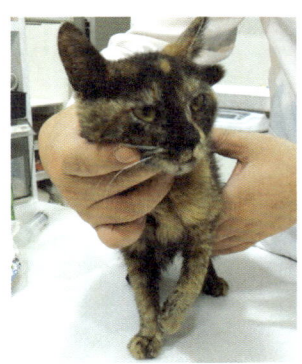

요골신경 마비 증상을 보이는 고양이로, 어깨는 움직일 수 있지만 굽은 발목으로 걷기가 힘든 상태다.

인위적인 교배로 유전질환을 얻을 수밖에 없는 스코티시폴드 고양이

스코티시폴드 골연골이형성증은 귀가 접히는 유전자를 부모 한쪽에서만 받아도 발병한다.

있다. 귀가 접히는 유전적 변이가 일어나면 근골격계의 기형을 유발하면서 뒷다리와 앞다리 발가락, 꼬리 등에 이상이 나타난다.

골연골이형성증은 1살령 이하에서 발병하는데 생후 3~4주 정도 되면 귀가 아래로 처지기 시작하고 4~6개월령이 되면 퇴행성 관절질환이 유발된다.

증상

퇴행성 관절질환이 나타나면서 다리 아래쪽 관절들이 융합되어 짧아지고 두꺼워진다. 꼬리 또한 뻣뻣하고 두꺼워진다. 절뚝거리며 걷기 때문에 움직임이 불편하다. 관절 부위가 부어오르거나 통증이 발생한다.

진단

우선 시안으로 귀가 접히는지 확인한다. 귀가 접히는 유전자를 한쪽에서만 받아도 질병이 발생하는 유전병으로 최근 유전자 검사를 통해서도 질환을 확인할 수 있다. 질환이 있는 경우 방사선검사를 통해 뼈의 이상을 관찰해야 한다. 귀가 접히는 유전자는 Fd, 펴지는 유전자는 fd라고 표현한다.

• 호모형(Fd/Fd) 고양이

부모 둘이 귀가 접힌 유전자를 받은 경우를 말한다. 생후 7주 정도 되면 증상이 나타나며 관절염 증세도 훨씬 심각하다.

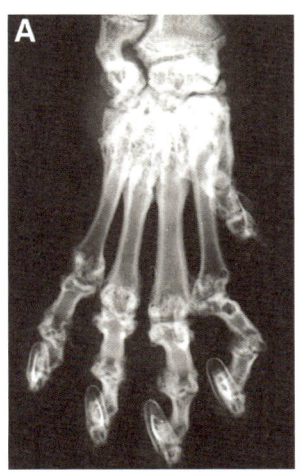
방사선검사를 통해 확인한 뼈의 융합이 일어난 상태

• **헤테로형(Fd/fd) 고양이**
부모 한쪽에서 귀가 접히는 유전자고, 다른 한쪽에서 정상 유전자인 경우를 말한다. 발병 시기가 생후 6개월령 정도고, 호모형보다 관절염 증세도 비교적 약하게 나타난다.

치료
유전질환이기 때문에 근본적인 치료법이 없다. 다만 통증을 줄이기 위해 통증 치료를 하기도 한다.

예방
귀가 접히는 유전자를 가진 고양이는 번식을 하지 않는 것이 좋다.

+ **디스크질환**
고양이가 교통사고를 당하거나 높은 곳에서 떨어지는 경우 발생하는 것이 디스크질환이다. 디스크질환은 크게 2가지로 구분된다. 첫 번째는 섬유테가 파열이 되면서 디스크의 수핵이 튀어나와 신경을 누르는 형태로 상태가 심각하기 때문에 적절한 치료를 하지 않으면 부작용이 남는다. 두 번째는 섬유성 변화에 의한 섬유테가 돌출되는 형태로 대부분의 디스크가 여기에 해당하는데 재발률이 높다.

증상
고양이가 갑자기 뒷다리를 잘 쓰지 못해 끌거나 움직임이 둔화되거나 등이 구부러져 있으면 디스크나 척추 손

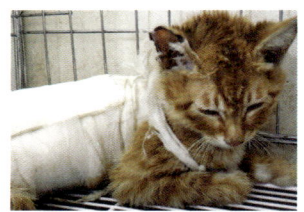

척추뼈 골절로 인해 하반신 마비가 온 고양이 모습

상으로 판단한다.

🔍 진단

문진으로 고양이의 상태를 확인하고 방사선검사를 통해 디스크 증상을 확인할 수 있으나 그것으로 원인을 찾지 못하면 초음파나 MRI 검사를 통해 정밀하게 진단해야 한다.

🔍 치료

치료 방법에는 내과 치료와 외과 치료가 있다.

• 내과 치료

증상이 심하지 않으면 내과 치료를 하는데 디스크가 발생하면 근육이 수축하면서 디스크를 압박한다. 그렇기 때문에 근육이완제를 투여해 근육을 이완시킨다. 항염증 효과를 나타낼 수 있는 스테로이드제를 사용하기도 하는데 장기간 사용할 경우 부작용이 많기 때문에 적절한 용량과 기간 동안 사용한다. 또 통증을 줄이기 위해 진통제를 투여한다. 이 외에도 침 치료, 재활 치료, 운동 제한 등의 보조 치료가 있다.

• 외과 치료

섬유테가 파열이 되면 마비 증상을 동반할 수 있기에 수의사의 정확한 판단 하에 적절하게 수술해야 한다. 골든타임을 놓치면 마비된 부분이 다시 회복되지 않는 경우가 있기 때문에 정확하고 빠른 결단이 필요하다.

5 생식계

01 고양이 중성화 수술

고양이의 중성화 수술이 인도적인지 비인도적인지는 아직도 논란으로 남아 있다. 고양이의 동물권을 생각하면 고려해야 할 사항 등이 매우 많지만 고양이가 건강하고 오랫동안 살기 위해서 필요하다는 것이 대다수 전문가의 의견이다.

중성화 수술은 원치 않는 임신을 막는 역할을 한다.

고양이가 건강하고 오래 살기를 바라는 마음으로 많은 애묘인들이 중성화 수술을 결정한다. 과학적인 보고에 의하면 중성화 수술을 한 고양이가 그렇지 않은 고양이보다 좀더 건강하고 오래 사는 것으로 밝혀졌다. 암컷의 경우 중성화 수술을 하면 자궁축농증과 같은 생식기질환 등에서 벗어날 수 있고, 수컷 고양이는 전립샘과 관련된 질병을 피할 수 있다. 이뿐만 아니라 성 충동의 자극이 줄어 다른 동물들과 싸우거나 면역부전 바이러스에 걸리는 횟수도 적어진다.

+ 고양이가 중성화 수술을 받아야 하는 이유

❶ 개체 수 과잉 방지

중성화 수술을 하면 고양이가 원치 않는 임신을 막을 수 있으며 개체 수가 늘어나는 것을 예방할 수 있다. 특히 보호자를 찾지 못하고 안락사된 유기묘의 수를 줄이기 위해서라도 중성화 수술은 필요하다.

❷ 성 성숙기 문제행동 개선

고양이가 성 성숙기에 해당하면 암컷은 아기 울음소리를 내며 수컷을 찾는다. 흔히 메이팅 콜mating call이라고 하는데 생후 7개월령이 되면 암컷은 첫 번째 발정기가 온다. 반면 수컷은 생후 7개월령이 되면 암컷을 유인하기 위해 강한 냄새가 나는 오줌을 집안에 분사하고 울음소리가 커진다. 다른 고양이와 싸우거나 집을 나가기도 한다. 발정기가 끝나더라도 3~6주 간격으로 다시 돌아와 중성화 수술은 고양이의 개체 수 과잉을 막고 성 성숙기 문제행동을 개선하며 추후 발생할 수 있는 생식기 질환을 예방할 수 있다.

7~10일 동안 문제행동을 지속한다.
이때가 되면 고양이를 키우는 보호자나 고양이 당사자는 매우 심한 스트레스를 받는데 중성화 수술은 이런 증상들을 개선시킨다.

❸ 질병 예방

성호르몬에 의해 발생하는 질병을 예방할 수 있다. 암컷의 경우 자궁축농증, 유선종양, 난소종양 등이 있고 수컷은 전립샘질환, 고환암 등이 있다.

✚ 암컷 고양이의 중성화 수술

암컷 고양이의 경우 난소나 자궁을 적출해야 하는데 자궁각uterine horn, 子宮角🐾과 자궁체uterine body, 子宮體🐾 및 양쪽 난소를 모두 적출한다. 양쪽 난소가 확실하게 적출되어야만 수술 후 발정 증상이 개선될 수 있다. 중성화 수술에 익숙하지 않은 수의사가 자궁각과 자궁체를 적출

🐾 동물의 자궁은 사람처럼 합쳐지지 않고 좌우 난관에 이어져 있다.
🐾 양쪽 자궁각이 합쳐지면서 하나의 관강을 형성하는 부분

고양이는 생후 7개월령부터 발정기가 시작하는데 과도하게 흥분하면서 문제행동을 보인다.

하지 않고 묶어버리면 중성화 수술을 하기 전과 같은 발정이 나타나며 자궁축농증에 걸릴 수도 있다. 임신만 못할 뿐 발정은 지속되어 중성화 수술의 효과를 얻을 수 없다.
다만 수술 방법은 수의사에 따라 달라질 수 있으므로 수술 방법에 대해선 내원하는 동물병원에서 충분하게 숙지한 뒤에 진행하는 것을 권한다.

+ 수컷 고양이의 중성화 수술
수컷 고양이의 경우 거세술이라고도 하는데 사람의 경우처럼 수정관輸精管, 정관을 묶는 것이 아니라 양쪽 고환을 모두 적출한다. 수술하기 위해 마취하기 전 양쪽 고환이 모두 음낭 안에 있는지 확인해야 한다. 혹시라도 잠복고환술을 할 수도 있기 때문에 잠복고환이 피하 밑에 있는지 확인하고 비용 문제나 기타 여러 사항에 대해 알아두는 것이 좋다.

잠복고환은 나이가 든 뒤에 악성종양으로 진행될 수 있기 때문에 확실하게 제거하는 것이 좋다. 다만 수술 방법은 수의사에 따라 달라질 수 있으므로 그것에 대해선 내원하는 동물병원의 수의사에게 충분하게 설명을 들은 뒤에 진행하는 것을 권한다.

+ 중성화 수술 시기

중성화 수술은 발정기가 시작하기 전에 하는 것이 좋다. 보통 생후 5~6개월령 사이에 하는데 그 전에 예방접종을 다 끝내고 질병이 있다면 치료가 끝난 후에 하는 것이 좋다. 이 무렵의 고양이는 건강 상태가 양호해 수술 위험성이 상대적으로 낮고 발정기 전에 수술해야 성 충동을 방지할 수 있다. 혹시라도 중성화 수술을 미루다 암컷 고양이가 생식기질환을 얻게 되면 수술 위험성이 높아지

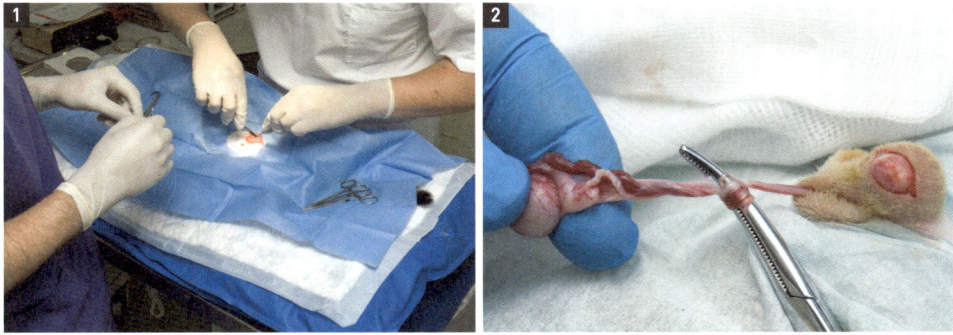

1_ 중성화 수술은 수의사에 따라 수술 방법이 달라질 수 있기 때문에 내원하는 동물병원 수의사에게 충분한 설명을 들은 뒤에 진행하는 것이 좋다.
2_ 수컷 고양이에서 고환을 제거하는 수술 모습

CHAPTER 5 다섯 뼘 더 이해하기 **고양이 계통별 질환**

암컷의 생식기 해부도

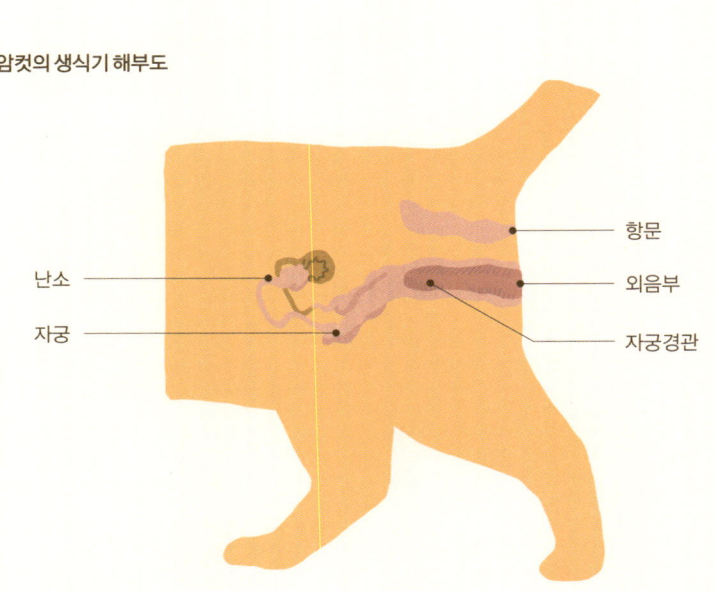

수컷의 생식기 해부도

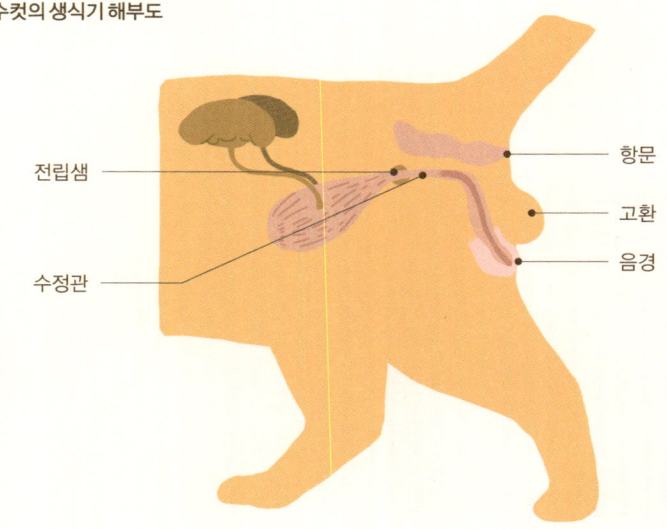

고 회복하는 데도 오래 걸린다.

다만 수술 전에는 고양이가 다른 질환을 앓고 있는 것은 아닌지 건강검진을 받는 것이 좋다. 수술 중 위험한 상황이 발생할 수 있기 때문에 수술 전 검진은 꼭 필요하다.

+ 중성화 수술 전 준비

중성화 수술을 하기로 결정했다면 수술하기 8시간 전부터 음식과 물을 섭취하지 말아야 한다. 그리고 이전에 이상 증상이 있거나 과거 병력에 대해서도 수의사에게 알려야 한다. 수술 이후 회복하는 동안 고양이가 흥분할 수 있기 때문에 큰 이동장을 준비해 고양이가 편안하게 집으로 갈 수 있도록 해야 한다.

+ 중성화 수술 후 회복 기간

수컷의 경우 중성화 수술을 받고 상처가 회복되는 데 14일 정도가 걸린다. 그 동안 목욕을 하지 않는 것이 좋으나 상처에 약을 발라줄 필요는 없다. 일주일 정도 항생제만 투여해도 무난하게 회복할 수 있다.

중성화 수술을 마친 암컷과 수컷 고양이는 당분간 수술 부위를 핥지 못하도록 원통보호대를 장착해주는 것이 좋다. 수술은 상처 부위를 핥지 않으면 잘 회복되는데 항생제는 수술 경과에 따라 다르지만 평균 일주일 정도 먹어야 한다. 이때 항생제를 먹는 초기 식욕이 떨어질 수 있으니 유동식의 영양액이나 영양 연고를 먹이는 것이 좋다. 암컷 또한 14일 정도 목욕을 하지 않는 것이 좋다.

02 생식기질환

생식기질환은 주로 중성화하지 않은 중년의 고양이에게 발병한다. 암컷 고양이의 대표적 질환으로 자궁축농증 pyometra과 유선염 mastitis, 유선종양 mammary gland tumor, 난소종양 ovarian tumor 등이 있고, 수컷 고양이는 전립샘염, 고환암 등이 있다. 이 질병의 대부분은 성호르몬과 관계가 있다.

+ 자궁축농증

고양이 자궁축농증은 중성화 수술을 하지 않은 중년의 암컷 고양이에게서 흔하게 발생한다. 암컷 고양이가 발정하거나 임신할 준비를 할 때 세균이 자궁 안으로 침투해 그 세균이 과도하게 증식하면서 고름을 만들어 축적되면 자궁축농증이 된다. 대부분 발정이 끝난 후 발병한다. 또는 지저분한 환경에서 살거나 면역력이 떨어질 때 유발되기도 한다.

증상

임상증상으론 복부가 팽창하고 갑자기 물을 많이 먹고 소변을 다량으로 배출하기도 하고 식욕이 떨어지면서 잠이 쏟아진다. 개방성 자궁축농증일 경우 암컷 고양이의 외음부에 고름 분비물이 배출되기도 한다. 백혈구 증가로 빈혈과 함께 탈수증, 구토, 발열 등이 나타날 수 있다.

진단

초음파와 방사선검사를 통해 팽창된 자궁을 확인할 수 있다. 자궁축농증이 치료되지 않고 지속되면 고감마글

+ 고양이의 정상 자궁과 자궁축농증이 발병한 자궁

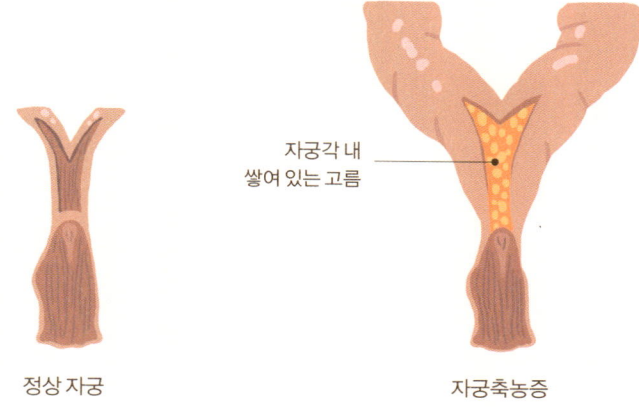

정상 자궁   자궁축농증

자궁각 내 쌓여 있는 고름

🐾 글로불린이 정상보다 높은 수치를 보이는 혈증
🐾 혈액 속에 감마글로불린이 적은 상태

로불린혈증hypergammaglobulinemia🐾 혹은 저감마글로불린혈증hypogammaglobulinemia🐾이 나타날 수 있다.

🔍 치료

치료는 크게 약물치료와 수술 치료가 있지만 증상을 개선시키기 위해 보조 치료를 병행해야 한다.

• 약물치료

약물을 투여해 염증 치료를 하는 방법인데 치료 효과는 크지 않고 질병이 개선되지 않기 때문에 권하지 않는다. 또는 수술 시기를 놓쳐 예후가 나빠지는 경우가 많고 재발률도 높다.

• **수술 치료**

복부 팽만으로 자궁이 파열되지 않는다면 자궁과 난소를 적출하는데 자궁축농증은 진행이 빠른 병이기 때문에 조기에 자궁 전체를 제거한다면 완치가 되는 질병이다.

• **보조 치료**

자궁축농증으로 인한 증상을 개선시키기 위해 점적 수액 용법으로 치료한다.

+ **유선종양**

고양이 유선종양은 유선乳腺에 발생한 종양으로 중성화 수술을 하지 않는 고양이에게 흔하게 발병한다. 고양이의 유선종양은 림프종, 피부종양 다음으로 3번째로 많이 발생하는 종양이다. 6개월 이전 중성화 수술을 받은 암컷 고양이의 경우 악성 유선종양이 생길 확률은 91%, 12개월 이전에 중성화한 경우 86%까지 감소한다. 그렇기 때문에 고양이가 어릴 때 중성화 수술을 하는 것이 좋다.

더불어 유전적으로 살펴보자면 샴 고양이 종이 발병할 확률이 높다. 개의 유선종양과 다르게 대부분이 선암종으로 악성형이며 궤양이 잘 발생한다.

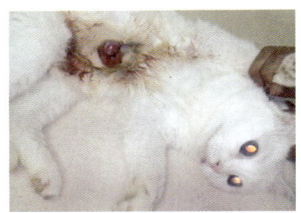

유선종양에 걸린 고양이

증상

유선종양이 악성인 경우가 80~90% 정도며 대부분 선암종이다. 수컷 고양이의 경우 드물게 나타나지만 예외는 될 수 없다. 악성일 경우 전이가 일어날 수 있는데 림프샘, 폐, 흉막, 간 등을 거친다. 폐로 전이된 경우 흉수로 인해 호흡곤란을 일으킬 수 있다. 종양 크기에 따라 생존율이 달라지는데 2cm 이하는 1기, 2~3cm는 2기, 3cm 이상이거나 1~2단계에서 전이가 발생한 경우 3기로 구분한다. 4기는 림프샘과 원거리 전이가 있는 경우다.

종양 크기가 3cm 미만인 경우 생존 기간은 21개월 정도고, 그 이상이면 12개월 정도다. 전이가 일어난 경우 80% 정도 사망하기 때문에 고통이 오기 전에 안락사를 선택하기도 한다.

악성종양인 고양이는 보통 음식을 먹지 않게 되거나 구토, 발열, 빈혈, 악액증🍂, 전해질 불균형이 나타날 수 있다. 또한 통증, 불편감, 불안증 등의 심리적 문제도 발생할 수 있다.

🍂 질병 등으로 식욕이 떨어지고 영양 공급이 부족해져 근육 및 신체 조직이 극도로 줄어든 상태

🔍 진단

• 촉진
복부나 흉부를 손으로 만질 때 딱딱한 덩어리를 느낄 수 있다.

• 조직검사
종양의 절편을 검사해 종양 세포의 유래와 악성 또는 양성인지 구분한다.

• 영상학적 검사
방사선검사를 통해 종양이 생겨난 위치를 파악하고 전이가 어느 정도 됐는지 확인한다.

• 세포검사

흉강에 물이 차 있다면 흉수를 채취해 검사한다.

치료

유선종양은 악성일 경우 생존 기간이 길지 않기 때문에 중성화 수술로 예방하는 것이 가장 중요하다. 그럼에도 종양이 생겼다면 외과 치료와 화학적 치료를 한다.

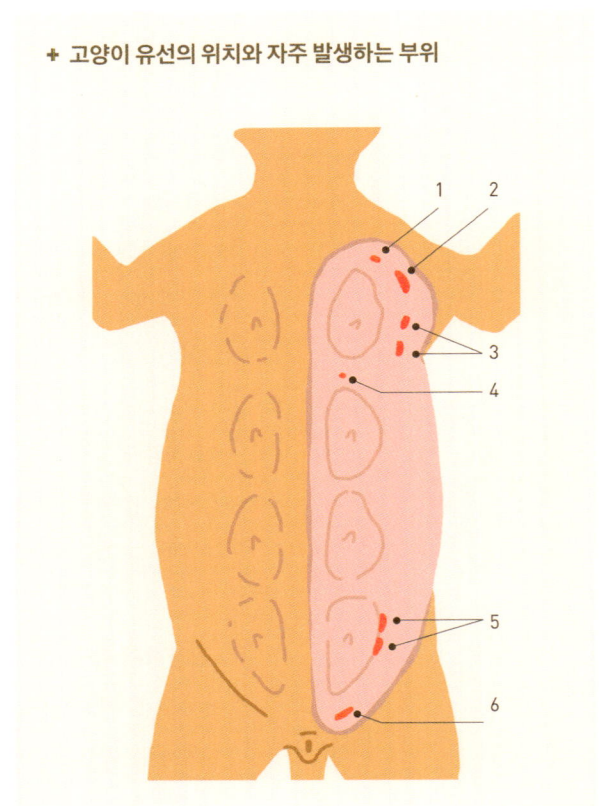

+ 고양이 유선의 위치와 자주 발생하는 부위

고양이의 유선은 보통 8개로 좌우로 4개씩 있다. 보통 유선종양 제거를 하는 경우는 유선의 혈관 및 림프관의 분포 상태에 따라 위와 아래의 유선 좌우나 한쪽을 제거한다. 번호가 붙은 위치가 종양이 많이 발생하는 부위다.

• 외과 치료

조직검사를 통해 악성인지 확인했다면 수술로 유선 전체를 적출한다. 각 유선 간 혈액 및 림프 분포는 좌우로 구분되는데 위의 2쌍은 겨드랑이 림프샘, 아래의 2쌍은 서혜부 림프샘로 나뉘어 혈관 및 림프관이 분포한다. 이러한 혈관 분포로 인해 가급적 좌우 4개의 유선을 제거해야 한다. 겨드랑이 림프샘과 서혜 림프샘은 수술 중 같이 제거해줘야 전이를 막을 수 있다.

• 항암 치료

수술로 유선 전체를 적출했다 하더라도 전이 가능성이 있기 때문에 항암 치료를 병행한다. 진단 과정에서 1~2기로 전이가 없는 경우 항암 치료를 고려하지 않으나 전이가 확인되거나 종양이 혈관을 침범할 경우 항암 치료가 필요하다.

물론 폐나 기타 장기에 전이가 확인된 경우는 유선 외 장기를 수술로 제거하기가 어렵기 때문에 항암 치료를 해야 한다. 악성 유선종양을 발견한 후 평균 생존 기간은 1년이지만 가장 중요한 종양 크기, 조직학적 등급, 전이 여부, 수술 정도, 항암 치료 등의 유무에 따라 생존 기간이 달라질 수 있다.

• 완화 치료

완화 치료는 악성종양 자체를 치료하는 행위는 아니지만 치료 과정 시 통증이나 장애 등을 줄이고 삶의 질을 개선하는 치료다.

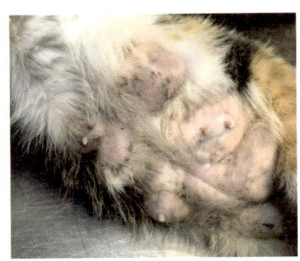

암컷 고양이의 유선이 모두 부어 있는 상태

+ 유선염

고양이 유선염은 출산 후에 젖이 과다하게 분비되거나 주변 환경이 청결하지 않았을 때 세균에 감염되어 생기는 질병이다.

증상

유두 주위가 빨갛게 붓거나 통증이 생기고, 체온이 올라가거나 식욕이 떨어진다. 심하면 유두에서 고름과 피가 섞인 분비물이 나온다.

진단

증상에 따라 혈액검사와 세포검사를 통해 진단한다.

치료

기본적으로 항생제를 투약하면서 치료한다. 다만 유두 분비물을 채취해 항생제 감수성 검사를 진행하여 적합한 항생제를 선택하는 것이 좋다. 특히 유선염에 걸린 암컷이 새끼에게 젖을 물리는 행동은 통증을 유발할 수 있기 때문에 고양이 전용 분유로 어미젖을 대체한다.

+ 난소종양

난소종양은 호르몬 과다 분비로 일어나는 질병이다. 보통 7살 이후 발병하는데 요즘은 중성화 수술이 일반적이기 때문에 보기 드문 질환이다. 다만 예외적으로 발병할 수 있다.

증상
지속적으로 발정이 일어나고 과도하게 흥분할 수 있으며 탈모나 낭포성 혹은 선종성 자궁내막 증식 등이 발현된다. 구체적인 증상으론 구토와 체중 감소, 복수와 복부 팽창 등이 일어날 수 있다.

진단과 치료
종양이기 때문에 유선종양과 같은 방법으로 촉진, 초음파와 방사선검사를 통해 확진하고 외과 수술로 난소를 적출한다.

+ 잠복고환 및 고환종양
수컷 고양이의 생식기질환은 흔치 않지만 중성화 수술을 하지 않는 경우 질병이나 문제행동을 일으킬 확률이 높다. 특히 잠복고환에 의해 문제가 발생한다.
수컷 고양이가 태어나면 고환은 복강 속에 숨어 있다가 2~3개월 정도 지나면 음낭으로 내려온다. 그러나 어떤 수컷 고양이는 고환이 복강 속에 계속 숨어 있기도 하는데 이를 복강 내 잠복고환이라고 한다. 서혜부의 피하에 고환이 있으면 피하 잠복고환이라고 한다.
잠복고환의 경우 음낭에 위치할 때보다 고환 온도가 상승해 정상적인 정자 생성과 성숙이 불가능해질 수 있다. 특히 복강 안이나 피하 밑에 고환이 있으면 종양이 발생할 수 있다. 종양이 발생하면 일반 종양 치료와 동일하게 실시한다. 다만 중성화 수술을 통해 제거하면 이 질환을 예방할 수 있다.

CHAPTER 5 다섯 뼘 더 이해하기 **고양이 계통별 질환**

심장순환계

01 심장의 구조와 생리

심장은 주먹만 한 크기로 좌와 우의 심방과 심실로 이뤄진 근육성 장기다. 좌심방은 폐로부터, 우심방은 뇌에서 정맥으로 전신 순환을 마친 혈액을 공급받는다. 공급받은 혈액은 심실로 넘어가 좌심실에서 대동맥으로 혈액을 방출해 뇌와 전신으로 공급하고, 우심실에서 다시 폐로 정맥성 혈액을 보낸다. 심장에서 혈액의 흐름은 아래와 같다.

- 대정맥 → 우심방 → 우심실 → 폐동맥
- 폐정맥 → 좌심방 → 좌심실 → 대동맥

심장 판막은 혈액이 한 방향으로 일정하게 흐르고 역류되지 않도록 돕는 얇은 막이다. 4개의 판막이 존재하는데 왼심방과 왼심실 사이에 존재하는 왼방실판막, 왼심실과 대동맥 사이에 존재하는 대동맥판막, 오른심방과 오

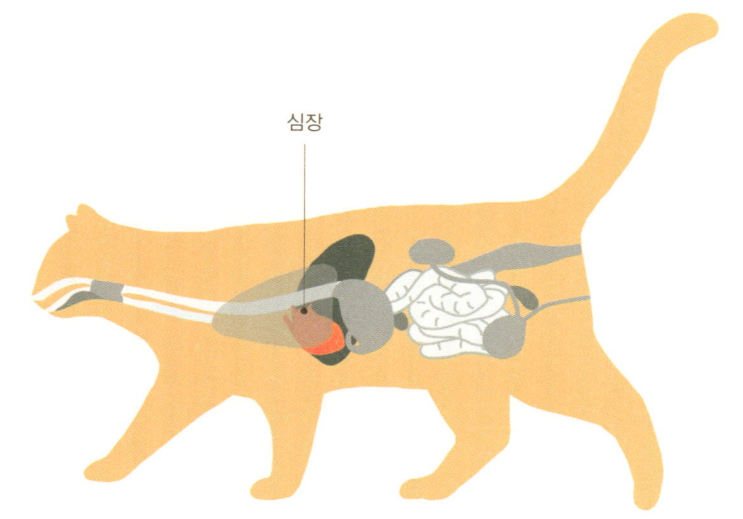

심장

+ **정상 심장과 비후성 심장근육병증에 걸린 심장**

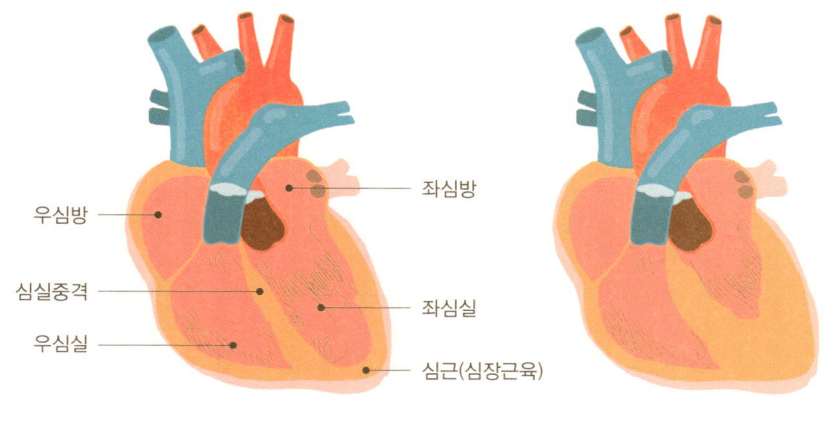

우심방
심실중격
우심실
좌심방
좌심실
심근(심장근육)

정상 심장　　　　　　　　비후성 심장근육병증

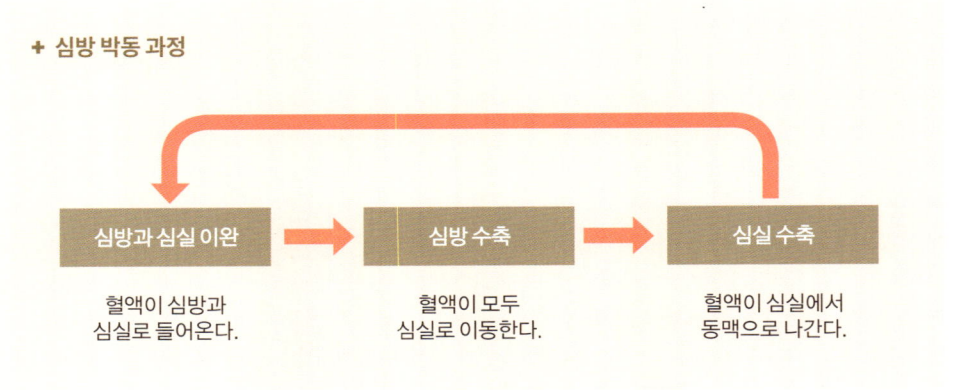

른심실 사이에 존재하는 오른방실판막, 오른심실과 허파동맥 사이에 존재하는 허파동맥판막으로 구성된다. 3kg의 고양이는 대략 240ml 정도 혈액이 순환기계를 통해 순환한다.

+ 심장의 정상 기능과 심부전 발병

심장은 충분한 양의 혈액을 대동맥을 통해 전신으로 보내 각 장기와 조직에게 산소와 영양을 제공해야 하며, 전신혈액을 받아 폐에서 가스 교환을 통해 산소를 공급해야 한다.

이러한 기능이 잘 유지되기 위해선 심장질환이나 그 외 다른 문제가 없어야 한다. 그렇지 않다면 이런 기능을 통해 유지되어왔던 문제가 전신의 증상으로 나타날 수 있다.

평균동맥압▪이 90~100mmHg 정도가 되어야 전신에 원활한 혈액을 공급할 수 있다. 전신으로부터 들어온

▪ 수축기 혈압과 확장기 혈압의 평균

혈액은 우심방을 통해 폐동맥을 거쳐 폐, 우심실로 넘어간다. 이 순환은 폐의 폐포를 거쳐 산소를 공급받는 순환이며, 폐라는 장기만 거치는 순환이기에 저항성이 낮기도 하며, 폐포에서 비교적 서서히 순환하면서 산소를 공급받아야 하기 때문에 평균동맥압은 20mmHg 정도이다.

정상적으로 움직이던 심장 기능이 여러 이유를 통해 제 기능을 하지 못하게 되고 급기야 임상증상이 나타나면 심부전이 되기도 한다.

심부전은 심근, 판막, 심낭의 질환에 의해 발생할 수도 있으며, 심박출의 저항 증가로 발생할 수도 있다. 부정맥이나 전도장애 역시 심부전을 유발할 수 있고, 심부전을 악화시키는 요인이 될 수 있다. 다만 심잡음, 부정맥 및 기타 심장질환을 암시하는 검사 소견 등은 심장질환이 있다는 것을 나타내는 것일 뿐, 반드시 심부전 상태에 있다는 것을 의미하지 않는다.

- 전도는 흥분이 신경이나 근육 등 같은 종류의 세포를 따라 전해지는 것을 말하고, 전도장애는 그것이 제대로 닿지 못하는 상태를 의미한다.
- 심방부에서 들을 수 있는 잡음

02 심장의 이상으로 발생하는 질환

심장의 이상으로 발생하는 질환은 6개의 기전으로 나뉠 수 있다.

✚ 심장근육병증

심장근육병증은 심장근육의 문제로 인해 발생하는 질환이다. 이전까지 원인에 대해 잘 알려지지 않았으나 최근 유전질환 검사를 통해 심장에 이상을 일으키는 변이유전자를 발견했다. 즉, 이 질환은 유전적 또는 선천적 요인에

+ 심장 기능 이상과 그에 따른 결과

심장 기능 이상	이상 결과	질환
펌프 부전	심장 수축력 저하나 이완기 확장이 제대로 이루어지지 않음	심부전, 울혈성 심부전
흐름 차단	혈관이 막히는 경우 심장 수축 시 혈류가 빠져나가지 못해 심장 압력이 상승하고 판막이 좁아지거나 흐름이 줄어들면 보상작용으로 심장이 비대해짐	심장비대증
역류성 흐름	판막에 문제가 발생하여 제대로 혈류를 차단하지 못해서 생기는 이상 증후로, 수축 시 혈액의 역류가 발생	
단락성 흐름	선천성, 후천적 영향으로 혈류 흐름이 바뀌는 현상이나 주로 선천성 심장질환일 경우 많이 나타남. 뱃속 태아기에는 태반을 통해 어미의 혈액이 순환하기 때문에 심방 사이에 난원공, 폐동맥과 대동맥 사이에 동맥관이 연결되어 있다가 출생 이후 폐쇄되어야 하나 폐쇄되지 못한 상태	선천성 심장질환
심장전도장애	전도 결함, 흥분성 자극에 의해 심장 내에 전도장애를 발생시킴	부정맥, 세동
심장 또는 주요 혈관의 파열	사고 등으로 발생	

❤ 다른 원인에 의해 질병이 생긴 것이 아니라 그 자체가 질병인 것

의해 발병이 되며 원발성❤ 심장근육병증이다.

심장근육병증은 병리 범주로 비후성비대성 심장근육병증, 확장형 심장근육병증, 제한심장근육병증, 부정맥성인 우심실 심장근육병증 등으로 나뉜다. 2차성 심장근육

병증은 감염이나 독성, 대사적 원인에 의해 발생하는 심장근육 질병을 말한다.

고양이의 심장근육병증은 대개 선천성특발성으로 보며 그중에 비후성 심장근육병증은 메이쿤Maine Coon, 랙돌 Ragdoll에서 잘 발생하며 유전성이다. 비후성 심장근육병증은 심장근육의 개별 수축 단위의 변이로 발생하며, 영양 부족으로 발생하는 심장질환으로는 타우린결핍증에 의한 확장형 심장근육병증이 있다. 제한형 심장근육병증이나 부정맥성인 우심실 심장근육병증은 원인을 알 수 없는 경우가 많으나 대개는 유전적 원인으로 본다.

다만 미분류 심장근육병증이나 제한형 심장근육병증은 명확한 임상 자료가 부족해 확장형이나 비후형의 범주에 속하지 않는 경우 심장근육병으로 분류하기도 한다. 가장 흔한 심장근육병증으로는 비후형으로 58~68%를 차지한다. 그 다음으로 제한형 5~12%, 미분류형 10% 순이다.

+ **비후성 심장근육병증**

비후성 심장근육병증은 심실의 근육이 전체적으로 두꺼워지는 것을 말한다. 메인쿤, 랙돌의 경우 이 질환의 원인으로 심장마이오신결합단백질 Cmyosin-binding protein C에 유전적 변이가 있는 것으로 본다. 비후성 심장근육병증의 진단 이후 평균 생존 기간은 5년 정도로 보고 있으나 증상이 없다면 5년 후의 생존율은 80% 정도라는 연구 결과가 있었다. 고양이의 심장과 관련한 질환 중에는 가장 대표적이다. 개의 경우 중년을 넘긴 수컷에게 판막 질환으로 인한 심부전이 많다면 고양이는 개에 비해 심

비후성 심장근육병증은 메인쿤, 랙돌, 아메리칸쇼트헤어, 페르시안 품종에서 많이 발생한다.

장질환이 덜 흔하며 유전질환에 의한 심장근육 질병이 다수를 차지한다.

유전적으로 메인쿤, 랙돌, 아메리칸쇼트헤어American Shorthair, 페르시안 품종에서 많이 발생하는데 아마도 상염색체 우성 때문인 것으로 추정한다.

증상

비후성 심장근육병증이 발병하면 심장근육이 비대해지는데 개별적으로 전체적이거나 국소적일 수 있다. 좌심실 쪽으로 비대칭적 중격의 비대가 흔하지만 어떤 경우는 좌심실 벽만 두꺼워지기도 한다. 이로 인해 좌심실의 내강은 점점 줄어들어 심장내막, 심장전도계, 심장근육, 관상동맥 내막에 섬유화♥가 일어난다. 그리고 심장근육에 경색♥♥과 좌심방이나 심실벽의 동맥 혈전이 흔하게 나타난다.

결국 여러 단계를 거쳐 좌심방 압력 증가로 폐울혈Pulmonary Congestion, 肺鬱血♥♥♥과 폐부종pulmonary edema, 肺浮腫♥♥♥♥이 일어나게 된다. 쉽게 말해 폐울혈은 폐에 혈액이 흐르지 못해 고이게 되는 것이며, 폐수종은 폐에 혈액 중 체액 성분이 기관지나 폐포에 스며들어 호흡 기능을 상실시키는 질환이다. 심장근육의 수축력은 정상이나 국소적심근경색, 섬유화으로 수축 기능 이상을 보이기도 한다.

비후성 심장근육병증은 중년 수컷 고양이에게 발생률이 높으나 젊은 고양이일 경우에도 발생할 수 있다. 심하지 않다면 몇 년간 증상이 나타나지 않으나 증상이 나타날

♥ 장기 일부가 굳는 현상
♥♥ 혈액 속에 떠다니는 혈전 등의 물질이 혈관을 막는 것
♥♥♥ 폐순환에 울혈이 생긴 상태로 호흡곤란, 심한 기침, 피가 섞인 가래(혈담)등의증상을 동반한다.
♥♥♥♥ 허파 꽈리 속에 액체가 고인 상태로 호흡곤란과 거품 섞인 가래 등의 증상을 동반한다.

■ 흉막 내에 단백질과 세포 성분이 많은 액이 증가된 상태

경우 폐수종으로 발전한다. 빠른 호흡, 헐떡임, 그루밍 행동 변화, 식욕감소 등의 증상이 나타난다.

진단

심장근육병증을 진단하기 위해선 심장 초음파로 검사한 뒤 정확하게 형태학적으로 분류한다.

치료

비후성 심장근육병증의 치료 시기는 논란의 여지가 있다. 현재 준임상형증상이 없는인 고양이의 경우 심부전 진행을 막는 치료법은 아직 없다. 그리고 심장근육이 비대해지는 것을 막는 약도 없다. 안지오텐신 전환효소 angiotensin-converting enzyme 억제제를 이용한 치료에서도 별다른 효과를 보이지 않았다. 증상이 없는 경우는 지속적으로 심장의 형태적 변화와 기능을 검사해야 한다. 심

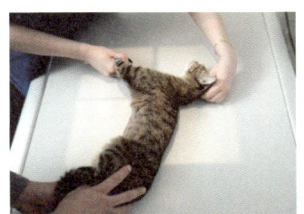

흉부 방사선 촬영을 하는 고양이

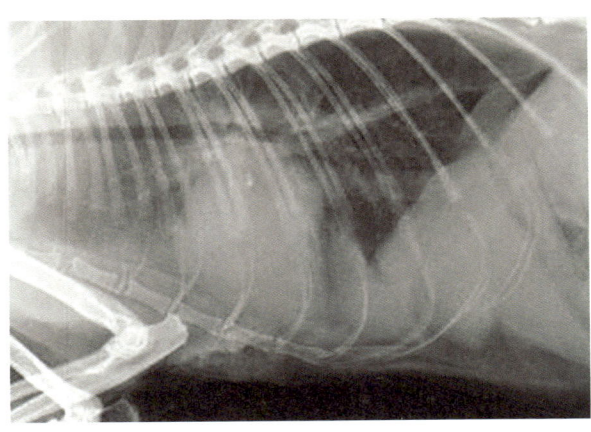

비후성 심장근육병증을 가진 고양이 흉부 방사선 사진. 비후한 심장을 볼 수 있다.

장 기능 이상은 최종적으로 본연의 기능을 더 이상 할 수 없게 되면 심부전Heart failure 상태로 진행되고 그와 관련한 증상들이 나타난다.

+ 심부전

심장은 충분한 양의 혈액을 대동맥을 통해 전신으로 내보내 각 장기와 조직이 산소와 영양을 받을 수 있게끔 해야 한다. 그런 다음 전신혈액을 받아 폐에서 가스 교환을 통해 산소를 공급받아야 한다. 이 기능이 원활하게 유지되기 위해선 심장질환이나 그외 다른 문제가 없어야 한다.

심부전은 대체적으로 심장의 기능 저하로 신체에 혈액을 제대로 공급하지 못해 생기는 질환이다. 심장의 기능 저하는 여러 원인에 의해 생길 수 있다. 심근, 판막, 심낭, 부정맥 등에 이상이 생겨 기능이 저하될 수도 있고, 심박출의 저항이 증가하기 때문에 발생할 수도 있다. 심장 기능 이상이 생기더라도 신체는 일정한 보상기전♥으로 정상적으로 살 수 있다. 이런 경우 예방 차원의 약물을 사용해 심장질환의 진행을 억제하는 데 도움을 받을 수 있다.

♥ 정상으로 되돌리기 위해 행해지는 것

◉ 증상

심부전이 발생하면 교감신경계交感神經系♥가 활성화되어 심장박동수와 수축력을 증가시켜 부족해진 심장의 기능을 대체하려 한다. 이것이 심부전의 보상기전으로, 한동안은 정상적으로 기능할 수 있으나 이 작용이 지속되면 심근세포에 산화적 손상이 발생해 심실 모양이 변형된다.

♥ 내장에 분포하는 신경이 척수에서 가슴과 위쪽 허리 신경을 통해 나오는 자율 신경 계통의 한 부분

심부전이 많이 발생하는 메이쿤과 랙돌

● 혈액 속 혈전이 생겨 혈류를 정지시키는 질환

고양이 심부전은 메인쿤, 랙돌, 아메리칸쇼트헤어, 페르시안 품종에서 많이 발생한다. 고양이 특성상 멀쩡해 보이다가도 갑자기 심부전 증상이 나타나 혈전색전증●으로 발전하기도 한다. 이런 경우 보행 장애와 강한 통증이 생긴다. 별다른 증상 없이 졸도하거나 심한 경우 급사하기도 한다. 기면, 식욕부진이 유일한 증상인 경우도 있다.

• 고양이에게 발생하는 심부전 증상들
✓ 뒷다리에 힘이 없음
✓ 움직이기 싫어하거나 힘들어함
✓ 호흡곤란
✓ 일정한 기간 동안 기침 증상
✓ 식욕 저하 및 체중 감소
✓ 복부 팽만

또한 평상시 고양이에게 심장질환이 있다면 갑작스레 증상이 악화하는 경우가 있다. 대부분 폐수종 등에 의해 폐호흡 공간에 체액이 가득차 호흡을 할 수 없으며 저산소증과 동반한다. 바로 응급처치를 하지 않으면 즉사할 수 있다.

치료

심부전 상태에 있는 고양이는 적절한 치료 및 관리를 잘 받는다면 정상적인 생활을 영위할 수 있다. 치료 목표는 심장질환의 병적 진행을 억제하고 심부전 상태로 전환되지 않도록 손상된 심장 기능을 보상해 다른 합병증의 발생을 최대한 줄이는 것이다. 폐부종이나 흉수 관리, 심장에 영향을 미치는 동맥혈압 및 체액저류 등을 낮추고, 부정맥 억제, 다른 장기에 2차적 피해와 혈전을 발생하는 것을 방지해야 한다.

현재 심장근육 비대나 손상, 판막 이상에 대한 수술적 치료는 수의학적으로는 불가능하므로 손상된 심장 기능을 보조하여 전신 혈액순환을 원활하도록 관리하는 것이 최선이다. 이뇨제, 강심제, 혈관확장제, 신경-호르몬 차단제(안지오텐신 전환효소 억제제, 베타차단제, 항부정맥제, 혈전예방제와 혈전 용해제를 사용해 치료한다. 식이적으론 저염으로 처방하고 타우린·카르니틴 보조제, 장관투석제, 신장섬유화억제제 등이 이용될 수 있다.

응급 상황시 심부전 치료

고양이에게 과도한 보정이나 스트레스를 주지 않은 상

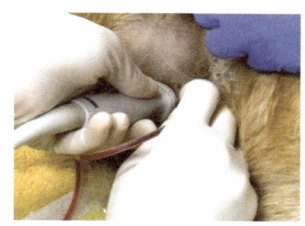

응급 상황인 경우 마취 없이 바로 흉부에서 흉수를 제거해야 한다.

태에서 응급 진단을 실시한다. 응급 진단은 흔히 발생하는 응급 상황에 맞게 이뤄져야 하며, 불필요한 진단 과정으로 인해 응급치료의 시기를 놓쳐서는 안 된다.

흉수가 발생할 경우는 고양이 상태에 따라 바로 흉강에 바늘을 꽂아 흉수를 제거해야 한다. 이런 처치를 통해 흉수의 유무를 확인하고 바로 흉수를 제거하여 호흡곤란 상태를 개선할 수 있다. 전체 흉수의 50%만 제거가 되어도 호흡곤란 증상은 완화된다. 이후 호흡이 안정된 상태에서 다른 처치를 진행한다.

호흡곤란 상태에선 혈중산소 포화도가 급격히 낮아지기 때문에 산소 공급은 필수이다. 정맥을 통해 치료 약물을 투여하되 이러한 처치 과정이 고양이에게 스트레스가 되지 않도록 전문 수의사는 계속 주의해서 치료해야 한다. 이때 주로 사용하는 약물은 이뇨제다. 이뇨제는 신장을 통해 몸의 과도한 체액을 배출하고 혈관을 확장하여 흉수의 제거를 유도한다.

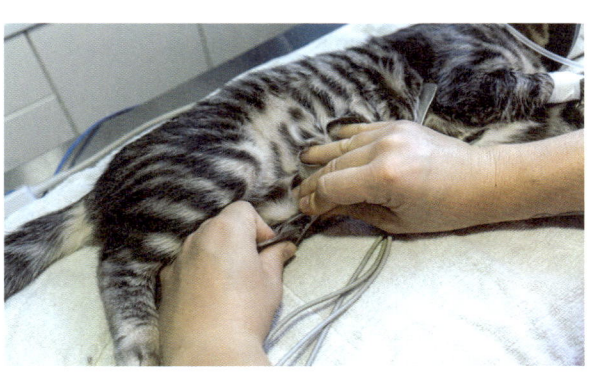

심전도 검사를 받는 고양이

이후 고양이의 상태가 안정이 될 때까지 기다린 이후 적절한 진단과 약물치료를 실시한다. 폐수종이나 흉수가 발생한 경우는 수액 처치를 하지 않으나 물을 먹고 싶어 한다면 먹게 해준다. 식욕은 안정된 상태가 3일 정도 유지되면 되돌아온다. 이후의 치료는 각 심장질환의 원인이나 상태에 맞게 진행한다.

+ 부정맥

부정맥은 심장박동에 이상이 생겨 발생하는 질환으로, 심장이 정상적으로 뛰지 않는 증상을 동반하는데 어떤 원인에 의해 심장박동이 일정한 주기를 벗어나면 나타난다.

보통 심장 모양의 변형이 일어나면 그에 따라 심실과 심방은 동시적으로 뛰어야 하지만 심근이 확장되고 두꺼워지게 되면 박동이 불균형해지거나 안정성을 상실하게 된다. 고양이에서 발생하는 부정맥의 대부분은 심장의 이상에 의해 발생하며 고양이 심실성 부정맥조기심실박동, 심실빈맥 등이 가장 흔하게 나타난다. 주로 심장근육병증이 있는 경우 흔하게 나타나며 그중 심실성 부정맥이 잘 발생한다. 물론 심장 외 다른 원인에 의해서도 발생할 수는 있다.

🔍 증상

부정맥의 증상은 제대로 알아차리기 어렵다. 다만 고양이가 쉽게 피곤해하고 호흡이 거칠어지면 의심해볼 수 있다. 병이 심해지면 입술 등의 점막이 보라색으로 변하

+ 품종별 자주 발생하는 심장질환

품종	심장질환
아비시니안 (Abyssinian)	판막하부 폐동맥협착
버만 (Birman)	전신성 고혈압
브리티시쇼트헤어 (British Shorthairs)	비후성 심장근육병증, 심장 중격 결손
버미즈 (Burmese)	심장 중격 결손, 선천적 심장병
샤르트뢰 (Chartreux)	심장 중격 결손, 전신성 고혈압
데본렉스 (Devon Rex)	판막하부 폐동맥협착
메인쿤	비후성 심장근육병증, 심장 중격 결손
노르웨이숲, 페르시안 (Norwegian Forest Persian)	비후성 심장근육병증, 전신성 고혈압, 심장 중격 결손
랙돌과 샴	비후성 심장근육병증, 전신성 고혈압, 심장 중격 결손, 선천적 심장병, 이첨판 협착증, 동맥관열림증, 대동맥판하협착, 대동맥판상부협착증, 팔로 4징증후, 삼첨판협착증
시베리안 스핑크스(Siberian Sphynx)	비후성 심장근육병증, 이첨판막 이형성증

는 청색증이 나타나고 실신하기도 한다.

🔍 진단
1차적으로는 청진을 통해 심장박동의 일정함, 주기성, 강도 등을 체크하며, 이후 부정맥이 의심된다면 심전도를 확인하여 어떤 상태의 부정맥인지를 확인한다.

🔍 치료
심장에 1차적 원인이 있는 부정맥은 심장질환의 관리와 병행하여 항부정맥약을 추가적으로 처방한다. 다른 원인에 의한 경우라면 원발질환의 치료에 집중한다.

✚ 전신성 고혈압
전신성 고혈압은 주로 만성신부전, 갑상샘기능항진증, 당뇨 등에 속발성🐾으로 발생한다. 고혈압으로 인해 눈망막박리, 신장신기능부전 및 단백뇨 및 뇌조직뇌 혈액순환 장애에 의한 뇌경색성 손상, 심장좌심실 비대 등의 2차성 질환이 나타날 수 있다. 그러나 오랜 기간이 지나야 증상이 나타난다. 사람의 경우 고혈압은 특발성🐾🐾으로 나타나지만 고양이의 전신성 고혈압은 위에서 말한 질환으로 발생한다.

고혈압은 수축기와 이완기가 함께 상승하는 복합형 고혈압과 수축기나 이완기 한쪽만 상승하는 분리형 고혈압으로 나뉠 수 있다. 전신성 고혈압의 발생률은 만성질환이나 노령으로 인한 경우가 많기 때문에 점차 고혈압 증상을 나타내는 고양이 수가 많아질 것이다.

만성신부전증이 있는 고양이의 20~65% 정도가 고혈압

🐾 어떤 병이 다른 병에 바로 이어서 생기는 특성
🐾🐾 원인 불명의 병이 다른 질환으로 인해 생기는 것이 아니라 저절로 생기는 특성

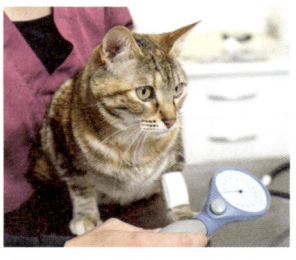

만성신부전이 있는 고양이의 20~65% 정도는 혈압이 높게 나온다.

+ 전신성 고혈압의 속발성 원인들

질환	원인
심장질환	심부전에 의해 심장박출량의 저하를 보상하기 위해 말초혈관을 수축시켜 전신 혈압을 높인다.
신장질환	심장이 박출할 때마다 상당히 많은 양의 혈액이 신장으로 들어가는데 신장이 안 좋을 경우 혈류량의 변화에 따른 신장의 반응이 둔화되고 잘못된 내분비 호르몬의 영향으로 고혈압을 유발한다. 반대로 고혈압은 신장 기능을 손상시켜 속발성 신장질환을 유발하기도 한다.
당뇨	혈당이 높아지면 교감신경계를 지속적으로 흥분시켜 심박수를 증가시키면서 혈압을 상승시킨다. 또한 당뇨는 신장질환을 유발하므로 이것으로 고혈압이 생기기도 한다.
갑상샘 기능항진증	과잉분비된 티록신이 심장 기능을 지속적으로 손상시켜 고혈압을 유발한다. 갑상샘기능항진증은 고양이에서 가장 흔하게 나타나는 내분비질환 중 하나로 이 질병을 가진 고양이의 경우 87%가 고혈압을 동반했다. 또한 이 질환으로 인해 발생한 신부전에 의해서도 고혈압이 발생할 수 있다.
비만	비만은 고혈압의 발생 비율을 높인다. 한 연구에서 개에게 비만을 유도했더니 혈압이 증가했다. 다만 비만과 고혈압의 관계는 명확하지 않다.
말단거대증	뇌하수체 종양으로 인해 발생한 성장호르몬이 근본 원인으로 장기의 비대와 사지말단이 다른 기관보다 크게 발육하는 특징이 있다. 다만 고양이의 경우 이 질환으로 고혈압이 유발되는 예는 많지 않다.
부신질환	부신피질기능항진증의 경우 혈관의 저항성이 커져 전신성 고혈압을 유발시킨다.

이 있는 것으로 알려졌고, 갑상샘기능항진증이 있는 고양이의 86%에서 혈압이 높게 나왔다. 갑상샘기능항진증이 있는 경우 신부전을 일으키고 이것이 고혈압을 유발하는 원인이 된다. 고양이는 나이가 들었다고 해서 사람처럼 원발성 고혈압이 생기는 것은 아니며, 노령화에 따른 신장, 갑상샘, 당뇨 등의 합병증으로 전신성 고혈압이 발생한다.

증상

전신성 고혈압은 발병했다고 해서 즉각적으로 증상이 나타나는 것은 아니다. 수개월에서 수년 동안 진행되다가 비가역적으로 조직 손상이 확실해진 후 나타난다. 전신성 고혈압으로 인한 증상은 안과, 중추신경계, 심혈관계, 비특이적 증상이 나타날 수 있다.

■ 눈동자가 보통 때보다 커지는 상태

안과 증상으론 실명, 동공산대♥, 녹내장, 안구 충혈, 망막 박리 등이 있다. 중추신경계 증상으론 우울, 졸도, 발작, 신경마비 등이 있다. 심혈계 증상으론 심잡음, 부정맥, 좌심비대, 비출혈 등이 있고, 비특이적 증상으론 식욕부진, 다음과 다뇨, 행동의 변화 등이 나타날 수 있다. 다만 이러한 증상들은 원발성 질환의 증상과 겹쳐져 혼동되어 단독 증상이라고 할 수 없다. 전신성 고혈압인 고양이라면 항시적으로 혈압을 측정하고 관리하면서 원발성 질환과 별개로 고혈압을 완화할 수 있는 치료를 시작해야 한다.

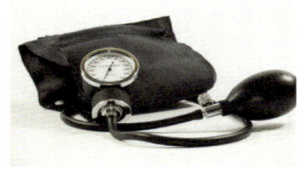

고혈압을 유발할 수 있는 원발성 질환이 있거나 노령묘인 경우 주기적으로 혈압 체크가 필요하다.

진단

혈압측정기로 검사한 결과 수축기 혈압이 180mmHg 이상이거나 이완기 혈압이 120mmHg 이하인 경우, 또는 2가지 모두일 때 심각한 고혈압 상태로 진단한다. 이외에도 심전도검사, 흉부방사선검사, 심초음파검사 등을 진행하여 고양이의 상태를 파악한다. 그리고 고혈압을 유발할 수 있는 원발성 질환을 가졌거나 노령묘인 경우 주기적

+ 혈압측정기를 통해 혈압을 좀더 정확하게 진단하는 방법

- 보통 고혈압은 노령묘에서 많이 발생하며 8~9살령 이하 고양이의 경우 원발성 원인(주로 신부전)이 없는 한 거의 발생하지 않는다. 혈압측정기 검사 결과 혈압이 높게 나와도 그것으로 바로 고혈압이라고 진단하면 안 된다. 혈압은 여러 원인에 의해 변동이 심하기 때문에 정확하게 측정하기 어렵다. 혈압은 동물병원에서 측정해야 하기 때문에 스트레스로 인해 고양이의 혈압이 상승할 수밖에 없다. 추가적인 검사(소변검사, 안과검사)를 통해 혈압의 상태를 함께 파악하는 것이 좋다.
- 혈압측정기로 진단을 내릴 때는 몇 주 단위에 걸쳐서 여러 번 측정해야 한다. 상황에 따라 혈압이 높게 나올 수도 있고, 정상일 수 있다. 고양이가 혈압 측정에 적응한 뒤 일상적인 일로 받아들여야 혈압 측정 시 수치가 안정적이다.
- 고양이에게 안정감을 주기 위해선 조용한 방에서 동일한 사람이 동일한 방법으로 혈압을 측정해야 한다. 또한 혈압 측정은 스트레스의 요인이 되는 다른 검사를 받기 전 진행해야 한다.
- 몇 주에 걸쳐 혈압을 여러 번 측정했다면 그중에 가장 낮은 수치로 진단하는 것이 좋다.
- 혈압이 높은 경우는 신부전이나 호르몬검사도 실시해야 한다.
- 혈압이 지속적으로 높다면 망막검사를 실시해 이상 유무를 확인한 뒤 망막 상태에 대한 진단을 내려야 한다. 사람과 마찬가지로 고양이도 혈압만 측정하고 진단하는 것은 오류가 발생할 수 있다.

인 혈압 체크가 필요하다.

🔍 치료

고혈압 치료 목적은 심장, 신장, 신경계, 안구에 대한 합병증을 예방하기 위해서다. 그리고 치료 약물은 심부전과 동일하게 이뇨제, 강심제, 혈관확장제, 신경-호르몬 차단제(안지오텐신 전환효소 억제제, 베타차단제), 항부정맥제, 혈전 예방제와 용해제를 사용해 치료한다.

약물치료 이외 체중 감량이나 염분 제한이 도움이 될 수 있으나 염분 제한에 대해선 효과가 입증된 연구가 없는 실정이다. 체내 나트륨이 부족하면 오히려 레닌-안지오텐신-알도스테론계 renin-angiotensin-aldosterone system🌿를 활성화시켜 고혈압이 악화될 수 있다. 일반적으로는 원발성 질환의 치료가 우선이며 혈압을 체크하면서 추가적으로 고혈압 관련 약물을 투여하는 것이 좋다.

🌿 혈압과 세포외액의 부피를 조절하는 내분비계 경로로 출혈이나 탈수 증상이 있어 혈액량이 적어지면 혈압이 떨어지면서 활성화된다.

+ 심장사상충

심장사상충은 개사상충 Dirofilaria immitis이라고 하며 모기에 의해 전염된다. 고양이의 경우 이 기생충이 선호하는 숙주 동물이 아니기에 심한 감염은 드물다. 감염의 중요 요인은 사상충에 걸린 개로부터 모기에 의한 전파며 모기 서식지에서 잘 발생한다.

개의 심장사상충의 경우 심장에 성충이 기생하면서 지속적으로 유충을 혈액으로 방출한다. 이 혈액을 흡입한 모기에 의해 고양이에게도 감염될 수 있는데 고양이의 경우 저항성이 높아 유충이 성충으로 자라기는 어렵다. 물론 사람에게도 전염을 일으키지만 체내 면역반응에 의해 제거된다.

증상

심장사상충은 고양이보다 개에게 더 위험하다. 설령 고양이에게 감염되어 성충이 되었다 하더라도 그 숫자가 2~4마리에 불과하다. 여러 장기에 이소기생異所寄生※하면서 천식과 유사한 증상을 보이나 고양이보다 개에게서 심장질환이나 혈관 문제를 일으킬 확률이 높다.

감염 3~4개월 후 어린 성충으로 자라 폐혈계에 도착하면 폐동맥에서 면역반응이 시작된다. 감염 초기의 증상은 천식이나 알레르기 기관지염과 유사하다. 이러한 임상증후군은 심장사상충 관련 호흡기증후군 Heartworm Associated Respiratory Disease이라 한다.

다만 고양이는 폐혈관이 개보다 좁아서 1~2마리의 성충으로도 숙주 면역반응에 의해 혈관이 협소해지고 혈전색전증이 심하게 나타날 수 있다. 성충이 죽어도 폐 등에 심한 면역반응과 혈전색전증이 생겨 심한 폐 손상을 입을 수 있다. 이 외에도 발열, 기침, 호흡곤란, 객혈, 잦은 맥박빈맥※, 저혈압 등이 나타날 수 있다.

진단

심장사상충의 진단은 주로 항체검사법을 이용한다. 고양이는 본래 심장사상충이 잘 자랄 수는 없으나 설사 자란다 해도 새끼를 낳을 수 있는 상태로 성장하지는 못한다. 보통 개의 경우 심장사상충 약을 투약하기 전 먼저

※ 본래의 기생 부위 이외의 부위에 기생하는 일

※ 맥박이 자주는 뛰는 현상으로, 일반적으로 1분간 심장박동수가 100회 이상일 때 해당한다.

검사를 한다.

심장사상충 약은 성충을 죽이는 것이 아니라 성충이 낳은 자충을 죽여 성충이 되지 못하게 하는 효능을 가진 것이라서 혈액 속 심장사상충의 자충이 많다면 심장사상충 약에 의해 죽으면서 혈전색전증 등을 유발할 수 있다. 그러나 고양이의 경우 성충이 되더라도 자충을 낳지 못하기 때문에 투약 전 검사가 필요 없다.

심장사상충의 항체는 성충과 자충 등이 면역반응 과정에서 만들어진 항체를 검출하는 것이므로 과거의 걸렸던 것에 대해서도 양성으로 나올 수 있다. 필요시 항원검사까지 진행할 수 있으며, 사상충 감염이 의심되면 방사선, 초음파 등을 활용하고 임상증상을 유추해 다른 질병의 가능성이 없으면 심장사상충에 감염되었다고 진단을 내릴 수 있다.

🔍 치료

심장사상충 치료약은 개에 맞춰 개발되어 개에겐 안전하지만 고양이에게 심각한 독성이 될 수 있기에 투여할 수는 없다. 보통 고양이는 사상충에 걸려 있다고 해도 혈액 속에 자충의 숫자가 많지 않아 별도의 자충 치료를 하지 않아도 된다. 일정 시간이 지나면 노화되어 소멸되는 것으로 보고 있다.

다만 심장사상충으로 인해 숙주 면역반응으로 인한 폐 질환이나 기타의 질병에 대해서는 별도로 치료해야 한다. 수액이나 산소 치료를 하거나 기관지 확장제, 심혈관 약물, 항생제 등을 투여하면서 활동을 자제시키고, 가정에서 잘 관리한다.

🔍 예방
심장사사충 치료는 성충을 직접 박멸할 수 없기에 가정에서 모기가 살지 않도록 관리하거나 치료 약물을 통해 예방하는 것이 좋다. 현재 내복할 수 있는 약과 점적할 수 있는 약 2가지가 있는데 상황에 맞춰 선택하면 된다.

• 알약 복용
모기에 감염되지 않도록 모기가 없는 환경에서 키우는 것이 좋으나 동네 유기견이 많을 경우 심장사상충 예방약을 한 달에 한 번 투여하는 것이 좋다. 다만 고양이의 경우 심장사상충에 대한 자연 숙주가 아니고 감염률도 낮기에 예방 차원에서 매달 약을 투약하는 것이 필요한가에 대한 논란은 있었다.

하지만 미국에서 부검을 통해 사상충에 걸린 비율이 7% 이상이라는 보고가 있어 필요하다는 결론을 내렸다. 예방약은 연중 매달 투여가 권장된다.

• 국부 점적제 사용
국부 체외 점적제를 매월 목덜미 피부에 한 차례씩 떨어뜨린다.

7 상부호흡계

01 비강질환

고양이의 호흡계는 비강, 인후목구멍, 후두성대 포함, 기도, 폐로 이루어져 있다. 폐는 기관지, 폐포, 모세혈관으로 구성된다. 고양이가 숨을 들이마시면 1차적으로 코비강를 통해 목구멍, 후두를 거쳐 기도로 가게 되고, 최종적으로는 폐의 기관지를 통해 폐포로 들어간다. 여기서 산소는 아주 얇은 벽을 갖고 있는 폐포로 혈액 사이에서 이산화탄소와 교환한다. 폐의 호흡은 가슴뼈와 근육을 이용하여 이루어진다. 고양이는 분당 25~30회를 호흡하며, 사람 호흡수의 2배 정도다.

비강은 콧속의 비중격에 의해 왼편과 오른편으로 나뉜다. 안쪽은 점막으로 되어 있어 숨을 쉴 때 공기의 습도와 온도를 조절하고, 점막 분비선에서 항균물질을 분비한다. 동시에 후각세포가 분포되어 있어 후각 기능을 한다. 대표적인 비강질환으론 단두종증후군과 고양이 감기, 만성부비동염, 비강종양 등이 있다.

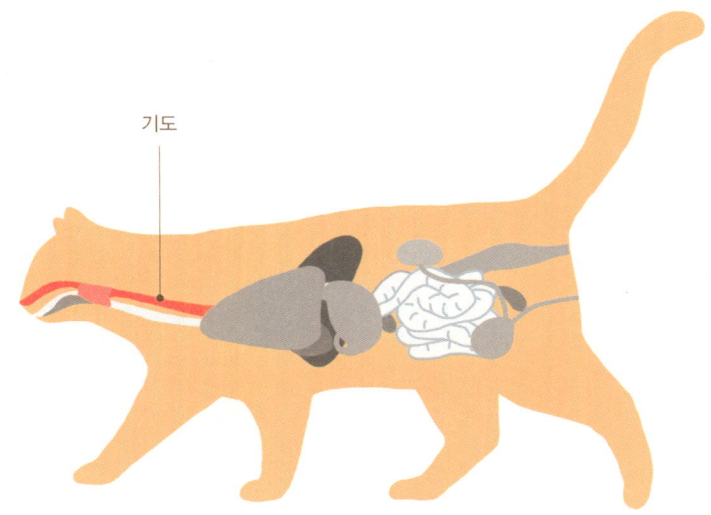

기도

+ **단두종증후군**

단두종증후군은 비강과 구강이 짧은 고양이나 강아지 품종에게 자주 일어나는 증상이다. 1차적으로 비공협착, 연구개 늘어짐, 기관 저형성이 나타나고, 2차적으로

고양이의 경우 단두종증후군은 비강과 구강이 짧은 페르시안과 히말라얀 품종에서 잘 나타난다.

후두부종, 후두허탈, 편도선 외전, 기관허탈, 후두소낭의 외전 등이 나타난다. 고양이의 경우 비강과 구강이 짧은 페르시안과 히말라얀 품종에서 잘 나타난다.

+ 고양이 감기(상부호흡기감염증)

고양이도 감기에 감염된다. 감염균은 세균성과 바이러스성으로 나뉜다. 비강에 세균이 감염되면 점액농성, 화농성 콧물이 흐른다. 바이러스성은 가장 흔하게 칼리시바이러스와 허피스바이러스 감염으로 발생하는데 보통 좋지 못한 환경에서 사는 유기묘나 길고양이에게서 많이 발생한다. 칼리시바이러스에 감염되면 비염, 구내염, 구강궤양, 결막염 등을 유발하고, 고병원성 전신질환을 일으킬 수도 있다.

🔍 증상

초기에는 눈물과 기침 등의 증상을 보이다가 적절한 때에 치료되지 않으면 콧물과 심한 눈곱이 낀다. 이후 누런 콧물이 계속 흐르고 점차 식욕도 줄어들게 된다. 보통 어린 고양이에서 많이 발생한다.

🔍 치료

대부분 고양이의 비강질환은 환경적 스트레스와 영양 불균형 등으로 바이러스에 대한 저항력을 상실하면서 발생한다. 특히 어린 고양이의 경우 생후 한 달이 넘어가면 모체로부터 젖을 통해 받은 모체이행항체가 감소하면서 비강, 결막 등에 바이러스가 증식하고 세균들이 기회감염을 일으킨다. 이때 치료와 관리를 잘해주지 않으면 눈을 뜨지 못할 정도로 화농성 눈곱이 심하게 끼고 콧물이 흐른다. 가장 좋은 치료는 면역력을 기르는 것이다. 실내에서 영양분을 섭취하면서 잘 쉬는 것이 좋다.

+ 만성부비동염

고양이가 상부호흡기바이러스감염증허피스바이러스, 칼리시바이러스에 걸리면 콧물을 흘리는 부비동염이 발생할 수 있다. 이것이 3개월 지속되면 만성부비동염으로 분류한다. 조직학적 진단에 기초해 림프구-형질세포성, 호산구성, 특발성 부비동염으로 표현하기도 한다. 특히 허피스바이러스의 경우 3차신경절에 잠복해 있다가 신체 면역력이 떨어지면 다시 증식하는 상황이 반복되면서 만성부비동염을 유발한다.

사람에게도 흔히 발생하는 질병으로 비염이나 축농증

부비동염은 조기에 발견하면 완치 가능성이 높지만 만성으로 진행하면 완치가 어려워진다.

과도 유사하다. 다만 완치하는 것이 어려워 다양한 방법으로 관리해 최대한 증상을 완화시키는 것이 치료 목표가 된다. 치료 약물은 항바이러스제, 항생제, 면역조절제 등을 사용한다.

02 후두질환

후두는 목소리를 내는 성대를 포함한 숨길의 일부로 흔히 울림통이라고 하며 말을 하고 숨을 쉬는데 가장 중요한 기능을 하는 구조물이다. 후두는 여러 개의 연골로 이뤄져 있으며 외부의 관점에서 보자면 방패연골갑상연골이 앞으로 볼록 튀어나온 부분이다.

후두질환에 걸리면 숨을 들이마시기 어렵고 코 고는 소리가 난다. 숨을 쉴 때 입을 벌리지만 호흡곤란으로 소리 내기가 어렵다. 구역질이나 기침 등의 증상을 보이며 후두 부위를 만지면 덩어리가 만져지고 비대칭이 된다. 고양이의 후두 관련 질환으론 후두 마비, 후두염, 후두종양이 있지만 개에 비하면 그다지 흔하지 않다.

+ 후두 마비

후두 마비는 한쪽이나 양쪽의 성대 움직임이 없거나 감소된 상태를 말한다. 원인 불명이나 의인성 손상마취시 삽관, 갑상샘절제술, 창상으로 발생하며 한쪽 혹은 양쪽으로 나타날 수 있다. 근신경계의 전신 증상으로 가장 먼저 후두 마비가 일어날 수 있으며 심한 염증이나 종양에도 유발할 수 있다.

🔍 치료

스트레스, 흥분, 격렬한 운동은 피하고 면역억제제를 투여하면 2차적인 부종과 염증을 줄일 수 있다. 만약 고양이가 비만일 경우 체중을 줄이면 좋아지기도 한다. 다른 원인이 있다면 그것에 맞춰 치료하는 것도 좋다. 만약 고양이가 치료에 반응하지 않는 경우 피열연골외전술을 시행할 수 있다. 다만 이 수술로 인해 흡입성 폐렴에 걸릴 수도 있으니 주의해야 한다.

+ 후두염

바이러스로 인해 후두에 염증이 생기는 질병으로 쉰 소리가 나며 약한 호흡곤란이 올 수 있다. 다른 바이러스 관련 증상이 동반될 수 있다.

🔍 치료

항생제와 항염증제를 이용해 치료하면 며칠에서 몇 주 사이에 완치가 된다. 세균 감염이 아니라면 면역억제제를 사용하기도 한다.

+ 후두종양

고양이의 경우 매우 드물지만 후두에 림프종과 암종이 발생할 수 있다. 후두종양이 생기면 점진적으로 호흡곤란이 나타나며 소리를 내기 힘들어진다. 주로 노령묘에서 발생하는데 종양의 성상에 따라 항암 치료를 하거나 절제술로 제거하는 처치를 할 수 있다.

하부호흡계

01 천식 및 만성기관지염

고양이는 사람의 천식과 유사한 증상을 보이는 유일한 동물이다. 천식은 공기가 지나가는 기관지 및 세기관지에 염증이 발생해 그것이 좁아져 호흡곤란이 생기거나 기침이 나오는 질환이다. 천식 증상이 보이면 호산구성 기관지염, 기관지 수축, 기관지 리모델링이 일어난다. 천식에서 기관지 수축은 일시적일 수 있지만 만성기관지염에서는 기관지 영구손상이 일어나 기도가 폐쇄되기도 한다.

증상

증상은 기관지 수축으로 인해 발생한다. 기관지 수축을 일으키는 요인은 기관지벽의 염증과 알레르기를 유발하는 환경적 자극 등이 있을 수 있다. 기관지질환을 가진 고양이는 전형적으로 기침, 재채기, 강한 호흡음, 빠른 호흡이나 노력성 호흡을 하게 된다. 움직이는 것을 힘들어하거나 기면 증상을 보이기도 한다. 기침 증상이 있는

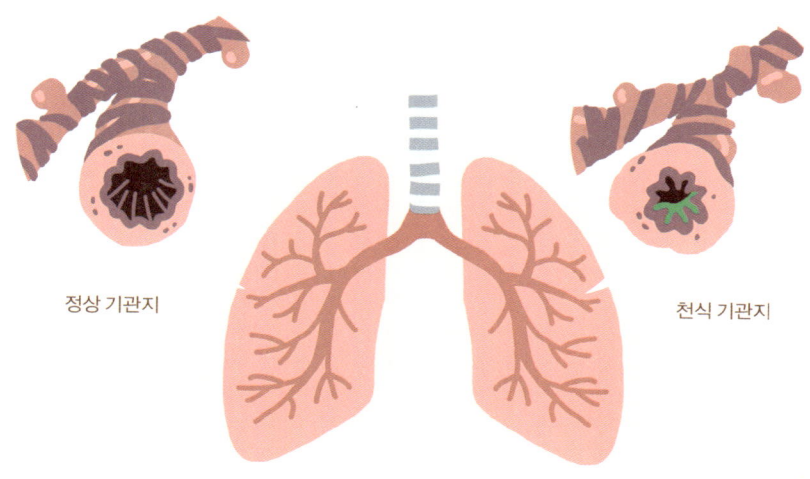

고양이에게 천식이 발생하면 기관지 내강이 좁아지고 점액이 증가한다.

경우 복부가 들썩이고 흉부가 수축되기 때문에 구토하는 것으로 오인할 수도 있다.

진단

기관지염이 의심되는 증상이 나타날 경우 방사선과 기관지 세척액 검사를 통해 감염성인지 환경적 자극인 알레르기성인지를 감별해야 한다. 보통의 경우 스테로이드 치료에 잘 반응한다. 다만 진단을 내리기 전 심장사상충이나 다른 기생충에 의해 폐가 감염되었는지도 염두에 두어야 할 것이다.

• **기관지 세척액 검사**

기관지 세척액 검사는 보통 마취 후 내시경을 이용하거나 기관튜브 장착 후 생리식염수를 폐에 넣은 후 회수하여 검사한다.

정상적인 고양이는 기관지 대식세포가 세척액의 대부분을 차지하지만 천식이나 만성기관지염이 있는 경우 호산구Eosinophil, 好酸球나 호중구neu2trophe, 好中球가 나타난다. 주로 천식의 경우 호산구가, 만성기관지염의 경우 호중구가 나타난다.

🐾 산성 색소에 잘 물드는 거칠고 큰 과립을 많이 가진 백혈구
🐾 호중성 백혈구의 줄임말로 중성 염료에 염색되는 세포질 입자를 가진 다형 핵 백혈구

🔍 치료

치료 목표는 기관지 수축을 해소하고 염증을 줄이는 것이다. 사람과 마찬가지로 고양이의 천식도 재발 가능성이 높기 때문에 완치보단 재발하지 않도록 치료하는 것이 보통이다. 치료 후에 별다른 이상이 없다면 정상적으

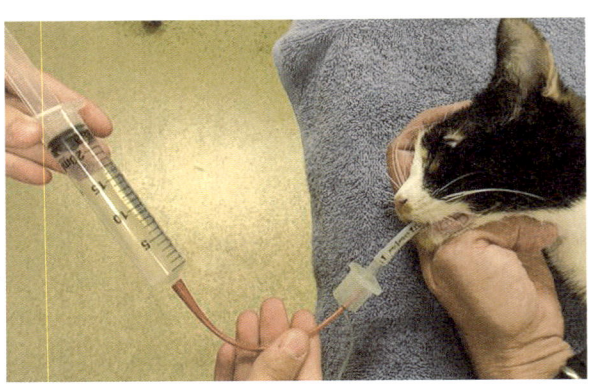

기관지 세척액 검사를 받는 고양이

1_ 정상적인 흉부의 정면과 측면 방사선 사진
2_ 세기관지가 두꺼워진 흉부의 정면과 측면 방사선 사진
(천식으로 기관지염이 발생한 경우 기관지가 하얀색으로 나타난다.)

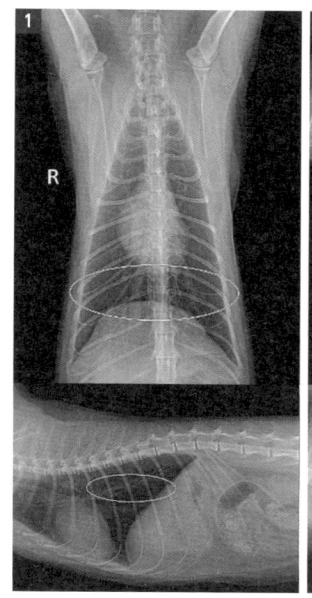
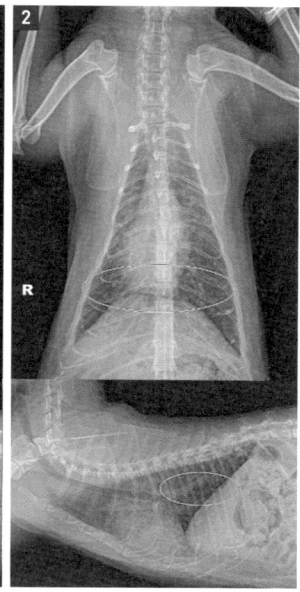

로 살아갈 수 있지만 그렇지 않을 경우 천식에 대한 이해도를 높이고 예방책을 마련하는 것이 좋다.

염증성 기관지질환인 경우 주로 스테로이드제를 사용한다. 코티코스테로이드는 염증을 줄이고 염증세포를 제거한다. 고용량 스테로이드로 5~10일 정도 치료한 후 용량을 줄여나간다. 보통은 일주일 단위로 줄여 최소 용량이 되도록 하는 것이 적절하다.

스테로이드 주사를 지속적으로 맞을 경우 체중이 증가하거나 당뇨, 면역계 손상 등의 부작용이 있을 수 있다. 애묘인은 이런 부분에 대해 전문 수의사에게 충분한 설명을 듣고 치료를 진행해야 한다. 천식 및 만성기관지염

은 오랫동안 관리해야 하는 질환이다. 아래와 같은 방법으로 치료하되 정기적 검사를 통해 증상이 악화되지 않도록 주의를 기울여야 한다.

• **정량흡입기 사용**
보통 심한 급성기에는 내복약으로 전신 투약하고 증상이 호전되면 정량흡입기를 이용해 관리해야 한다. 비용적으론 내복약보다 비싼 편이다.

• **스테로이드제 투여**
일주일 동안 12시간 간격으로 프레드니솔론prednisolone 5mg/cat을 투약한 후 증상이 호전되면 2일에 1회 5mg/cat가 될 때까지 일정량씩 줄인다. 스테로이드는 시상하부-뇌하수체-부신축hypothalamic-pituitary-adrenal axis의 억제에 따라 감량을 조정해야 한다. 용량 자체를 줄이는 방법과 투약 간격을 늘이는 방식을 이용하여 고용량 스테로이드로 인한 부작용을 최소화해야 한다. 흡인용 스테로이드제는 250μg fluticasone/25μg salmeterol이 들어있는 제품을 사용하는 것이 좋다. 하루에 2회에서 이틀에 1회 정도까지 용량을 증감할 수 있다.

• **응급치료**
고양이가 갑작스럽게 입을 벌리고 힘들게 호흡을 한다면 재빨리 동물병원에 내원해 방사선검사를 통해 1차적으로 천식 및 기관지염인지 아니면 호흡곤란을 유발하는 다른 질환이나 기도폐색이 있는지 빠르게 파악해야

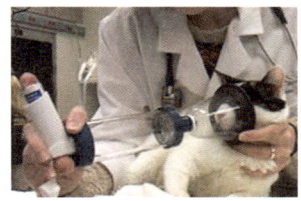

급성기에는 약물보다 정량흡입기를 이용해 호흡곤란을 완화시켜야 한다.

한다. 이때는 호흡하는 데 지장이 없도록 조심스럽게 고양이를 다루며 이동해야 한다. 검사 결과 호흡기 문제라면 산소 공급이나 기관지 확장제인 터뷰탈린terbutaline 등을 투여해야 한다. 반응은 10~30분 사이로 나타난다.

평소 고양이에게 천식이 있거나 호흡기에 문제가 있다는 것을 알고 있는 애묘인이라면 응급 시 사용할 수 있는 천식 흡입 약제를 가정에 준비하고, 야간에 방문할 수 있는 동물병원을 알아놓는 것이 좋다.

02 고양이 폐렴

고양이 폐렴은 흔하지 않지만 발생한다면 그 원인에 따라 바이러스성, 세균성, 곰팡이성, 오연성 등으로 나눌 수 있다. 폐렴은 단독으로 나타나는 질환은 아니다. 바이러스 등으로 상부호흡기질환이 먼저 발생한 이후 면역력 등이 저하되면 2차적으로 유발되는 경향이 강하다. 이러한 경우 대부분 세균의 2차 감염 때문인 것으로 추정한다. 새끼고양이나 노령묘에서 영양 부족과 면역 억제 등으로 잘 발생하고, 만성기관지염 등으로 글루코코티코이드를 투여 중이라면 폐렴이 발생할 가능성이 높다.

증상

폐렴의 일반적 증상으로는 고열, 빠른 호흡 등이 있다. 심한 저산소증이 있는 경우 혀나 점막의 색깔이 검푸르게 변하기도 한다.

🔍 치료

치료 목표는 폐렴의 원인체 제거, 주요 증상의 개선, 보조적 치료, 충분한 영양 공급으로 이루어질 수 있다. 충분하게 수분 공급을 해주고 실내 공기가 건조해지지 않도록 한다. 증상이 심할 경우 산소 공급과 수액 치료를 한다.

03 흉강질환

흉강은 폐와 심장을 둘러싸는 빈 공간으로 아래로는 횡격막이 있고 폐와 종격을 둘러싼다. 대부분의 흉강질환은 다음의 경우로 나뉜다.

- 액체 저류
- 공기 저류
- 흉강종양 혹은 횡격막 헤르니아로 인해 내장장기가 흉강으로 밀려 들어가는 상태

🔍 증상

흉강 내 액체나 기체, 고체 등이 침투하면 폐의 확장을 방해하면서 호흡이 힘들어진다. 고양이는 숨쉬기 어려운 상태가 되면 목을 길게 빼고 혀를 내밀며 숨을 쉰다. 폐질환과 달리 흉강질환에서 기침은 전형적인 증상은 아니나 기도 압박이나 폐실질, 흉막염이 있다면 기침이 나올 수 있다. 다른 증상들은 그 원인에 따라 다르게 나타날 수 있다.

04 흉수

- 세포 사이 간질액과 혈관 정수압, 삼투압의 압력에 따라 체액이 이동하는 것
- 장막강의 안쪽 면을 덮고 있는, 간엽 조직의 기원이 되는 세포

- 흉수 안에 액체 상태의 물질이 괴었을 때 천자 침으로 이를 뽑아내는 방법

흉수胸水, pleural effusion는 흉강 안에 정상 이상으로 고여 있는 액체들의 총칭이다. 보통 소량의 액이 차 있어 기관의 윤활 작용을 한다. 흉막 공간에 액체가 차게 되는 원인은 스타링포스Starling force, 림프액, 중피세포中皮細胞 활성 등에 의해 영향을 받는다. 대부분은 복막염, 울혈성 심부전, 종양, 농흉, 특발성 유미흉에 의해 발생한다.

진단

흉수 증상이 심한 경우는 응급 상황이므로 청진 등을 통해 잠정적으로 예측하고 흉강천자를 바로 실시하여야 한다. 여기서 말하는 응급 상황은 호흡곤란이 상당히 진행되어 언제든 죽을 수 있는 상태를 말한다. 이때는 흉강천자를 통해 흉수를 배출하고, 산소를 공급해야 한다. 진단 과정에서도 스트레스로 사망할 수 있으므로 최대한 고양이를 진정시킨 다음 의료 행위를 실시하는 것이 좋다. 방사선 촬영을 할 경우에도 스트레스를 최소화하기 위해 웅크린 자세로 찍고, 흉강천자를 통해 배출된 흉수는 진단에 이용한다. 흉수의 성상에 따라 흉수가 발생한 원인을 찾을 수 있다.

+ 흉수 발생의 원인들

울혈성 심부전, 복막염, 종양성, 농흉 등으로 인해 흉수가 발생할 수 있으며 흉수의 성상은 각기 다르다. 각 질환에 따른 흉수 발생의 기전도 다르다.

+ 특발성 유미흉

유미는 지방분이 풍부해서 우윳빛을 띠는 림프액을 말하며 음식물을 소화하는 과정에서 발생한다. 유미는 가슴 림프관을 타고 림프계로 흐르는데 심장질환이나 종양, 외상, 심장사상충 감염 등으로 가슴림프관이 손상되면 흉강으로 새어나간다. 처음에는 흉막으로 흡수되지만 시간이 흐르면서 흉막에 염증이 생겨 잘 흡수되지 않아 흉강에 유미가 계속 고인다. 이 상태를 유미흉이라고 한다. 특발성 유미흉Idiopathic Chylothorax은 다른 원인을 찾지 못해 특발성으로 분류한다.

🔍 치료

유미흉의 치료는 흉강천자를 통해 흉수를 제거해 호흡곤란 증상을 개선하고 2차적 문제가 발생하지 않도록 하는 것이다. 특발성 유미흉은 원인을 정확하게 찾지 못하면 특별한 치료가 없다. 다만 음식 조절과 약물치료를 통해 증상을 완화시킬 수 있으며, 유미흉이 재발할 수 있기 때문에 지속적인 흉강천자가 필요할 수 있다.

식이요법으론 지방 함량이 6% 이하인 저지방 사료를 급여해야 하며 루틴Rutin이라는 영양성분이 치료에 도움이 될 수 있다. 루틴은 플라본 글리코시드flavonoid glycoside의 하나로 항산화 기능을 하므로 비타민C를 도와 혈관의 건강을 돕는다. 하루 3번 50~100mg/kg씩 급여하면 된다. 또는 옥트레오티드아세트산염Octreotide을 투약해도 좋아진다는 보고가 있다. 특발성 유미흉은 몇 주에서 몇 달 후 자연스럽게 좋아질 수도 있으나 지속되면 흉막 섬

유미흉을 가진 고양이 흉부에서 흉수를 제거하는 모습

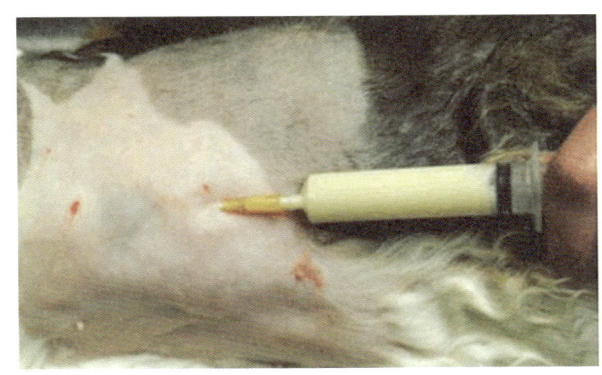

🐾 혈관이나 정관, 난관 등을 동여매 내용물이 통하지 않게 하는 것

유증을 일으킬 수 있다. 이 질환으로 진행되면 폐가 제대로 작동하지 못해 예후가 좋지 못할 수도 있다. 내과적 치료가 실패한다면 흉부에 있는 림프관의 결찰結紮🐾과 심장막절제술이 필요할 수 있다.

+ 기흉

기흉은 흉강에 공기가 차서 생기는 질환으로 보통 창상 등으로 흉강 내로 공기가 들어찼기 때문에 발생한다. 간혹 기도에 구멍이 생기는 경우 발생하기도 한다. 흉강 내에 공기가 차게 되면 호흡곤란이나 흉부 통증 등의 증상이 나타난다.

🔍 치료

기흉이 심하지 않은 경우는 스스로 상처 부위가 아물며, 흉강에 남아 있던 공기도 사라지지만 심하면 수술이 필요할 수도 있다.

+ 횡경막 헤르니아

헤르니아hermia, 탈장는 횡경막에 구멍이 생겨 내부 장기가 그 사이로 빠져나갈 때 일어난다. 대표적인 것은 복막심낭 횡경막 헤르니아로 심낭 속으로 복강의 장기가 들어가는 경우다. 횡경막 헤르니아는 주로 교통사고나 낙상 등으로 횡경막이 파열하면서 발생한다. 고양이가 높은 곳에서 떨어져서 탈장이 되는 경우는 그다지 흔하지 않다. 창상 등으로 발생할 때 복압이 상승해 복부 팽창이 일어나고 복벽 중 가장 약한 부분인 횡경막에 파열이 일어난다.

🔍 치료

탈장 정도에 따라 호흡곤란 증상이 나타나는데 방사선 촬영 사진으로 명확하게 진단할 수 있다. 흉부에 있는 복강장기를 복부로 빼내고 파열된 횡경막을 복원하면 완치가 가능하다.

+ 오목가슴

새끼고양이 중 간혹 오목가슴Pectus Excavatum인 경우가 있다. 선천적 요인으로 발생하는 것으로 추정하는데 호흡곤란 증상이 없는 경우 가슴에 붕대를 감아 교정할 수 있다. 하지만 증상이 심한 경우 외부에서 흉골을 견인하는 수술법을 이용할 수 있다.

🔍 호흡을 안정화시키는 방법

호흡곤란을 겪는 고양이에게 가장 중요한 것은 적

정 산소포화도를 유지하는 것이다. 동맥산소분압이 60mmHg 이하로 떨어지면 급격하게 체내 산소 공급이 떨어지면서 저산소증이 발생한다. 저산소증으로 조직 내 산소 공급이 제대로 되지 않으면 각 장기의 손상으로 진행된다. 가급적 동맥산소분압을 60~100mmHg을 유지해야 한다. 이를 위해 흉수가 발생한 경우 산소 치료와 흉강천자가 필수적이다.

• 산소 치료

의식이 있는 고양이에게 산소를 공급하는 방법에는 3가지가 있다. 첫째 코에 직접 산소를 공급하는 것, 둘째 마스크를 이용하는 것, 셋째 원통보호대를 이용해 산소를 공급하는 방법이 있다. 산소 공급의 지속 시간과 고양이의 적응력 그리고 치료 효과를 고려해 산소 공급 방식을 선택할 수 있다.

다른 방법으론 이동장에 산소를 공급하고 입원시키는

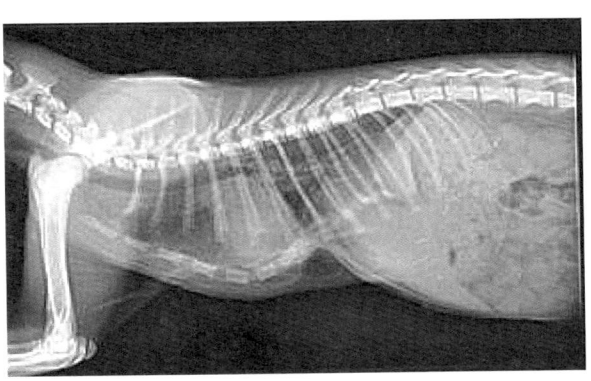

오목가슴을 촬영한 방사선 사진

경우도 있다. 다만 이럴 경우 고농도의 산소를 유지하기 어렵다. 한 번 문을 열면 산소가 빠져나오는데, 다시 산소를 고농도로 유지하기 위해서는 꽤 오랜 시간이 걸린다. 또한 산소발생기를 통해 산소를 공급할 때 유량流量과 농도 문제가 발생할 수 있다. 습도나 온도를 제어하기 힘들어 제대로 된 산소 치료가 이뤄지지 않을 수 있다. 호흡곤란 증상이 심한 경우 인공호흡기를 통한 강제 호흡이 효과적이다.

• **흉강천자**

흉수 발생 시 주사 침으로 고인 액체를 뽑아내어 호흡곤란 증상을 완화시킨다. 의외로 고양이는 마취 없이 진행해도 잘 참아내지만 예민한 경우 극심한 스트레스를 받을 수 있으니 주의를 기울여야 한다. 기저질환을 확인하고 흉수천자를 하면 좋겠지만 그렇지 못할 경우 주사 침으로 뽑아낸 흉수의 색, 점도, 세균, 바이러스, 혈액 등을 검사하여 기저질환의 원인을 밝혀내야 한다.

호흡에 따른 질환 구분

고양이의 호흡은 눈에 느껴지지 않을 정도로 부드러워야 하지만 빠르거나 거칠게 숨을 쉬는 경우가 있다. 사람도 갑자기 재채기가 일어나면 숨을 쉬는 데 곤란을 겪는 것처럼 고양이도 그러한 행동을 보일 수 있다.

+ 호흡에 따른 고양이 상태 평가

호흡상태	질환
빠른 호흡	통증, 스트레스, 발열, 더위를 느낄 때 나타날 수 있다. 고양이 상태에 따라 질환 유무를 고려해야 하기 때문에 전문 수의사의 검진이 필요하다.
느린 호흡	아주 느린 호흡은 마약성 진통제의 투여를 받거나 뇌수막염이나 뇌에 질병이 있는 경우에 발생할 수 있다. 혹은 죽기 직전의 상태일 수 있다.
헐떡임	심한 운동 후에는 고양이도 헐떡일 수 있다. 헐떡임은 빠른 호흡을 이용하여 혀나 구강의 수분을 건조시켜 체온을 낮추는 과정이다. 또한 그루밍을 통해 체온을 낮추기도 한다. 헐떡임과 동시에 숨을 쉬는 것을 힘겨워한다면 일사병을 의심해볼 수 있다.
얕은 호흡	흉부가 제한적으로 움직이며 쉬는 숨을 말한다. 깊게 호흡할 때 통증이 발생한다면 늑골의 골절을 의심해볼 수 있다. 흉수가 발생할 경우 호흡곤란이 일어날 수 있다. 통증이 없다면 얕은 호흡은 하지 않는다.
거친 호흡 소리	호흡할 때 소리가 난다면 공기의 흐름이 방해를 받고 있다는 의미이며 기도에 이물 등이 걸려 있는 경우다. 페르시안 같은 단두종인 경우 소리가 더 클 수 있다.
가르랑거림	고양잇과 동물의 가르랑거림은 다른 동물과는 다르게 독특하다. 하지만 정확한 작동 원리는 확실하지 않다. 후두와 횡경막의 근육이 이완과 긴장을 반복하면서 기도 내 공기 흐름을 불규칙하게 만들어내는 소리로 보인다. 사자 같은 큰 동물은 가르랑거리지 못하지만 치타 같은 경우 가르랑거린다. 가르랑거리는 것이 항상 즐거운 감정을 나타내는 것은 아니다. 배가 고프거나 스트레스를 받을 때, 또는 아플 때도 가르랑거리기도 한다. 일부에선 이런 행동이 다른 동료에게 자신이 위협이 되지 않는다는 것을 알리는 것이라고 해석하기도 한다. 25~150Hz 범위에서 소리를 내는데 이런 주파수 범위는 세포 단위의 치유에 도움이 된다고 여겨진다.

9 소화계

01 식도질환

식도염은 이물, 화학적 자극, 약물 같은 자극성 물질, 식도 역류, 지속적 구토, 식도열공 헤르니아Hiatal Hernia, 전신마취 중에 발생할 수 있다. 식도의 점막과 근육층까지 손상을 입게 된다면 식도협착까지 발생할 수 있다. 협착 증은 식도 점막 손상 후 5~14일 사이에 발생할 수 있으며, 식사 후 역류 증상이 바로 나타날 수 있다.

+ 식도염과 식도협착

식도염은 이물, 화학적 자극, 약물 같은 자극성 물질, 식도역류🐾, 지속적 구토, 식도열공 헤르니아🐾🐾, 전신마취 중에 발생할 수 있다. 고양이는 약물 투약 중 발생할 가능성도 높은데 테트라사이클린tetracycline, 독시사이클린doxycycline, 클린다마이신clindamycin 등의 항생제 성분이 포함된 캡슐이나 알약을 먹이는 경우 일어날 수 있다.

특히 캡슐을 투약한 후 별도로 물을 먹이지 않으면 식도에 캡슐이 머물면서 녹다가 약물이 식도로 노출되어 식도

🐾 어떤 원인에 의해 위산이 식도로 역류하는 현상
🐾🐾 높은 압력의 복부 내용물이 낮은 압력의 흉곽으로 이동하여 생기는 질환

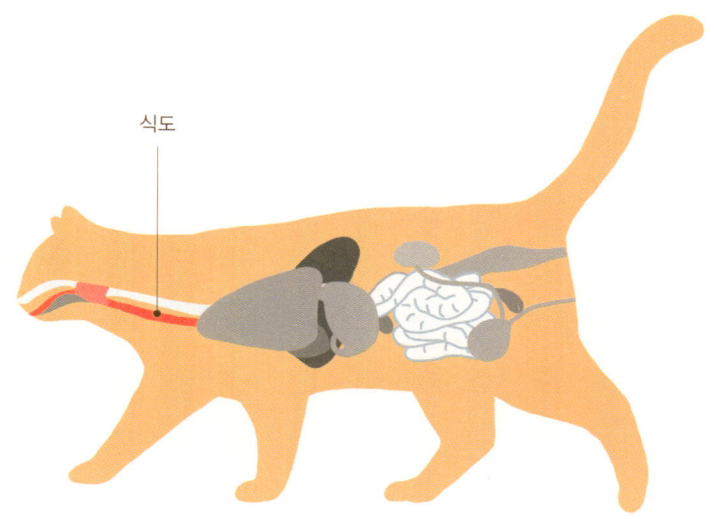

식도

● 식도 일부가 좁아져 음식물을 삼키기 어려운 상태. 식도암이나 염증 후 흉터 등이 원인이 되거나 외부에서 심한 압박을 받거나 좋지 않은 약물을 먹거나 약물이 그대로 식도에 머물러 있어도 발생할 수 있다.

염을 일으키는데 최종적으로 식도협착食道狹窄●이 생긴다. 이런 경우는 약물 투여 후 3~16일 사이에 나타난다.

특히 독시사이클린이 가장 식도협착을 잘 일으키는데 약물의 pH가 산성으로 변환되면서 식도에 염증을 일으키기 쉽기 때문이다. 그렇기에 이런 성분이 포함된 약을 먹일 경우 주사기를 통해 소량의 물과 함께 먹이는 것이 좋다.

예방

보통 건조한 상태의 캡슐이나 알약을 먹이는 경우 식도를 지나가는 시간이 30초 이상 되는데 이때 캡슐이나 알약에 고양이 영양제 중 겔 형태로 된 것을 묻혀 투약하면 윤활작용을 하기 때문에 식도염의 위험성을 줄일 수 있다. 특히 체력 저하나 탈수 상태에 있는 고양이의 경우 캡슐이나 알약이 식도에 정체되면 더 큰 문제가 생길 수 있으니 영양제 겔을 바르고 먹인 후 물을 충분하게 먹도록 관리해야 한다.

+ 식도 이물

식도 이물은 삼킬 수 없는 이물이 위장관으로 넘어가지 않고 목구멍에 걸려 식도에 남는 경우를 말한다. 특히 개의 경우 바늘이나 실, 사과 조각이나 삼키기 어려운 간식 등을 급하게 먹어서 흔하게 발생하는데 고양이는 드물기는 하나 유사한 이물이 위로 완전히 넘어가지 못해 발생할 수도 있다.

건식 사료를 물에 불려 조금씩 급여하면 고양이가 소화하기가 좀더 수월해진다.

식도가 연동운동을 원활하게 하지 못하면 소화관 내부에 음식물이 쌓여 거대식도증에 걸릴 수 있다.

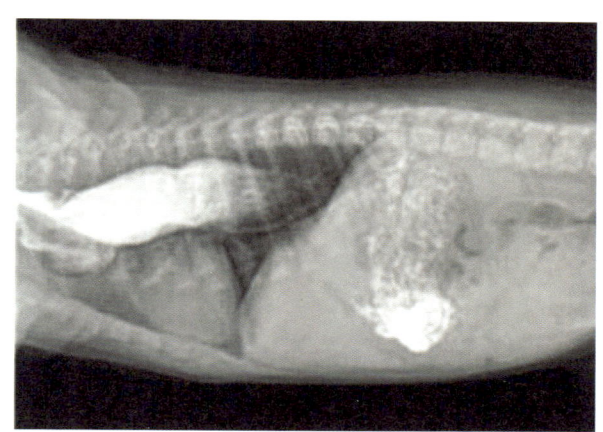

식도 이물이 발생하는 주요 장소는 내강이 좁아지는 위치로 목의 식도가 흉부로 진입하는 부분과 흉부에서 위로 진입하는 부분이다.

+ 거대식도증

거대식도증은 늘어진 식도가 적절한 연동운동을 하지 못해 식도에 음식물이 정체되는 질환이다. 위로 넘어가지 못하는 음식물은 구강으로 역류하는데 이때 삼켰던 음식물이나 이물이 분출된다. 개와 고양이에게 드물게 나타나는 질환으로 선천성과 후천성이 있다. 선천성은 식도의 신경이 제대로 발달하지 않은 경우에 해당하며 후천성은 중증근 무력증 Myasthenia gravis♥과 연관이 깊은 것으로 나타나지만 정확하게 원인이 밝혀진 것은 없다.

♥ 일시적인 근력 약화와 피로로 생기는 신경근육접합질환

🔍 관리

식도 운동을 회복시키는 방법은 없지만 소화하기 편하게 건식 사료를 물에 불려 급여하는 것이 좋다. 그리고 식사를 조금씩 자주 급여해야 한다.

+ 오른쪽 대동맥궁 유잔증(혈관고리의 이형)

태아는 모체로부터 혈액을 공급받다가 태어난 후 모체와 분리되면 좌우 심방 사이와 대동맥궁이 막히면서 스스로 혈액을 순환시킨다. 그러나 드물게도 태어난 이후 사라져야 할 혈관들이 남아 여러 문제를 야기하는 경우가 있다. 이것이 오른쪽 대동맹궁 유잔증Persistent Right Aortic Arch이라고 하며 혈관고리의 이형Vascular Ring Anomaly이라고도 한다.

특히 식도의 문제를 발생시키는 혈관은 대동맥궁이다. 이 구조물은 식도를 가로지르는 혈관으로 잔존하게 되면서 식도에 링 같은 구조물을 형성하여 식도를 조인다. 식도를 조이게 되면 음식물을 섭취하기 어려워 식도를 확장시킨다. 주로 음식을 먹고 난 이후 역류 증상을 보이며 제대로 식사하지 못해 저체중이 된다. 최종적 치료는 수술로 교정하는 것이다.

+ 식도열공 헤르니아

식도열공 헤르니아는 드문 질환으로, 대동맥 구멍 위쪽에 있는 식도가 지나가는 구멍인 식도열공이 어떤 원인으로 헐거워지거나 커져서 위가 흉강 안으로 들어가는 상태를 말한다. 구토나 역류 증상이 나타날 수 있으며,

심한 정도에 따라 내과 치료나 수술적 교정을 한다.

02 위장질환

● 고리 모양의 근육으로 입이나 항문, 요도 등에 있다.

위장은 유문부십이지장과 연결된 부위에 위치하며 소화된 위 내용물을 십이지장으로 소량씩 통과시키는 역할을 한다. 고양이의 경우 다른 포유동물보다 유문부 조임근●이 좀더 팽팽하며 좁다. 그래서 소화되지 않은 물질이 십이지장으로 내려가기가 어렵다. 이 때문에 고양이에게서 헤어볼이 잘 발생한다. 위 배출 시간은 1.4~3.6시간 정도로 짧은 편이라 수술 전 금식 시간이 길지 않아도 된다. 위장질환의 주요 증상은 구토다.

+ 위장의 해부적 구조

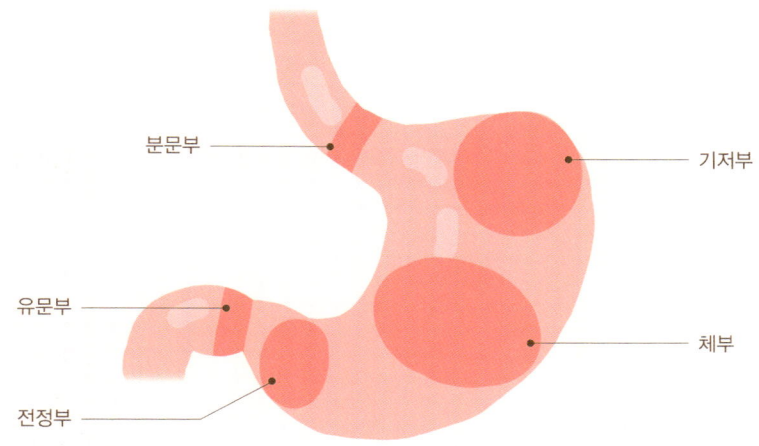

+ 급성위염

건강한 상태에 있는 고양이가 급성위염 증상을 보인다면 그 원인을 찾기가 어려울 수 있다. 가령 먹지 않던 캔 간식을 먹었다든가 화분 등의 식물을 뜯어먹는 경우 등이 해당할 수 있는데 어린 고양이가 급성위염일 경우 이물 섭취의 가능성이 높다.

이런 경우는 병의 진행이 제한적이고 스스로 회복하는 경향이 있기에 위험한 이물 섭취 등의 응급을 요하는 경우가 아니라면 이틀 이내 호전된다.

+ 이물 섭취

고양이는 개보다 이물 섭취로 인한 질병 발생률이 낮은 편이다. 하지만 어린 고양이의 경우 왕성한 호기심으로 이물 섭취로 인한 질병 발병률이 높다. 심지어 바느질하던 애묘인 옆에 있다가 바늘을 삼키는 경우도 있다. 보통 어릴 적 호기심으로 후각과 미각을 이용해 사물을 이해

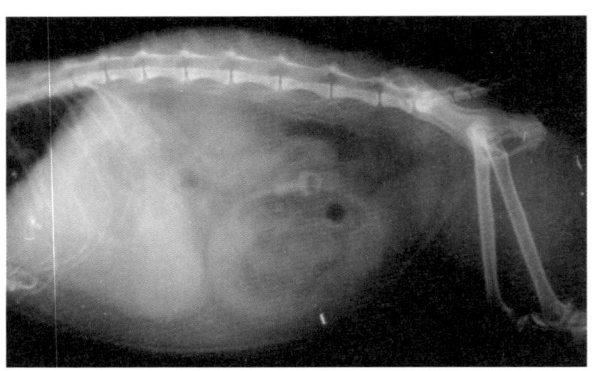

소장 부위에서 이물이 보인다.

하려는 것으로 이해해야 하지만 위험한 이물을 삼키는 것에는 주의를 기울여야 한다.

특히 식욕이 좋아야 할 어린 고양이가 갑자기 식욕이나 활력이 떨어진다면 이런 경우를 우선적으로 의심해야 한다. 털 뭉치도 이물로 작용할 수 있다. 털은 보통 장을 거쳐 구토나 변으로 나오나 고양이는 유문부가 좁고 위장관이 강력한 연동운동을 할 수 없기 때문에 소화되지 않은 물질을 소장으로 넘기기 어렵다. 위에서 소장으로 넘어가지 않은 털들이 계속 쌓여 털 공처럼 되기도 한다.

이물은 종류나 막힘의 정도에 따라 증상이 나타나거나 나타나지 않는다. 위장관 내에서 이물이 특정한 독성을 나타내거나 자극을 줘 위장관을 손상시키거나 위장관의 배출을 막지 않는 이상 특별한 증상은 나타나지 않는다. 별 다른 이상이 없다면 배변으로 배출된 것이다.

그러나 이물이 위장관의 폐색을 유발하는 경우는 문제가 될 수 있다. 특히 방사선 상에 위장관 이물이 잘 나타나지 않을 때는 수의사도 매우 난감하다. 치료는 이물의 종류, 위장관 폐색의 정도, 위치에 따라 달라진다.

+ **헬리코박터 위염**

보통의 세균들은 강산성 위액에 살아남지 못하지만 헬리코박터균만은 위점막층과 점액 사이에도 살아남는다. 점액층은 위산으로부터 위 점막을 보호하며, pH는 중성으로 헬리코박터균이 살 수 있는 환경을 제공한다. 고양이 위에서도 헬리코박터균은 발견되었지만 그것이 실제로 위염을 유발하는지는 불분명하다.

위점막에 기생하며 각종 위장질환을 일으키는 나선형 세균

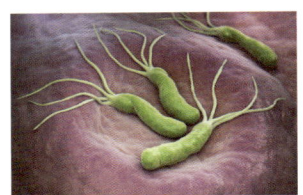

헬리코박터균

📝 위생체검사의 줄임말로 위 조직의 일부를 직접 채취해 조직 표본을 만들고 현미경으로 관찰하여 진단하는 것을 말한다.

하지만 다른 원인을 찾기 힘들다면 헬리코박터균에 대한 치료를 시도한다.

🔍 치료

고양이에게 위염이 발생했고 그 안에서 헬리코박터균이 발견되었다면 치료가 필요하다. 보통 항생제와 위벽 보호제, 제산제 등을 처방하는데 보통 2~4주 정도 약물로 치료한다. 만성적인 구토나 설사가 있는 경우 헬리코박터균보다는 다른 원인을 찾는 것이 더 나을 수 있다.

＋ 만성위염

만성위염은 위 점막에 생긴 만성 염증성 질환을 말하는데 보통 간헐적 구토 증상을 보인다. 구토의 양상은 1주에 1~2회 정도 나타나는데 혈액검사를 하면 정상 혹은 백혈구 수치가 높게 나타날 수 있다. 이런 경우 위생검gastric biopsy, 胃生體檢査📝을 진행하면 림프구성 형질세포성 염증으로 판명되기도 한다. 심한 경우는 위뿐만 아니라 소장이나 췌장까지도 이러한 염증이 진행되기도 한다. 일부는 식이불내성음식못견딤증을 겪거나 음식에 대한 과민반응이 생길 수 있다. 간혹 위장에 거주하는 요원충 같은 기생충이 있을 수 있다.

🔍 치료

식이불내성이 생기면 알레르기가 생기지 않는 사료를 급여하거나 면역억제요법으로 치료한다. 기생충으로 위염이 발생된 경우 진단의 어려움이 있어 5일 정도 치료하

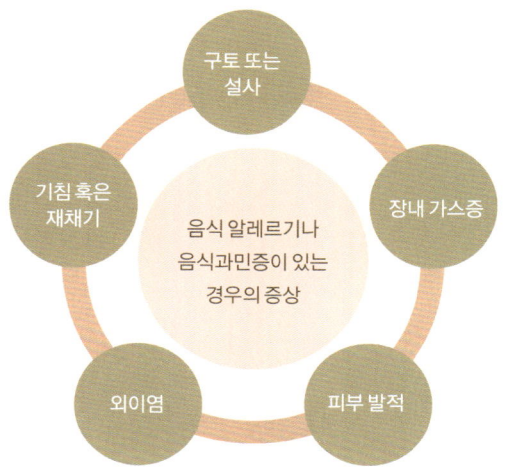

고, 위염 증상이 지속되는지를 관찰한 뒤 나아지지 않는다면 다른 원인들을 찾아봐야 한다.

만성위염이 지속되면 위궤양으로 발전할 수 있다. 이런 경우 관절염과 관련한 비스테로이드성 소염진통제를 장기 처방한 경우 많이 발생한다. 최근 반려동물의 위궤양을 줄이는 제품이 많이 나와 있지만 위궤양의 위험성 자체가 사라졌다고 보기는 어렵다. 비스테로이드성 소염진통제는 식사 중에 또는 식후에 바로 먹여야 하며, 식욕이 없는 경우는 투약해서는 안 된다.

만성신부전이 있는 경우 요독 성분이 위장관의 점막을 손상시킬 수 있고, 가스트린gastrin❋의 신장 대사 감소로 위액 생산이 증가하여 위장을 더욱 손상시킨다. 만성위염의 치료는 각 원인질환의 치료와 더불어 위산억제제,

❋ 위의 말단에서 분비되는 호르몬으로 이자액 생산을 유도하고 위, 소장, 대장의 움직임을 촉진한다.

점막보호제, 구토억제제 등을 사용하여 치료한다.

+ 위의 운동 장애 및 배출 지연
위의 운동 장애 및 배출 지연으로 인한 증상은 8시간 이상 전에 먹은 사료가 소화되지 않고 그대로 구토하는 경우다. 위장관 배출로가 폐쇄되었다면 아마도 분출하는 느낌의 구토를 할 수 있다. 이런 경우는 만성위염이나 아트로핀 같은 항콜린성 약물로 치료를 받고 있거나 자율신경장애, 위종양, 대사적 이상 등으로 발생할 수 있다. 소화관 배출 폐쇄는 종양, 이물, 외부의 위장관을 좁게 만드는 요인 등으로 발생할 수 있는데 특히 유문부 협착은 샴 고양이에게 흔하게 발생한다. 이러한 증상을 유발하는 기저질환은 다양하므로 진단은 위장관뿐만 아니라 신체를 전체적으로 검사를 할 필요가 있다. 혈액검사 등 기본 검사뿐만 아니라 고양이백혈병과 면역결핍증에 대한 검사도 함께 해야 한다.

치료
원인 치료를 하는 것이 가장 중요하다. 특히 유문부 협착인 경우는 수술을 통해 유문부를 이완시켜야 한다. 위장관 배출 폐쇄가 없다면 보조약제로 위장운동촉진제가 도움이 된다.

03 소장질환

고양이의 경우 소장질환은 대부분 염증성 장질환을 말한다. 소장질환은 소장이나 대장 점막 내에 염증 세포가 침윤하여 만성적인 구토나 설사 혹은 체중 감소 등의 증상을 나타내는 질환을 말한다.

+ 염증성 장질환

염증성 장질환은 소장의 염증성 침윤을 말한다. 여기서 염증성 장질환은 주로 특발성을 말하며 정확한 원인 없이 장의 염증 상태가 지속된다는 의미다. 그렇기 때문에 음식 알레르기로 인한 염증성 장염과는 구별되어야 한다. 다만 고양이의 경우 이 용어가 좀더 포괄적으로 사용된다. 사람의 경우 크론병 Crohn's disease 이나 궤양성대장염, 베체트병 Behcet's disease 등으로 구분하지만 고양이는 그렇게 구분하지 않고 전체적으로 염증성 장질환으로 부른다.

보통 5~10살령 사이의 고양이에게서 주로 발생한다. 증상은 구토, 설사, 체중 감소가 일어나는데 식욕이 좋을 수도 있고 나쁠 수도 있다. 식욕이 좋은 상태에서 체중 감소가 일어나는 것은 소장 부위의 염증으로 인해 영양 흡수가 되지 않아서다.

염증성 장질환은 면역매개성 질환으로 장 점막의 국소 면역 체계가 주요한 역할을 하는데 원인을 특정할 수 없기 때문에 사료나 기생충 및 다양한 원인에 의한 과민반응의 결과로 추정할 뿐이다. 과민반응은 장의 림프 조직의 면역 조절 실패로 발생한다.

🔍 **진단**

염증성 장질환 진단의 임상적 기준은 다음과 같다.

- 만성 염증성 장질환으로 소화관 어느 부위에서 발생할 수 있다.
- 만성 염증성 질환으로 입안이나 성기에 궤양이 발생하거나 눈에 염증을 일으켜 시력을 잃을 수도 있다.

> - 3주 이상 만성의 소화계 증상(구토, 설사, 체중 감소 등)
> - 기생충 약, 항생제, 식이치료 등에 대한 반응이 없는 경우
> - 전체적인 검사를 했음에도 특별한 원인이 없는 경우
> - 소화계 조직검사에서 비종양성 염증이 확인될 때

위의 경우 염증성 장질환을 의심할 수 있다. 확진은 생검 조직검사로 한다. 다만 위장관 림프종이 있는 경우에는 림프구의 조직 침윤이 있을 수 있기 때문에 구분하기가 어려울 수 있다.

🔍 치료

염증성 장질환을 치료하는 방법에는 2가지가 있다. 첫째는 식이요법이고, 둘째는 약물치료다.

• 식이요법

염증성 장질환으로 진단된 후 식이요법만으로 증상이 호전된 사례가 30% 정도다. 보통 과민반응을 일으키는 사료의 주된 성분으로 소고기, 생선, 밀과 옥수수의 글루텐 등이 있다. 식이요법으로 증상이 개선되는 데는 4일 이내다. 과민반응을 일으키는 성분들을 배제하며 먹는 것을 조절하거나 저알레르기 처방 사료를 급여해보면서 증상이 완화되는지를 살펴보는 것이 좋다.

• 약물치료

염증성 장질환의 주된 치료 약물은 면역억제제다. 보통 증상이 개선될 때까지 복용하는데 대략 한 달 정도다. 면역억제제의 부작용은 당뇨, 치료 지연, 위궤양 등이 있다.

+ 감염성 장염

어린 고양이나 고양이 쉼터 및 길에서 데려온 고양이가 설사를 하는 경우는 감염성 장염을 의심해볼 수 있다. 위장관에 감염을 일으켜 증상을 유발하는 원인으로는 바이러스성, 세균성, 기생충성 등으로 다양할 수 있다. 각각의 원인에 따라 증상을 일으키는 기전은 차이가 있을 수 있으며, 치료 방법도 달라질 수 있다. 보통은 함께 오래 생활한 고양이의 경우보다는 불결한 환경에 노출되었거나 집단적으로 생활했던 고양이를 데려왔을 때 많이 발병한다.

+ 소장성과 대장성 설사 유발원

소장성 설사 유발 요인	소장성과 대장성	대장성 설사 유발 요인
코로나바이러스 고양이 회충 고양이 구충 지아디아증 작은와포자충	캠필로박터균 대장균 살모넬라균	파보바이러스 (범백혈구감소증) 편충 트리트리코모나스 클로스트리듐

이런 경우 기생충 감염, 특히 원충성 기생충 감염이 흔하며 이로 인해 장내 비정상적으로 세균이 증식해 있는 상태인 경우가 많다. 바이러스성 위장관질환인 범백혈구 감소증은 고양이에게 치명적인 질병으로 바이러스 잠복기가 있어 건강하다가도 갑작스럽게 죽을 수 있다.

+ 바이러스성 장염

chapter 4 고양이 전염성 질환 참조

+ 세균성 장염

대변검사에서 설사를 유발하는 세균을 발견했다고 해서 세균성 장염이라고 단정하기는 어렵다. 이런 세균들은 정상인 고양이에게도 흔히 발견될 수 있는 것이다. 어떤 세균에 동일하게 감염되었다고 하더라도 독성이나 면역력에 따라 발병 양상이 달라진다.

캄필로박터균

캄필로박터 제주니 Campylobacter jejuni에 의해 장염을 유발할 수 있으나 대부분의 고양이는 무증상을 나타낸다. 어린 고양이인 경우는 출혈성, 점액성 설사를 하기도 한다. 진단은 변의 세균 배양을 통해 한다. 항생제를 투여해 치료한다.

웰치간균

웰치간균 Welch bacillus은 클로스트리듐 페르프린젠스 Clostridium perfringens라고도 하는데 혐기성 상태에서 잘 자라는 균이며 pH5 이하에선 잘 자라지 못한다. 전형적으로 대장성 설사를 유발하며 이급후증배설 후에도 남는 불쾌한 증상, 점액질, 혈변이 나타난다. 항생제를 이용하여 치료한다.

🔍 대장균

대장균은 신체의 어느 곳이든 존재하는 세균이지만 과잉증식하거나 혹은 대장균 중에 장병원성 대장균, 독성 대장균, 장출혈성 대장균이 장독소를 분비해 설사를 유발한다. 사람도 이 균들로 인해 설사 증상을 보인다. 항생제를 적절하게 투여해 치료한다.

🔍 쥐장티푸스균(살모넬라)

쥐장티푸스균Salmonella Typhimurium은 소장 내에 침입해 림프샘을 통해 여러 기관에 증식해 염증을 일으키는 균으로, 오염된 음식물이나 물에 의해 감염된다. 감염의 정도, 신체의 면역반응, 다른 질병이 있는지에 따라 증상이 달라지지만 보통 고열보통 40도 이상, 식욕부진, 설사, 구토, 복통 등이 나타난다.

증상은 감염 후 3~5일 후에 시작된다. 이 균은 사람과 고양이에게 상호 감염이 될 수 있기에 주의해야 한다. 미국에서는 대표적인 식중독균으로, 우리나라에서도 종종 식중독을 유발한다. 고양이에게 생고기를 줄 때는 꼭 냉장된 고기를 급여해야 한다.

+ 기생충 및 원충성 기생충 장염

보통 불결한 환경에서 생활한 고양이를 데려온 경우에

는 기생충이나 바이러스, 피부질환 등을 검사해야 한다. 검사 결과가 양호하다 하더라도 기생충 약이나 진드기와 관련된 약을 예방 차원에서 복용하는 것이 좋다.

🔍 트리코모나스증

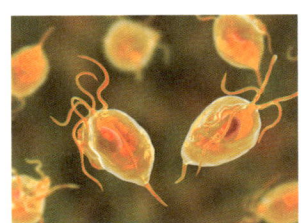

트리코모나스

트리코모나스증Tritrichomonas foetus은 편모가 있는 원충으로 대장에 군집을 이루고 살며 만성설사를 유발한다. 보통 분변을 통해 감염이 일어나며 불결한 환경에서 생활한 경우 잘 걸릴 수 있다. 고양이가 자주 감염되는 원인으론 그루밍을 뽑을 수 있다. 이 행동으로 직접 분변을 먹지 않더라도 털에 묻는 경우 구강을 통해 감염을 일으킬 수 있다. 지아디아Giardia와 형태적으로 비슷하여 혼동하기 쉬우며, 지아디아를 오랫동안 치료해도 설사 증상이 완화되지 않는 경우 트리코모나스증을 의심해야 한다. 주요 증상은 설사인데 좋아졌다가 나빠지는 양상을 보인다.

진단은 현미경으로 직접 보거나 분변 PCR 검사❤를 통해 확진한다. 다만 현미경검사에서 직접 트리코모나스를 확인할 수 있는 확률은 17% 정도밖에는 되지 않는다. 치료 과정에서도 치료제를 투약하면 증상이 사라졌다가 투약을 종료하면 다시 증상이 나타나기도 한다.

일반적인 항원충제로는 치료되지 않으며, 로니다졸Ronidazole 성분의 약으로만 치료된다. 치료 후에는 다시 분변 PCR 검사를 통해 완전하게 치료되었는지 확인하는 것이 좋다. 하지만 로니다졸을 이용한 치료에서 성공하지 못하는 경우도 있다. 이런 경우는 보통 2년 정도의 시간이 흐르면 스스로 치유된다. 만약 여러 마리의 고양

❤ Polymerase Chain Reaction, 침이나 가래 등에서 리보핵산(RNA)를 채취해 진단을 받은 수치와 비교해 일정 비율 이상 일치하면 양성으로 판정하는 검사 방법이다. 우리말로 중합효소연쇄반응이라고 하는데 유전질환이나 세균, 바이러스 등 감염성 질환을 진단하는 데 사용한다.

이를 키우는 가정에선 다른 고양이를 통해 재감염이 이루어질 수 있다.

🔍 지아디아증

지아디아는 소장이나 대장에 기생하는 원충성 기생충이다. 두 가지 형태로 존재하는데 그중 하나는 감염성 포낭 cyst 형태로 외부에서 조건만 맞으면 몇 달간 생존할 수 있는데 고양이가 이것을 먹으면 감염된다. 보통 소장 내에서 영양체 trophozoite 형태가 되어 5~16일 사이 증상이 나타난다. 소장의 융털이 위축되면서 염증 반응과 소화 장애를 일으킨다.

지아디아에 걸린 고양이는 식욕은 정상이지만 설사를 하는데 보통 이 증상이 몇 주간 지속된다. 지아디아의 유전자형은 7가지로 사람은 A와 B유전형에만 감염되고, 고양이는 F유전형에 자주 걸린다. 그 결과 최근 지아디아증을 사람과 동물에서 동시에 발생할 수 있는 인수공통질병으로 분류하지 않게 되었다. 사람에게 감염되는 지아디아증은 오로지 사람 접촉에 의해 전파된다고 결론을 내렸다.

진단은 현미경검사에서의 검출률이 낮기 때문에 별도의 진단 키트를 이용하여 진단할 수 있다. 한 가지 꼭 알아둬야 할 사항은 지아디아에 감염되었다고 하더라도 아무 증상이 없을 수 있다는 사실이다. 이럴 경우 검사 결과에서 양성이 나왔다고 해서 반드시 치료해야 하는 것은 아니지만 다른 고양이에게 옮길 수 있기 때문에 치료가 필요할 수 있다. 다만 증상이 없는 고양이라고 하더라도 새로 분양받았다면 검사를 하는 것이 좋다. 치료는 펜벤다졸Fenbendazole 성분이 포함된 약을 일주일 정도 투약하면 치료된다.

+ 장폐색증

장폐색증은 장관창자이 부분적으로 또는 완전하게 막혀 장의 내용물이 통과하지 못하는 질병이다. 보통 노령묘는 종양이나 헤어볼로, 어린 고양이는 이물로 발생한다. 혹은 육아종성 염증🐾이나 장겹침증, 촌충🐾🐾 감염으로 발생한다. 촌충에 의해 폐색이 발생하려면 장에 30마리 이상 기생해야 한다. 어린 고양이는 호기심이 강해 이물로 인해 장폐색이 많을 수 있다. 대부분 실 같은 선형 이물이 장폐색을 일으킬 것으로 생각하지만 실제론 선형 이물은 30% 정도이며, 나머지는 여러 가지 잡동사니들이 덩어리처럼 되어 장폐색을 일으켰다.

🐾 육아 조직을 형성하는 염증성 종양으로 결핵균이나 바이러스 등으로 인해 생긴 혹에서 볼 수 있다.
🐾🐾 조충병이라고도 하며 신체에 침입해 장내에 기생하는 기생충으로 복통과 구토를 동반한다.

🔍 증상

증상은 이물의 형태, 장폐색의 위치, 장폐색 후 경과 시간에 따라 다르게 나타난다. 대부분은 식욕부진이나 구토 증상을 보인다. 부분 장폐색은 출혈성 설사를 유발할 수 있다.

장폐색은 급성으로 나타나지만 어떤 경우는 부분 폐색이 한 달 이상의 경과를 두고 증상을 나타내는 경우도 있다. 구토나 식욕부진을 보이는 고양이는 1차적으로 혀 밑에 실 같은 이물이 있는지 확인해야 한다. 턱밑 하악골 사이를 손가락으로 밀어올리면 혀 부분이 잘 돌출되어 이물이 있는지 확인하기 좋다.

선형 이물인 경우 혀 밑이나 위의 유문부에 한쪽 끝이 걸리는 경우가 많으며, 장의 연동운동에 의해 실의 다른 끝은 대장 쪽으로 향하면서 장을 아코디언처럼 주름지게 만든다. 이 과정에서 폐색이 발생하고 장 점막을 손상시켜 출혈을 일으킨다. 어떤 경우는 괴사까지 일어난다.

진단

진단은 방사선, 초음파 및 촉진을 통해 이뤄진다. 조영촬영造影撮影을 통해 진단에 도움을 받을 수 있다.

몸 안에 조영제를 투입한 후 행하는 방사선 촬영법

치료

치료에는 수술과 보존적 방법이 있다. 보존적 방법으론 혀 밑 선형 이물이 걸려 있을 때 그 끝을 잘라 장의 연동운동을 통해 변으로 배출하게 하는 것이다. 간단해 보이더라도 탈수, 전해질, 산염기 등에 이상이 없도록 입원해

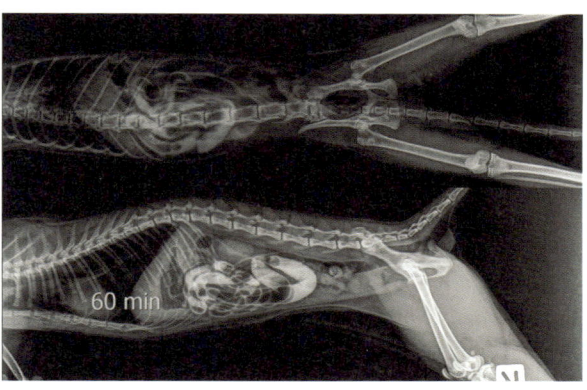

조영제를 먹인 후 촬영한 고양이 복부 방사선 사진

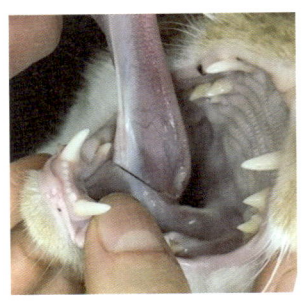

실이 혀에 걸린 모습

치료를 받아야 한다.

다만 보존적 방법은 이물을 먹은 지 이틀 이내면 시도할 수 있으나 장폐색이 확실하면 수술을 하는 것이 좋다. 수술할 때는 이물의 제거뿐만 아니라 전체적으로 장관을 살펴보고 염증이나 괴사 부위가 있는지 확인해야 한다. 괴사가 있다면 수술로 절제해야 한다.

+ 장겹침증

장겹침증은 아랫부분 장이 윗부분 장 속으로 말려들어 가는 질환이다. 나이 든 고양이의 경우 종양성으로, 어린 고양이의 경우 다른 질환으로 발생할 수 있다. 가장 흔하게 발생하는 부위는 회맹결장 부위와 공장이다. 회맹결장 부위는 소장의 끝부분으로 대장으로 이어지는 부분이며, 공장은 십이지장과 회장 사이의 소장을 말한다.

증상

보통은 식욕부진, 구토, 기타 위장관 장애 증상을 보인다. 장겹침이 지속된다면 혈액순환 장애, 국소 부종이 일어나 장폐색증이 발생한다.

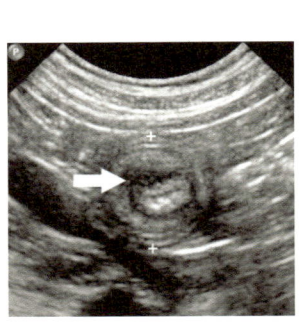

장겹침증을 가진 고양이 초음파 사진. 소장을 세로축으로 자른 모습으로 여러 층의 장관벽을 볼 수 있다.

진단

초음파를 통해 전형적인 겹침 현상이 나타나면 확진한다.

치료

수술로 중첩된 부위를 원위치로 돌려놓거나 시간이 많이 흘렀거나 출혈과 괴사가 심한 경우 장문합술이 필요

변비에 걸린 고양이 방사선 사진

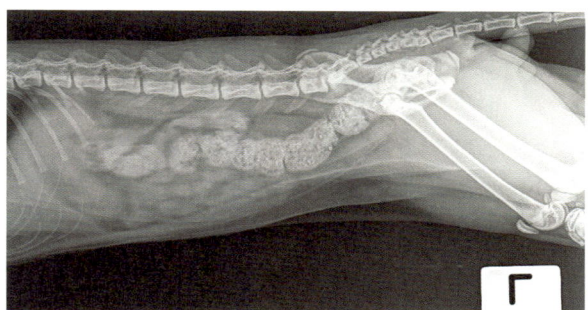

할 수 있다. 장문합술은 훼손된 장관 부위를 절제하고 그 끝부분을 잇는 것이다. 이후 충분한 수액과 영양 치료를 진행한다.

+ 변비

변비를 질병으로 보기는 어려울 수 있지만 경우에 따라 유발하는 요인을 찾아내 치료해야 한다. 정상적으로 식사하고 수분을 충분히 공급받은 고양이는 변비가 생기지 않는다. 그러나 다른 요인에 의해 2차적으로 발생할 수도 있다.

🔍 치료

1차적으로는 변비를 유발할 가능성이 높은 원인들을 확인해야 한다. 이러한 원인들이 해소된 이후에도 변비가 사라지지 않는다면 좀더 적극적으로 관리한다.
변비를 완화시키기 위해서는 관장과 같이 직접적으로 변을 제거하거나 설사제를 이용해 변을 무르게 만들어

+ 변비를 불러일으키는 요인

식이 요인	이물 섭취(털, 뼈, 천, 모래, 식물), 음수 부족
환경/심리 요인	더러운 고양이화장실, 활동성 저하 좁은 공간(입원, 호텔), 습관이나 일과 변화 다른 고양이와 영역 다툼
배변하기 힘든 자세	마비, 정형외과 질환
배변 시 통증	항문낭 염증, 직장항문 쪽 협착·종양 항문 주위 물림, 염증
직장 및 항문 폐쇄	외부적 요인(항문 주위 털이 엉겨붙어 배변이 힘듦) 골반골절로 인해 골반강 좁아짐 영양학적 골질환으로 인한 골반뼈 변형 항문 주위 종양, 숙변, 회음 탈장(직장 게실) 직장탈, 장결석
신경근 이상	요천추질환(창상, 디스크탈출증, 변형, 퇴형, 감염 등) 양측 골반 신경 손상, 특발성 거대결장증
탈수, 전해질 이상	탈수, 저칼륨형증, 고칼슘혈증 만성신부전 등의 전해질 불균형

배출되기 쉽게 하는 방법이 있다.

변비 증상이 생길 때 가장 먼저 해야 할 것은 수액 치료다. 탈수 증상이 있는 고양이의 경우 변을 부드럽게 만드는 데 도움을 줄 수 있다. 수액을 투여할 때는 구강으로 하는 것보다 정맥이나 피하주사가 좋다. 관장을 할 경우

🔸 혈액 내에 인산이 많이 증가되어 있는 상태

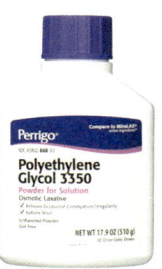

변비에 효과를 보이는 프로필렌 글리콜3350

수액을 투여한 후 어느 정도 안정된 상태에서 실시한다. 보통 마취를 한 상태에서 관장액을 투여한 후 변이 최대한 부드럽게 만든 상태에서 관장을 진행한다. 인산염이 포함된 관장액은 고인산혈증高燐酸血症🔸을 유발하기 때문에 피해야 한다.

프로필렌 글리콜3350polyethylene glycol 3350이 포함된 경구투여 설사제는 삼투압성 완화제로 더욱 효과적이다. 과량 투여하게 되면 설사를 유발할 수 있으므로 적당량 먹여야 한다.

평상시 식사는 소화하기 쉽고, 섬유소가 적은 사료를 급여한다. 섬유소를 많이 급여하면 변의 크기가 커지기 때문에 항문을 통해 배출하기가 어려워질 수 있다. 변비를 일으키는 환경적 문제나 심리적 요소를 해결하고 충분한 수분 섭취와 적절한 사료 선택을 통해 변비는 관리될 수 있다. 다만 원인이 다른 질병에 기인한다면 원인 치료와 함께 변비가 유발되지 않도록 하는 관리에도 신경을 써야 할 것이다.

+ 거대결장증

거대결장증은 결장 전체의 기능에 문제가 생겨 결장이 확장된 상태를 말한다. 거대결장증이 발생하면 결장이 확장되어 변이 빠져나가더라도 정상으로 되돌아가지 않는다. 방사선검사를 한 결과 결장이 7번 요추 길이의 1.5배 이상이면 거대결장증으로 볼 수 있다. 거대결장증은 고양이가 비만인 상태에서 활동성이 낮으면 발생하기 쉽다. 만성적으로 변비가 나타나는 고양이의 경우 적극

거대결장을 보이는 고양이의 방사선 촬영물

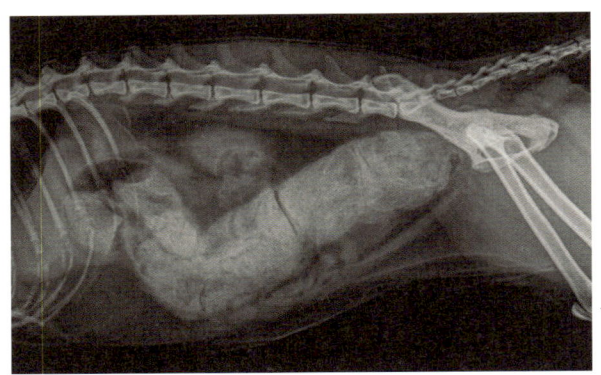

적 관리를 통해 거대결장증으로 진행하는 것을 막아야 한다.

🔍 치료

치료는 보존적 방법과 결장절제술 등이 있다. 우선 보존적 방법으론 변비와 마찬가지로 수액 공급, 설사제 투여 및 관장을 통해 변을 제거하고 식이요법을 통해 변이 부드럽게 배출되도록 한다. 그것으로 증상이 나아지지 않으면 거대결장증이 있는 부위를 절제하고 절제된 부분을 이어붙이는 결장절제술이 있다. 다만 골반협착이 있는 경우 수술적 치료가 효과적이지 않을 수도 있다.

치료하기 이전 원인을 먼저 확인하는 것이 필요하다. 특발성인 경우도 있지만 많은 경우 다른 질병으로 인한 속발성으로 나타난다.

04 위장관 림프종

고양이에서 가장 흔한 종양은 림프종이며 그중에 위장관에서 가장 많이 발생한다. 위장관 림프종은 고등급 림프종과 저등급 림프종으로 구분된다. 림프종은 여러 장기에 발생하는 암이지만 여기서는 위장관에서 발생하는 림프종에 대해서만 다룬다.

림프종은 림프구의 종양으로 전신을 순환하는 세포이기에 어떤 조직이나 장기에서도 발생 가능하다. 림프종은 1차적으로 림프샘이나 다른 림프조직에 발생한다. 이것이 확장되어 위장관, 종격동, 신장으로 전이된다. 병인론은 정확하지 않지만 주요한 원인으로 레트로바이러스_{고양이면역결핍증, 고양이백혈병}에 의해 면역세포가 종양화가 되어 전신을 순환하면서 림프샘이나 림프조직에 종양을 발생시키는 것으로 본다. 1970~1980년대에는 고양이백혈병바이러스에 걸린 고양이의 60~70% 정도가 종양으로 진행했지만 근래에 들어서면서 백신 접종으로 림프종이 발생한 고양이 25% 정도만 양성이 나오고 있다. 그 외에 정확하게 밝혀진 발암 요인은 없다.

+ 저등급 위장관 림프종

저등급의 위장관 림프종은 위장관에 염증성 장염과 유사한 형태로 심한 림프구 침윤이 나타난다. 이렇기 때문에 위장관 림프종은 염증성 장질환과 증상 면에서 구분하기 어렵다. 염증성 장질환 또한 위장관 전체에 염증 세포의 침윤이 나타나기 때문이다.

특히 고양이는 림프구성-형질세포성 염증성 장염이 가장 흔하기 때문에 조직학적으로 봤을 때 림프종과 구분하기 어려울 수 있다. 염증성 장질환과 위장관 림프종이 함께 발견되는 경우가 흔하기 때문에 림프구성 염증성 장염이 위장관 림프종의 원인으로 보기도 한다. 종양은 유전적 손상 등에 의해 림프구가 과다 증식하는 상태로 염증이 지속되면 암을 유발하는 인자로 작용할 수도 있다.

증상

주요 증상은 체중 감소, 설사, 구토 등이며 보통 염증성 장염이 있는 경우와 유사하다. 중년 이상의 고양이가 갑자기 눈에 띄게 체중이 감소했다면 염증성 장염 혹은 림프종에 대한 검사를 받는 것이 좋다. 특히 애묘인은 함께 생활하는 고양이의 체중 변화에 민감해져야 한다.

진단

일반 혈액검사 및 방사선이나 초음파검사뿐만 아니라 아니라 체중을 감소시킬 수 있는 갑상샘질환이 있을 수도 있으므로 호르몬검사도 필요하다. 초음파를 통해 위장관 림프샘의 종대가 확인되기도 하며, 복부를 촉진할 경우 종대가 만져질 수 있다. 염증성 장염과 구분이 쉽지 않기 때문에 확진을 위해선 병변 부위를 채취하여 조직검사를 실시해야 한다.

치료

종양 치료는 화학요법 약물을 사용한다. 한 가지 혹은 몇 가지 종류의 화학요법 약물을 이용하여 일주일에 1회 약물치료를 한다. 특히 각 종양의 특성에 맞춰 성분 및 투여 방법과 횟수를 정하여 치료한다.

+ 고등급 위장관 림프종

고등급 위장관 림프종 혹은 림프육종은 보다 공격적이고 빠르게 분열 증식하는 종양으로 저등급 림프종에 비해 예후가 좋지 않다. 보통 10~12살령의 고양이에게서 발병률이 높다. 예전엔 고양이백혈병바이러스에 의한 발병이 많았으나 1980년 이후 백신 접종 등을 통해 고양이백혈병의 감소가 이어진 결과 다른 원인에 의한 발생이 증가했다.

다만 이러한 내용은 미국의 상황으로 우리나라에선 아직 정확한 유병률❤을 확인할 수 없으나 진단 기법 및 고양이 개체수의 증가로 인해 점차 증가하고 있다. 백혈병바이러스 외의 다른 발병 원인은 정확하게 밝혀내지 못하고 있다.

이 림프종은 저등급 림프종에 비해 악성형으로 전이가 가능하다. 주로 장간막 림프샘에 전이가 발생하며, 간이나 비장, 신장 흉부로도 전이가 가능하다. 대표적 발생 원인으론 앞서 말한 것처럼 레트로바이러스가 자신의 유전자를 림프구에 삽입하여 림프구가 종양화 되거나 염증성 장염에 의해 종양화가 되는 것으로 본다.

🔍 증상

임상증상은 위장관질환과 비슷하다. 체중이 감소하고 구토 등이 나타난다. 대장에 발생할 경우 설사 증상을 보이기도 한다.

❤ 어떤 시점에 일정한 지역에서 나타나는 그 지역 인구에 대한 환자 수의 비율

🔍 진단

특이적 진단 방법으로는 초음파, CT, 생검 채취를 통해 조직검사로 확진한다. 초음파상에서는 국소적으로 위장관 벽이 커져 있는 것을 볼 수 있다. 이런 곳에 주사바늘을 이용한 생검 채취를 실시하여 세포들을 관찰하여 진단을 내릴 수 있다.

🔍 치료

전신 화학요법을 이용하여 치료한다. 이런 치료를 받지 않는 경우 진단 후 보통 4~8주 사이에 70%까지 사망한다. 사람에서의 항암 치료와 동일하여 종양의 성격, 성장 속도, 전이 등에 맞춰 여러 항암제를 이용하여 치료한다. 항암 치료는 5개월 이상 지속될 수 있으며 잘 치료되는 경우는 평균 생존 기간이 1년 정도였으며, 치료 실패의 경우에는 몇 달밖에는 살지 못했다. 치료 중에는 식욕부진 및 항암제에 의한 부작용이 나타나며, 충분한 영양을 섭취해야 한다.

05 항문낭질환

항문낭은 항문 조임근 양쪽에 있는 주머니로 된 구조물인데, 항문에 관으로 된 통로를 통해 항문낭액을 배출한다. 보통 갑작스럽게 놀란다든가 공포심을 느끼면 항문낭액을 배출한다. 또한 배변 과정에서 배출되기도 하지만 제대로 배출되지 않으면 점차 고체화되기도 한다. 배출되지 않고 고체가 되면 고양이는 그 부분을 핥거나 고양이는 갑자스럽게 놀라다든가 공포심을 느끼면 항문낭액을 배출한다.

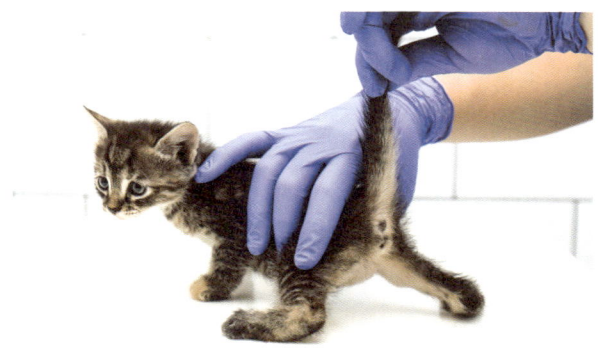

깨물려고 하는데 이 상태에서 세균에 감염되어 항문낭염으로 이어진다.

🔍 치료

우선 고양이를 안정시킨 후에 항문낭의 내용물을 짜서 비워내야 한다. 고양이의 항문낭과 배출구의 입구는 작아서 짜낼 때 통증이 생긴다. 염증이 있다면 더욱 심한 통증을 느낄 것이다. 항문낭액을 다 짜면 세척한 뒤 소독한다. 항생제를 2주 정도 복용하면 완치되지만 재발하는 경우가 있다. 이때는 항문낭을 제거해야 한다.

10 간과 췌장

01 간질환

고양이의 간은 거대하고 복잡한 장기다. 주요 기능으론 단백질 합성과 소화에 필요한 화학물질 생성 및 신체 해독, 신진대사 등이 있다. 간은 몸에서 중요하고도 복잡한 기능을 하기 때문에 손상된 경우 대체할 방법이 없다. 고양이의 간질환은 다른 동물과는 독특한 차이점이 있는데 대표적으로 간지질증, 고양이담관감염증후군, 전염성 간병증복막염, 간 기생충증 등이 있다.

+ 특발성 간지질증
고양이에서 가장 흔한 간질환은 특발성 간지질증으로 간부전을 일으키는 질병이다. 간지질증은 흔히 지방간으로 불리는데 신체는 영양결핍이 지속되면 저장되어 있는 지방을 에너지원으로 변환하는 능력이 떨어져 간에 지방이 축척된다.
오랫동안 잘 먹지 못하는 환경에서 잘 발생하는데, 고양이는 환경적 변화에 민감하게 반응해 식욕이 떨어진다.

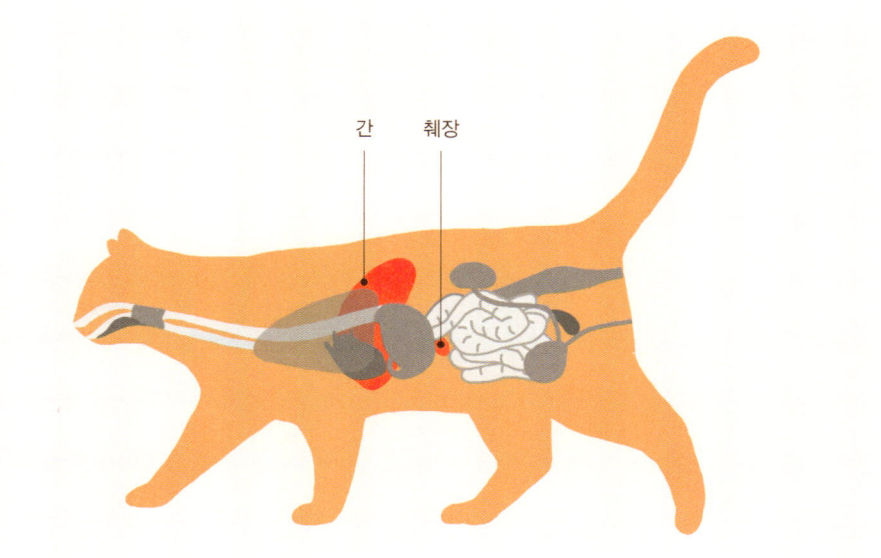

간   췌장

그것이 지속되면 간지질증으로 발전할 수 있다.

비만인 고양이가 오랫동안 금식 상태로 있으면 잘 발생하는 것으로 추정하지만 병리학적으로 정확하게 밝혀진 것은 없어 여러 원인이 겹쳐서 생긴 것으로 본다. 간지질증은 담관간염증후군, 담도계 폐쇄, 염증, 간 내 또는 간외성 종양, 염증성 장질환, 췌장염, 당뇨 등의 합병증이 발생할 수 있다.

증상

가장 흔한 증상으로는 식욕부진, 체중 감소, 황달, 구토 등이 나타난다. 드물게 간성뇌증을 보이기도 한다. 비

● 간에 장애가 생겨 해독되지 않은 피가 뇌에 영향을 주어 의식이나 행동에 변화를 일으키는 질환

만인 고양이가 일주일 이상 식욕부진과 황달 증상을 보이면 간지질증을 의심해볼 수 있다.

🔍 치료

간지질증의 치료 초점은 적절하게 영양을 공급하는 것이다. 고양이에게 단백질을 충분히 급여해야 하는데 고양이가 스스로 먹지 않으면 강제로 먹이기도 한다. 간지질증이 심하면 구토 증상으로 체액이 소실되기 때문에 탈수와 전해질을 교정해야 한다. 강제 급여 방법으로는 콧줄 영양관, 식도 절제를 통해 영양관 장착 혹은 직접 위와 연결하는 방식이 있다.

콧줄 영양관은 3일 이내 단기 급여 시에 장착할 수 있으며 그 이상 치료해야 한다면 다른 방법을 사용해야 한다. 콧줄 영양관 장착은 보통 마취 없이 실시할 수 있고, 식도에 장착하는 영양관은 마취 후 장착하며 목으로 식도에 관을 연결하여 그것을 통해 영양을 공급한다. 이때 피부나 식도 절개 부위는 탄력성이 있어 내용물이 새지는 않는다.

오랜 공복 상태로 위 용적이 작아졌기 때문에 영양관 장착 후에는 소량씩 자주 급여해야 한다. 최근에는 이런 고양이를 위한 액체 처방식이 판매되고 있다. 간지질증이 발생하면 보통 3~6주 동안 영양관을 이용해 급여해야 하며, 자발적으로 음식에 관심을 보이기 시작한 뒤 1주일 이상은 더 장착해야 한다. 평균 회복 기간은 6주 정도지만 3~4개월 이상이 소요될 수도 있다.

간지질증은 초기에 치료를 제대로 하지 못하면 사망에

비만인 고양이에서 간지질증이 잘 발생할 수 있다.

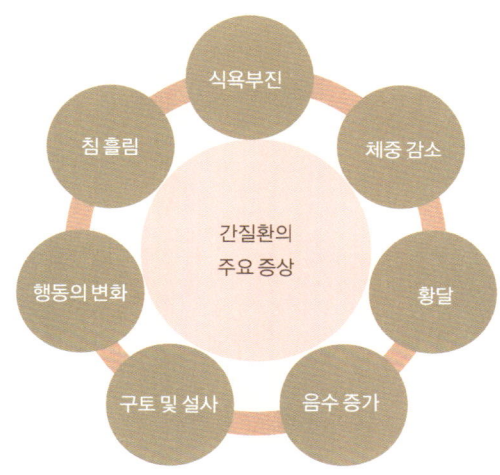

간질환의 주요 증상
- 식욕부진
- 체중 감소
- 황달
- 음수 증가
- 구토 및 설사
- 행동의 변화
- 침 흘림

❤ 담즙 색소의 하나로 빌리루빈의 혈장 내 농도가 올라가면 피부와 눈의 흰자위가 누런색을 띠는 황달 증상이 나타난다.

이를 수도 있다. 보통 첫 주에 발생하는데 적절하게 치료하면 생존율은 높은 편이다. 치료를 받은 고양이는 첫 주에 빌리루빈bilirubin❤ 수치가 반으로 떨어지면서 회복률이 높아진다. 재발은 흔하지 않고 만성 간질환을 일으키지 않는다.

간지질증은 식욕부진인 고양이에게서 흔하게 발생하는 질환이다. 간지질증과 상관없이 오랜 기간 식욕부진에 빠진 고양이에겐 적극적인 영양 치료가 필요하다. 식욕부진에 대한 원인 치료뿐만 아니라 충분한 영양을 공급해 간에 중성지방이 축적되는 것을 막고, 면역력을 높여 질병을 이길 수 있도록 관리해야 한다.

✚ 담관간염증후군

담관염이나 담관간염증후군은 고양이 사이에서 간지질증 다음으로 자주 발생하는 간질환이다. 간에서 만들어진 담즙은 장으로 이동하면서 소화를 돕는 역할을 한다. 담즙이 이동하는 통로를 담관이라고 하며, 간 내부에 위치한다. 이곳에 염증이 생기면 담관염 혹은 담관간염이 발생한다. 최근에는 고양이담관간염증후군으로 통칭하는데 염증성 간염이라고 불리기도 한다.

고양이의 간질환은 개에 비해 종류가 적고 손상되는 위치도 다르다. 개의 경우 간의 간실질세포가 주요 손상 부위이지만 고양이의 경우 작은 담도계 결석이나 간관肝管❤이나 담관에 염증이 잘 생긴다. 담관간염증후군은 담관에서 생긴 염증이 간으로 확산되면서 발생한다. 세계소동물수의사협회WSAVA에서는 담관염을 급성 혹은 만성 호중구성 담관염, 림프구성 담관염, 간흡충에 의한 담관염으로 구분했다.

❤ 간에서 만들어진 쓸개즙을 쓸개로 운반하는 관

🔍 증상

급성 혹은 만성 호중구성 담관염은 화농성으로 큰 담관에 염증이 생기면서 발생하는데 주로 3~4살령 고양이 사이에서 발병한다. 기면증, 고열, 구토, 설사, 황달, 복통 등의 증상이 나타나고 간은 세로로 커지는데종대 몇 주 정도 증상을 보이다가 회복한다.

다만 만성은 담관이 증대하면서 섬유화도 일어나기 때문에 증세가 점차 악화되기도 한다. 원인은 알 수 없으나 급성형이 만성화되는 것으로 추정한다. 호중구성 담관염이 발병한 고양이의 경우 염증성 장질환과 췌장염이 함께 발생하는 것으로 알려져 3징후 질병 triad disease, 세동이염으로 불리기도 한다.

림프구성 담관염은 성숙 림프구가 담관에 침윤하는 것이 특징으로 원인은 면역매개성으로 추정하며 1차적으로 문맥과 담관에 발생한다. 10살령을 넘긴 고양이에게 잘 걸리며 증상은 간헐적이다.

고양이가 갑자기 잘 먹지 않거나 혹은 많이 먹거나 체중감소, 황달, 배가 불러오거나 구토와 설사, 고열이 나타나면 이 질환을 의심해볼 수 있다. 갑자기 기절이나 혼수상태에 빠지는 경우도 있다.

진단

우선 혈액검사를 통해 염증이 있는지, 간 기능이 정상인지를 확인하다. 그 후 초음파검사로 담낭과 췌장을 관찰해 염증이 보이면 확진할 수 있다. 미세침흡인검사로 가장 확실하게 담관염을 진단할 수 있다.

간질환과 특히 관련이 있는 혈액검사 항목은 알라닌아미노 전달효소 alanineamino transferase, ALT, 아스파르테이트 아미노 전달효소 aspartateamino transferase, AST이다. 이 효소는 간세포에서 빠져나오는 것으로 간세포의 손상이 진행될 때 상승하는 수치이지만 다른 원인에 의해서도 올라갈 수 있다.

알칼리성 인산가수 분해효소 ALP와 감마글루타밀 전이효소 GGT는 특히 담도계와 췌장관질환의 진단에 유용하다. 췌장염, 담도염, 간외성 담도 폐쇄에서는 ALP와

GGT 수치가 상승한다. 간지질증(지방간증)만 있고 췌장도 관이나 담도에 염증이 없다면 ALP만 상승한다. ALP 수치만 5~10배 정도 상승하고 GGT는 거의 변화가 없다면 간지질증으로 진단을 내릴 수 있다.

치료
이 질환을 치료하기 위해 여러 방법을 사용할 수 있다.

• 약물치료
세균 감염이 확인되는 경우 항생제와 간보호제 등을 투여한다. 만성형이거나 림프구성인 경우 면역억제제를 사용해 염증을 억제한다.

• 식이요법
처방식을 먹이는 것을 추천하며 양질의 영양을 공급하되 단백질 섭취를 줄인다. 비타민을 공급하는 것도 좋다.

• 수술적 치료
증상이 심하면 담낭을 절제한다.

• 수액 치료
몸 안의 전해질과 산염기의 균형을 교정해준다.

02 췌장질환

췌장은 이자라고도 불리며 위와 십이지장을 따라 상복부에 자리잡은 장기다. 다른 장기에 비해 크기가 아주 작지만 소화효소를 분비해 음식물을 소화하고 인슐린과 글루카곤Glucagon💬을 분해해 체내 혈당을 조절하는 기능을 한다. 췌장질환 중에는 췌장염이 대표적이다.

💬 인슐린과 마찬가지로 이자에서 합성되고 분비되는 호르몬

+ 췌장염

췌장염은 췌장에 염증이 일어난 상태로 급성형과 만성형으로 나눌 수 있다. 급성은 다시 괴사형과 화농성으로 나뉜다. 고양이의 췌장염은 원인을 알 수 없는 특발성이 많지만 이 질환을 유발할 수 있는 위험 요소는 몇 가지가 있다. 낙상, 둔중한 물체로 맞거나 수술, 감염성 질환, 저혈압, 고혈당증, 약물 등이 췌장염을 촉발하기도 한다. 췌장에 염증이 생기면 췌장 효소인 트립시노겐trypsinogen💬과 다른 효소들이 주위 조직으로 유출되어 염증 유도 물질을 분비해 전신에 문제를 일으킬 수 있다.

💬 췌장에서 외분비되는 단백질 분해효소의 전구체

급성은 췌장의 영구적 손상이 일어나진 않지만 만성형으로 오랫동안 염증이 지속되면 췌장의 섬유화와 위축을 일으킨다. 전체 췌장염 중 만성형이 3분의 2를 차지하지만 대부분 약한 증상을 보인다. 만성형 췌장염은 앞에서 언급했듯 담관간염증후군으로 인해 발생할 수 있다. 염증성 장염, 만성 호중구성 담관염과 함께 췌장에 동시에 염증이 발생하는 것이며 이 경우는 림프구 침윤으로 발생한 염증성 장염으로 인해 유발되는 것으로 본다.

🔍 증상

췌장염에 걸리면 식욕부진, 기면증이 주로 나타난다. 구토는 췌장염에 걸린 고양이 중 50% 정도만 나타나고, 설

사 증상은 많이 나타나지 않는다.

진단

췌장염을 진단하기 위해선 고양이의 췌장 속 리파아제 lipase를 검사한다. 리파아제는 주로 췌장 세포에 존재하는 일종의 지방 분해효소로 혈액 중에 리파아제 농도가 정상 이상 높아지면 췌장 세포가 손상됐을 가능성이 높다.

고양이의 혈액에서 리파아제를 측정하는 것이 췌장질환의 진단에 도움이 되며 동물병원에서 진단 키트를 이용해 직접 검사할 수 있다. 이 외에 혈액검사나 초음파검사를 통해 췌장염의 정도와 형태를 알아보고 확진한다. 다른 검사를 이용하여 췌장염의 정도와 형태를 결정한다.

치료

급성형 췌장염의 주요 치료 방법은 수액 점적이다. 췌장염 자체를 치료할 수 있는 약물은 없기 때문에 수액 치료를 통해 탈수, 전해질, 산염기 상태를 개선한다.

식이요법으론 구토가 없거나 식욕이 있는 경우 소량씩 자주 저지방식을 급여한다. 구토는 없지만 식욕이 없는 경우 콧줄 영양관을 통해 영양을 공급한다. 이 외에도 췌장염은 복통이 동반하기 때문에 진통제를, 구토를 할 경우 항구토제를 투여한다.

만성형 췌장염인 경우 췌장 손상으로 전체적 신체 기능이 저하되고 췌장의 소화효소가 부족해지면 외분비성 췌장기능부전증이나 당뇨가 발생할 수 있다. 그러나 대부분 이 상태까지 진행되기 전에 사망하는 경우가 많다.

+ 간질환을 가진 고양이의 영양보충제

간질환에 흔히 처방되는 약물 중에는 비타민이나 항산화제가 있다. 이러한 영양성분들은 사실 치료제라고 할 수 없으며, 간질환 치료에 있어 보조제 역할을 할 뿐이다. 실제 고양이의 간질환을 치료할 수 있는 약물은 없다고 보는 게 적당하기 때문에 영양제와 항산화제로 증상을 완화시키는 데 목적을 가지고 있다.

간은 비타민 저장고이며, 전구체비타민을 활성형으로 바꾸는 역할을 한다. 간 기능이 손상되면 주요비타민의 합성에 영향을 미치기 때문에 비타민 부족 현상이 일어난다.

+ 간질환을 가진 고양이의 영양보충제

영양소	기능
비타민E	항산화 효과와 간섬유화 방지
비타민K	지혈에 중요 작용
비타민B (B6, B12, B1)	비타민B12인 코발라민은 내인성으로 아데노실메티오닌 (S-adenosyl methionine)의 생산을 촉진
아데노실메티오닌	간 기능을 향상시키며, 손상된 간의 회복을 촉진한다.
밀크시슬	식물에서 추출한 실리마린(Silymarin) 성분이 간 세포막을 보호하고 간세포 재생을 도와 간 기능 회복에 도움을 준다.

CHAPTER 5 다섯 뼘 더 이해하기 **고양이 계통별 질환**

11 내분비계

01 당뇨

최근 들어 고양이 사이에 당뇨diabetes mellitus, 糖尿病 진단율이 점점 증가하고 있다. 아마 노령묘와 비만률 증가 등이 원인일 것이다. 암컷보다 수컷 고양이가 걸릴 확률이 60~70% 정도 더 높다. 나이가 들수록 발병률이 높아지는데 가장 많이 발병하는 연령대는 7~10살령으로 평균 55~65% 정도다.

+ 당뇨의 병리학적 이해

신체가 정상적인 경우 췌장의 베타 세포β-cell가 인슐린insulin🐾을 생산하고, 체세포는 혈액 속 포도당을 이용해 에너지원으로 사용한다. 하지만 인슐린이 결핍되면 체세포가 이 포도당을 이용할 수 없어 혈당血糖🐾🐾 농도가 과도하게 높아지고 체내가 지속적인 고혈당 및 요당尿糖🐾🐾🐾 상태에 이르러 당뇨가 발생한다.

당뇨는 인슐린 생산이나 인슐린 감수성저항성이 부족하거나 간에서 포도당을 신합성하는 것이 급증하는 경우

🐾 탄수화물 대사를 조절하는 호르몬 단백질로 췌장의 랑게르한스섬에 있는 세포에서 분비되면서 생체 내 혈당을 조절한다.
🐾🐾 혈액 속에 포함되어 있는 당
🐾🐾🐾 소변에 포도당이 섞인 상태로 고양이가 당뇨병에 걸리면 소변에서 요당반응이 나타난다.

에 발생한다. 혈중 포도당 농도가 288mg/dL 이상이면 당뇨를 의심해볼 수 있다.

+ 당뇨 타입
일반적으로 당뇨는 2가지로 나누는데 하나는 제1형 당뇨병 diabetes mellitus type 1이고, 다른 하나는 제2형 당뇨병 diabetes mellitus type 2이다.

🔍 제1형 당뇨병
인슐린 의존형으로 베타 세포가 파괴되어 인슐린을 생산하지 못해 유발하며, 사람의 경우 소아청소년기에 발생해 진단되는 경우가 많아 소아당뇨병이라고도 한다. 고양이가 제1형 당뇨병에 걸리는 확률은 매우 드물다.

🔍 제2형 당뇨병
인슐린 비의존형으로 인슐린에 저항성이 있어 베타 세포의 인슐린 분비 기능이 저하되면서 생긴다. 당뇨에 걸린 고양이 80% 정도가 제2형에 속한다. 환경적, 유전적 요소가 발병률에 영향을 미친다. 특히 버미즈의 경우 발병률이 10% 이상이다.

+ 당뇨를 유발하는 원인
고양이에게 당뇨를 유발하는 원인은 아주 다양하다. 보통 노령묘가 비만인 경우 인슐린 분비로 인한 베타 세포의 문제로 발생한다.

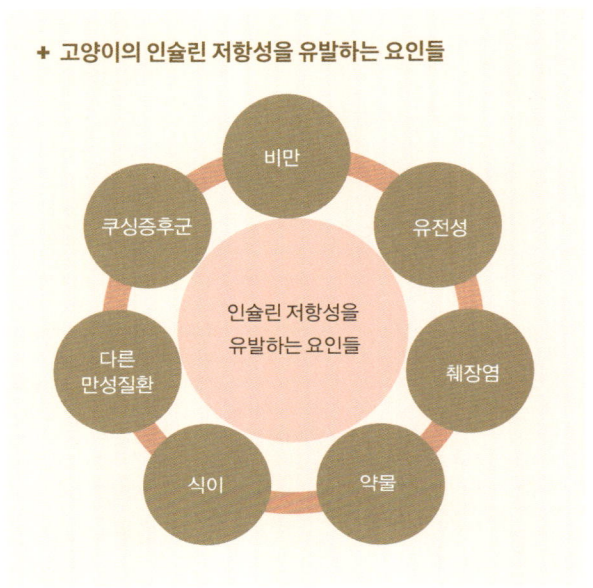

+ 고양이의 인슐린 저항성을 유발하는 요인들

• **비만**

고양이에게 당뇨를 유발하는 주원인은 비만일 수 있다. 적정 체중을 가진 경우보다 비만인 고양이가 당뇨에 걸린 확률이 3.9배 높은 편이다. 인슐린 감수성이 낮은 고양이의 경우 체중이 증가하면서 인슐린 저항성의 위험성이 크게 증가한다. 인슐린 감수성은 수컷이 암컷보다 낮은 편이라서 비만이 될 확률이 더 높고, 그 결과 당뇨 발병률도 높은 편이다.

• **쿠싱증후군**

쿠싱증후군 Cushing's syndrome은 부신피질의 호르몬 중 코르티솔 cortisol♥의 과다로 인해 발생하는 증후군이다. 부

♥ 급성스트레스에 반응하면서 분비되는 물질로 스트레스에 대항하는 신체에 필요한 에너지를 공급해주는 역할을 한다. 항염증 작용이 있어 염증성이나 알레르기 질환 등에 이용한다.

※ 세포가 비정상적으로 분열하고 증식하여 만들어진 물질

신피질에 종양이 생기거나 부신피질 그 자체가 과다하게 증식하거나 부신 신생물新生物※이 코르티솔을 과다하게 분비하면서 발생하는 질환이다.

• **다른 질환**

스테로이드제나 황체호르몬 등의 당뇨를 유발할 수 있는 제제를 투약한 경우 고혈당증이나 당뇨가 발생할 수 있다. 또한 갑상샘기능항진증의 경우에도 고혈당증을 유발하며, 지속적인 고혈당 상태로 만든다. 고양이의 경우 전체 20% 정도에 해당한다.

그 외에도 임신, 췌장염, 신장 기능 문제 등 고혈당을 유발할 수 있는 다양한 원인들이 있다. 이러한 경우는 당뇨 증상보다는 당뇨를 유발하는 질병의 증상을 보이며, 혈액검사 과정에서 고혈당증이 발견된다.

증상

당뇨가 발생하면 혈액 중 포도당은 높지만 세포 내에 쓸 수 있는 포도당이 없기 때문에 섭식중추를 자극하여 공

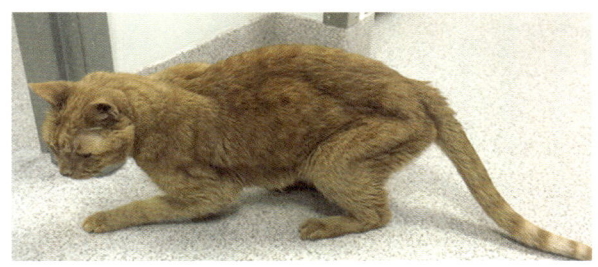

당뇨성 신경증을 가진 고양이의 걷는 모습. 발끝으로 걷지 못하고 사람처럼 걷는다.

복을 많이 느낀다. 그래서 음식을 많이 먹으나 체중은 감소한다. 소변에 당이 검출되는 것은 혈액 내 높은 포도당 농도가 삼투압으로 작용하여 소변을 통해 배출되기 때문이다. 또한 혈중 고삼투압은 갈증을 많이 일으켜 물을 많이 마시게 한다. 그것이 소변으로 그대로 빠져나가면서 더 많은 물을 먹게 된다.

또 혈액 내 포도당 농도가 높지만 세포가 실제로 사용할 포도당이 고갈되어 간에서 포도당 신합성이 일어난다. 케톤keton♥은 포도당 신합성의 부산물로서 혈중 케톤이 증가하면 구역질이 나오거나 식욕부진을 일으킬 수 있다.

🔍 진단

고양이는 스트레스로 인한 일시적 고혈당증이 나타날 수 있으며 이런 경우 혈중 프룩토사민fructosamine 농도는 상승하지 않는다. 그렇기 때문에 증상과 함께 여러 번 혈당 체크를 한 뒤에 고혈당증이 맞는지 확인해야 한다.

프룩토사민은 당화糖化♥된 혈장 단백으로 혈당 농도와 연계되기 때문에 혈중 프룩토사민 농도 측정은 당뇨 진단에 도움이 될 수 있다. 다만 이것은 고양이 평균 혈당 농도를 의미할 뿐이기 때문에 연속 혈당 측정을 통해 정확하게 진단하는 것이 더 안전하다. 일시적 고혈당인 경우 소변에 혈당이 검출되지 않는다.

• **혈액검사**

혈액검사를 통해 혈당을 체크한다. 당뇨일 경우 공복 뒤에 혈액 속 포도당 수치는 250~290mg/dl을 넘는다. 고

♥ 혈액 속 포도당이 부족하면 간과 근육에 저장된 글리코겐을 분해하거나 그것도 모자라면 지방과 단백질을 분해해 포도당을 만드는데 케톤은 지방이 포도당으로 바뀌면서 만들어지는 부산물이다.

♥ 녹말이나 다당류가 효소나 산의 작용으로 가수 분해되어 단당류나 이당류를 생성하는 것

고양이는 소변 채취가 어렵기 때문에 소변을 모을 수 있는 다양한 제품이 판매 중이다.

당뇨가 있는 고양이를 검사하기 위해 스틱으로 되어 있는 뇨 진단 키트. 혈당 부분의 색이 진하게 나온다.

양이는 쉽게 긴장하기 때문에 그것으로 인해 혈당 수치가 증가하기도 한다. 하지만 이런 증상들은 몇 시간 안에 정상으로 돌아오기 때문에 당뇨와는 다르다. 여러 번 혈당 체크를 하면서 신장질환이나 갑상샘기능항진증의 영향도 살펴봐야 한다.

또한 당뇨병에 걸린 고양이의 50% 정도는 합병증으로 췌장염에 걸릴 수 있으므로 혈액검사를 통해 이를 확인해봐야 한다.

• 소변검사

신장은 포도당을 여과하지 못하기 때문에 혈당 수치가 높아지면 소변에서 포도당이 검출된다.

• 당화혈색소검사

당화혈색소 검사는 혈액 내에서 산소를 운반해주는 역할을 하는 적혈구 내 혈색소가 어느 정도로 당화됐는지를 측정하는 검사다. 이를 통해 긴장으로 인한 고혈당인지 아니면 당뇨인지를 구분할 수 있다.

• 전해질 이상

당뇨 상태가 지속되면 케톤산증으로 진행되며 칼륨, 나트륨, 인 등의 이온 수치가 비정상적으로 측정된다.

• 영상학적 검사

합병증의 가능성을 알아보기 위해 필요한 검사다.

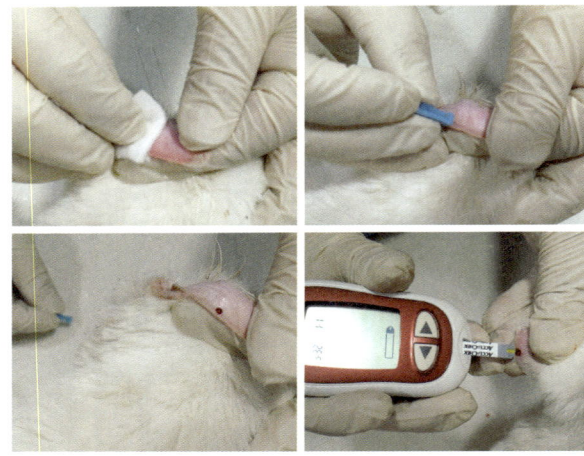

가정용 혈당측정기를 이용하여 고양이 혈당을 측정하는 모습. 고양이는 보통 귀 끝부분의 혈관에서 채혈한다.

🔍 치료

고양이 당뇨는 치료가 가능한 질환으로 조기에 억제하고 주기적으로 관찰하면 어느 정도 완치가 가능하다.

• 인슐린 치료

인슐린 치료의 목적은 하루 중 혈당 농도를 72~200mg/dL로 유지시키는 것이다. 인슐린 용량 조정은 3가지 단계를 거친다. 처음에는 저혈당 정도나 저용량 3U 이하 또는 고용량 3U 또는 그 이상 인슐린의 사용 여부에 따라 매 5~7일마다 0.5~1U씩 용량을 증량해간다.

만약 하루 중 혈당이 72~200mg/dL이 된다면, 그 용량을 유지 용량으로 정한다. 인슐린 투여 전 혈당이 180mg/dL 이하이거나 최저 혈당이 70~90mg/dL 이하로 떨어진다면 인슐린 투여량을 감량한다. 인슐린 최소 용량 0.5 U/

㎏을 투여하거나 인슐린 투여 전 혈당이 180mg/dL 이하인 경우는 회복 여부를 확인해보기 위해 인슐린 투약을 중지해볼 수 있다. 12시간 후에 측정을 다시 해보고 혈당이 180mg/dL 이하라면 일주일 뒤에 재검사를 실시한다. 만약 혈당치가 180mg/dL 이상이 되면 곧바로 인슐린을 투여해야 한다.

일반적으로 매일 여러 차례 혈당 수치를 체크하고 최고 및 최저 혈당 수치와 시간을 확인해 혈당곡선♥을 찾아내면 인슐린 사용량과 효과를 알아보는 데 도움이 된다. 인슐린은 하루에 2회, 보통 식사를 할 때 함께 주사한다.

♥ 혈중포도당추이를나타내는곡선

• **잘못된 인슐린 치료**

인슐린 치료 도중 인슐린 저항성이 생길 수 있다. 보통 체중당 1.5U 이상의 인슐린을 투여해야 혈당이 조절된다면 외부 인슐린에 대한 저항성이 생겼다고 볼 수 있다. 물론 보호자가 단독으로 결정해야 할 사항이 아니고 동물병원과 상담하면서 해결해야 한다.

여기에는 인슐린 치료 과정에서 인슐린 자체의 기능이 사라졌거나 주사 요령이 잘못됐거나 하는 과정의 문제도 포함된다. 인슐린 저항성은 신체 내 발생하는 문제도 생기기도 하지만 인슐린의 취급이나 투여 방법을 개선하면 해결될 수도 있기 때문에 보호자는 인슐린 관리나 투여 방법을 잘 이해해야 한다.

• **수액 치료**

합병증일 경우 심각한 탈수와 전해질 이상이 올 수 있기 때문에 이를 수액 치료로 교정할 수 있다. 증상이 심할 때 수액 치료를 적절하게 하지 못하면 사망에 이를 수도 있다.

+ 인슐린 치료 과정의 문제 또는 인슐린 저항성 유발 원인

인슐린 치료 과정의 문제	원인 및 해결방안	병발하는 질환으로 유발되는 문제
인슐린 기능 소실	인슐린은 단백질로 충격이나 온도에 따라 민감함. 인슐린 병을 떨어뜨리거나 인슐린이 들어 있는 주사기를 툭하고 때리는 행동은 하지 않는 것이 좋음	고혈당을 유발하는 약물들, 감염 (특히 구강이나 요로계), 쿠싱증후군, 췌장질환, 갑상샘기능항진증, 신부전, 간부전, 심부전, 고지질혈증
희석된 인슐린	글라진 이용시 희석 사용 안함	
부적절한 용량	혈당곡선 체크하여 적절한 용량 설정	
스모기 효과	저혈당이 나타난 후 급격히 고혈당증이 나타나는 현상, 연속 혈당 체크 후 인슐린 투여량 조절	
인슐린 흡수 문제	수화 상태, 국소 혈액 흐름, 비만, 인슐린 용량, 운동, 환경 온도에 따라 흡수율이나 시간의 차이가 생길 수 있음. 같은 곳에 계속 주사하게 되면 지방세포의 비대가 일어나고 흡수에 영향을 미칠 수 있음	
항인슐린 항체	지속 시간이 긴 인슐린 사용에서는 드묾	

• **식이요법**

당뇨 전용 처방 사료나 저탄수화물로 된 사료를 급여한다. 고양이가 오랫동안 식욕부진을 겪으면 합병증으로 간질환에 걸릴 수도 있다.

• **가정에서의 관리**

가정에서 매일 혈당을 측정하면서 인슐린 용량을 적절하게 조절하면 회복률이 높아진다. 그리고 지속적으로 병원에 방문해 혈당 관리가 잘 되고 있는지, 인슐린 처치가 올바른지 수의사와 상의해야 한다.

당뇨 관해 상태

당뇨 관해 상태는 인슐린 치료 이후 당뇨의 임상증상이 사라지고, 혈당이 정상화가 되고, 인슐린 치료를 중지해도 되는 상황을 말한다. 사람의 경우 정상 혈당이 1년 정도 지속되면 관해 상태라고 하는데 고양이는 정상 혈당이 4주 정도 지속되면 진단을 내릴 수 있다.

그러나 이런 관해가 당뇨의 완치를 말하는 것은 아니다. 관해는 적정 체중 관리, 인슐린 치료, 다른 질환의 치료 및 관리를 통해 이뤄진다. 그러나 당뇨를 일으켰던 한 요인인 베타 세포의 손상 등은 회복하지 못한 상태다.

즉 인슐린 저항성 해소로 인슐린 요구량이 줄어들어 당뇨가 완화되지만 췌장 세포의 손상이 계속되어 인슐린 분비량이 줄어든다면 당뇨가 재발할 수 있다. 또한 다른 고혈당을 유발하거나 인슐린 저항성을 높일 수 있는 요인이 발생한다면 언제든 당뇨의 임상증상이 다시 나타날 수 있다.

관해는 당뇨 치료 후 3~4개월 사이에 가장 많이 나타나는데 1년 이상 걸리는 경우도 있다. 관해율은 새로운 인슐린인슐린 글라진과 인슐린 디터머 개발로 인해 더욱 높아졌다. 관해율은 보통 당뇨 진단 시의 고양이 상태에 따라 영향을 많이 받는다. 병발하는 다른 질환이 없는 건강한 상태로, 글라진 같은 인슐린으로 하루 2회 투여를 받고 저탄수화물 사료를 급여하고, 진단 후 4개월간 혈당 관리를 잘한 경우 관해율은 40~50%에 달한다. 당뇨를 앓은 고양이 다수가 관해 상태로 몇 달 혹은 몇 년 때론 평생 유지되기도 한다.

그러나 관해 상태인 고양이의 30% 정도가 고혈당증이 재발하여 인슐린 치료가 필요했다가 다시 관리가 잘되

+ 당뇨 합병증의 종류

당뇨 합병증의 종류	
당뇨성 신경병증	신경집세포라는 신경세포에 포도당과 과당이 정상의 10배 이상 축적되어 신경전기전도가 느려지게 되어 나타난다.
당뇨성 신장병증	고혈당으로 신장의 모세혈관이 손상되며 점차 신장 기능을 소실하게 된다.
당뇨성 발과 관련된 질환	발톱이 과잉 성장하거나 피부병변이 발생할 수 있다.

면 관해 상태가 되기도 한다. 특히 시간이 지남에 따라 베타 세포의 인슐린 분비 기능이 줄어들어 거의 상실된 상태로 진행되기 때문에 평생 인슐린 치료는 필요할 수 있다.

만성적인 고혈당증은 당독성 glucotoxicity 으로 알려진 증상을 유발한다. 고혈당증은 혈관내피세포나 기타 세포의 손상을 일으킬 수 있으며, 또한 췌장에서는 베타 세포의 손상도 일으킨다.

+ **혈당 관리**

소량 0.3 μ L 정도의 혈액만 가지고도 측정이 가능한 고양이 전용 혈당 체크기를 사용하는 게 더 효과가 좋다. 더불어 혈당계는 가정용과 병원용이 있는데 검사 기계마다 혈당의 차이가 나타난다.

보통 동물병원에선 측정치가 낮은 편이다. 가정용과 병

■ 일시적인 고혈당에 의해 잠시 췌장 기능의 장애가 오는 것을 말함

혈당을 체크할 때 동물병원은 목의 경정맥이나 요골 측 피부정맥에서 채혈하는데 가정에선 주로 귀 끝에서 채혈하기 때문에 측정 수치가 다르게 나타난다.

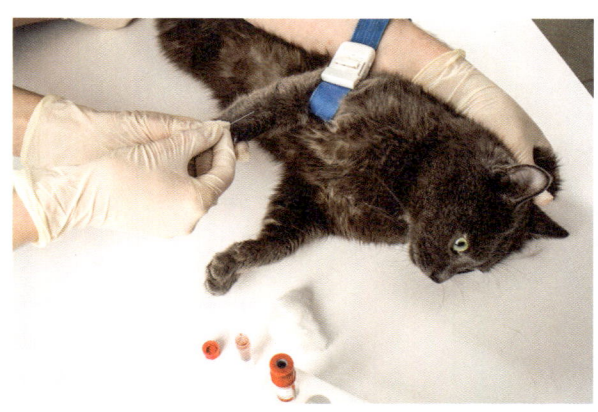

원용 혈당계의 측정 차이는 채혈 위치와 시간 때문이다. 동물병원에선 보통 목에 있는 경정맥이나 요골 측 피부 정맥에서 채혈해 원심 분리한 혈장을 사용하지만 가정에선 주로 귀 끝에서 채혈해 사용한다.

혈액 내 수분의 혈당 농도는 혈장 수분의 혈당 농도와 같으나 적혈구 내 수분은 71%이고, 혈장 내 수분은 93%로 전체 적혈구 내 혈당 농도가 혈장 내 농도보다 낮다. 혈장의 포도당 농도가 100mg/dl동물병원 혈당치라 하면 적혈구의 포도당 농도는 70mg/dl 정도이다. 적혈구가 혈액에서 차지하는 비율을 44%로 잡았을 때 전혈을 이용한 포도당 농도는 88mg/dl이 된다. 그래서 보통 18~36mg/dL 정도의 차이를 보인다.

또한 공복과 식후에도 혈당 차이가 나타난다. 식후엔 장에서 흡수된 혈당이 말초 세포에 의해 흡수되고 이후 모아진 혈액이 심장을 통해 전신으로 보내지는데 이때 말초의 혈당은 높으나 정맥의 혈당은 낮게 측정된다. 소화가 된 후 혈당을 측정하면 가정용 혈당계 수치가 더 낮을 수 있다.

여기서 주의할 점은 채혈 시 피부를 쥐어짜게 되면 혈액뿐만 아니라 세포 사이의 간질액 intersitital fluid까지 나오기 때문에 혈당이 높게 측정될 수 있다. 그리고 채혈할 때 소독하지 않아도 염증 등의 문제가 발생하지는 않는다. 알코올 등으로 소독을 한다면 충분히 말린 이후에 채혈해야 한다. 보통 혈당측정기 세트에 채혈기가 있기 때문에 이를 이용하면 쉽게 채혈할 수 있다.

▪ 세포 바깥의 체액을 이루는 대부분의 액체로 우리 몸의 세포에 영양분을 공급하고 노폐물을 제거하는 역할을 한다.

가정용 혈당계 선택할 때 주의할 점

가정용 혈당계는 가급적 적은 혈액으로 정확한 혈당을 측정하는 것이 중요하다. 하지만 시중에 판매되는 혈당계는 사람에 맞춰 수치가 조정되어 있기 때문에 고양이의 경우 정확한 혈당을 측정하기 어렵다. 또한 혈당계는 혈당 수치뿐만 아니라 혈당곡선을 통해 전체 혈당이 어떻게 변동하는지를 평가할 수 있어야 한다.

현재 동물용 혈당계로 나온 제품은 알파트랙AlphaTRAK, 펫테스트PetTest 등이 있다. 알파트랙의 경우 소량0.3μL의 혈액만으로도 측정이 가능하다. 그리고 가정용과 병원용 혈당 수치를 비교하는 것도 중요하다.

+ 당뇨로 인한 부작용

스모기효과

스모기효과Somogyi Effect는 밤에는 저혈당이었다가 아침 공복 시 고혈당이 되는 현상을 말하는데 반동성 고혈당증이라고도 한다. 스모기 박사가 연구했기에 스모기라

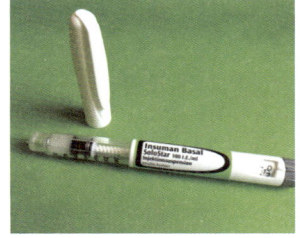
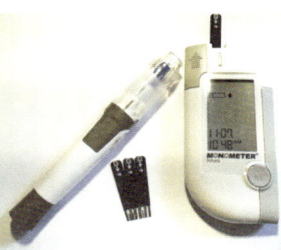

가정용 혈당계를 고를 때는 적은 혈액으로 정확한 혈당을 측정하는 것으로 선택해야 한다.

는 이름이 붙여졌다.

이 현상은 인슐린이 저혈당증을 유발할 만큼 투여될 때 발생하는데 저혈당 상태에서 혈당을 올리기 위해 췌장에서는 글루카곤, 부신에서는 아드레날린adrenaline♥, 코르티솔이 분비되면서 급격하게 혈당이 상승하여 400mg/dL 이상의 고혈당 상태가 된다. 이런 현상은 흔한 것은 아니다. 이럴 경우는 하루 정도 인슐린 치료를 중단한 후 그 다음 날 처방 용량의 반 정도로 투여하면서 혈당을 관리해야 한다.

♥ 부신수질에서 분비되는 호르몬으로 교감신경에서 자극의 전달 물질이다.

당뇨성 신경증

만성고혈당증은 신경에 구조적 이상을 일으켜 자세를 변형시킨다. 고양이는 사람으로 치자면 발끝으로 걷는 게 정상인데 척행 자세가 되면 사람처럼 발바닥을 바닥에 완전히 밀착시키면서 걷는다. 혈당이 정상적으로 돌아오면 회복할 수 있지만 평생 지속될 수도 있다.

당뇨병 위기

혈당이 조절되지 못하고 지속적으로 고혈당증이 지속되면 당뇨성 케톤산혈증 또는 고혈당성 고삼투압성 비케톤성 증후군이 나타난다. 이를 당뇨병 위기Diabetic Crisis라고 한다.

♥ 아세토아세트산, β-히드록시부티르산, 아세톤의 3가지 물질의 총칭으로 주로 간에서 지방산의 산화에 의해 생성된다.

• **당뇨성 케톤산혈증**

당뇨성 케톤산혈증Diabetic Ketoacidosis은 신체에 인슐린이 심각하게 부족해지면 당을 에너지원으로 사용할 수 없어 몸속에 저장해둔 지방을 에너지로 사용한다. 이런 식으로 포도당 대사의 과정이 일어나면 케톤체 ketone body 같은 산성대사물질이 혈액에 축적된다. 그러면 혈액은 산성으로 바뀌고 소변량이 증가하면서 호흡과 심박동이 빨라져 혼수상태에 빠질 수도 있다.

보통 식욕부진과 기면증, 탈수증이 나타나는데 오랫동안 당뇨였다는 것을 모른 채 생활하면 이 병이 발병할 수 있다. 당뇨에서 가장 중요한 합병증으로, 심하면 사망할 수도 있다. 케톤체는 소변검사를 통해 확인할 수 있다.

• 고혈당성 고삼투압성 비케톤성 증후군

인슐린 결핍이 심해지면 생기는 질환으로 제2형 당뇨병에서 발생한다. 진단 기준은 600mg/dL 이상의 고혈당 상태로 소변검사를 하면 케톤이 검출되진 않으나 혈청 삼투압이 330mOsm/kg을 넘는다면 이 질환으로 확진할 수 있다. 이 질환으로 정신이 혼미해지면 수액 치료로 탈수 증상을 완화해야 한다.

✚ 간단하게 알아보는 인슐린 및 주사 방법

🔍 인슐린 종류

인슐린은 제조 방법, 작용 시간 등에 따라 다양한 종류가 있다. 일반적으로 인슐린의 흡수 속도, 작용 시작 시간, 최고 작용 시간, 작용 지속 시간에 따라 속효성 Regular Insulin, 혼합형 NPH, Neutral Protamine Hagedorn, 지속형 이렇게

3가지 형태로 구분한다. 고양이의 경우 당뇨로 인한 케톤산증이나 칼륨 농도를 빠르게 떨어뜨리기 위해 속효성 인슐린을 주로 사용하거나 관리를 위해 혼합형 인슐린을 사용해왔으나 최근에는 지속형 인슐린을 많이 사용한다.

속효성 인슐린은 피하주사 30분 후에 작용이 시작된다. 불순물이 거의 제거되어 순도가 높아 맑은 색을 나타내며 사용 전 섞어 줄 필요가 없다. 주로 단기 치료 목적으로 사용한다.

혼합형 인슐린은 지속형과 속효성이 혼합된 제품으로 속효성 인슐린보다 작용 시간이 길고 액이 뿌옇다. 가만히 두면 내용물이 가라앉으므로 10~20회 정도 손바닥 사이에 넣고 굴리거나 부드럽게 위아래로 뒤집어 잘 섞어주어야 한다. 인슐린은 호르몬이기 때문에 충격을 주면 그 구조가 깨져 제기능을 할 수 없다.

지속형 인슐린은 작용 시간이 24시간이고 액이 투명하다. 다른 형태의 인슐린과 달리 최고 작용 시간이 없고 24시간 동안 거의 일정하게 흡수된다. 합병증이 없고 어느 정도 안정화가 된 당뇨에 걸린 고양이에게 장기 치료제로 사용한다.

인슐린 제재

주로 사용하는 인슐린 제제는 인슐린이란 단백질을 특수 용액에 희석한 것으로 1단위[1unit, 1U]라는 단위를 사용한다. 우리가 사용하는 주사기는 주로 0.3cc 인슐린 주사기로서 용량이 30U이다.

인슐린 관리 주의사항

- ✓ 사용 중인 인슐린은 실온 보관 시 한 달 이내까지 사용 가능하다.
- ✓ 개봉하지 않은 인슐린은 냉장 보관 시 유효기간까지 보관이 가능하다.
- ✓ 인슐린은 얼지 않도록 보관한다.
- ✓ 직사광선이나 열은 인슐린을 변질시킨다. 장시간 상온에 인슐린을 둘 경우 보냉 조치를 해야 한다.
- ✓ 혼합형 인슐린이 덩어리지거나 결정을 형성하면 폐기한다.
- ✓ 주사기는 1회용이므로 1회만 사용한다. 한 번 쓰면 바늘이 뭉툭해져 주사를 놓기가 힘들고 통증도 유발된다.

+ 고양이 당뇨 주의 사항

🔍 식이요법

- ✓ 충분한 열량을 제공해 적정 체중을 유지하고 비만이나 체중 미달인 경우 체중 관리에 주의를 기울인다. 비만은 인슐린 저항성을 일으키므로 당뇨에 걸린 고양이는 체중 조절을 통해 적절하게 혈당을 조절해야 한다.
- ✓ 정해진 시간에 일정한 양의 음식을 주고 인슐린 주사를 함께 놓아 혈당을 맞춘다.
- ✓ 고양이는 육식성 동물로 단백질과 지방을 신체의 에너지원으로 사용하므로 탄수화물

섭취율을 조절해야 한다. 탄수화물은 혈당 농도를 높일 수 있다.
- ✓ 당뇨에 걸린 고양이는 고단백질에 고섬유질, 저탄수화물의 식사가 가장 적합하나 고단백질의 음식은 신장병이나 간질환에 맞지 않기 때문에 질환에 따라 식이요법을 조절해야 한다.

가정 내 관리 사항

- ✓ 고양이의 식욕을 관찰하면서 지나치게 많이 먹거나 혹은 잘 먹지는 못하는지 관찰한다.
- ✓ 다음다뇨 증상이 나타나고 멍하니 있거나 잠을 많이 자면 인슐린 치료가 제대로 되고 있는지 확인해야 한다.
- ✓ 소변검사를 통해 당뇨 혹은 케톤체 반응이 있는지 확인한다. 소변검사는 아침에 해야 한다.

저혈당 증상 주의

당뇨에 걸린 고양이의 경우 저혈당을 주의해야 한다. 당뇨를 치료하는 과정에서 저혈당이 나타나면 고양이는 긴장하거나 구토를 하거나 동공이 커지거나 녹초가 된다. 심하면 정신이 혼미해지거나 경련이 일어나기도 한다. 이럴 경우 고양이에게 미리 준비한 포도당액을 먹인 뒤 바로 병원에 데려가 치료를 받아야 한다.

02 갑상샘

갑상샘은 목의 한가운데에 튀어나온 물렁뼈갑상연골의 아래쪽 기도의 주위를 감싸고 있는 내분비샘으로, 갑상샘호르몬을 분비한다. 갑상샘은 좌우 쌍으로 되어 있고 갑상샘 세포와 여포로 구성되어 있다. 여포 사이의 결합 조직에는 혈관이 분포되어 있고, 갑상샘호르몬은 그 혈관 내의 혈액에 방출된다.

+ 고양이 갑상샘기능항진증

고양이 갑상샘기능항진증은 고양이에게 있어 흔한 내분비질환으로 티록신thyroxine이 과도하게 분비되면서 발병한다. 티록신은 갑상샘에서 분비되는 호르몬으로 아이오딘iodine, 요오드가 다량 함유되어 있다.

간뇌의 시상하부에는 티록신의 혈중 농도를 감지하는 조직이 있어 티록신이 부족하면 갑상샘자극호르몬TSH과 방출호르몬은 뇌하수체 전엽의 갑상샘자극호르몬의

● 갑상샘호로몬인 티록신을 합성하고 기초대사율을 조절하는 역할을 한다.

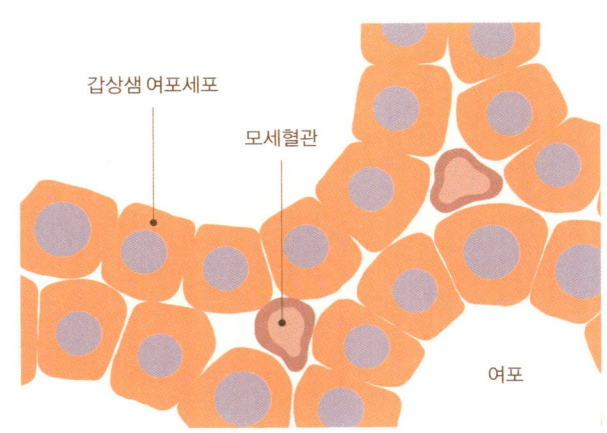

갑상샘 여포세포
모세혈관
여포

갑상샘 조직은 갑상샘 세포와 여포로 구성되어 있다. 갑상샘호르몬은 그 혈관 내 혈류를 통해 갑상샘에 들어간다.

분비를 촉진시킨다.

티록신의 혈중 농도가 높아지면 사상하부의 방출호르몬의 분비량이 줄어들고 이에 따라 갑상샘자극호르몬의 분비량도 줄어들면서 티록신의 합성량이 줄어든다. 이런 과정을 통해 체내 티록신 농도가 일정하게 유지되는데 갑상샘기능항진증은 갑상샘 기능에 이상이 생겨 티록신이 과다하게 분비되어 고양이 목 부위에 위치한 갑상샘의 선종성 비후 adenomatous hyperplasia 또는 선종 adenoma, 양성종양에 의해 발생하는 질환인 것이다. 이 중 2% 정도는 선암종이라 하여 악성형이다. 갑상샘 종양은 시간의 흐름에 따라 양성에서 악성으로 바뀐다.

한때 갑상샘암 진단률이 높아 갑상샘 제거 수술을 받은 사람이 많아졌고, 평생 갑상샘 약을 복용하는 사례도 늘었다. 과잉 진단이라는 오명을 안게 된 갑상샘질환은 세침흡인세포검사를 통해 악성으로 확인된 경우에만 수술적 제거를 하는 것이 좋다.

사람의 경우 갑상샘기능항진증의 원인으로 칼슘 섭취량과의 관련성을 의심하지만 고양이의 경우 캔에 비스페놀A, 비스페놀F 성분이 주를 이루는 고지방이 함유된 먹이나 화장실의 플라스틱 물질, 양탄자의 이물질 등을 의심하고 있다. 생선을 많이 먹은 경우도 위험 요소로 의심했지만 다른 연구에서 연관관계를 찾지 못했다.

콩단백질의 경우 혈중 티록신 농도를 높이는 것으로 나타났다. 한 연구에서는 요오드가 보충되지 않은 사료와 보충된 사료를 먹인 결과 보충되지 않은 경우에 갑상샘기능항진증이 4배 이상 발생률이 높다는 보고도 있었다.

환경적 요인으로는 진드기 구제제나 파리약 같은 것도 위험인자로 의심하고 있다. 하지만 개와 고양이가 동일한 환경에서 생활하는데도 고양이에게만 갑상샘기능항진증이 흔하게 발생한다는 것에는 설명하기 어렵다.

증상

갑상샘 기능 이상으로 갑상샘호르몬이 과도하게 분비될 경우 두근거림을 일으켜 심장박동수나 혈압을 증가시키는 등 다양한 문제를 일으킬 수 있다. 갑상샘기능항진증은 12~13살령의 나이 든 고양이에게서 자주 발병하는데 10살령 미만인 경우 5%만 발생했다. 일반적 임상

+ 갑상샘기능항진증을 가진 주요 증상

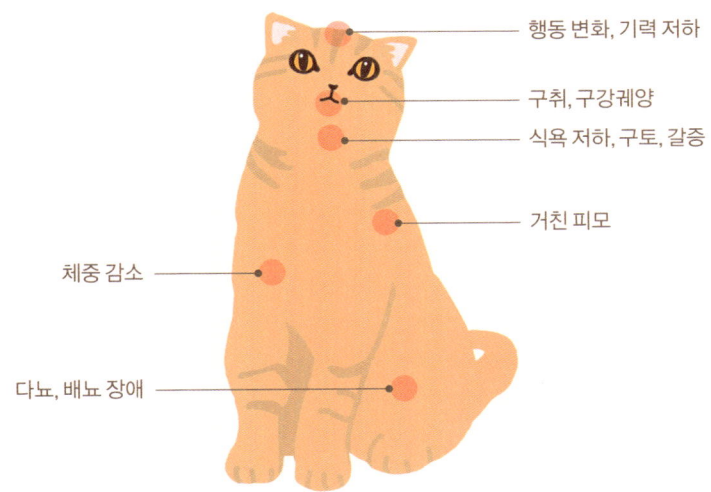

- 행동 변화, 기력 저하
- 구취, 구강궤양
- 식욕 저하, 구토, 갈증
- 거친 피모
- 체중 감소
- 다뇨, 배뇨 장애

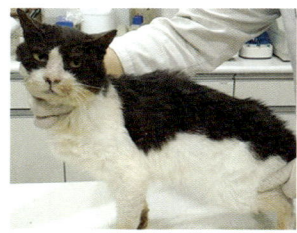

갑상샘기능항진증에 걸린 고양이

증상으론 체중 감소 88~98%, 다식 49~67%, 다음과 다뇨 36~45%, 구토 33~44%, 활동성 증가 31~34%, 설사 15~45% 등이 있다.

때때로 무기력증, 침울, 식욕부진, 쇠약의 증상을 보이기도 하는데 이런 증상이 보이는 경우 무기력성 갑상샘기능항진증apathetic HT으로 명명한다. 이것은 고양이 갑상샘기능항진증 중에서 5~10% 정도만 해당한다. 일부 고양이는 저칼륨혈증 1~3%에 의한 굽은 목ventral neck flexion이 나타날 수 있다. 신체검사 상에서는 쇠약 65~97%, 종대된 갑상샘 75~95%, 빈맥 42~57%, 헝클어진 피모 6~52% 등을 확인할 수 있다.

전형적인 증상은 갑상샘호르몬이 대사 기능을 촉진하므로 식욕 증가, 체중 및 근육 감소가 1차적 증상이다. 또한 교감신경계를 활성화하여 과흥분, 신경과민, 빈맥, 떨림증이 나타난다.

• **심장 증상**

고양이에게 갑상샘기능항진증이 발병하면 흉부를 촉진할 때 강하고 빠른 심장박동을 느낄 수 있다. 심장의 운동이 가해지면서 심장 벽의 비대가 일어난다. 그리고 고혈압이 나타나는데 이는 신부전 같은 질환이 생겨도 생길 수 있으니 다른 고혈압 유발 질환을 검사해야 한다. 치료에 들어가면 심장과 관련된 증상들은 개선된다. 만약 심장과 관련된 증상이 지속된다면 다른 기저원인을 찾아야 한다.

• 활동성 과다 및 행동 변화

많은 애묘인이 고양이의 활동성이 높아지면 더 건강해진 것이라고 생각하기 쉽다. 하지만 기저 원인이 있을 수 있으니 잘 관찰해야 한다. 갑자기 고양이 활동성이 높아졌다면 고양이 털이 거칠고 엉켰는지, 강박적으로 그루밍을 하는지, 탈모 증상이나 군집성 피부염이 있는지를 확인해야 한다. 물론 이런 증상은 알레르기나 문제행동 강박행동과 결합해 증상을 모호하게 만들 수 있다.

• 무감정성 갑상샘기능항진증

일부 갑상샘기능항진증을 가진 고양이에게서 전형적인 증상 대신에 침울해지거나 쇠약해지기도 한다. 이는 무감정성 갑상샘기능항진증Apathetic Hyperthyroidism의 증상이다. 갑상샘기능항진증 중 5~10% 정도만 해당한다고 추산되지만 20%까지 보는 경우도 있다.

진단

갑상샘기능항진증은 중년 이상의 고양이가 갑자기 체중이 줄어든다면 한 번쯤은 의심해야 할 질환이다. 노령묘에서 흔하게 발생하므로 전형적인 증상이 보이지 않더라도 건강검진 차원에서 정기적으로 검사를 받는 것이 좋다. 특히 식욕은 좋은데 체중 감소가 일어난다면 우선적으로 이 질환을 의심해봐야 한다.

• 촉진

갑상샘은 후두 아래 양쪽에 위치하는데 갑상샘이 부으

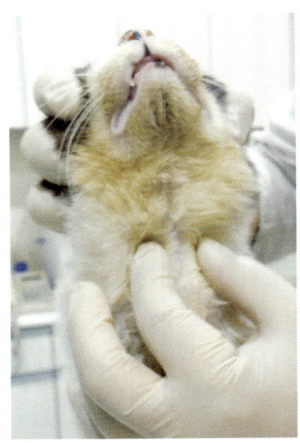

고양이 갑상샘을 촉진하는 모습

면 촉진을 통해 확인할 수 있다. 정상적인 갑상샘엽은 2~3mm 정도의 평평한 구조물이라 촉진이 어려우나 항진증이 있는 경우에는 만져질 수 있다.

방법은 고양이를 앞으로 보게 한 이후 목을 손으로 충분히 늘린 다음 갑상샘이 위치한 곳을 촉진하는 것이다. 엄지와 검지를 V자 모양으로 만든 다음 엄지는 오른쪽 엽을 검지는 왼쪽엽을 촉진하는 것이다. 후두부터 아래로 조금씩 훑어 내려간다. 다른 방법으로는 고양이를 앞을 보게 한 이후 45도로 머리를 돌리면 한쪽 목이 잘 노출되고 확장될 것이다. 그렇게 되면 비대가 일어난 엽이 더 돌출되어 보이고 촉진도 쉬워진다.

• **흉강 청진**

고양이의 심장박동이 과도하게 빨리 뛰고 잡음이 들리는지 확인한다.

• **갑상샘 호르몬검사**

갑상샘기능항진증에 걸린 고양이의 대부분은 혈중 티록신 수치가 상승한다. 갑상샘기능항진증으로 의심되지만 혈중 티록신 수치가 정상이라면 1~2주 후 다시 검사한다.

• **혈액검사**

혈액검사를 통해 다른 질병이 있는지 등을 확인해야 한다. 갑상샘기능항진증에 걸린 고양이는 대부분 간 수치가 올라가는데 치료를 받으면 정상으로 회복한다.

• **초음파검사**

갑상샘기능항진증은 신체 대사뿐만 아니라 심장과 신장의 기능도 쇠약하게 만든다. 그래서 고양이가 이 질환에 걸렸다면 심장과 신장도 검사해야 한다.

치료

갑상샘기능항진증으로 확진을 받으면 애묘인은 수의사의 지시에 따라 고양이에게 약물을 투여하고 정기적으로 티록신 수치를 측정해야 한다. 이 수치에 따라 약물 사용량을 조절한다.

• **1차 치료**

1차 치료는 갑상샘호르몬의 생성을 억제하는 약물 투여다. 이 치료는 진단 후 초기 단계에 시행하며 고양이의 상태를 안정시키고 증상을 개선하기 위해서다. 일주일 정도 약물로 치료한 후 재검사를 실시하고 티록신 농도가 낮아지지 않고 증상이 개선되지 않으면 용량을 늘려 다시 검사한다. 피부에 붙이는 약물도 있다.

• **2차 치료**

1차 치료 후에 고양이의 증상이 개선되고 갑상샘호르몬의 농도도 일정하게 유지된다면 2차적으로 방사선 치료와 수술을 실시할 수 있다. 방사선 치료는 갑상샘을 수술로 제거하기 어려운 경우 시행하는 방법이다. 보통 기도 내 갑상샘 종양이거나 암종인 경우가 해당하는데 방사선 물질 취급 문제 등으로 현재 국내에서 이러한 치료를 갑상샘기능항진증은 티록신 분비 저하로 발생할 수 있지만 갑상샘 치료나 제거를 한 후 발생할 가능성도 높다.

할 수 있는 동물병원은 많지 않다.

수술로 갑상샘을 제거하는 경우 수술 전에는 가급적 갑상샘호르몬 수치를 정상화해야 수술 중 심장에 미치는 영향을 줄여 수술 위험도를 낮출 수 있다. 수술 후 가장 문제가 되는 것은 저칼슘혈증이다.

부갑상샘은 칼슘대사에 중요한 내분비기관으로 갑상샘 위쪽에 위치한 0.5cm 정도 크기로 수술 중 제거되는 경우가 많기 때문에 저칼슘혈증이 생길 수 있다. 어느 정도 손상된 부갑상샘은 시간이 지남에 따라 회복한다. 다만 몇 개월 이상 회복되지 않는다면 영구적 손상인 것으로 판단한다.

+ 고양이 갑상샘기능저하증

고양이의 경우 갑상샘기능저하증은 흔한 질병이 아니지만 특정 원인에 의해 갑상샘에 염증이 생기게 되면 티록신 분비가 저하되어 발생할 수도 있다. 그러나 대부분의 경우는 갑상샘 치료 및 제거 이후 발생한다.

갑상샘기능항진증 치료는 갑상샘을 파괴하여 호르몬 분비를 감소시키는 것이 목적이다. 보통 약물치료를 하게 되면 혈청 티록신의 농도가 정상보다는 좀 낮아지긴 하지만 임상증상이 나타나지 않는다. 그러나 약물치료가 지속된다면 갑상샘기능저하증의 증상이 나타나기도 한다. 갑상샘을 제거하면 며칠 동안은 갑상샘호르몬이 저하되지만 몇 주간 갑상샘호르몬을 보충하면 정상으로 회복한다. 간혹 노령묘에서 건강검진 목적으로 호르몬검사를 하는 도중 혈중 티록신의 농도가 낮은 것을 발견할 수 있다.

특히 노령묘의 경우 신부전이 많이 병발하는데 이러한 상태를 비갑상샘질환증후군euthyroid sick syndrome이라 한다. 발병 원인으로 갑상샘자극호르몬 분비 감소, 전체 호르몬 합성력 저하, 알부민 등의 호르몬 결합 단백질의 감소 등으로 추정하고 있다. 갑상성기능항진증의 치료 과정 중에 발생한 경우 다른 질병이 있는지에 대해 면밀히 검사하는 것이 중요하다.

+ 고칼슘혈증

보통 고칼슘혈증은 임상증상으로 확인하기보단 혈액검사 과정에서 칼슘 항목을 확인하는 과정에서 발견되며, 특정 질병의 존재를 확인할 수 있는 중요한 단서가 될 수 있다.

칼슘은 혈중 농도로 계산하여 총 칼슘량을 측정하는데 몇 가지 형태로 나뉜다. 첫 번째는 이온화된 칼슘형으로 생리적 활성이 있으며 총 칼슘량에서 50~60% 정도를

😺 약한 유기산의 하나로, 주로 감귤류 과일에 존재하며 음식이나 탄산음료의 맛 또는 신맛을 내는 데 사용한다.

😺😺 안정제로 사용되는 식품첨가물로, 식품의 수분을 조절하고 결착성을 향상시키는 데 도움을 준다.

차지한다. 두 번째는 단백질 결합형으로 총 칼슘량에서 10% 정도를 차지한다. 나머지는 인산염 phosphate 😺이나 시트르산 citric acid 😺😺과 결합된 형태다.

칼슘은 주로 위장관을 통해 흡수, 배설이 이루어지고 신장을 통해 재흡수되거나 배설된다. 뼈는 신체의 칼슘 보존 장소로 이용되며 혈중 칼슘이 부족해지면 뼈로부터 칼슘을 이용한다.

🔍 **칼슘의 항상성을 유지하기 위한 작용들**

칼슘의 항상성을 유지하기 위해 다음 작용이 있어야 한다.

• **부갑상샘호르몬의 작용**

부갑상샘호르몬 parathyroid hormone, PTH은 혈중의 칼슘 농도를 증가시키는 작용을 하며, 칼슘 농도가 감소하면 분비가 일어난다. 주작용은 아래와 같다.

뼈는 신체의 칼슘 보존 장소로 혈중 칼슘이 부족하면 뼈의 칼슘을 이용한다. 그래서 고양이는 칼슘보충제가 필요하다.

✓ 부갑상샘의 주세포에서 분비된다.
✓ 뼈로부터 칼슘을 가져온다.
✓ 인의 배출을 촉진하여 소변 내 칼슘 배출을 억제한다.
✓ 신장 내에서 비타민D 활성을 자극하여 장으로부터 칼슘 흡수를 증가시킨다.
✓ 결과적으로 혈중의 칼슘 농도를 증가시키고 인의 농도는 감소시킨다.

• 비타민D의 작용

✓ 비타민D는 섭취를 통해 얻어야 한다.
✓ 장내 칼슘 흡수를 촉진시킨다.
✓ 뼈 조직으로부터 칼슘을 동원하는데 부갑상샘호르몬(PTH)과 비타민D가 함께 있어야만 효과적이다.
✓ 부갑상샘호르몬의 기능과 같이 혈중 칼슘 농도를 증가시킨다.

• 칼시토닌의 작용

✓ 칼시토닌(calcitonin)은 갑상샘의 부여포 세포에서 분비되는 폴리펩티드(polypeptide) 호르몬이다.
✓ 혈중 칼슘 농도가 증가하면 분비된다.
✓ 뼈로부터 칼슘의 혈중 분비를 억제한다.
✓ 혈중 칼슘 농도를 감소시킨다.

고칼슘혈증의 원인들

• 신장질환

신부전은 고칼슘혈증을 유발할 수 있는 가장 흔한 원인이다. 신부전을 가진 고양이의 11.5~58% 정도에서 고칼슘혈증을 보인다. 칼슘의 농도는 신부전이 진행될수록 상승한다.

신부전으로 칼슘이 상승하는 원인은 2가지인데 그 중

하나는 인산염의 배설이 제대로 이루어지지 않아 부갑상샘호르몬 분비를 증가시켜 고칼슘혈증을 유발되는 경우다. 다른 원인은 사구체 여과율이 떨어지면서 칼슘이 배설되지 않기 때문이다. 신부전을 관리하면서 인산염을 제한하는 식사를 해야 하며 장내 인산염 결합약제를 복용해야 한다.

• 종양

종양 조직은 다양한 사이토카인cytokine을 분비하는데 이것이 부갑상샘호르몬처럼 작용하여 뼈로부터 칼슘을 가져오고 혈중 칼슘을 높인다. 또한 종양 조직이 뼈에 국소적으로 침범하고 융해시켜 칼슘 농도를 높일 수 있다. 가장 흔한 종류는 림프암종과 편평세포암종이다. 그 외 다른 종류의 종양에서도 일어난다.

+ **고칼슘혈증의 원인들**

흔한 원인	흔하지 않은 원인
신부전 특발성(원인 불명) 악성 종양 부갑상샘기능항진증 비타민D 독성(의인성, 쥐약)	용혈이나 지혈증으로 인한 검사 오류 갑상샘기능항진증 육아종성 염증 비타민A 독성

🔍 **치료**

고칼슘혈증을 치료하기 위해선 먼저 기저질환을 찾는 것이 중요하다. 명확한 기저질환의 유무에 따라 고칼슘혈증으로 인해 발생할 수 있는 증상을 해소할 수 있다. 다만 혈중 칼슘 농도가 16mg/dL 이상인 경우라면 바로 치료해야 한다. 고칼슘혈증은 연부 조직에 칼슘을 축적해 인산염과 함께 신장을 손상시킬 수 있다.

• **수액 치료**
순환혈액량을 늘릴 뿐만 아니라 칼슘의 배설을 증가시킨다.

• **약물 투여**
이뇨제와 코르티코스테로이드corticosteroid제를 복용해 혈중 칼슘 농도를 정상화시킨다.

• **식이요법**
고칼슘혈증이 만성적으로 지속되는 경우 혈중 칼슘 농도를 정상으로 되돌려야 한다. 이러한 경우 대부분 식이요법으로 관리해야 한다. 칼슘 또는 인을 함유한 음식은 연부 조직에 석회 침착을 가져오므로 피해야 한다.

다양한 염증성 질환과 자가면역 질환에 사용되는 치료제

03 부신피질호르몬질환

호르몬질환은 호르몬을 분비하는 기관의 이상 또는 호르몬 분비를 자극하는 호르몬 이상으로 발생한다. 부신피질호르몬질환은 신장 위에 위치한 부신에 이상이 생겨 발병한다.

+ 부신피질기능항진증

뇌하수체에서 부신피질자극호르몬ACTH을 분비하면 부신겉질에서 호르몬을 분비한다. 뇌하수체에 선종이 발생하면 부신피질자극호르몬이 과량으로 분비되어 뇌하수체 의존성 부신피질기능항진증pituitary-dependent hyperadrenocorticism, PDH이 발생한다. 보통 80%가 뇌하수체 의존성이며, 부신 자체에 종양이 발생하여 코르티솔을 많이 분비하면 뇌하수체 비의존성이라 하며, 나머지를 차지한다.

증상

부신피질기능항진증은 노령견에서 주로 발생하는 질환으로 고양이의 경우 드물게 나타난다. 그래서 임상적 중요성은 낮다. 대표적인 증상으론 다음다뇨, 다식, 둥근

배, 피부질환 등이 나타난다. 특히 피부가 약해져 쉽게 찢어지거나 상처가 잘 생긴다.

진단
부신피질호르몬질환은 시상하부, 뇌하수체, 부신 축에서 이상이 발생한 부분을 찾아내 진단해야 한다. 1차적으로 부신피질호르몬의 과잉이 있는지 확인한다. 그 후 그 원인이 뇌하수체인지 부신 자체인지를 찾아야 한다.

치료
이 질환은 고양이에게 드문 질환이고 완치도 어려운 편이다. 약물치료로 부신 조직을 일정 정도씩 손상시켜 호르몬 분비를 줄여나가야 한다.

CHAPTER 5 다섯 뼘 더 이해하기 **고양이 계통별 질환**

12 신장 및 요로계

01 신장질환

신장의 다른 말은 콩팥kidney이다. 배의 등 쪽에 쌍으로 존재하며 체내의 수분과 전해질, pH의 균형, 혈압을 조절하는 역할을 한다. 조혈 기능과도 관련 있고 뼈의 대사에서

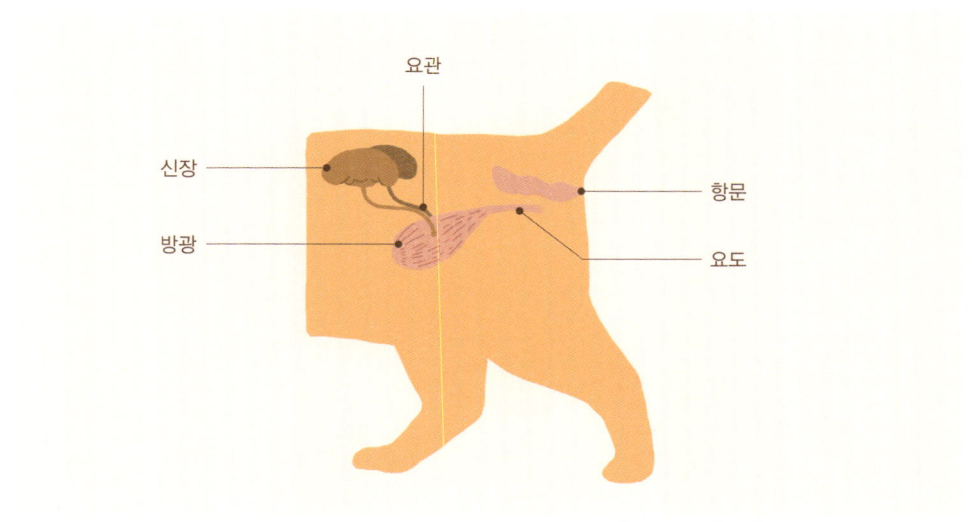

도 내분비의 기능을 담당한다. 몸이 노폐물을 배출하고 체내가 안정적으로 유지되는 것은 신장 때문이다.

+ 신장의 기능

신장의 기능은 첫째 대사산물 및 노폐물을 걸러서 소변으로 배출하고 둘째 체내 수분과 전해질, 산성도 등을 일정하게 유지하고 셋째 혈압 유지, 넷째 빈혈을 교정하거나 칼슘과 인 대사에 중요한 여러 가지 호르몬을 생성하고 활성화시킨다. 몸에 비해 콩팥의 무게는 작으나 콩팥의 기능이 심하게 저하되거나 소실되면 생명을 유지하기 어렵다. 신장의 기능을 추려보면 아래와 같다.

※ 전립샘, 정낭(精囊) 등에서 분비되는 호르몬과 같은 불포화지방산의 약제로 위액 분비 억제, 기관지 근육 이완, 혈압 강하, 진통 유발 및 촉진, 사후(事後) 피임약으로 활용된다.

- ✓ 체액량, 전해질, 산염기 평형의 조절
- ✓ 호르몬 생산
- ✓ 호르몬 분해
- ✓ 대사산물의 배설
- ✓ 혈압 조절
- ✓ 혈관 작용성 프로스타글란딘(prostaglandin)※의 생성

+ 뇨 형성

신장에서 뇨의 형성은 사구체 여과, 세뇨관 재흡수, 세뇨관 분비, 이렇게 세 과정을 통하여 일어난다. 이러한 과정을 통해 정상적으로 신장의 기능이 유지된다.

CHAPTER 5 다섯 뺨 더 이해하기 **고양이 계통별 질환**

+ 신장의 기본 구조

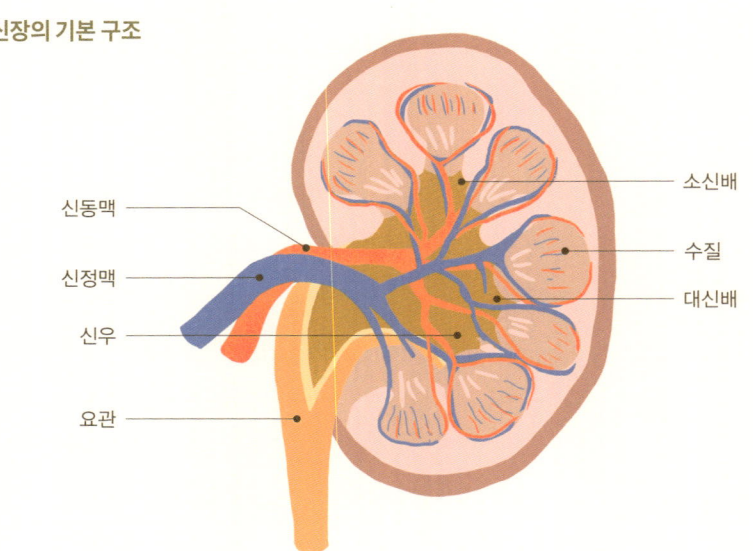

- 신동맥
- 신정맥
- 신우
- 요관
- 소신배
- 수질
- 대신배

❶ 사구체 여과

사구체 모세혈관 벽에는 직경이 약 70~100Å 정도의 구멍이 다량으로 존재하여 혈액 성분 중 직경이 70Å의 작은 물질만 여과한다.

- 물 · 요소 · 나트륨 · 염소 · 포도당 → 여과
- 혈구 · 단백질 → 여과되지 않음

❷ 세뇨관 재흡수

세뇨관 속의 사구체 여과액으로부터 물과 각종 용질溶質이 혈류로 회수되는 것을 재흡수reabsorption라 한다.

■ 용액에 녹아 있는 물질

❸ 세뇨관 분비

여과되지 않은 신장 유입 혈액의 80% 중의 성분이 세뇨관 주변 모세혈관에서 세뇨관 내강으로 분비된다.

+ 급성신부전

급성신부전acute renal failure은 신장 기능을 감소시키는 갑작스러운 원인으로 인해 발생하는 질환이다. 급성신부전의 원인은 외상으로 인해 혈액 공급의 감소 혹은 상실신전성, 약물의 독소나 감염으로 신장 손상신성, 요관 등의 폐쇄신후성 때문이다.

급성이라는 의미는 신장의 구조적 또는 기능적으로 완전하게 손상된 상태가 아니라 적절한 치료나 회복을 통해 정상으로 되돌릴 수 있다는 것을 말한다. 특히 조기

+ 급성신부전을 일으킬 수 있는 원인들

- 마취
- 심한 화상
- 심장질환
- 부정맥
- 심정지
- 탈수
- 신장 독성이 있는 약물들
- 에틸렌글리콜
- 출혈
- 고칼슘혈증
- 감염증
- 신우신염
- 결석 등에 의한 요로계 폐쇄
- 신장종양
- 췌장염
- 혈색소 침착
- 백합 중독
- 엑스레이 조영제
- 쇼크
- 창상
- 신장 혈관에 혈전색전증

에 발견될수록 생존율은 높아진다. 특히 발병 초기에 병력이나 발병 시간, 고양이의 거주환경, 독이 있는 식물, 약물 등을 파악해 원인을 찾는 것이 매우 중요하다.

급성신부전은 개시, 확대, 유지, 회복의 4단계로 진행된다. 개시는 신장의 즉각적 손상이 발생하고 있는 시기다. 확대는 혈액 부족 상태, 저산소 상태가 지속되고 이러한 상태가 주위조직으로 확대되는 상태이며, 요소urea, 尿素와 크레아티닌creatinine의 배설이 감소하고 질소혈증이 분명해지는 시기다. 소변감소증과 요농축 능력의 감소가 이 단계의 주요 특징이다. 이런 상태가 며칠에서 몇 주 지속될 수 있다.

이 질환을 앓는 고양이는 이 단계에서 회복되지 못하고 사망하는 경우가 많다. 회복 단계는 용질이뇨와 다뇨증이 특징이며, 몇 주에서 몇 달간 회복 기간을 가질 수 있다. 급성신부전이 발생하면 오줌 배출량이 급감하거나 혹은 아주 많아질 수 있다. 정상 오줌 생성량은 시간과 kg당 1~2mL이다.

증상

신장 기능이 감소하면 전형적으로 요독증尿毒症이 발생한다. 그로 인해 식욕부진, 구토 등의 증상이 나타난다. 그 외에 고혈압이나 망막에 출혈이 발생할 수 있다.

진단

혈액검사에선 급성신부전과 만성신부전을 구분하긴 어렵다. 그래서 조직 샘플 검사를 통해 급성인지 만성인지

- 모든 포유동물과 일부 어류의 단백질 대사 최종 분해 산물로 소변에서 크레아티닌으로 분비된다.
- 척추동물의 조직과 소변에서 발생하는 아미노산
- 콩팥의 기능 장애로 몸 안의 노폐물이 오줌으로 빠져나오지 못하고 혈류 속에 들어가 중독을 일으키는 질병. 구토, 현기증, 두통, 시력 감퇴, 전신 경련 등의 증상이 나타난다.

구별해야 한다.

• **촉진**

신장이 정상인지 부었는지 확인할 수 있으며 통증 반응도 확인할 수 있다. 요도폐색이라면 방광이 부어 있을 것이다.

• **혈액검사**

혈중요소질소 blood urea nitrogen, BUN♥와 크레아티닌이 상승하고 전해질 이상이 나타나지만 적혈구 수치는 보통 정상이다. 빈혈이 유발되기도 하고 단백질 농도는 정상이거나 높게 나타날 수 있다. 신장에 염증이 있다면 백혈구 수치가 높아질 수 있다.

• **소변검사**

소변의 비중과 단백뇨, 소변 찌꺼기를 확인하고 소변을

♥ 혈중에 돌아다니는 요소의 농도를 측정하는 것으로, 보통 7~20mg/dl이 정상 범위다.

혈중요소질소(BUN)	단백질이 대사되고 나면 암모니아가 생성되고 이를 간에서 요소로 해독하여 배출한다. 이때 신장 기능에 문제가 생기면 요소가 배출되지 않고 혈액에 쌓이게 된다.
크레아티닌	근육에서 생성된 노폐물로 대부분 신장에서 배출된다. 이러한 특성으로 신장의 기능을 평가하는 1차적 지표가 된다.

배양하는 검사를 한다.

• **영상학적 검사**

방사선 촬영과 초음파검사를 통해 결석이 있는지 확인한다.

• **조직병리학적 검사**

신장의 조직 샘플 검사를 통해 급성인지 만성인지 구별할 수 있다.

치료

급성신부전의 경우 1차적으로 탈수와 저혈액량인 상태를 빠르게 개선해야 한다. 그런 후에 급성신부전이 발생한 원인에 따라 치료한다.

• **수액 치료**

탈수 상태와 전해질 불균형을 맞추기 위해 빠르게 수액을 주사한다. 서서히 식욕이 돌아온다면 3~5일 정도 걸쳐 수액을 감량한다.

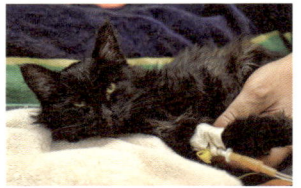

신부전 증상으로 수액 치료를 받고 있는 고양이

• **이뇨 치료**

강력한 수액 치료에도 오줌 배출량이 정상으로 돌아오지 않으면 이뇨 치료가 필요하다. 초기에는 루프이뇨제를 이용해 30분 이내 이뇨 작용이 나타나지 않으면 증량하여 치료한다. 3~4시간 내에 원하는 이뇨 작용이 나타나지 않는다면 삼투압성 이뇨제를 시도해볼 수 있다. 만

니톨 mannitol이나 10% 포도당 수액을 이용할 수 있다.

• **약물치료**
급성신부전을 유발한 원인을 확인하여 항생제 및 증상을 개선하는 항구토제, 위산억제제 등을 투약할 수 있다.

• **수술 치료**
하부 비뇨기 폐색이라면 반드시 수술로 증상을 완화시켜야 한다.

• **복막과 혈액 투석**
수액과 이뇨 치료를 하고 3일 후에도 이뇨 작용이 원활하게 돌아가지 않으면 복막투석을 고려해볼 수 있다. 투석으로 빠르게 독소를 배출해 고질소혈증을 개선해야 한다.

예후

급성신부전이 발생한 원인이 무엇인지, 얼마나 빨리 치료를 받았는지에 따라 예후가 달라진다. 치료에 성공한 고양이도 가끔 신장 기능이 떨어지는 경우가 있기 때문에 장기적으로 치료하면서 관리해야 한다.

+ 만성신부전

만성신부전은 다른 질병으로 인해 여러 해에 걸쳐 신장이 손상되었기 때문에 나타나는 질환이다. 태어날 때 신장 기능이 100%라고 한다면 시간이 흐르면서 조금씩 손

※ 과일이나 채소에서 발견되는 자연적으로 발생하는 알코올로, 물에는 잘 녹으나 알코올에는 잘 녹지 않는 성분을 가지고 있으며 삼투성 이뇨제로 사용된다.

+ 만성신부전의 원인

- 원인 불명의 만성 세뇨관 간질성 신염
- 결석 등으로 인한 수신증
- 저칼륨혈증성 신증
- 다낭성 신장질환
- 종양(1차적으로 림프종)
- 비타민D 과다증으로 인한 고칼슘혈증
- 신장 독성
- 만성사구체신염
- 만성신우신염
- 아밀로이드증
- 건성복막염
- 결절성다발성동맥염

상이 된다. 정확한 원인은 아직 밝혀지지 않았지만 신우신염과 독성이 있는 물질의 접촉, 노화 혹은 외상으로 발생한다고 추정하고 있다.

14살령 이상의 고양이 사망 원인은 만성신부전인 경우가 많다. 노령묘가 살이 빠졌거나 건강 상태가 나빠 보인다면 만성신부전일 가능성이 높다. 고양이가 만성신부전인 것을 모르다가 갑작스럽게 구토나 설사 증상을 보여 동물병원을 찾는 애묘인이 많다. 이때는 이미 증상이 악화되어 있는 경우다.

급성신부전은 치료를 받으면 정상으로 되돌아갈 수 있지만 만성신부전은 질병 이전으로 회복하기 어렵다. 망가진 신장은 혈액 속 노폐물을 효과적으로 제거할 수 없어 신부전을 유발하고 결국 만성으로 진행된다.

※ 소변을 만들어내는 신장 기능의 기본 단위

🔍 증상

급성신부전과는 다르게 만성신부전은 네프론nephron, 신원※의 영구적 손상을 의미한다. 고양이의 경우 대략적으로 19만 개의 네프론을 가지고 있는데 일정한 비율로 손상되더라도 나머지 네프론이 기능을 하면 정상적인 생활이 가능하다. 그러나 그 이상의 영구적 손상이 발생하면 신장의 저하에 따른 신체적 증상이 나타난다.

만성신부전에 걸린 고양이는 갈증이 일기 때문에 갑자기 물을 많이 마시게 된다. 보호자의 입장에선 좋은 징조라고 생각할 수 있지만 이때 주의 깊게 관찰해야 한다. 물을 많이 마시고 배뇨량이 늘어 화장실 모래를 자주 갈아 줘야 한다면 고양이 몸에 나타난 증상을 살펴보자.

피부 탄력성이 떨어지고 근육량이 줄어들며 피모가 거칠어지면 만성신부전을 의심해봐야 한다. 구취를 풍길 수 있는데 이것은 궤양이 생겼기 때문이고 구강 점막이 창백해질 수 있다. 신장 기능이 떨어지기 때문에 잠이 쏟아지는 등의 기면증이 나타나고 식욕부진, 체중 저하가 나타난다. 이 외에도 인산염과다혈증hyperphospheremia, 저칼륨혈증, 산성혈증acidosis 등의 질병이 발생할 수 있다. 개에 비해 고양이가 신부전에 걸릴 확률이 높다. 개의 경우 발생률이 7%인 반면 고양이는 20%에 달했다.

🔍 진단

신장병은 국제신장학회IRIS에서 4단계를 기준으로 삼는다. 우선 1단계는 오줌 배뇨량이 정상적이지 않은 초기 신장질환 단계를 말한다. 요독증이 있는 것은 아니지만

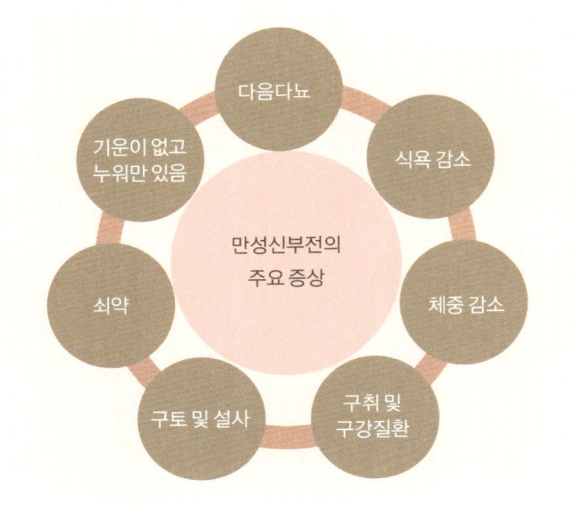

요농축 능력에 문제가 있는 상태라고 할 수 있다. 크레아티닌 수치는 정상 범위 이내에 있지만 단백뇨나 고혈압이 나타날 수 있다. 이런 경우 심하지 않으면 임상증상은 나타나지 않으며 보통 건강검진 중에 발견된다. 다만 검사할 때는 고양이가 충분히 수분을 섭취한 뒤에 측정해야 한다. 탈수된 경우 혈중 크레아티닌 수치가 증가해 요독증으로 오인할 수 있다. 378페이지에 만성신부전 치료 단계를 표로 만들었으니 그것을 참조하면 도움이 될 것이다.

• 촉진

신장 크기는 정상이거나 정상보다 작을 수 있고 표면이 매끄럽지 않을 수도 있다.

만성신부전은 잠이 쏟아지는 기면증이 나타난다.

• **혈액검사**

앞에서도 말했듯이 신장이 어느 정도 손상이 되었더라도 정상적인 생활이 가능하다. 신장이 25% 이상 기능을 발휘한다면 혈중요소질소와 크레아티닌의 수치는 상승하지 않는다. 만성신부전 말기가 되면 고양이 혈액 속 크레아티닌 수치가 정상이 아닌 5.0~6.0mg/dl에 이른다.

• **영상학적 검사**

방사선과 초음파검사로 신장의 형태를 확인할 수 있다.

• **소변검사**

소변검사를 통해 세균의 감염을 확인할 수 있다.

• **혈압 측정**

신부전에 걸린 고양이는 고혈압이 동반될 가능성이 높기 때문에 혈압도 체크해야 한다.

치료

만성신부전의 치료 목표는 신장 기능이 더 이상 손상되지 않도록 관리하는 것이다. 특히 초기에 신장질환 단계를 빠르게 인식하고 신장 손상의 원인을 찾아야 한다.

• **수액 치료**

만성신부전인 경우 탈수와 이뇨 증상을 개선해야 한다. 신장 세포가 어느 정도 살아 있다면 수액 치료를 통해 체내의 노폐물을 제거할 수 있다. 이 치료의 목적은 남은 신장 조직의 기능을 최대한 향상시켜 혈중요소질소와 크레아티닌 수치를 낮추는 것이다. 수액 치료를 하고 3~5일 지난 뒤에 혈액검사를 했는데 증상이 나아지지 않는다면 예후가 나쁘다고 할 수 있다. 다만 혈액검사에서 증상이 나아지고 고양이의 식욕이 되돌아왔다면 계속 치료하는 것을 권한다. 이때는 장기간의 치료가 필요하다.

• 약물치료
- 만성신부전으로 신장 기능이 정상적이지 못하면 적혈구 생성소erythropoietin, EPO 생산이 줄어들거나 중지되어 비재생성 빈혈이 나타날 수 있다. 이때 합성 형태의 적혈구생성촉진호르몬을 투여하면 빈혈 증상이 완화될 수 있다.
- 식이요법으로 혈액 속 인 수치를 낮추지 못하면 인 결합제phosphate binder를 사용한다. 인 결합제는 장의 인과 결합해 인이 흡수되는 것을 방지한다.
- 만성신부전으로 고혈압이 생겼다면 혈압제를 통해 혈압을 낮춰야 한다. 혈압을 조절해야 시력 상실과 중풍을 예방할 수 있다. 또한 고혈압 때문에 악화된 신장 기능도 개선할 수 있다.
- 신부전으로 구토와 식욕부진이 동반한다면 구토억제제와 식욕촉진제를 사용해 고양이의 식욕을 회복시킬 수 있다.

• 수혈 치료
고양이의 빈혈이 심하다면 수혈 치료로 빈혈을 완화할

수 있다.

• **식이요법**

단백질과 인을 제한한 식사를 하면 신장의 여과로 생긴 노폐물을 줄일 수 있다. 저단백의 음식은 고양이의 입맛에 맞지 않아 식욕이 돌지 않을 수 있으니 천천히 조금씩 처방 사료로 바꾸는 것이 좋다.

• **가정에서의 관리**

치료하는 동안 예후가 좋다면 가정 내에서 지속적으로 치료를 이어나가야 한다. 주기적으로 혈액 수치를 점검하고 체중과 식사 관리를 통해 증상을 개선하는 것이 중요하다. 또한 약물과 식사 외에도 피하 수액을 놓기도 한다.

만성신부전 관리

만성신부전으로 신장이 손상되었다면 그에 따른 합병증이 생길 확률이 높다. 손상의 정도에 따라 질소혈증, 대사성산증, 고인산혈증, 고혈압, 단백뇨 등이 나타날 수 있다. 질소혈증, 대사성산증, 고인산혈증은 탈수 정도에 따라 영향을 받기 때문에 캔 사료 등으로 수분을 조금 더 섭취하게 만듦으로써 증상을 조금 교정할 수 있다.

신부전이 진행된 고양이는 식욕이 감퇴하기 때문에 무엇을 먹이느냐보단 무엇이든 잘 먹도록 하는 것이 더 중요하다. 원래의 적정 체중을 계산하여 그 체중당 50kcal/kg는 먹을 수 있도록 해야 한다. 고양이의 경우 음식이 면역력, 혈중 헤모글로빈 농도, 근육량 등에 큰

신장 기능에 따른 증상과 치료 단계

분류	Stage 1 (Nonazotemic)	Stage 2 (Mild renal azotemia)	Stage 3 (Moderate renal azotemia)	Stage 4 (Severe Renal Azotemia)
크레아티닌(mg/dl)	<1.6mg/dL	1.6-2.8mg/dL	2.9-5.0mg/dL	>5.0mg/dL
SDMA(μg/dl)	<15	15-24	25-44	>44
증상	없음	식욕부진±, 체중 감소, 다음다뇨	보통 식욕 저하, 체중 감소, 다음다뇨	요독증
진행	오랜 기간 안정기	오랜 기간 안정기	진행성	허약
치료 목표	신장질환의 확인 및 그에 따른 치료	신장질환의 확인 및 크레아티닌, 혈액요소질소(BUN), 인, 칼륨, 산염기 상태, 농축세포용적(PCV)에 기초하여 치료	2단계 치료와 동일하나 상태가 더욱 심할 것임	좀더 공격적 치료가 필요함
치료 접근	신우신염에 항생제 외에는 특별한 치료는 없음	칼시트리올, 고단백 사료, 필요 시에만 인산염 흡착제, 칼륨, 조혈호르몬, 고혈압 약, 식욕촉진제 등 투여	칼시트리올, 고단백 사료, 고혈압 약, 인산염 흡착제, 피하 수액, 조혈호르몬, 식욕촉진제 등 투여	수일간 수액 치료, 칼시트리올, 고혈압 약, 인산염 흡착제, 피하 수액, 조혈호르몬, 식욕촉진제 등 투여
여과 성능	100~33%	33~25%	25~10%	10% 이하

- 신장의 네프론과 사구체 여과율에 따라 그 배설이 결정되는 혈액 내 바이오마커로 신부전을 초기에 발견할수 있는 검사다.

영향을 미치기 때문에 식욕부진으로 인해 신부전을 악화시키지 않도록 관리해야 한다.

• 탈수 교정
몸 안에 충분한 수분이 존재해야만 산소나 영양분 공급이 원활하게 이뤄지고 체내 대사산물을 잘 배출할 수 있다. 또한 조직 관류, 신장 혈액 흐름, 사구체 여과율을 높여준다. 체내 오줌 농축 능력이 떨어지면 물 섭취와 함께 수액 등이 필요할 수 있다. 물을 많이 먹게 하기 위해서 분수형 물그릇, 물에 고기 향 등을 섞거나 고양이 전용 분유나 캔 사료 등을 주는 것이 좋다. 물에 타서 먹이는 비타민도 효과가 있다.

• 단백질 식이 제한의 함정
급성신부전이나 만성신부전 초기 단계에선 식이단백질을 제한할 필요가 있다. 다만 고양이의 단백질 제한은 영양실조를 유발할 수 있다. 그래서 고양이가 체중 감소, 저알부민증, 근육 소실 등이 있다면 충분한 양의 단백질을 급여해야 한다. 단백질과 인의 제한은 요독증을 줄이는 데 도움이 되지만 고양이 같은 육식동물의 경우 대부분의 영양을 주로 단백질에서 얻기 때문에 무조건 제한하기보단 고양이 하루급여요구량에 맞춰 가급적 생체이용률이 높은 단백질을 섭취하도록 하는 것이 좋다. 또한 신부전을 치료하는 고양이의 단백질 섭취를 너무 줄이면 체내 근육 등의 단백질을 대사하기 때문에 체중이 감소하는데 이것이 더 위험할 수 있다.

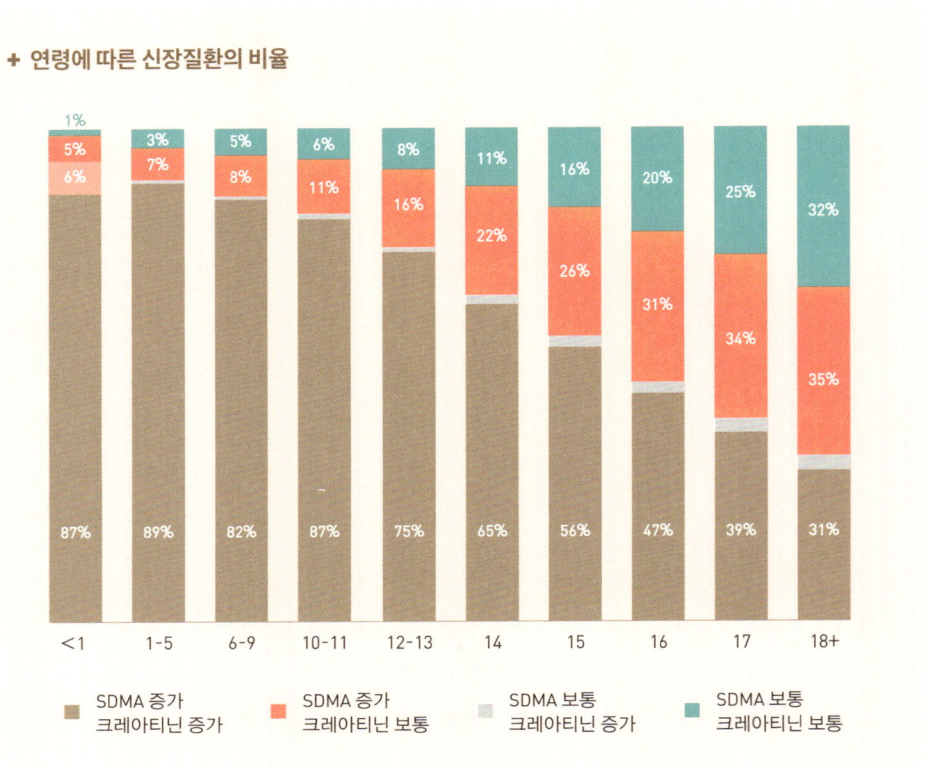

만성신부전으로 인한 합병증

만성신부전은 신장의 손상으로 기능이 저하되기 때문에 손상 비율에 따라 합병증이 일어날 수 있다. 이에 대해 알아보자.

• **대사성산증**

심한 만성신부전이 있는 고양이는 대사성산증이 흔하다. 대사성산증은 몇 가지 단백질 대사를 촉진하며, 질소혈증을 악화시키고, 단백질 합성을 억제하여 체내 질소 균형을 무너뜨리고 저칼륨혈증을 유발한다. 대부분은 피하 수액 등으로 쉽게 교정될 수 있다. 가정에선 베이킹 소다 160~320mg 정도를 8시간 간격으로 급여하면 도움이 될 것이다. 다만 이 방법은 산염기검사를 통해 교정해야 하므로 가정에서 급여하다가 다른 위험에 처할 수 있기 때문에 동물병원에 내원해 치료를 받는 것을 권한다. 산증이 지속된다면 별도의 약물치료가 필요하다.

• **고혈압**

고혈압은 뇌, 망막, 심장에 위험요소로 작용하며 신장에도 악영향을 미칠 수 있다. 혈압을 체크한 결과 수축기 혈압이 160mmHg 이상이라면 고혈압과 관련한 치료를 시작해야 한다. 처음 혈압을 체크할 때 수축기 혈압이 160~179mmHg이면 2개월 후 재검사를 진행한다. 180mmHg 이상이라면 1~2주 사이에 재검사를 해야 한다. 고혈압은 염분 섭취와 관련성이 높다고 알려져 있다. 사람의 경우 과도한 염분 섭취 시 체내 체액이 저류됨으로써 혈압을 상승시킨다고 알려져 있다. 하지만 동물의 경우 염분이 고혈압을 유발한다는 연구 결과는 없었다. 다만 음식 내 염분률이 높아지면 레닌-안지오텐신계를 자극해 혈관을 수축시키고, 신장에서의 수분 재흡수를 증가시켜 혈압 상승에 영향을 줄 수 있다.

하지만 염분의 지나친 제한은 오히려 체내 전해질 불균형을 가져올 수 있으며 저혈압을 유발할 수 있다. 특히 안지오텐신 전환효소 억제제를 복용 중인 고양이라면 그 위험성이 더욱 커진다. 사료만 먹는 고양이는 염분을 일정량 섭취하겠지만 별도의 음식을 먹이는 경우 염분 농도에 주의를 기울여야 한다. 약물을 이용한 고혈압 치료는 칼슘통로차단제를 이용하여 혈압을 조절할 수 있다. 칼슘통로차단제는 동맥벽의 평활근을 이완시키며, 총말초혈관저항♥을 줄여 혈압을 낮춘다.

♥ 전신 순환에 대해 혈관이 지니는 저항. 평균 동맥 혈압에서 평균 정맥압을 뺀 것에서 그것을 다시 심장박출량으로 나눈 수치로 표현된다.

• 단백뇨

혈장 크레아티닌 농도와 단백뇨는 만성신부전이 발병한 고양이의 생존율과 큰 연관성이 있다. 단백뇨는 발열이나 지나친 활동으로 인해 일시적으로 발생할 수 있는데 신장질환으로 인해 발생하는 단백뇨는 네프론 수의 감소로 발생한다.

• 고인산혈증

고인산혈증hyperphosphatemia은 혈중 인산염 수준이 비정상적으로 상승하는 전해질 이상이다. 이럴 때는 인이 쌓이는 것을 제한해야 한다. 이것은 단백질 식이 제한보다 더 중요하다고 할 수 있다. 보통 인 협착제를 이용해 장내 흡수를 막는 것이 가장 좋다. 식후 2시간 이내에 복용하면 효과가 더욱 좋다. 수산화알루미늄, 탄산알루미늄, 탄산칼슘 등이 이용된다. 동물용 제품이 있으므로 간편하게 이용할 수 있다.

• 부갑상샘기능항진증

이질환은 만성신부전증에서 흔한 합병증이다. 부갑상

샘호르몬은 신장에서의 칼시트리올calcitriol■ 생산 감소와 혈청 이온 칼슘 농도의 감소로 증가하게 된다. 높은 부갑상샘호르몬 농도는 심혈계, 포도당, 지질대사, 신경, 위장관에도 영향을 미친다. 부갑상샘호르몬의 증가로 인해 혈중 칼슘 농도가 증가하고 그것이 인과 결합하여 부드러운 조직을 단단하게 만든다. 치료는 인 제한과 함께 칼시트리올을 복용하여 장내 칼슘 흡수를 증가시켜 부갑상샘 분비를 감소시킨다. 칼시트리올 사용은 혈액 내 크레아티닌, 인, 부갑상샘호르몬 농도 검사를 통해 결정한다.

■ 활성형 비타민D로, 신장 기능 저하로 발생하는 골감소증, 골다공증 등의 골질환을 치료하거나 부갑상샘 기능 이상을 치료하는 데 사용된다.

• **빈혈**

만성신부전은 몇 가지 기전에 의해 빈혈이 발생한다. 빈혈에 대한 치료는 철결핍증과 동반할 때는 철분제와 함께 합성할 수 있도록 에리스로포이에틴erythropoietin■을 투약한다. 적절한 영양 관리가 필요하지만 신장의 배설 기능 저하로 지나친 단백질 섭취는 오히려 신부전 증상을 악화시킨다. 빈혈 치료는 보통 팩세포용적PCV이 20% 이하로 떨어지면 시작하는 것이 좋다.

■ 백색의 분말 또는 덩어리로 신장에서 생산되는 당단백 호르몬이며, 우유와 염소젖에 많이 포함되어 있다. 빈혈의 예방 개선에 효과가 있다.

✔ 만성질환의 빈혈(철 격리 현상으로 보임)
✔ 단백질 영양 부족으로 인한 빈혈
✔ 실혈(요독증으로 인해 위장관 출혈)
✔ 에리스로포이에틴결핍

• 저칼륨혈증

저칼륨혈증hypokalemia은 신부전으로 인해 식욕부진, 근육 감소, 다뇨로 인해 발생하는 합병증이다. 이 질환은 혈액검사에서 혈청 칼륨 농도가 정상치보다 낮게 나온 경우에 진단할 수 있다. 체내 칼륨은 대부분 세포 내 존재하지만 산증acidosis, 酸症이 있는 경우는 세포 내 칼륨이 세포 외 혈액으로 나온다.

이 때문에 칼륨 농도가 낮음에도 세포 내 칼륨의 유출로 인해 검사에는 정상으로 나올 수 있다. 산증을 교정하고 낮은 칼륨 농도를 조정하면 정상으로 회복된다. 이후 글루콘산칼륨gluconic酸Kalium 보조제를 투여한다.

🐾 혈액의 산과 염기의 평행이 깨어져 산성이 된 상태로 당뇨나 신장 기능 부족으로 발생한다.
🐾🐾 전해질 보급제로 전해질 평형 조절 등의 작용을 한다.

02 신장에서 발생할 수 있는 선천성, 유전성, 발달성 질환

신장에서 발생할 수 있는 선천성, 유전성, 발달성 질환은 다양하다. 고양이의 경우 다낭포성 신장질환Polycystic Kidney Disease, 신장 아밀로이드증RENAL AMYLOIDOSIS, 신장 형성이상, 다낭성 신장질환, 사구체기저막이상, 세뇨관 기능이상 등이 있다.

+ 다낭성 신장질환

다낭성 신장질환은 신장에 액체로 가득한 낭종이 생기는데 시간이 지날수록 숫자와 크기가 증가한다. 사람이나 동물에게 모두 생길 수 있는 유전질환이다. 고양이의 경우 나이가 들거나 품종별로는 페르시안, 히말라얀, 장모종에서 많이 발생한다.

페르시안의 경우 보통 어린 시절에는 증상이 나타나지

않는다. 신장 기능도 7~8살령 정도까지는 무증상이나 나이가 들어가면서 낭종이 형성되고 증상이 나타난다. 신장 한쪽이나 양쪽 모두 나타날 수 있으며 심한 경우 복부를 촉진할 경우 만져질 수도 있다. 신장에 낭종이 있는 경우 간에도 하나 혹은 여러 개의 낭종이 형성되면서 선천성 간경화증으로 발전할 수 있다.

증상
구강 점막의 궤양, 수포, 구토가 발생하고 다음다뇨증으로 물을 많이 마시고 오줌 배출량이 늘어난다. 단백뇨가 나타나면서 무기력, 침울, 졸림, 활동성 감소 등이 나타난다. 복부 팽만, 설사 등이 생기고 건강 상태가 좋지 않게 되면서 식욕부진, 식욕 감소, 식욕 전폐 등이 나타난다. 새끼고양이에게 증상이 나타날 경우 젖을 먹지 않으려고 한다. 심하면 급사할 수도 있다.

진단
초기에는 증상이 뚜렷하게 나타나지 않지만 낭종이 많아지면서 신장의 기능이 저하된다.

• **촉진**
복부를 촉진할 경우 신장이 비대해지거나 낭종이 만져진다.

• **영상학적 검사**
방사선 촬영이나 초음파검사로 신장 전체에 번진 낭종

들을 발견할 수 있다. 유전질환으로 페르시안이나 히말라야, 장모종인 경우 생후 13주가 되었을 때 초음파검사를 해보는 것을 권한다. 검사 당시 낭종이 발견되지 않더라도 성장하면서 나타날 수 있기 때문에 정기적으로 검사하는 것이 좋다.

• **혈액검사 및 소변검사**
만성신부전과 동일한 검사 결과가 나온다.

치료
유전적 요소가 강하기 때문에 이런 품종의 고양이를 키우는 애묘인은 신장의 기능을 주의 깊게 살펴봐야 한다. 낭종이 너무 확장되어 주위조직을 압박하거나 통증을 유발하는 경우에 한하여 낭종의 액을 빼내는 처치를 한다. 2차성 세균 감염이 일어날 수 있기 때문에 항생제 치료가 필요할 수도 있다.

예후
고양이에게 신부전증이 발병하는 평균 연령은 3살 이하이거나 7살령 정도다. 고양이의 연령과 신부전 정도, 치료 반응, 신장질환의 발전에 따라 예후가 달라진다. 예후가 나쁘면 진단 후 몇 주 만에 사망하지만 예후가 좋으면 몇 년 동안 정상 생활을 영위할 수 있다. 조기에 치료하는 것이 가장 좋으며 다낭성 신장질환 진단을 받은 고양이는 번식을 하지 않는 것이 좋다.

✚ 신장 아밀로이드증

아밀로이드 단백질이 신장에 층을 이뤄 침착해 발생하는 신장병이다. 고양이는 췌장에도 아밀로이드가 침착할 수 있다. 아비시니안 품종에서 신장 아밀로이드 침착증을 가진 전신 아밀로이드증이 많이 나타난다. 물론 다른 품종에서도 발생할 수 있다. 신장의 아밀로이드 침착은 9~24개월령부터 시작된다. 침착이 진행되면서 신장 기능의 손상이 빠르게 진행되고 1년 이내 신부전이 발생할 수 있다. 암컷 대 수컷의 비율은 1.4대 1이며 열성 유전으로 발생한다.

🔍 증상

아밀로이드 침착 위치와 정도에 따라 임상증상이 달라질 수 있다. 다만 거친 피모, 혈관 이상, 구강 통증, 다음 다뇨, 무기력, 침울, 발열이나 고열, 식욕부진, 식욕 감소 등으로 건강 상태가 나빠진다.

🔍 진단

최종 진단은 신장 생체검사를 통해 아밀로이드를 확인하는 것이다. 아밀로이드 침착은 신장뿐만 아니라 다른 장기에도 발생할 수 있다.

🔍 치료

주로 신부전과 동일하게 치료하며 다른 염증성 질환 등을 고려해야 한다.

+ 신장종양

신장은 몸속의 모든 혈액을 거르기 때문에 종양 세포가 이주하기 좋은 곳이다. 그래서 신장은 림프종이 가장 흔하게 발생하며 다른 조직에서 발생한 종양의 전이도 높은 편이다. 신장 림프종인 경우 수술보다는 항암요법으로 치료한다.

+ 신우신염

신우신염 PYELONEPHRITIS은 요로 감염의 일종으로 콩팥깔때기와 콩팥사이질에 발생한 염증질환이다. 주 원인은 세균 감염으로 주로 신장깔대기와 인근 조직에 염증이 생긴다. 보통은 역행성 세균 감염으로 발생한다. 만일 전신 세균 감염으로 발생했다면 신장의 여러 장소에서 발생할 것이다. 세균은 대장균, 황색포도상구균 Staphylococcus aureus🐾, 프로테우스 proteus🐾🐾 종이다. 세균성 방광염으로 신우신염이 발생했다면 혈뇨나 빈뇨 등의 하부요로계 증상이 나타난다.

🐾 인간이나 동물의 피부나 소화관에 상재하는 포도상구균으로, 피부 발진, 식중독, 폐렴, 수막염 등을 일으키는 원인균이다. 균의 모양이 포도 송이를 닮았다고 해서 포도상구균이라고 불린다.

🐾🐾 장내 세균의 하나로 사람이나 동물의 장, 분변 등에 분포해 있으며 막대형의 편모를 가진 그람음성균이다.

🔍 증상

식욕부진, 탈수 그리고 구토와 발열 등의 증상과 함께 허리 통증도 나타난다. 방광염과 동반한 경우 긴박뇨, 빈뇨, 절박뇨, 배뇨통 등 방광염의 증상이 나타난다.

🔍 진단

임상증상과 여러 검사를 통해 확인할 수 있다.

• 소변검사 및 요 배양검사

세균뇨, 농뇨, 혈뇨를 검사하면 균이 신장에 어느 정도 침범했는지를 확인할 수 있다. 보통은 소변에서 혈뇨 및 세균 검출이 되면 방광염으로 진단을 내리는 경우가 많다. 세균성 방광염이 확인되면 신우신염에 걸렸을 가능성이 크다.

• 초음파검사 및 신장 배설성 조영촬영

해부학적 이상을 확인해 확진할 수 있다. 이 검사를 통해 균의 침범이 확실하면 확진할 수 있다.

치료

검사를 통해 원인균을 발견하고 이에 따라 항생제를 선택하고 투여한다. 발열이나 염증을 완화하기 위해 비스테로이드성 항염제와 해열제를 투여하기도 한다. 더불어 적절하게 수분을 섭취할 수 있도록 관리해야 한다.

+ 사구체신염

사구체신염 glomerulonephritis은 신장 사구체 부위에서 발생하는 염증성 질환이다. 사구체는 신장에서 여과 기능을 하는 부위다. 이 질환은 면역매개질환으로 면역체계의 이상으로 사구체를 공격해 염증을 일으켜 발병한다. 사구체신염은 2가지 형태로 발생하는데 하나는 자가면역항체가 사구체기저막항원과 결합하는 형태고, 다른 하나는 혈액에서 순환하는 면역복합체가 사구체모세혈관망에 걸려 발생한다.

+ 고양이 사구체신염의 원인

원인	원인에 따른 질환
특발성 (원인을 밝히기 어려움)	가장 흔함
감염	고양이 복막염, 고양이백혈병, 마이코플라즈마 감염
염증성	만성 진행성 다발관절염, 전신홍반루푸스
종양	림프종, 골수증식성 질환
독성	탄화수소, 수은
품종	아비시니안 종에서 많이 발생

감염성, 염증성, 종양성, 퇴행성 질병들이 사구체 손상을 일으킬 수 있다. 보통 고양이는 감염성, 염증성으로 발생한다. 감염이나 염증을 유발하는 기저질환의 원인을 밝히는 것도 중요한데 임상적으로 중요한 면역복합체를 형성하는 감염성 원인으로는 고양이백혈병바이러스, 복막염바이러스, 면역결핍바이러스 등이 있다. 비감염성 원인으로는 만성 화농성피부염, 종양, 구내염, 심장사상충, 췌장염 혹은 당뇨 등이 있다.

하지만 사구체신염의 경우 정확한 원인을 밝혀내기 어려운 실정이며, 주로 젊은 고양이 중 수컷에서 많이 발생한다.

증상

사구체신염은 2가지 임상적 형태로 나타난다. 첫 번째 임상 형태는 신장증후군이 나타나는 것이다. 그래서 피하 부종과 복수가 발생하지만 체중이나 식욕은 거의 감소하지 않는다. 다량의 단백뇨와 저알부민혈증, 부종, 고지질혈증 등의 증상이 나타난다. 신부전 증상을 가지는 경우 요독증이 심해질 수 있으며, 비재생성 빈혈이 나타난다.
두 번째 임상 형태는 만성신부전이 나타나는 것이다. 사구체의 손상이 점점 심해지면서 비가역적으로 신장의 기능이 상실된다. 만성신부전 상태가 되면 식욕부진, 체중 감소, 기면, 다음다뇨, 구토, 창백한 잇몸 등이 나타난다.

진단

1차적으로 신장 조직을 채취해 조직검사를 통해 원인을 확인하는 것이 좋다. 진단 과정 중에 감염성 질환을 감별하는 것이 중요하다. 고양이의 경우 개에 비해 바이러스 질환으로 인한 만성적 염증 반응이 전신질환을 일으키는 경우가 많으므로 갑작스럽게 신장질환을 보인다면 바이러스 검사를 통해 진단을 내려야 한다.

치료

1차적 원인을 찾아 원인 치료하는 것이 가장 중요하나 대부분 1차적 원인이 해소된 이후 합병증으로 사구체신염이 오는 경우가 많아 1차 치료가 어렵거나 불필요할 수도 있다. 사구체신염이 발생하면 신장증후군으로 진행되고 좀더 발전하면 만성신부전이 된다. 신장의 기능

> 콩팥잔으로, 콩팥깔때기의 가지를 말한다.

장애 발생 시 주로 요독증이 발생하므로 신부전 치료에 준하여 치료를 진행해야 한다.

+ 요관과 신장 결석

소변은 신장에서 피를 여과한 뒤 생성되어 신배腎杯로 배출되고 콩팥깔때기신우에 잠시 머무른 후 요관을 거쳐 방광에 도달해 모여 있다가 요도를 통해 배설된다.

즉, 요관 또는 요로는 소변이 생성되어 배출되는 경로다. 이곳에 생긴 결석을 요관결석이라고 한다. 고양이의 경우 개에 비해 드문 질환이지만 요관과 신장에서 발생

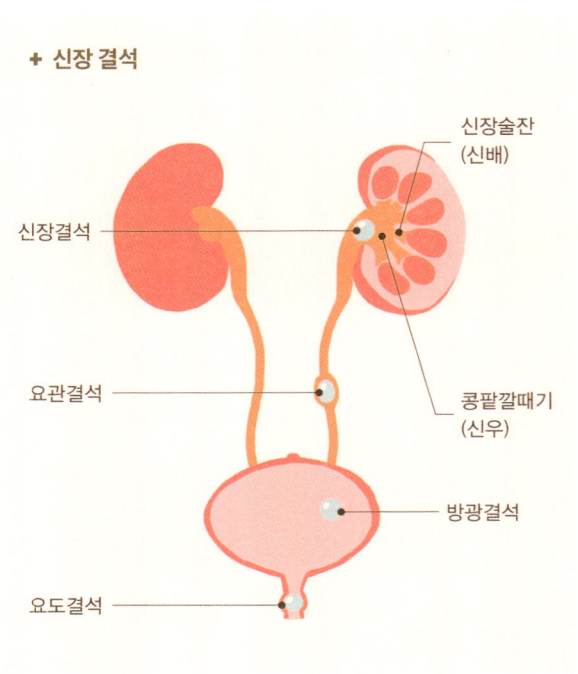

+ 신장 결석

한 결석은 만성신부전과 수신증을 일으킬 수 있다.

+ 수신증

수신증은 요관이 막혀 신장에 소변이 쌓여 신장 조직 손상을 일으키는 질환이다. 허혈성 괴사가 일어나기도 한다. 소변 배출의 폐쇄는 요관이나 요도 등 결석으로 인해 발생하지만 종양, 임신, 감염 등으로도 발생하기도 한다. 콩팥깔때기와 신장술잔의 확장이 일어나면 신장수질과 피질에 압박을 가하게 되고, 압박된 신장은 혈액이 제대로 흐르지 않아 위축이 일어난다. 이런 식으로 신장의 기능이 상실된다.

증상

신장 한쪽이 손상되면 다른 쪽이 정상적인 역할을 하기 때문에 실제 임상증상이 나타나기까진 일정한 시간이 지나야 한다. 다만 양쪽에서 발생한다면 신후성 신부전 상태를 유발해 급성 요독에 의해 사망할 수도 있다. 신부전 증세를 보이면서 식사를 거부하거나 구토를 하거나 체중이 감소한다.

진단

촉진을 통해 커진 신장이 만져지고, 방사선 촬영이나 초음파검사를 통해 확장된 신장이나 요관결석을 확인할 수 있다.

🔍 치료

신장 기능에 영향을 주는 원인에 대한 검사를 진행하여 가급적 빠른 시기 안에 치료를 한다면 신장 기능 손상을 막을 수 있다. 치료는 만성신부전과 동일해서 원인 치료와 보조 치료를 나눠 진행할 수 있다.

• 원인 치료

신장에 직접적으로 손상을 주는 신우신염, 신장 독성, 결석, 종양 등을 치료한다.

• 보조 치료

원인질환으로 인해 유발된 대사성산증, 단백뇨, 고혈압, 탈수, 전해질 이상, 식욕부진, 구토 등을 치료한다.

03 하부요로계질환

하부요로계는 신장을 제외한, 소변이 저장되고 배출하는 기관들을 말한다. 대표적으로 방광과 요도가 있다. 고양이의 하부요로계질환으론 특발성 방광염과 수컷 요도폐쇄 등이 있다.

+ 특발성 방광염

특발성 방광염은 방광 내에 염증이 발생해 혈뇨나 빈뇨 등의 증상을 보이지만 정확하게 원인을 찾을 수 없어 특발성이라고 한다. 하부요로계질환을 가진 젊은 고양이에게서 가장 많이 진단되는 질병으로, 10살 미만의 하부요로계질환 중 55~65%가 특발성 방광염이다.

대부분 2~6살 사이에서 발생하며 1살 미만이나 10살 이상인 경우 발병이 드물다. 주로 수컷이나 과체중, 혈통 있는 고양이에게 발병하며 미용, 목욕, 이사, 중성화 수술, 새로운 고양이의 입양 등으로 인한 스트레스로 호르몬 체계가 깨져 방광에 염증이 생기는 것은 아닌가 추정한다.

증상

고양이 특발성 방광염의 증상은 부적절한 장소에서의 배뇨, 빈뇨, 배뇨 곤란, 혈뇨 등이 있다. 이뿐만 아니라 식욕 저하, 구토, 설사 등의 증상도 나타난다. 이런 증상은 특발성 방광염에만 나타나는 증상은 아니며 하부요로계 질환을 가진 경우 비슷하게 나타난다. 증상은 보통 좋아졌다가 다시 나빠지며, 스트레스를 받는 경우 악화되는 양상을 나타낸다. 보통은 3~5일 정도 증상이 있다가 자연적으로 치유된다.

재발 확률은 50% 정도로 완치된 후 1~2년 이내 증상이 다시 나타난다. 나이가 듦에 따라 재발 주기와 증상의 강

특발성 방광염은 대체로 스트레스로 인해 발병하는 것으로 추정하기 때문에 가급적 고양이에게 스트레스를 주지 않도록 환경적인 면에서 주의를 기울여야 한다.

도는 줄어든다. 그중 15% 정도만 자주 재발하고 만성화로 이어진다.

고양이 특발성 방광염은 단순한 세균 감염이 아니라 스트레스로 인한 정신적 반응 등으로 발생하는 것으로 보는 것이 타당할지도 모르겠다. 특히 예민한 고양이의 경우 증상이 자주 유발될 수 있다.

진단

보통 고양이가 혈뇨를 보이거나 화장실을 자주 들락거리면 보호자가 동물병원으로 데려온다. 이때 방사선 촬영, 초음파와 혈액검사 등을 통해 결석, 세균성, 폐쇄성 혹은 신장의 문제 등을 확인하면서 진단한다. 초음파검사를 통해 비후된 방광벽을 볼 수 있으며, 방광 내용물은 소변 침전물로 가득찬 모습을 보인다.

치료

방광염의 치료 목표는 완치보단 스트레스를 관리해 증상이 심해지지 않도록 하고 재발을 막는 것이다. 고양이에게 스트레스를 주지 않는 환경을 만들어주는 것이 가장 중요하다. 물론 그런 환경을 만들어주었다고 하더라도 증상이 재발되지 않는 것은 아니다. 다만 보호자는 고양이가 스트레스를 받을 만한 환경에 대해 인지하고 그런 것에서 벗어날 수 있게 해주는 노력이 필요하다.

- **스트레스 최소화**

여러 고양이를 함께 키우는 다묘 가정의 경우 화장실이

나 혹은 다른 문제로 고양이가 스트레스를 받을 수 있다. 화장실은 고양이 한 마리당 하나가 적절하다. 또한 다중적인 환경 수정MEMO, multimodal environmental modification이라는 프로그램을 통해 하부요로계질환으로 발생할 수 있는 공격성, 예민함, 공포심 등을 줄여나갈 수 있다.

• **수분 섭취**
정상 배뇨를 유도하려면 물을 충분히 섭취하는 것이 좋다. 고양이 습성상 물을 적게 마시고 농축된 배뇨를 배출하는 것이 일반적이기 때문에 이것을 완화하는 것이 좋다.

• **약물치료**
통증을 완화하는 약물을 투여함으로써 증상을 개선시킨다. 배뇨에 어려움을 겪는 경우 요도 경련이 발생할 수도 있기 때문에 경련완화제를 처방할 수도 있다.

+ 특발성 방광염에 걸린 고양이를 위한 다중적 환경 수정 프로그램

고양이의 과도한 스트레스는 특발성 방광염의 임상증상을 악화시키는 데 핵심적 역할을 한다. 이전 특발성 방광염을 앓았던 상태의 환경을 변화시킴으로써 증상을 감소시킬 수 있다.

화장실 배치 및 관리
- 복층 이상 주택의 경우 매 층마다 고양이를 위한 화장실을 1개 이상 둬야 한다.
- 고양이 화장실은 다른 고양이나 동물에게 방해받지 않은 곳에 위치해야 한다.
- 고양이 화장실은 사용하는 도중 예기치 않은 일이 발생하지 않도록 가전제품이나 환풍구로부터 떨어진 곳에 위치해야 한다.
- 화장실은 가능한 한 사용 후 즉시 깨끗이 청소한다(적어도 하루 1번).
- 화장실은 강한 향의 세제 대신 순한 세제(주방세제 등)로 정기적으로(적어도 매주 1번) 세척한다.
- 무향의 응고형 모래를 사용한다.
- 구매한 모래의 브랜드나 유형을 자주 바꾸지 않는다(1달 이상).
- 모래를 선택할 경우에는 고양이의 취향에 맞춰 구매하고 그것에 적응할 수 있도록 기존의 것과 새것을 함께 놓아둔다.
- 다묘 가정일 경우 고양이 한 마리당 하나의 화장실을 마련해 프라이버시를 지켜줘야 한다.

음식과 물
- 고양이가 선호하는 곳에 음식과 물그릇을 둔다.

- 고양이가 식사할 때는 다른 고양이가 다가가지 못하도록 조용하고 한적한 곳에 식사 자리를 마련한다.
- 고양이의 밥그릇과 물그릇은 식사하는 도중 예기치 않은 문제가 발생하지 않도록 가전제품 등과 떨어져 있어야 한다.
- 음식과 물은 신선하게 유지해야 한다(매일).
- 밥그릇과 물그릇은 규칙적으로(적어도 매주 1번) 세척하되 순한 세제를 사용한다.
- 사료의 종류와 브랜드는 자주 바꾸지 않는다(1달 이상).
- 새 사료를 제공할 때는 그것에 적응할 수 있도록 기존의 것과 새것을 별도로 마련하고 고양이가 선택해서 먹을 수 있도록 한다.

환경적 고려사항
- 스크래치 포스트를 제공한다.
- 장난감은 정기적으로 제공하며, 회전시키거나 교체해준다.
- 고양이가 스스로 원할 때 더 따뜻하거나 더 시원한 장소로 이동할 수 있도록 자유를 준다.

- 고양이가 스스로 원할 때 위협으로부터 벗어날 수 있는 은신처나 자신만의 공간을 마련해준다.

휴식
- 고양이만을 위한 휴식 공간을 마련해준다.
- 휴식 공간은 다른 고양이나 동물이 방해하지 않도록 조용하고 한적한 곳에 위치해야 한다.
- 휴식 공간은 고양이가 쉬는 동안 예기치 않은 소음에 놀라지 않도록 가전제품이나 여타의 물건으로부터 떨어져 있어야 한다.
- 새 침대를 제공할 때는 기존의 익숙한 침대 옆에 두고 고양이가 원할 때 선택해서 사용할 수 있도록 한다.
- 고양이가 자유롭게 돌아다니고, 탐험하고, 놀 수 있도록 한다.
- 고양이의 사회적 접촉을 위해 다른 동물과 함께 어울릴 수 있는 기회를 자주 마련해준다. 물론 이것은 고양이가 원할 때여야 한다.

+ 요로결석

요로결석urinary stone은 비뇨기계에 생긴 결석으로 배뇨에 장애를 일으킨다. 소변에는 미네랄 성분들이 많이 포함되어 있는데 이것들이 과포화 상태가 되면 결정화가 되면서 결석을 만들 수 있는 1차적 조건을 형성한다. 비뇨기계에서 형성되는 결석의 주요 성분은 스트루바이트struvite, 조석분, 칼슘옥살산염CaOx이다.

🔍 스트루바이트 결석

인산마그네슘암모늄 결석이라고 부르기도 하는데 주로 방광에서 무균성으로 형성된다. 세균 감염으로 인한 결석은 주로 1살 이하의 고양이나 10살 이상의 고양이에게서 나타난다. 성별에 따라 발생률의 차이를 보이지는 않지만 비활동적 생활, 비만, 수분 섭취 부족, 소변의 알칼리화로 인해 발생이 촉진된다.

스트루바이트 결석의 치료는 결석용해요법과 수술을 이용한 제거가 있다. 결석용해요법은 소변을 산성화하고 마그네슘을 제한한 처방 사료를 급여하는 것이다. 한 달간 처방 사료를 먹으면 결석이 사라질 수 있다.

다만 세균 감염으로 결석이 생겼다면 항생제 치료를 병행해야 한다. 과거에는 소변을 알칼리화하는 약물을 사용하기도 했지만 현재는 처방 사료의 효과로 거의 사용하고 있지 않다. 또한 수분 섭취를 늘려 소변이 농축되는 것을 막아야 한다.

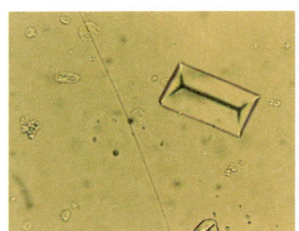

소변을 현미경으로 본 사진으로, 봉투 형태의 스트루바이트 결석이 보인다.

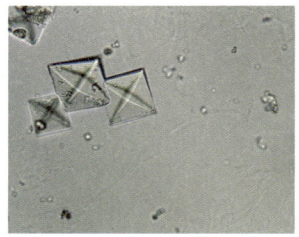

소변에서 칼슘옥살산 결석이 보인다.

🔍 칼슘옥살산염 결석

나이와 품종에 따라 발생 위험이 높을 수 있다. 발병하는 평균 연령은 7살이며 수컷이 암컷보다 확률이 높고 품종은 페르시안, 히말라얀, 브리티시 쇼트헤어, 아메리칸 쇼트헤어, 랙돌, 스코티시폴드 등에서 발병률이 높다. 그리고 나트륨이나 칼륨 성분이 낮은 사료, 뇨를 산성화하는 성분이 든 사료를 먹을 때 발병하는 확률이 높고, 간혹 고칼슘혈증이 있는 경우 발생하기도 한다.

증상은 1차적으로 결석이 방광 등을 자극해 상처를 내거나 요도를 폐쇄해 화장실에서 볼일을 보지 못하거나 혈뇨, 빈뇨 등이 나타난다. 다만 칼슘옥살산염 결석은 보통 뇨가 산성이며, 세균 감염은 없으나 결석의 발생으로 인해 손상된 방광 등에서 대장균 등의 감염이 나타날 수 있다. 작은 결석인 경우 방사선 상에 나타나지 않을 수 있다. 진단 과정에서 신장병, 종양 등 고칼슘혈증을 유발할 수 있는 다른 질환을 확인해야 한다.

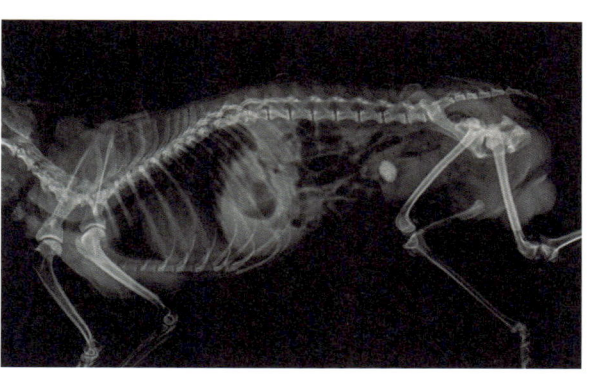

방광에 칼슘옥살산염 결석이 보이는 방사선사진

칼슘옥살산염 결석은 스트루바이트 결석처럼 처방 사료로 용해할 수는 없다. 그래서 수술로 제거해야 한다. 결석이 작다면 방광을 압박해 요도를 통해 배출시킬 수는 있지만 수술로 완전하게 제거하는 것이 좋다. 재발이 흔하기 때문에 단백질을 일정량으로 제한하고 수분을 충분히 섭취해야 한다. 이를 위한 처방 사료는 있으니 그것을 이용해도 효과적이다.

또한 뇨의 비중은 1.025, pH는 7~7.5를 유지해야 한다. 뇨 스틱을 이용하여 간편하게 측정할 수 있으나 뇨의 채취가 어려울 수 있다. 최근 물을 흡수하지 않는 모래 등이 나와 있으므로 이를 이용하면 보다 효과적으로 뇨의 비중과 pH를 측정할 수 있다. 결석을 제거한 이후 1개월 이내 소변검사 등을 해야 하며 일정 주기에 맞춰 재진해야 한다.

+ 요도 플러그와 요도폐쇄

수컷의 경우 요도 끝부분에서 요도폐쇄가 잘 발생한다. 요도 플러그는 단백질의 물질점액단백질과 염증산물이 뇨의 결정화된 미네랄과 결합하여 형성되는데 이러한 물질이 요도에서 막혀 소변의 배출을 막으면서 요도폐쇄가 발생한다. 위치는 요도 구선의 뒷부분, 전립샘과 방광 사이에서 잘 발생한다.

주로 스트루바이트 성분과 염증산물 등이 결합하거나 방광의 침전물과 혈액이 결합해 요도 플러그를 형성한다. 고양이가 건사료를 먹거나 활동성이 떨어질 때 발생률이 높았다. 수컷의 요도는 내강이 좁기 때문에 폐쇄로

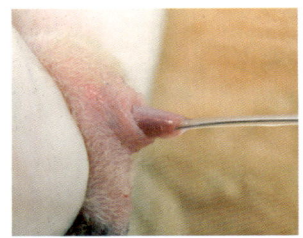

요도폐쇄가 있는 고양이에게 카테터를 장착하는 모습

인해 소변 배출이 막히게 되면 그로 인해 신부전 등의 합병증을 유발한다.

증상

요도폐쇄는 고양이가 화장실에서 오랫동안 있거나 배뇨 통증으로 인해 소리를 지르기도 하고 생식기를 핥는 증상을 보인다. 많은 애묘인이 변비로 오인하고 내원하는 경우가 많다. 폐쇄가 지속되면 신후성 신부전으로 발전해 위급한 상황을 맞이할 수도 있다.

치료

요도폐쇄가 발생했다면 응급 상황으로 간주한다. 어떤 조치도 없이 48시간이 지났을 경우 급성 요독으로 사망할 수도 있다.

• 수액 치료

우선 수액을 점적하고 방광의 팽창이 너무 심하면 뇨 천자를 통해 방광의 압력을 줄여야 한다. 이후 전해질, 산염기 등을 평가하여 교정 치료를 진행해야 한다.

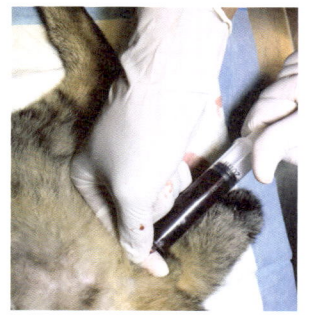

요도카테터에서 심한 혈뇨를 뽑아내는 모습

• 요도개통술

수액 치료와 교정을 통해 고양이가 안정을 찾으면 본격적으로 요도개통술을 진행해야 한다. 요도개통술은 요도에 카테터를 장착하여 안정적으로 소변을 배출하는 것으로 마취가 필요할 수 있다. 고칼륨혈증 등이 있다면 치료한 후 마취해야 한다.

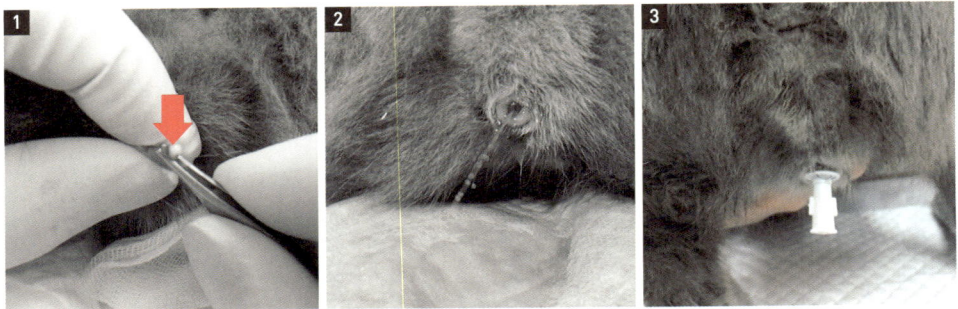

1_요도를 막고 있는 결석을 제거하는 요도개통술　2_개통하지마자 소변이 줄줄 나온다.
3_요도카테터를 착용한 모습

　요도개통술을 실시할 때는 요도에 남아 있는 찌꺼기 등으로 카테터 장착이 쉽지 않을 수 있어 식염수로 요도 플로그를 세척해 제거하면서 장착한다. 이때 요도에 상처가 생기지 않도록 주의해야 한다. 요도카테터를 이용한 요도개통술이 끝난 후에도 생리식염수를 이용해 방광을 충분하게 세척해야 한다. 이후에도 방광에는 방광염 증산물과 혈액 등이 지속적으로 흘러나올 수 있기 때문에 요도카테터를 장착한 상태로 입원해야 한다.
　입원할 경우 뇨의 지속적인 배출과 더불어 요도폐쇄로 인한 합병증을 개선시키는 것에 주안점을 둬야 한다. 특히 요도폐쇄로 인해 신부전이 나타날 수 있기 때문에 요로계 폐쇄가 발생할 때는 즉시 조치를 취해야 한다. 방광 팽창이 오래 지속되면 배뇨근 무력증이 올 수 있다. 이때는 오랫동안 요도카테터를 장착하고 있어야 하며, 소변 배출이 정상화될 때까지 오랜 시간이 걸릴 수 있다.

• 회음요도조루술

요도개통술 이후 생존율은 90% 이상이지만 30% 정도 재발할 확률이 높다. 특히 하부요로계질환이 있는 경우 그 원인을 정확히 찾는 것도 중요하다.

만약 적절한 예방 조치에도 폐색이 재발한다면 회음요도조루술을 시술해서 재발을 영구적으로 방지할 수 있다. 다만 이러한 수술은 원천적으로 원인을 제거하는 것은 아니며 요도의 내강을 확장시켜 요도폐쇄가 일어나지 않도록 하는 것이다.

+ 하부요로계 감염

하부요로계 감염은 주로 방광이나 요로계에 세균이 침투해 감염이 되는 질환으로 요로계의 세균 방어 기전에 의해 자주 발생하지는 않는다. 다만 10살 이상의 나이든 암컷의 경우 발병률이 높다. 그 이유는 면역력의 저하와 다른 질병의 합병증 때문이다.

다른 질병으론 갑상샘기능항진증, 당뇨, 만성신부전 등이 있다. 이런 경우 대부분 뇨 비중이 낮은 상태가 되며 이것이 요로계 감염을 더 잘 일으키는 요인으로 추정한다.

🔍 증상

증상은 하부요로계질환이 있는 경우와 같다. 보통 소변에서 피가 나오거나 자주 화장실을 들락거린다.

🔍 진단

소변검사를 통해 오줌의 성상과 세균 감염 여부를 진단

한다. 초음파를 통해 염증에 의한 방광벽의 비후를 관찰한다. 항생제 치료가 필요한 경우에는 항생제 감수성 검사를 통해 적절한 항생제를 선택한다.

치료

가장 흔하게 감염을 일으키는 세균은 대장균 및 장내균들이다. 요로계 감염에서 가장 중요한 치료는 항생제 치료다. 보통 항생제 치료는 2주 정도 지속하는 것이 좋으며 더 효과적인 것은 치료를 시작한 지 일주일 내에 항생제 감수성 검사를 실시해 적절한 항생제를 선택하는 것이다. 하부요로계 세균 감염은 단독보다는 다른 질병의 합병증으로 감염되는 경우가 많아 4~6주까지 항생제 치료가 필요할 수 있다. 재발률이 높기 때문에 조기에 치료하는 것이 좋다.

CHAPTER 6

여섯 뺨 더 이해하기

고양이 문제행동

1 고양이 문제행동의 이해

01 고양이 문제행동의 원인

고양이는 완전 육식하는 동물이다. 야생고양이는 작은 쥐나 새 등을 사냥하면서 먹잇감을 챙기고, 길고양이는 쥐나 음식물 쓰레기로 먹잇감을 챙긴다. 반면 집고양이는 당연히 보호자가 사료를 주기 때문에 먹이에 대해 크게 고민하지 않지만 전형적인 사냥 본능은 고스란히 갖고 있다.

그렇다고 사람을 아무 이유 없이 공격하지 않는다. 사실 야생고양이와 길고양이, 집고양이의 경우 유전적으로 나타나는 행동적 차이는 그다지 없다. 집에서 키우는 고양이라 할지라도 고양이 특성은 고스란히 남아 있지만 사람과 함께 살면서 그런 부분이 조금은 순화되어 나타날 뿐이다.

하지만 고양이는 다루기가 힘든 까다로운 동물이다. 고양이를 키우는 사람이라면 그들의 문제행동으로 고민해본 적이 있을 것이다. 그중의 하나가 스크래치와 울음이다. 이것은 고양이에게 매우 정상적인 행동이지만 처음 고양이를 키우는 사람에겐 문제행동으로 보일 수 있다. 고양이의 행동 특성에 대해 잘 모르고 고양이를 키우면 힘든 상황을 겪을 수 있으니 고양이의 정상행동을 잘 이해하고 그들이 가진 욕구를 적절하게 해소할 수 있는 방법이나 장치를 마련해주어야 한다.

다만 같은 고양이라도 유독 스크래치와 울음이 심한 고양이가 있다. 이것이 정상적인 행동이라 할지라도 사람과 함께 살 경우 보호자에게 큰 스트레스가 될 수 있다. 이러한 행동은 그들의 욕구를 보다 적극적으로 충족시키거나 관심을 자제함으로써 조금은 완화시킬 수 있다.

동물의 행동은 유전적, 이전의 경험, 주위 환경 이 3가지 요인에 의해 영향을 받는다. 이 중 유전적 영향이 가장 크다. 사나운 성질을 가진 개의 경우 아무리 가정에서 온순하게 키웠다고 해도 처음 본 수의사를 물려고 한다.

고양이가 유독 스크래치와 울음이 심하다면 그들의 욕구가 제대로 충족되지 않기 때문인 경우가 많다.

CHAPTER 6 여섯 뺨 더 이해하기 **고양이 문제행동**

동일한 환경에서 자란 형제도 성격이 각각 다르기 때문에 문제행동은 환경보단 유전적 영향이 더 큰 것으로 추정한다.

고양이의 경우도 마찬가지로. 동일한 환경에서 자란 형제라도 성격이 각각 다르다. 유전적 영향과 특정한 상황이 결합하면 더 심각한 문제행동을 보인다.

고양이의 문제행동이상행동의 원인은 두려움, 공포증, 불안증 등이 있다. 그 결과 문제행동 외에도 구토나 설사, 피부병 등의 외부적 증상이 나타날 수 있다. 그럼 고양이의 문제행동의 원인에 대해서 알아보자.

+ 두려움(공포)

두려움은 위험에 대한 신체적, 행동학적, 감정적 반응이다. 두려움이 일면 뇌의 인지, 근골격계, 신경내분비 등에서 반응이 일어난다. 두려움에 대한 감정은 흔히 고통이나 외상과 관련이 있으며 동물이 살아남기 위한 중요한 행동반응이다. 두려움을 유발하는 상황이 발생하면 뇌의 연수에 있는 청반핵青斑核에서 교감신경계의 주요

두려움은 고통이나 외상과 관련이 있으며 동물이 살아남기 위한 행동반응이다.

> 신경 계통의 신경 전달 작용을 하는 부신 속질에서 아드레날린과 함께 분비되는 호르몬으로 노르아드레날린이라고도 한다.

신경전달물질인 노르에피네프린norepinephrine을 분비하고 대뇌피질, 변연계, 척수 등의 신경전달물질을 자극하면서 여러 단계를 거쳐 도망이나 얼어붙는 반응, 투쟁 등의 행동으로 나타난다.

예를 들어 사람이 계단을 내려오다 떨어졌다면 계단에 대한 두려움을 가질 수 있다. 모든 동물도 이와 마찬가지다. 고양이의 경우 두려우면 도망가지만 궁지에 몰리면 방어적 공격을 하거나 꼼짝도 하지 않는 행동을 보인다. 또는 회피 반응을 보일 수 있다. 회피를 하는 고양이는 하품을 하거나 입술을 핥는다. 보통 동물병원에 온 고양이들이 이런 반응을 보인다. 이외에 두려움에 대한 신체 반응으론 심박 상승, 호흡수 증가, 땀 흘림, 떨림, 서성거림, 배뇨, 배변 등이 있다.

+ 공포증

공포증은 비이성적이고 강렬하고 지속적인 공포로 가득한 상태를 말한다. 공포증을 가진 동물은 자극에 적응하지 못하고 계속 공포심을 갖는다. 소음이나 공간과 관련된 공포증이 가장 흔하다.

+ 불안증

불안증은 공포와 구분해야 하며 외부 위협 없이 발생한다. 공포는 갑자기 나타나 일시적으로 느끼는 감정이지만 불안증은 그것이 오래 지속된 상태라고 할 수 있다. 불안증은 공포가 감정을 불러일으키는 경로의 조절 이상으로 발생할 수 있다.

1_고양이는 주로 소음이나 공간에 관련된 공포증을 갖는다.
2_고양이가 안절부절못하는 모습을 보이는데 뚜렷한 원인을 찾지 못한다면 불안증을 갖고 있을 수도 있다.

🐾 짧은 시간 내에 일어나는 강력하고 급작스러운 발작으로 극심한 불안이나 공포를 느끼는 질환이다.

만성불안증은 교감신경 활성을 일으키며, 과도한 경계 반응을 동반한다. 주위 경계, 자율신경계 활성위장관 장애, 운동신경활성 증가이 일어나기도 한다. 보통 자율신경계 활성이 일어나면 안절부절못하는 모습이 나타난다. 심하면 공황발작恐慌發作🐾이 나타날 수 있다.

02
고양이의 불안증 관련 장애

고양이의 불안증을 유발하는 요소는 많다. 새롭게 고양이를 입양했거나 이사를 하거나 보호자와 떨어지는 경우 불안을 느낄 수 있는데 다만 주의해야 하는 것은 갑상샘기능항진증인 경우도 유사한 행동적 변화를 일으킬 수 있고, 특정한 약을 복용 중에도 과도한 흥분 등을 보일 수 있다.

고양이의 불안증은 공격성, 분리불안증, 소음공포증, 이식증, 강박장애 등으로 나눌 수 있다. 진단은 병력, 신체검사, 건강검진을 통해 이루어져야 한다. 신체검사는 혈액을 포함하여 호르몬, 피부질환 검사를 통해 특정 질병이나 혹은 피부의 자극 등의 여러 요소를 함께 검토한 이후 진단을 내려야 한다.

질병이나 특정한 원인이 없는데도 이런 증상이 지속된다면 문제행동을 치료하는 것이 좋다. 치료 방법에는 행동수정요법, 주위 환경 관리, 약물치료 등이 있다. 치료약으로는 주로 세로토닌 대사에 영향을 미치는 약물이 사용된다. 불안증 완화제와 함께 사용하면 공황 발작이 있는 고양이에게 도움이 된다.

이럴 경우 보호자는 고양이의 문제행동에 대해 현실적 목표를 설정하고 치료에 임해야 한다. 극단적으로 심하지 않은 경우는 대부분 어느 정도 증상을 완화할 수 있지만 환경의 변화나 기타 자극 등으로 그러한 행동이 다시 나타날 수 있기 때문에 평생 관리가 필요할 수도 있다.

+ 강박장애

강박장애를 겪고 있는 고양이는 특별한 의미가 없는 행동을 반복적으로 지속한다. 강박장애는 보통 정상적인 행동을 비정상적으로 심하게 자주하는 것을 말하는데 과도하게 그루밍을 하거나 이물을 섭취하거나 심하게 소리를 지르기도 한다.

강박장애를 가지고 있는 고양이는 뇌의 변연계에 문제가 있을 것으로 추정하는데 변연계에서 세로토닌과 엔도르핀endorphin❤ 대사의 이상이 중요한 원인으로 여겨진다.

❤ 뇌나 뇌하수체에 추출되는 신경전달물질로 고통을 조절하고 행복감을 느끼는 작용을 한다.

진단과 치료

진단은 병력과 신체검사를 통해 이뤄진다. 다른 질병으로 인한 증상이 아니라면 강박장애로 진단할 수 있는데 심하다면 약물치료가 필요할 수도 있다.

+ 과잉그루밍

고양이는 깨어 있는 시간의 30~50%까지 그루밍을 하는데 시간을 보낸다. 현재 지각과민, 과잉그루밍, 자해, 정신적 탈모증은 불안증 관련 장애의 일부분으로 보고 있다.

증상

고양이는 혀가 닿을 수 있는 모든 부분에 그루밍을 하는데 심하게 할 경우 탈모나 털의 변색이 나타난다. 탈모가 주로 일어나는 부분은 옆구리, 엉덩이, 뒷다리, 사타구니 등인데 머리나 목 부분은 핥지 못하기 때문에 정상이다.

고양이는 혀가 닿을 수 있는 모든 부분에 그루밍을 하는데 심하게 할 경우 탈모나 털의 변색이 나타난다.

탈모는 비대칭성이며 피부 상태는 정상으로 보이나 찰과상을 당했을 때처럼 상처가 나 있을 수도 있다. 심하면 피부궤양 등으로 발전할 수 있다.

🔍 진단
우선 고양이에게 알레르기를 유발하는 피부질환이 있는지 확인한 후 정상이라면 불안증으로 인한 과도그루밍으로 보는 것이 맞다. 다만 동물은 보통 상처나 통증이 있는 곳을 핥거나 깨무는 경향이 있는데 상처가 날 수 있는 질병이 있는지도 확인해야 한다.

🔍 치료
탈모와 상처는 약물치료로 해결할 수 있다. 약물 치료는 세로토닌 대사에 영향을 미치는 관리 재흡수 억제제, 삼환계 항우울제가 사용될 수 있는데 6~12개월까지 복용한다. 그 후 서서히 약 용량을 줄여나갈 수 있다.

+ 이식증
이식증은 별난 음식이나 이상한 물질을 좋아하는 증상을 말한다. 고양이는 흙, 고무, 종이, 나무, 줄, 화분의 풀, 섬유 등 집안의 다양한 물체를 먹을 수 있는데 고양이마다 선호하는 물질이 다르다. 어린 고양이의 경우 먹이를 탐색하면서 이물을 섭취하기도 하지만 성묘에서는 불안증으로 인해 양말이나 이물질을 씹거나 먹으면서 스트레스를 해결하려는 경향에서 발생한다.

후천성으로 이식증을 일으킬 수 있는 원인을 몇 가지 추

CHAPTER 6 여섯 뺨 더 이해하기 **고양이 문제행동**

어린 고양이의 경우 먹이를 탐색하면서 이물을 섭취하기도 하지만 성묘가 된 뒤에도 이런 증상이 지속된다면 불안증으로 인한 행동일 수 있다.

정할 수 있다. 우선 빠른 이유 시기를 들 수 있는데 보통 2~4주령 사이에 어미젖을 끊는데 이보다 빠른 경우 이식증이 나타날 수 있다. 길고양이의 경우 6개월까지도 젖을 빨려고 하는 경향이 있다.

다음으로 입양 전 불충분한 핸들링, 식이섬유 부족, 분리불안증, 놀이나 사냥 행동 기회 부족, 식욕에 대한 신경 조절 실패 등이 있다. 이식증은 어린 시절 일시적으로 나타났다가 점차 사라지는 경우가 많지만 나이가 든 이후까지 그 행동이 지속된다면 건강상 문제를 일으킬 수 있으니 치료해야 한다.

• **후천성 이식증을 일으킬 수 있는 원인**

> ✔ 빠른 이유 시기
> ✔ 입양 전 불충분한 핸들링
> ✔ 식이섬유 부족
> ✔ 분리불안증
> ✔ 놀이나 사냥 행동 기회 부족
> ✔ 식욕에 대한 신경 조절 실패

🔍 **진단**

이식증을 진단하기 위해선 갑상샘기능항진증, 납 중독, 식이섬유, 장내 기생충, 빈혈 등이 있는지 확인해야 한다. 어린 고양이인 경우는 놀이행동의 일환일 수도 있으나 이물질이 장폐색을 유발하는 경우가 흔하므로 고양이가 잘못해서 먹을 수 있는 물체나 물건들은 가급적 고양이가 접근할 수 없는 곳에 놓아두어야 한다.

치료

보통 이물 섭취 행위 자체보다 이로 인한 장내 문제가 더 심각하다. 이물에 쓴맛이 나는 물질이나 후춧가루 등을 뿌리면 고양이가 피한다. 쓴맛 등을 물체에 발라주는 것은 최근에 갑자기 증상이 나타난 경우나 특정한 물체만 먹는 경우 더 효과적이다.

이식증을 줄이는 방법에는 여러 가지가 있다. 그중 하나가 캣타워나 장난감 등을 이용해 고양이의 사냥 본능을 충족시켜주거나 간식 등으로 포상의 만족감을 높이면 이물질을 씹는 행동이 줄어들 수 있다. 그리고 풀을 자주 먹는 고양이는 고양이풀🐾을 키워 안전하게 씹거나 먹을 수 있는 환경을 만들어주는 것이 좋다.

야생고양이는 소화할 수 없는 음식을 먹은 경우 풀을 뜯

🐾 고양이가 먹을 수 있는 풀로 귀리나 보리, 호미 등의 잎사귀를 말한다.

이식증을 줄이기 위해선 캣타워나 장난감 등을 이용해 사냥 본능을 충족시키거나 고양이풀을 키워 안전하게 씹을 수 있는 환경을 만들어주는 것이 좋다.

어먹고 구토를 하기도 한다. 집고양이도 이러한 본능이 남아 있어 풀을 씹기도 하는데, 풀에는 섬유질이 풍부하여 고양이가 헤어볼을 뱉거나 소장으로 내려갈 수 있게 도와준다. 이것이 여의치 않다면 건사료 등을 충분히 공급해 온종일 언제든 씹도록 한다. 이때는 식이섬유가 포함된 사료를 주는 것이 좋다. 이것 외에 연골류의 뼈 등을 공급하여 씹고 무는 본능을 충족시키면 이식증을 줄일 수 있다.

+ 분리불안증

분리불안증을 가진 고양이는 방과 방 사이로 보호자를 과도하게 쫓아다니고 보호자가 나갈 준비만 해도 분리불안증을 보인다. 보호자의 주의를 끌기 위해 과도한 행동을 보이기도 하고 신체 접촉을 원한다.

보호자를 과도하게 쫓아다니면 분리불안증을 가지고 있을 수 있다.

증상

분리불안증이 있는 고양이는 소리 내기, 파괴적인 행동, 집안에 배설하기, 식욕부진, 활동성 저하, 구토나 설사 등의 증상이 나타난다. 이외에도 더 많은 증상을 보인다면 빨리 치료하는 것이 좋다.

치료

분리불안증을 가진 고양이를 치료하기 위해선 보호자가 없어도 집안에서 잘 적응하도록 가르치는 것이 우선이다. 이 과정은 매우 느리게 진행될 수 있으며 보호자의 인내심이 필요하다. 과정의 첫 단계는 보호자와 함께 할 때 편안한 마음을 갖게 하는 것이다. 보호자를 계속 따라다니는 것보다 한 장소에서 편안하게 쉬는 것이 더 좋다는 것을 배우면 보호자와 잠시 떨어져 있다 하더라도 불안해하지 않는다.

고양이가 좋아할 특정한 냄새나 상자 같은 것도 도움이 될 수 있다. 고양이가 좋아할 만한 냄새가 나는 공간에 조용히 누워 있다면 칭찬하면서 보상을 준다. 그래야만 지속적으로 그 행동을 할 동기가 생긴다.

특히 보호자는 가급적 고양이가 예측할 수 있는 행동을 취해야 한다. 같은 시간대에 놀아주거나 사료를 주는 등 정해진 시간대에 무언가를 해야만 고양이는 그 흐름에 몸을 맡길 수 있다. 이럴 때 주의할 점은 너무 많은 선택을 하게끔 하면 고양이는 더 혼란스러워한다는 것이다.

분리불안증이 심해지면 약물치료가 필요한데 이때는 행동수정요법을 함께 사용했을 경우 효과가 크다. 약물에는 선택적 세로토닌 재흡수 억제제와 삼환계 항우울제를 사용할 수 있는데 공황발작까지 나타나는 경우는 불안완화제를 함께 쓰는 것이 좋다. 안면 페로몬 유사물질도 어느 정도 효과는 있다.

+ 과도한 울음

인지나 보행 기능에 문제가 있는 고양이에게서 발생할 수 있는데 노령묘에서 더욱 흔하게 나타난다. 아마도 나이가 들수록 인지기능의 감소로 인해 나타나는 경우가 크다고 할 수 있다.

+ 배설행동 문제

고양이의 배설행동 문제는 가장 흔한 문제행동으로 40~70%를 차지한다. 증상은 화장실 밖에서 배뇨나 배변을 하는 경우다. 물론 다른 질병으로 인해 나타날 수 있는 행동이니 우선 질병이 있는지 확인한 후에 감별하는 것이 좋다.

화장실을 바꿔주었는데도 불안증과 관련된 배설과 관련한 문제행동이 계속 이어진다면 다른 질병으로 인한 것일 수 있다. 그렇지 않다면 앞서 말한 불안증과 관련된 치료를 병행해야 한다.

+ 오줌 스프레이

오줌 스프레이는 고양이의 영역 표시 행동이다. 이 행동의 주된 이유는 영역적이거나 성적인 문제 때문이다. 고양이를 여러 마리 키우는 곳에선 공격성과 관련이 있을

+ 배설행동에 대한 원인과 해결법

원인	문제행동	해결방법
새로운 화장실이거나 더러운 경우	- 공포나 불안으로 인해 화장실 이외의 장소에 배설한다. - 분리불안증이라면 보호자가 없는 경우 보호자와 관련된 물건이나 장소에 배설한다(보호자가 나간 지 12시간 이상 지났거나 보호자가 들어온 직후 이런 행동을 보임).	- 화장실 청소를 자주한다(배변 후에 바로 치움). - 화장실 세척 시 세제, 방향제 등을 바꿔본다(암모니아 냄새는 효소제를 사용하면 효과가 좋음). - 고양이 한 마리당 한 개의 화장실이 좋다. 많은 고양이를 키우고 있다면 화장실 수를 늘린다. - 고양이 몸길이에 1.5배 정도 되는 화장실을 마련한다(고양이가 불편함을 느끼지 않을 정도의 크기가 좋음). - 화장실에 잘 들어갈 수 있는지, 높지는 않은지, 다른 문제가 없는지를 관찰한다.
배변이나 배뇨 시 통증		
화장실에 있을 때 고양이가 싫어하는 행동을 할 경우 (발톱 깎기, 투약 등)		
화장실 선호도의 차이 (위치, 재질 등)	- 화장실에 대한 공포가 생겨 다른 곳에 배설한다.	- 화장실 위치를 바꾸려면 하루에 5cm 정도 이동시키면서 점진적으로 옮긴다. - 지붕이 있는 화장실을 사용한다. - 고양이가 선호하는 높낮이로 바꿔준다. - 모래 없는 화장실을 좋아할 수 있기에 모래 화장실을 싫어하는 기색을 보이면 다른 재질의 화장실을 마련한다. - 화장실은 음식 등과 떨어지고 가급적 한적하고 조용한 곳이 좋다.

오줌 스프레이는 고양이가 자신만의 영역을 표시하기 위한 정상적 행동이지만 다묘인 가정인 경우 공격성과 관련이 있을 수 있다.

수 있는데 예외적으로 혼자 생활하는 고양이에게도 나타나는 경우도 있다. 특히 거세하지 않은 고양이에서 주로 나타나는데 중성화를 통해 대부분 해결할 수 있지만 예외로 중성화한 수컷은 10% 정도, 중성화한 암컷은 5% 정도 이런 행동을 할 수도 있다.

+ 공격성

고양이의 공격성은 여러 가지 요소에 의해 나타날 수 있는데 사람이나 장소, 다른 고양이, 소음이나 냄새 같은 자극으로 그것을 피하기 위해 방어적 공격성을 나타낸다.

공포공격성

공포를 느끼는 고양이는 쉿소리하악, 침 뱉기, 으르렁, 털 세움, 귀를 감추는 행동 등을 하며 동공이 확장된다. 이런 행동은 도망칠 준비가 되어 있다는 표시로 이 상황에 대처하는 법을 배우지 못한 사람은 공격을 당할 수도 있다. 특히 고양이의 공격은 도망갈 퇴로가 차단되었을 경우 시작될 수 있으며 매우 폭력적일 수 있다.

고양이는 유전적으로 2가지 유형의 성격으로 구분할 수 있다. 자신감이 없고 공포심을 많이 갖는 형과 자신감이 넘치고 친근한 형으로 나뉜다. 이런 성격은 교미한 수컷 고양이의 기질이 큰 영향을 미치는 것으로 추정한다. 12주령 이하에서는 사회화와 핸들링이 부적절하거나 부족하면 사람에게 공격성을 보일 수 있다. 고양이가 이동장이나 입원실 같은 탈출할 수 없는 공간에 갇혀 있는 경험을 한다면 더욱 공격적일 수 있다.

고양이의 공포공격성은 문제의 심각성에 따라 치료나 행동교정 등이 필요할 수 있다. 이 행동에 대한 교정 방법은 둔감화 훈련법과 역조건 형성counter-conditioning이 있다. 둔감화 훈련법은 과민 반응을 유발하는 원인에 대해 그 과민성을 약화하는 것이고, 역조건 형성은 자극에 대한 좋지 않은 반응을 바람직한 것으로 대치해보는 치료 방법이다. 사실 행동수정은 교육학에서 발전한 분야로 동물의 경우 그중 일부분만을 뽑아 치료에 응용할 수 있다.

만약 고양이가 청소기 같은 특정 소리나 물체에 대해 극도의 공포를 가지는 경우라면 먼저 둔감화 훈련법으로 공포심을 완화시킬 수 있다. 우선 공포로 인해 공격성을 띠는 고양이에게 간식 등을 주며 진정시키고 긴장을 풀도록 한다. 간식을 먹는 동안 공포를 일으키는 대상을 서서히 접근시킨다. 처음에는 고양이가 인지하지 못할

고양이가 공포공격성을 띠면 쉿소리(하악), 침 뱉기, 으르렁, 털 세움, 귀를 감추는 행동 등을 한다.

정도로 충분한 거리를 두고 물건을 둔다. 이 과정을 며칠 혹은 몇 달을 반복하다 보면 그것에 대한 공포를 줄일 수 있다. 역조건 형성도 이와 마찬가지다.

행동수정요법으로도 증상이 나아지지 않는다면 불안을 완화시키는 약물이 필요할 수 있으며 치료 기간은 1년 이상 걸릴 수 있다. 다만 약물을 끊을 때는 서서히 진행해야 하며 어떤 경우는 평생 약물이 필요하기도 한다.

고양이 간의 공격성

고양이 간의 싸움은 아주 흔하다. 보통은 사회적으로 정신적 성숙에 도달하는 2~4살 정도부터 싸우기 시작한다. 중성화 수술을 안 한 경우는 암컷을 두고 수컷 간에 교미를 두고 벌이는 싸움일 수 있으며, 중성화된 경우에는 생애 후반부에 나타나는 경향이 있는데 후자는 아마 사회적 역할과 관련이 있을 것으로 보인다.

수컷 간의 공격성은 중성화 수술로 90% 정도 감소시킬 수 있다.

수컷 간의 공격성은 중성화 수술로 90% 정도 감소시킬 수 있다. 그렇지 않은 경우는 환경을 변화시킴으로써 감소시킬 수 있다. 공간, 먹이, 화장실, 은신할 수 있는 아늑한 공간 등을 충분히 마련하여 상호 간의 싸움을 줄일 수 있다. 새롭게 입양한 고양이로 인한 경우라면 접촉 기회를 서서히 늘려 서로에게 익숙해지도록 해야 한다.

환경 변화로 증상이 완화되지 않으면 불안을 완화시키는 약물을 사용할 수 있다. 심하게 공격성을 보이는 한쪽만 복용이 필요하지만 양쪽 다 공격성을 보인다면 양쪽 모두 복용이 필요하다.

모성애적 공격성

새끼를 키우는 암컷의 경우 주위의 소리나 진동 등에 민감한 반응을 보인다. 암컷이 스트레스가 심하거나 영양이 부족한 상태라면 새끼를 잡아먹기도 한다. 새끼를 잡아먹는 행동은 밀집한 사육환경, 두 번째 출산, 약한 새끼인 경우에 잘 발생하는 것으로 추정한다. 사산되거나 유산된 새끼를 먹는 것은 정상적인 행동이다. 자신의 새끼를 먹는 행위는 새끼가 태어난 이후 태반과 탯줄, 태막을 뜯어먹는 과정에서도 발생할 수 있다.

놀이 공격성

고양이는 몰래 접근하거나 쫓거나 덮치는 행동을 놀이로 이해하면서 공격성을 드러낼 때가 있다. 대상은 다른 고양이나 사람, 물건 등이다. 어릴 적 어미를 잃고 사람 손에 키워졌거나 이유 시기가 빠른 경우 이런 공격성을

CHAPTER 6 여섯 뼘 더 이해하기 **고양이 문제행동**

놀이 공격성을 줄이기 위해선 장난감을 적절하게 활용해야 한다.

자주 나타낸다.

보통은 정상적인 행동으로 여기지만 나이에 따라 공격성이 주는 의미가 다를 수 있다. 고양이가 4~12주령 사이인 경우는 사회적 놀이행동으로 받아들이면 되지만 그 이상의 연령은 사회적 싸움으로 진행될 수 있다.

놀이 공격성의 치료를 위해서는 고양이가 적절한 장난감을 이용하게 해야 한다. 더불어 흥미를 지속시키기 위해선 반드시 장난감을 정기적으로 바꿔줘야 한다. 장난감을 통해 노는 방법도 가르치면서 공격성을 줄이는 방향으로 유도해야 한다. 하루에 일정하게 장난감을 활용해 5~10분 정도 2~3회 놀아주는 것이 가장 적당하다.

전가 공격성

전가 공격성은 본래 공격하려는 대상에 접근할 수 없는 경우 다른 대상을 공격하는 것을 말한다. 공격 대상은 사람이거나 다른 고양이일 수 있다. 예를 들어 창문을

고양이는 공격하려는 대상에 접근할 수 없을 때 다른 대상을 공격하기도 한다.

통해 다른 고양이를 보았지만 접근할 수 없는 경우 근처에 있는 고양이나 사람을 공격한다.

이때 첫 번째 공격대상에 대한 자극은 남아 있지 않고 두 번째 공격대상에 대한 감정만 남게 된다. 공격을 받는 고양이도 흥분하여 싸움이 일어날 수 있는데 이때는 서로 떨어뜨리고 안정될 때까지 격리해야 한다. 이 상황에선 사람이나 다른 고양이도 접근하지 않는 것이 좋다.

보통 이런 자극을 받은 고양이는 신경계의 세포들이 작은 자극에도 민감하게 반응하며 48시간 이상까지 지속될 수도 있다. 다만 공격하려던 고양이가 경계하면서 도망치려고 하는 등 회피하는 행동을 보이기도 한다.

공격성을 드러낸 두 고양이를 화해시키는 것은 분리된 공간에서 서로의 냄새와 소리를 듣게 하면서 서서히 서로를 다시 인식하게 해주는 것이 좋다. 이때 절대로 둘이 마주치게 해서는 안 된다.

보호자 공격성

가끔 고양이는 보호자를 공격하기도 한다. 이 행동의 주된 목적은 관심을 끌기 위해서다. 보호자가 다가오거나 고양이를 들어올리거나 만지려고 하면 물 수도 있으니 조심해야 한다.

03 고양이의 문제행동을 치료하는 방법

+ 동물의 행동수정요법

행동수정요법은 행동주의 심리학의 개념과 원리를 적용해 여러 형태의 부적응 행동을 변화시키는 것이다. 대부분의 행동학적 치료의 기본은 행동수정, 환경 관리, 정신신경제의 사용이다. 약물이 항상 필요한 것은 아니지만 오래 지속되거나 재발하는 경우, 약물 없이 좋아질 것 같지 않은 경우에 사용한다.

행동수정요법은 주로 강화reinforcecement, 즉 칭찬을 통해 적응행동을 증가시키고, 벌을 통해 부적응행동을 줄여나가는 방법을 말한다. 보통은 칭찬이나 보상 등의 강화가 더 중시된다. 혐오적인 '벌 주기'는 고양이에게 감

+ 파블로프의 실험 단계

1단계
벨 소리(중립자극, NS) → 반응 없음

2단계
벨 소리(중립자극, NS)
음식(무조건자극, UCS) → 타액 분비(무조건반응, UCR)

3단계
벨 소리(조건자극, CS) → 타액 분비(무조건반응, CR)

칭찬을 통해 고양이에게 바른 습관을 심어주는 것이 좋다.

정적 불편과 공포나 불안증과 관련한 문제를 유발할 수 있다. 최근 연구에서는 벌 주기에 기초한 행동수정요법 등은 공격성과 회피 행동을 불러올 수 있다고 알려져서 주의해서 사용해야 한다.

행동수정 프로그램의 목적은 벌을 통해 행동을 교정하는 것보다 보상을 통해 적절한 행동을 증가시키는 것이다. 고양이의 행동수정 프로그램은 일반적으로 보상에 기반한 훈련, 체계적 둔감법, 역조건 형성 등으로 이뤄진다. 일단 기본적인 용어들의 이해부터 시작해야 한다. 우리가 알고 있는 동물의 행동수정은 교육학에서 출발한다. 대표적으로 파블로프 Ivan Pavlov, 1849~1936와 스키너 Burrhus Frederick Skinner, 1904~1990가 있다.

파블로프는 러시아의 생리학자로 개에 대한 실험으로 '조건 반사'를 발견했다. 우선 개에게 종소리를 울려주고 개의 반응을 살펴보았다. 아무 반응이 없자 2단계에서 종소리와 함께 음식을 주었더니 개는 타액을 흘리면서 반응을 했다무조건 반응. 3단계에선 음식을 제외하고 종소리만 울렸더니 개는 타액을 흘렸다조건 반응.

스키너는 '조작적 조건화'라는 개념을 발견했는데 이것은 긍정적인 결과를 가져오는 행동은 계속 수행하고 부정적 결과를 낳는 행동을 피하도록 학습할 때 나오는 반응이다. 그래서 어떤 행동을 조작한다고 해서 '조작적 조건화'라고 불린다.

스키너는 쥐를 이용한 학습실험스키너 상자으로도 유명하다. 상자 안쪽 벽에 지렛대가 있어 그것을 누르면 먹이통에서 먹이가 나오는데 이 먹이가 보상이 되어 그 행동이 강화된다. 즉, 쥐가 지렛대를 누르면 먹이가 나온다는 것을 학습하게 된다는 원리다. 물론 반대의 경우도 가능하다. 특정 레버를 누를 때마다 전기 자극을 준다면 그 레버를 누르려 하지 않을 것이다.

역조건 형성은 1924년 메리 코버 존스Mary Cover Jones, 1897~1987가 사용한 방법으로 토끼에 대한 두려움을 가진 소년 피터의 공포증을 치료하는 사례를 통해 그 효용성이 입증되었다.

이러한 역조건 형성이 성공하려면 체계적 둔감법과 함께 시행해야 한다. 체계적 둔감법은 조건적으로 반응하는 공포를 완화시키는 행동수정의 한 방법으로 공포를 유발하는 어떤 물체나 사람과 계속 마주함으로써 그것에 익숙해지는 것이다.

본래 행동수정 치료의 목적은 사람이었다. 사람의 부정적 행동을 수정하고 긍정적 행동을 증진시키기 위한 방

+ 역조건 형성

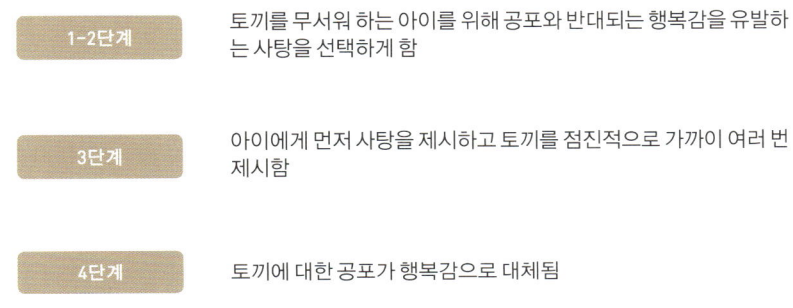

1-2단계	토끼를 무서워 하는 아이를 위해 공포와 반대되는 행복감을 유발하는 사탕을 선택하게 함
3단계	아이에게 먼저 사탕을 제시하고 토끼를 점진적으로 가까이 여러 번 제시함
4단계	토끼에 대한 공포가 행복감으로 대체됨

법으로 효과가 높기 때문에 동물의 문제행동을 치료하는 데에도 적용한 것이다.

이때 주의할 점은 보호자가 고양이의 문제행동을 성급하게 고치려고 하면 안 된다는 것이다. 행동수정 치료는 점진적으로 진행해야 하며 시간이 오래 걸릴 수 있다. 고양이의 반응과 무관하게 빠른 속도로 강도를 높여 행동을 수정하려 한다면 고양이는 불안을 더욱 느끼며 이 치료를 거부할 것이다.

또한 행동수정 프로그램은 시끄럽거나 주변이 산만한 곳이 아니라 고양이가 집중할 수 있는 조용한 환경에서 시도해야 한다. 그러기 위해선 보호자는 고양이의 눈빛이나 자세 등에서 고양이의 마음을 읽어야 한다.

현재 대부분의 동물에 대한 행동수정요법은 이러한 교육학의 토대 아래 진행되고 있다. 다만 극적으로 나쁜 행동이 사라지게 하는 방법은 없다는 사실을 인식하고 동물의 행동을 수정하는 것은 시간과 노력의 산물로 여겨야 하며 보호자의 마음자세도 바뀌어야 한다는 각오를 가져야 한다.

+ 행동풍부화를 위한 환경 관리

고양이를 위한 환경 관리는 고양이에게 스트레스를 줄 수 있는 요소를 줄이고 본능적 행동들을 발산할 수 있는 공간을 마련해주는 것이다. 위험한 환경은 외부로부터 차단하거나 줄여나가고, 고양이의 행동풍부화를 위해 환경적 요소를 개선해 신체적 그리고 정신적으로 유익한 자극을 줘야 한다. 동물 행동풍부화는 환경 요인에 변화를 줌으로써 동물의 행동을 풍부하게 만드는 방법이다.

환경적 요소의 개선은 고양이가 받을 스트레스뿐만 아니라 일상에서 받아야 하는 잠재적 스트레스 요인까지 줄일 수 있다.

행동풍부화를 위한 환경개선은 고양이라는 종의 행동 특성에 맞게 이루어져야 하며, 각각의 고양이에게 정상적인 방식으로 유익한 도전에 맞닥뜨릴 수 있도록 충분한 기회를 주어야 한다. 다만 부정적인 행동을 할 경우는 통제하는 것도 중요하다.

그러므로 이러한 환경적 요소는 동기 유발, 신선함, 복잡성의 요소가 들어가야 한다. 행동풍부화의 목적은 그러한 환경개선이 고양이에게 긍정적 방향으로 진행되어 문제행동을 줄이거나 없애는 것이다. 다만 불안증을 가진 고양이에게 너무 많은 선택지를 준다면 고르는 데 스트레스를 받을 수 있다.

환경 관리는 고양이의 건강에도 좋은 효과가 일어날 수 있다. 특히 고양이가 하부요로계질환을 앓고 있는 경우 증상이 호전될 수 있다. 또한 면역계의 건강성을 되찾아 주며, 인지기능 장애를 늦출 수 있으며 비만을 줄일 수 있다. 고양이가 얻을 수 있는 질병 예방에도 도움이 될 것이다.

행동풍부화 환경 관리 방법

• 놀이를 통한 사냥 본능 충족

야생고양이나 길고양이는 먹이를 찾는 데 시간을 소비

고양이가 놀이를 끝내면 보상 개념으로 간식을 주는 것도 놀이에 더 몰두하는 계기가 된다.

하지만 집고양이는 먹이 대신 새로운 물건을 탐색하는데 시간을 소비한다. 그래서 집에서 고양이를 키우는 경우 장난감을 많이 활용해 그들의 사냥 본능을 충족시켜야 한다. 그래야 보호자의 손과 발을 장난감으로 인식하지 않는다. 고양이가 쥐 형태의 장난감을 가지고 쫓고, 달려들고, 덮치고, 물고, 뜯는 일련의 행동들은 매우 지극히 정상적인 것이며 권장해야 할 놀이다.

고양이는 놀이를 통해 운동 효과를 높이고 즐거움을 맛보는 동물이다. 그렇다고 거창하게 장난감을 많이 사줄 필요는 없다. 들어갔다 나올 수 있는 상자나 스크래처, 쥐를 대체할 만한 물건들이 있으면 재미있게 놀 수 있다. 요즘 고양이 낚싯대와 레이저 포인트 등 다양한 장난감이 나와 있어서 그것을 활용하는 것도 좋은 방법이다. 놀이가 끝나면 식욕이 돌 수 있으니 보상 개념으로 간식을 주는 것도 놀이에 더 몰두하는 계기가 된다.

• 쉬는 장소

고양이는 하루에 2.8시간을 쉬는 상태로 있으며 7~8시간을 자기 때문에 조용하고 안락한 곳이 필요하다. 고양이가 자주 들어가는 방이 있다면 그곳에 적당하게 숨거나 걸터앉을 공간을 마련해주는 것이 좋다. 고양이는 포식자이지만 또한 사냥을 당할 수 있는 동물로, 자신을 감시당하지 않으면서 감시할 수 있는 공간을 좋아한다.

• 스크래칭

고양이 스크래칭은 발톱 관리뿐만 아니라 후각적 표식을 하는 행위다. 보통 보호자가 집에 들어왔을 때 흥분하면서 스크래칭을 하거나 보호자가 잠든 이후에 이 행위를 한다. 그래서 가구나 벽면을 긁는데 이를 방지하기 위해 스크래처를 준비해놓아야 한다.

스크래처의 위치는 고양이가 쉽게 접근할 수 있거나 선호하는 자리에 둬야 한다. 스크래칭을 과도하게 하거나 부적절한 곳에 하면 불안과 관련된 것일 수도 있으니 잘 관찰해야 한다. 여러 마리의 고양이를 키우는 경우에는 더 많은 스크래처가 필요할 수 있다.

• 관찰할 수 있는 장소

고양이는 관찰 능력이 높아 날아다니는 동물이나 곤충을 바라보는 것을 좋아한다. 그래서 주로 창문가에 머무른다. 다만 창문 너머 길고양이가 걸어 다니면 경계를 하며 스트레스를 받기 때문에 다른 고양이나 사람을 향해 공격성을 보일 때가 있다.

고양이는 관찰 능력이 좋아 새나 곤충 등을 바라보는 것을 좋아한다.

• **참신성**

야생 혹은 길고양이는 매일 새로운 일상을 마주하지만 집고양이는 대부분의 시간을 집안에서 무료하게 보낸다. 그래서 집고양이에겐 새로운 놀이가 행동풍부화에 있어 중요한 역할을 할 수 있다.

먹이를 주는 방식을 바꿔보거나 보호자가 새로운 장난감으로 함께 놀아주면서 활기를 부여해줘야 한다. 장난감을 선택할 때는 박스나 터널같이 고양이와 장난감이 상호작용을 할 수 있는 것이 좋다. 이런 경험을 통해 새로운 호기심을 끌어낼 수 있다.

• **사회적 상호작용**

사회적 생명체로 사람 근처에 자주 나타나는 고양이는 사람과의 동료 의식을 즐길 뿐만 아니라 사람이 소유하는 물건이나 다른 종에게도 친밀감을 가지기도 한다. 하지만 모든 고양이가 그렇지 않다. 사람이 빗질이나 만져

주는 등의 신체 접촉을 원하는 고양이는 행동풍부화가 일어난 상태다.

즉, 사람에 의해 행동수정 교육을 받은 고양이인 것이다. 긍정적 행동 강화 훈련은 고양이의 행동풍부화에 도움이 되며 보호자의 "앉아", "뒤집어", "이리 와" 등의 간단한 말을 이해할 수 있게 된다.

04 약물치료에 대한 이해

고양이의 문제행동을 환경풍부화나 행동수정 등으로 고치지 못할 경우 약물치료를 해야 한다. 다만 약물치료가 즉효약이 될 것이라고 생각해서는 안 된다. 약물치료는 동물병원에서 생리적 검사 및 문제행동 진단을 받은 후에 이뤄져야 한다.

고양이에게 투여되는 약은 고양이를 위해 개발한 제품이 아니라 사람을 위한 약을 경험적으로 적용하고 있다. 보통은 큰 문제없이 사용하지만 정신에 작용하는 약물은 단독으로 쓰이기보단 환경풍부화 및 행동수정 등의 과정과 병행해서 투여해야 한다.

이런 약물들은 약의 효과가 명확하지 않기 때문에 장기간 투여하면서 진행 상황을 지켜봐야 한다. 8주 이상의 장기 치료 약물은 가급적 최저 효과 농도와 잠재적 투약 중단 효과를 고려하여 점진적으로 줄여나가야 한다.

+ 언제 사용할까?

정신신경제는 행동학적 문제 중에 몇 가지 범주 안에서 사용될 수 있다. 여기에는 불안 관련 문제(두려움, 공포증, 강

고양이의 문제행동을 환경풍부화나 행동수정 등으로 고치지 못할 경우 약물치료를 해야 하지만 효과가 당장 나타나지는 않는다.

박 증상, 몇 가지 유형의 공격성, 노령성 등의 문제행동이 심하면 사용할 수 있다. 비특이적 증상과 도한 울음, 공격성, 부적절한 배설행동에 대해선 약물치료를 하지 않는다. 행여 약물치료를 한다고 해도 효과가 극히 드물다.

+ 약물치료를 위해 보호자가 알아둬야 하는 사항

약물치료를 하는데도 보호자가 그 효과를 느끼지 못하는 경우가 있다. 그 이유는 아래와 같다.

- ✓ 진단이 제대로 되지 않은 상태로 약물치료를 시작한 경우
- ✓ 진단이 잘못되었을 경우
- ✓ 약물 선택을 잘못했을 경우
- ✓ 치료 효과가 나타날 정도로 오랫동안 약물을 사용하지 않았을 경우
- ✓ 약물치료만 하고 다른 행동수정요법 치료를 하지 않았을 경우
- ✓ 약을 정해진 시간에 먹이지 못했을 경우
- ✓ 보호자가 약물치료 효과에 대해 너무 과도한 기대를 하는 경우

이러한 경우 보호자는 약물치료에 대해 실망한다. 정신신경제는 유효혈중농도에 도달하기 위해서는 6~8주까지 걸릴 수 있다. 약물의 효과가 당장 발생하지 않는다는 것을 이해하고 점진적으로 진행해야 한다. 치료 과정에서 약물은 고양이 상태에 따라 바꿀 수 있으며 용량을 조절할 필요성도 있다.

치료 효과가 나타나는 최소 투약 시간은 보통 6개월이다. 또는 고양이의 문제행동이 심할 경우 평생 먹을 수도 있다. 약물 투여를 갑자기 끊게 되면 증상이 더욱 악화될 수 있으므로 서서히 줄여나가야 한다. 특히 약물이나 용량을 변경하고 투약을 중단하는 것은 수의사의 진찰 아래 이뤄져야 하며 효과가 없다고 생각해 한 번에 많은 양을 투여해서는 안 된다.

+ 흔히 사용하는 행동수정 약물들

삼환계 항우울제

삼환계 항우울제 tricyclic antidepressant, 三環系抗鬱藥 을 사용하는 목적은 기분을 조절하는 세로토닌과 통증을 조절하는 노르에피네프린의 재흡수를 억제하는 데 있다. 그 중 클로미프라민 clomipramine 은 삼환계 항우울제 중 가장 많이 쓰이는 '선택적 세로토닌 재흡수 억제제'이다. 또한 노르에피네프린의 재흡수도 억제하며, 약한 항콜린 anticholinergic 과 항히스타민 antihistamines 작용도 한다.

클로미프라민은 낯선 사람이나 다른 동물에 대한 공포증을 가진 고양이의 문제행동을 완화하는 데 도움을 줄 수 있다. 그리고 오줌 스프레이, 하부요로계질환, 과도 그루밍, 불안증, 고양이 간 공격성, 충동성, 강박장애를 가진 경우에도 사용할 수 있다.

부작용은 기면, 약간의 구토 증상, 식욕 증가나 감소, 입마름, 변비, 방광 정체 및 심장에 작용하여 심장박동이 빨라지거나 부정맥, 눈물량 감소 등이 있다. 심장 부정맥

🐾 신경전달물질인 아세틸콜린의 작용을 방해하는 약물로, 의학적으로 아세틸콜린을 분비하거나 이용하는 것을 콜린성(cholinergic)이라고 하고, 그 작용을 방해하는 것을 항콜린성(anticholinergic)이라고 한다.

🐾 히스타민(histamine)은 알레르기 반응이나 염증에 관여하는 화학물질이고, 그 작용을 방해하는 것을 항히스타민이라고 한다.

이 있거나 방광 정체, 협우각 녹내장, 발작이 있는 경우는 사용하지 말아야 한다. 고양이에게 쓰일 수 있는 약물로는 클로미프라민 외에 아미트립틸린amitriptyline 등이 있으며 단독 혹은 다른 불안완화제와 병용해 사용할 수 있다.

🔍 선택적 세로토닌 재흡수 억제제

이 약물은 세로토닌의 재흡수만 억제하며 삼환계 항우울제가 가지고 있는 항콜린성 작용은 없다. 선택적 세로토닌 재흡수 억제제로는 플루옥세틴fluoxetine😺과 파록세틴Paroxetine😺😺 등이 있는데 이 두 약물을 병행할 때 효과적이었다.

이런 약의 1차적 부작용은 식욕 감소인데 용량을 줄이면 회복된다. 고양이 간의 공격성을 줄이고자 사용할 때는 주로 공격을 당하는 고양이에게 세르트랄린sertraline😺😺😺과 파록세틴을 복용시키면 자신감을 심어줄 수 있으며 공격하는 고양이에겐 플루옥세틴을 처방할 수 있다. 플루옥세틴은 오줌 스프레이 문제에서도 효과적일 수 있다.

😺 우울증 치료에 사용되는 약물로 세로토닌의 작용을 강화시켜 우울증을 완화시킬 수 있다.

😺😺 선택적 세로토닌 재흡수 억제제에 해당하는 우울증 치료 약물

😺😺😺 선택적 세로토닌 재흡수 억제를 위한 항우울제로 성인 및 소아 강박장애와 공황장애, 외상 후 스트레스 장애를 치료하는 데 사용된다. 특히 공황장애를 치료하는 데 효과적이라고 알려져 있다.

부록

마지막으로

한 번 더 이해하기

부록 마지막으로 **한 번 더 이해하기**

1 **고양이** 예방접종

많은 애묘인들이 고양이의 예방접종은 개에 비해 중요성이 덜할 것이라고 생각한다. 특히 길고양이 새끼 등을 입양한 경우 그 접종 비율은 더욱 떨어진다. 보통 1차 접종은 건강검진을 겸하기 때문에 동물병원을 찾지만 이후 2차 및 3차 접종으로 넘어가면 내원 빈도가 낮아진다. 그 이유는 2가지로 추측해볼 수 있다. 하나는 보호자의

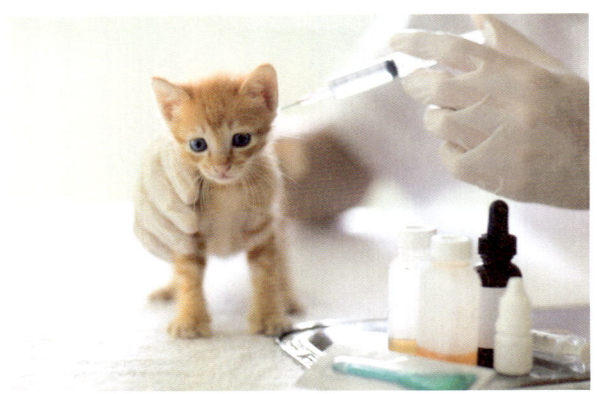

고양이의 예방접종은 종류가 많기 때문에 고양이 몸 상태에 맞춰 접종하는 것이 좋다.

시간적 여유나 비용 등이고, 다른 하나는 자가 접종 등을 통한 자가 치료다. 무엇이 좋은지는 애묘인이 선택해야 할 사항이지만 수의사로서 조언을 한다면 고양이의 예방접종은 종류가 매우 많기 때문에 고양이 몸 상태에 맞춰 접종하는 것이 가장 좋다고 할 수 있다.

01
예방접종의 목적과 백신 유형

예방접종의 목적은 주로 바이러스질환에 대한 면역력을 미리 획득해두기 위함이다. 하지만 많은 애묘인들은 예방접종의 기본 사항이나 언제 어떻게 백신을 맞춰야 하는지 혹은 동물병원에서 제안하는 접종을 다 맞혀야 하는지 궁금증이 일 것이다.

우선 백신의 유형에 대해 알아보자. 백신은 기본적으로 생독백신과 사독백신이 있다. 생독백신이라 함은 종두법에서 쓰인 방법으로 살아 있는 바이러스를 직접 몸속에 감염시키는 것이다. 그러면 몸에서는 그에 따른 면역반응을 일으키면서 최종적으로는 그 바이러스에 대한 방어력을 형성한다. 이런 경우 자칫 실제 바이러스질환을 유발할 수도 있다. 특히 4주령 미만의 고양이에게 접종할 경우 바이러스 감염에 의한 임상증상을 보이기도 한다. 다만 생독백신은 원래의 바이러스에서 독성을 줄인 뒤 생체에서 쉽게 대항할 수 있도록 만들어 접종하는 것이기 때문에 큰 위험은 없다고 할 수 있다.

 사독백신은 바이러스 조직을 포르말린 등의 소독약으로 죽인 바이러스를 면역반응이 유발하는 부위에 접종함으로써 면역력을 획득하는 것이다. 이것은 생독백신

부록   마지막으로 **한 번 더 이해하기**

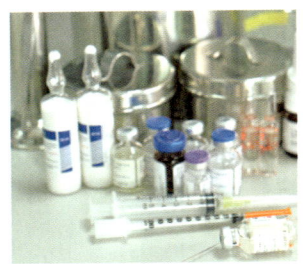

백신은 생독백신과 사독백신으로 나뉘며 각각 장단점이 있기에 수의사의 판단에 맡기는 것이 좋다.

에 비해 안전하다는 장점을 가졌으나 면역반응의 정도가 약하거나 면역의 지속 기간이 짧다는 단점 또한 가지고 있다. 그리고 모든 백신을 사독백신으로 만들 수 있는 것은 아니다. 백신이 일정한 효력을 가지기 위해선 일단 고양이 체내에서 차후 전염병에 걸릴 경우 이를 방어할 면역력을 획득하여야 하지만 사독백신으로는 이러한 면역력이 잘 생기지 않는 경우가 많기 때문에 생독백신을 사용하기도 한다.

02 필수 백신과 권장 백신

백신은 필수 백신핵심 백신과 권장 백신비핵심 백신으로 나뉜다. 필수 백신은 모든 고양이가 반드시 맞아야 하는 백신을 말하는데 현재 고양이범백혈구감소증과 같은 바이러스질환은 길고양이를 중심으로 굉장히 많이 발생하고

+ 필수와 권장 백신 접종의 종류와 시기

	종합 백신(필수)	광견병(법적 필수)	복막염(권장)	백혈병(권장)
9주	종합 백신 1차			백혈병 백신 1차
12주	종합 백신 2차			백혈병 백신 2차
16주	종합 백신 3차		복막염 백신 1차	
20주		광견병 백신	복막염 백신 2차	

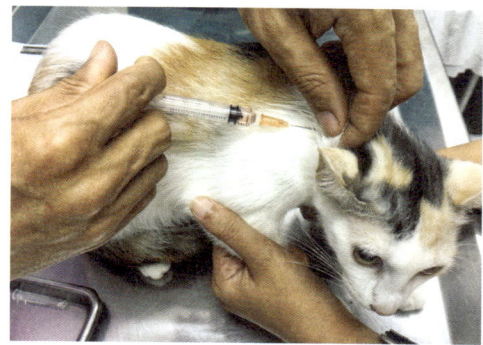 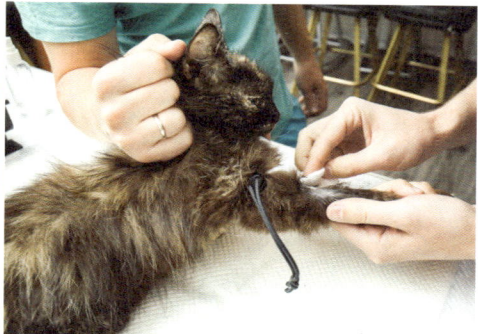

고양이범백혈구감소증를 치료할 수 있는 방법은 백신 접종을 통해 예방하는 것뿐이다.

있으며, 이 바이러스를 치료할 수 있는 유일한 방법은 백신 접종을 통한 예방뿐일 정도로 치사율이 높다.

고양이의 필수 백신은 고양이범백혈구감소증 바이러스 백신, 고양이허피스바이러스 백신, 고양이칼리시바이러스 백신으로, 보통 3종 혼합백신으로 섞여져 나온 것을 사용한다. 광견병 백신은 사람을 포함한 포유류는 모두 감염될 수 있기 때문에 모든 동물에게 접종하는 것을 원칙으로 하고 있다.

권장 백신은 바이러스에 감염될 위험성이 낮을 경우 질환을 예방하는 백신으로 백혈병, 면역결핍증, 복막염 등이 여기에 해당한다. 하지만 현재 추세로 보면 복막염에 감염된 고양이가 흔치 않게 발생하는 것으로 보아 복막염으로 예방할 수 있는 백신 접종은 필수라고 할 수 있다. 앞에서도 설명했지만 복막염은 코로나바이러스에 감염된 이후 복막염바이러스의 변이를 통해 질병을 유발한다. 그래서 백신을 통해 코로나바이러스에 감염되더라

부록   마지막으로 **한 번 더 이해하기**

도 빠르게 면역반응을 유발하여 질병으로 진행되는 것을 막아야 한다. 하지만 코로나바이러스 자체가 흔한 바이러스라서 많은 수의 어린 고양이를 검사한 결과 이미 항체가 형성된 경우가 많았으며 백신을 접종하기 전 감염된 경우가 많았다. 항체가 만들어졌다면 백신 접종은 의미가 없어지기 때문에 백신을 접종하기 전 항체 및 항원 진단 키트를 이용해 바이러스에 감염되어 있거나 혹은 항체가 형성되었는지를 확인하는 것이 좋다. 더불어 검사 결과가 오류로 나오거나 모체이행항체일 수도 있기 때문에 그것을 판별하는 것이 좋다.

03
고양이 예방접종 Q & A

Q1 시중에 나와 있는 모든 백신을 접종해야 할까?

기본적으로는 종합백신과 광견병의 경우 필수적으로 접종해야 하며, 실내에서만 생활한다면 필수 백신만으로도 큰 문제가 생기지 않는다. 백혈병이나 면역결핍증의 경우 감염된 고양이와 서로 싸우는 과정에서 전염이 이루어지므로 실내에서만 생활한다면 감염이 이뤄지기 힘들다.

다만 고양이범백혈구감소증 바이러스의 경우 보호자가 펫숍 등을 들르거나 길고양이와 접촉해서 의류나 피부 등을 통해 키우고 있는 고양이에게 바이러스를 감염시킬 수 있기 때문에 접종하는 것이 좋다.

Q2 백신 접종을 8주령부터 시작하는 이유는?

고양이에게 백신을 접종하기 전에 가급적 범백혈구감소

증 바이러스, 허피스바이러스, 칼리시바이러스에 대한 항체검사를 해보는 것이 좋다. 새끼고양이의 경우 젖을 통해 받은 모체이행항체가 체내에서 한 달 이상 혹은 더 오랫동안 지속된다. 혹시라도 백신을 접종할 때까지 모체이행항체가 남아 있다면 접종하더라도 면역반응이 제대로 형성되지 못하기 때문에 8주령 정도 되었을 때 접종하는 것을 권장한다. 물론 검사 결과에 따라 접종 시기를 판단하는 것이 가장 좋다.

Q3 실내에서만 키우는데 예방접종이 필요할까?

이럴 경우 2가지로 나눌 수 있다. 하나는 앞부분에서 언급했지만 우연한 기회로 보호자가 의류나 피부에 바이러스를 묻히고 들어오는 경우와 다른 하나는 창문을 통해 밖에 나가 길고양이와 어울리면서 감염되는 경우가 있다.

실내에서만 키우더라도 치사율이 높거나 예방이 최선인 질환에 대해선 백신 접종을 해야 한다.

실내에서만 키우더라도 치사율이 높은 범백혈구감소증에 대한 백신은 필수다. 허피스바이러스나 칼리시바이러스를 함께 예방할 수 있는 종합백신을 접종하는 것이 좋다. 권장 백신의 경우 우리나라에서의 발병률이나 실내에서의 생활양식 등에 따라 선택하면 되는데 고양이 복막염바이러스의 경우는 항체검사 이후 항체가 없을 때 접종하는 것을 권한다.

Q4 백신 접종 이후 항체검사는 왜 할까?
고양이마다 각 바이러스에 대한 항체 형성 능력이 차이가 나며 어느 회사의 백신을 사용했느냐에 따라 다르게 반응하기도 한다. 그래서 백신을 접종한 후 검사를 통해 항체가 제대로 생성되었는지를 확인해야 한다.
검사 결과 항체가 생기지 않았거나 혹은 항체력이 미약할 경우 접종 횟수를 늘이거나 다른 회사의 백신으로 교체해 접종해야 한다. 백신은 접종하는 것보다 접종을 통해 특정 바이러스에 대한 면역력을 확보하는 것이 더 중요하기 때문에 항체검사를 통해 잘 형성되었는지를 확인하는 것이 필수적이다.

Q5 백신을 접종한 후 부작용은?
백신에는 면역반응을 자극하기 위해 염증반응을 유발할 수 있는 물질을 시용하여 면역증강제를 섞어서 백신을 제조한다. 면역증강제는 안전한 효과를 높이기 위해 다양한 물질을 첨가하는데 간혹 이런 물질들이 면역과민반응 같은 부작용을 일으키기도 한다. 다행히도 고양이가 급성 과민반응을 일으키는 부작용은 보고되지 않았다. 그렇다고 완벽하게 안전한 것은 아니기 때문에 백신을 접종할 때는 동물병원이 문 닫기 2시간 전에는 접종해 한두 시간의 여유를 두고 반응을 살피는 것이 좋다. 만에 하나 고양이에게 부작용이 나타나면 동물병원에서 바로 처치를 받는 것이 좋다.

백신을 접종한 후 고양이는 약간의 기력 저하나 식욕부진 등의 약한 부작용이 나타날 수 있으나 보통 2일 이내에 호전된다. 과민반응의 경우 호흡곤란이나 구토, 잇몸이 창백해지는 증상을 나타낼 수 있으며 이럴 때는 응급상황으로 여기고 재빨리 동물병원에서 처치를 받아야 한다.

가장 좋지 않은 부작용의 하나는 암의 일종인 육종이 나타날 수 있다는 점이다. 보통 10만 마리당 6~30마리 정도에서 발생하고 있는 것으로 추정하며, 정확한 원인을 알려져 있지 않다. 최근 이런 육종을 예방하기 위해 등에 접종하지 않고 다리 쪽 피부에 접종하는 것을 권하기도 한다.

04
자가 접종과 치료에 대한 윤리적 문제와 부작용

최근 동물 관련 정보들이 인터넷을 통해 퍼지면서 보호자가 직접 백신을 접종하거나 수액을 점적하는 경우가 늘고 있다. 아마도 높은 진료비 때문에 그런 선택을 하는 경우가 많은데 이것은 엄밀히 말하면 불법 치료라고 할 수 있다.

동물병원 진료비가 높다는 부분은 이해하나 이것은 건

강검진이나 백신 접종을 제대로 하지 않다가 심한 통증이 발생했을 때만 동물병원을 찾기 때문에 진료비가 상승하는 경향도 무시하지 못한다. 평상시 고양이에게 건강검진이나 예방접종을 잘해준다면 큰 질환 없이 건강하게 살아갈 수 있다. 만약 고양이를 가족처럼 여기고 있다면 불법 치료 같은 행위는 하지 못할 것이다.

우리가 반려동물을 키우는 이유는 사랑을 주고받으면서 정서적 안정과 행복을 느끼기 위해서다. 그런데 아쉽게도 가끔 반려동물을 일시적인 즐거움으로만 생각하는 경우가 있다. 반려동물은 가족과도 같은 존재다.

그리고 그들은 나이가 들어 질병에 걸릴 수 있으며 죽을 수도 있다는 사실을 늘 인지해야 한다. 그런 과정에서 비용과 수고스러움이 발생하는 것은 너무나 당연한 결과라고 할 수 있다.

예를 들어 자동차를 구매하면 매년 백만 원이 넘는 보험료와 관리비가 들어간다. 우리는 이것을 너무나 당연하게 생각하며 지불한다. 이런 관점에서 반려동물과 함께 하는 삶이 즐겁다면 동물병원의 진료비 측면도 좋은 시선으로 바라보는 것이 좋지 않을까 한다.

자가 접종과 치료는 정식 수의학적 과정을 거치지 않았기 때문에 불필요한 감염을 유발해 생명을 단축시킬 수 있다. 수의학적 의료 행위는 고양이의 몸 상태에 따라 접종이나 치료 시기를 전문 수의사가 판단한 후 시행되어야 한다.

물론 애묘인은 수액 등의 점적이나 주사 치료를 매우 단순하게 생각할 수 있다. 하지만 고양이의 상태를 정확하수의학적 의료 행위는 고양이의 몸 상태에 따라 접종이나 치료 시기를 전문 수의사가 판단한 후 시행되어야 한다.

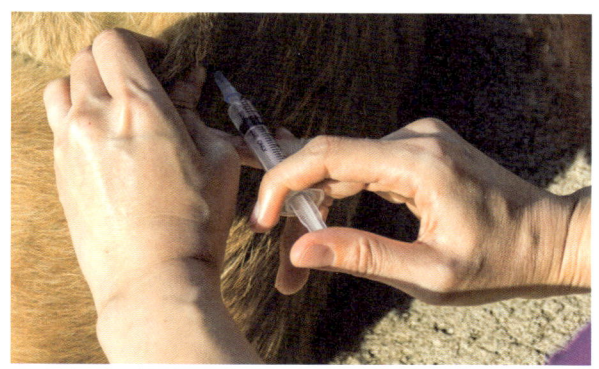

게 모르기 때문에 어떤 위급상황이 발생할지 짐작도 하지 못한다. 만에 하나 그런 상황이 발생했을 때 어떻게 처치해야 할지도 모른다. 여러분이 예방접종을 해야 하는데 병원에 가지 않고 집에서 혼자 할 수 있는지를 자문해보기 바란다. 자가 치료는 결국 가족이라는 개념의 훼손이 아닐까 생각한다.

부록   마지막으로 한 번 더 이해하기

2 고양이의 주요 유전질환

품종을 선호하는 경향성은 예전에 비해 줄어들었지만 여전히 많은 사람들이 예쁘고 귀여운 외모의 고양이를 선호한다. 물론 요즘 들어 한국 토박이 고양이들의 외모와 행동양식이 여느 품종에 비해 순하고 귀여운 행동을 많이 하기 때문에 애묘인들의 사랑을 많이 받고 있다.

처음 고양이를 키우는 분들은 좀더 이국적이며 볼 때마다 매력이 넘치는 고양이를 키우고 싶어하지만 고양이를 키워본 경험이 있는 분은 토종고양이를 선택하곤 한다.

외모를 보고 쉽게 선택된 고양이는 더욱 쉽게 버려지거나 제대로 된 복지를 받지 못한다. 그들이 가진 유전질환도 이에 한몫한다. 사실 고양이 품종별 유전질환은 큰 의미가 없을 수도 있다. 고양이 대부분 비슷한 체형을 가지고 있으며 유전적 차이도 크지 않다.

그럼에도 몇몇 품종의 경우 유전질환을 가지고 있으니 이에 대해 알아두는 것이 좋다.

01 고양이 품종에 따라 자주 발생하는 유전질환

+ 하부요로계질환

무균성 하부요로계질병 혹은 고양이특발성방광염이라 불리는 이 질환은 가장 흔하게 볼 수 있는 유전성 요인을 갖고 있다. 이 질병은 여러 마리의 고양이를 키우는 집에서 잘 발생하며 페르시안 고양이의 경우 위험성이 증가하고, 샴고양이는 덜 발생하는 편이다.

여러 마리의 고양이가 함께 산다 하더라도 모든 고양이에게 나타나는 것은 아니며, 하부요로계질환의 소인을 갖는 고양이에서만 이 질병이 발생하는 것으로 보고되고 있다. 이런 소인을 갖는 고양이는 어느 정도 치료되었다고 하더라도 환경적 요인을 줄이지 못한다면 재발할 수 있다. 이 질병은 품종 간의 차이가 있다고 말하기는 어려우며, 다만 예민하고 민감한 성격인 경우 잘 발생하는 것으로 추정할 뿐이다.

+ 당뇨

보통 200마리 중 1마리에서 나타나는 흔한 질환이다. 어떤 품종에서도 발생할 수 있지만 버미즈, 노르웨이숲, 샴, 아비시니안 고양이에게 더 많이 발생하는 것으로 나타난다. 고양이의 비만이 소인인자로 본다. 이런 고양이는 비만을 잘 조절하는 것이 예방이 될 수 있다.

+ 단두종 증후군

단두종은 머리부분의 주둥이가 짧은 고양이를 말한다. 이런 경우 콧구멍이 좁아지고 눈물길에 문제가 생겨 눈물이 밖으로 배출되며, 코 주변의 주름으로 인해 피부염이 잘 발생한다. 또한 눈가의 털로 인해 각막 손상 등이 발생한다. 페르시안, 히말라얀 등의 고양이 사이에서 발생한다.

+ 다낭성 신장질환
이 질병은 고양이 사이에서 가장 흔한 단일 유전질환으로, 상염색체성 우성 유전자에 의해 발생한다. 페르시안 고양이의 경우 이 결함 유전자를 38% 정도 가지고 있으며 페르시안과 샴 고양이 교배로 탄생한 히말라얀 고양이에서도 잘 나타난다.

+ 비후성 심장근육병증
품종 관련 질병으로 여겨지며, 메인쿤 고양이의 33% 정도에서 마이오신-결합 단백질 C 유전자MYBPC3의 변이로 발생한다. 렉돌 고양이의 21%에서도 유전적 변이가 발생한다. 다른 품종의 고양이에서도 발생할 수 있다.

+ 다지증
고양이의 발가락은 보통 4개인데 상염색체성 우성 유전자로 인해 여러 개의 발가락을 가질 수 있다. 메인쿤 고양이에서 주로 나타나며, 여러 품종의 고양이에서도 발생할 수 있다.

+ 아토피 피부염
1.8% 정도의 고양이 사이에서 발생할 수 있으며, 품종으로 따지자면 아비시니안, 데본렉스 고양이의 경우 더 잘

발생한다. 지속적인 가려움증으로 인해 귀지가 많아지고 특정 부위의 탈모가 발생할 수 있으며, 심한 경우 피부염으로 진행한다. 병변은 주로 잘 긁을 수 있는 귀 주위나 고양이 자신이 잘 그루밍할 수 있는 부위에 털이 빠져 있거나 피부염이 발생한다.

부록   마지막으로 한 번 더 이해하기

3 수의사 관점으로 생각해보는 동물권

2018년 농림축산검역본부가 실시한 '동물보호에 대한 국민의식조사 결과'에 따르면 개와 고양이 등 반려동물 양육 가구 수는 약 5백 1십 1만 가구로 전체의 23.7%에 해당한다고 밝혔다. 4가구 중 한 가구는 반려동물을 키우고 있는 실정이다.

그 결과 반려동물을 키우는 보호자의 인식도 많이 발전했다. 요즘 들어 동물권에도 관심을 보이고 있는데 동물에게도 권리가 존재한다는 말은 어느 정도 수긍할 수 있는 시대가 된 것이다. 이전만 해도 경제적으로나 사회적으로 이런 발상을 하기는 어려운 시대였다. 물론 이렇게 된 데에는 반려동물을 키우는 인구의 증가와 동물 관련 TV 프로그램 그리고 반려동물에 대한 책의 출간 등이 중요한 역할을 한 덕이겠다.

특히 집에서 키우는 동물에 대한 호칭도 애완동물愛玩動物에서 반려동물伴侶動物로 변화한 것은 보호자들의 태도의 변화로 인해 생긴 결과일 것이다. 동물을 좋아하여 가까이 두고 귀여워하거나 즐기는 선에서 그치는 것이 아니라 동물과 상호 교감하며 희로애락을 함께 하고 싶다는 심리를 반영한 것이다. 사람이 주체가 아니라 사람과 동물이 동시에 주체가 되는 이 단어는 우리의 인식이 많은 변화를 거쳐왔다는 것을 말하기도 한다.

지금은 동물을 괴롭히거나 고통을 가하는 행동이 잘못됐다고 여기고 있으며, 이러한 사고는 반려동물뿐만 아니라 가축으로 키우는 돼지와 소 및 닭으로까지 넓혀지고 있다. 다만 동물 윤리적인 측면에서 아직 깊게 검토되지 못하는 부분이 있다. 즉, 키우던 반려동물을 버리는 행위를 보면 분노하지만 좀더 직접적인 윤리적 문제는 심각하게 고려되지 않은 것 같아 이 자리를 빌려 수의사 관점에서 본 동물권을 다뤄보고자 한다.

01 동물에게 권리가 있을까?

1790년 무렵 여성의 권리는 인정되지 않았다. 여성들의 부단한 노력과 투쟁으로 어느 정도의 권리를 획득했지만 차별은 여전히 존재하고 있고, 어떤 차별보다 더 오래 지속되었다고 할 수 있다.

호주의 철학자 피터 싱어Peter Singer의 『동물해방Animal Liberation』은 모든 동물의 평등함에 대한 이야기를 다룬다. 그는 인간 안의 차별들, 가령 성차별과 인종차별 등과 마찬가지로 인간과 동물 사이에는 차별이 존재하고 있기 때문에 이를 철폐하여야 한다고 주장했다. 피터 싱어는 공리주의적 관점에서 인간이 평등하다는 기본 원리로, 동물 또한 지성과 능력이 아니라 이익에 대한 동등

부록　마지막으로 한 번 더 이해하기

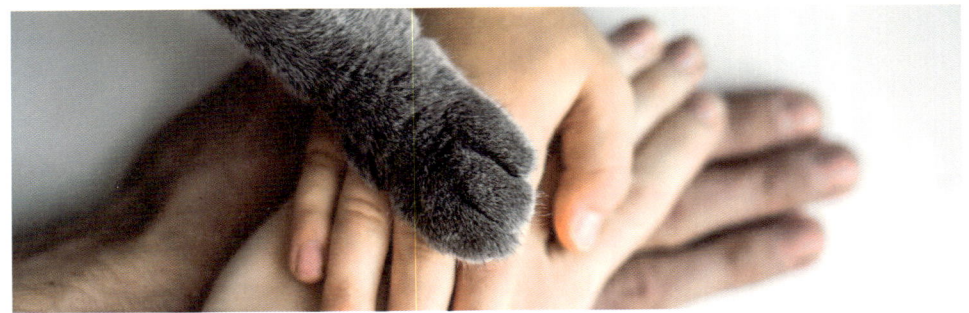

한 배려의 차원에서 인간은 다른 동물에 대해 특권을 가진 존재가 아니라고 주장했다. 즉, 고통과 쾌락을 느끼는 존재는 이익을 가질 수 있는 존재며, 이것이 권리의 기초인 것이다.

예를 들어 돌멩이를 걷어찼는데 멀리 날아갔다. 하지만 돌멩이 자체는 아무런 고통을 느끼지 않기 때문에 이익을 침해한 것이라고 할 수 없다. 하지만 강아지나 고양이를 걷어찼다고 해보자. 강아지나 고양이는 고통을 느끼는 존재기 때문에 아픔을 느끼거나 그 고통으로 죽을 수도 있다. 또는 고통을 가하면 피하고 먹이를 주면 즐거워하는 생명체다. 그렇기 때문에 동물에게도 권리가 존재한다는 것은 근본이라고 할 수 있다.

「동물권 옹호The Case for Animal Rights」를 쓴 톰 리건Tom Regan은 동물에겐 삶의 주체로서 내재적 권리가 있다고 주장했다. 피터 싱어는 공리주의에 입각해 동물해방운동을 지지했다면, 톰 리건은 의무론에 입각해 동물권운동을 지지했다. 개인적으로 톰 리건의 의견이 더욱 매력적으로 다가온다. 인간은 이성적 존재라는 이유만으로 동물을 지배했지만 동물은 오랜 시간 동안 자신의 삶을 스스로 영위해온 존재다. 비교적 늦게 출현한 인간이 동물을 포식의 대상이 아닌 미각의 대상으로 삼거나 실험 및 다른 목적을 실현하기 위한 도구로 취급해왔는데 이것이 옳은 것인지를 고려해봐야 할 것이다.

02 동물에겐 어떤 권리가 있을까?

동물에게 권리가 있다면 어떤 것일까? 가축으로 사육되는 동물에겐 어떤 권리를 부여해야 할까? 엄격하게 말하자면 사육 과정에서 최소한의 복지를 유지해야 하며, 삶의 의지를 훼손하지 말아야 하며, 강제적으로 목숨을 빼앗아서는 안 된다. 그들이 살아 있을 때도 도살할 때도 어떠한 고통을 줘서는 안 된다. 인간과 마찬가지로 동물도 제 수명대로 자신의 의지대로 살아갈 권리가 있는 것이다.

다만 인간과 동물의 차이는 동일한 이성적 사고를 하지 않는 것이기 때문에 그 권리의 영역 및 내용은 달라질 것이다. 동물은 인간처럼 법적 권리를 가질 수 없을 것이다. 그러나 태어나면서 삶의 주체로 살지 못하고 구속되거나 도구로 전락하거나 착취의 대상이 되어선 안 되는 것이 동물 윤리의 핵심이다. 그렇다면 공장식 축산 현장에서 동물 복지를 우선시해서 생산한 제품은 동물권을 충족할 수 있을까? 이것에 대한 검토는 계속되어야 할 것이다.

부록　마지막으로 **한 번 더 이해하기**

03
동물 사이에서도 차별이 존재할까?

식용개의 논쟁은 유독 우리나라에서만 발생한다. 여기에 외국 배우까지 가세해 한국은 야만인이 사는 나라로 전락하곤 한다.

다만 동물을 사랑하는 사람들은 개를 먹어선 안 되지만 식용으로 키운 돼지는 먹어도 된다는 모순적인 생각을 하는 경향이 있다. 식용개든 식용돼지든 감정을 가지고 있는 생명체로서 좋고 싫음의 의지를 가지고 있다. 이 관점에서 본다면 개는 먹어선 안 되고 돼지는 먹어도 된다는 논리는 모순이라고 할 수 있다.

결국 개고기를 먹지 말자는 논리는 다른 동물도 먹지 말아야 한다는 논리와 동일하며 모든 동물에게 일괄적으로 적용되어야 한다.

04
동물복지론과 그 의미

최근 동물복지 프로그램에 의해 키워진 육류를 섭취하려는 움직임이 점점 증가하고 있다. 가혹한 사육 환경이 아니라 자연친화적인 환경에서 키우면서 살아 있는 동안만이라도 편안하게 산 가축을 사고 먹자는 인식이 퍼지고 있는 것이다.

하지만 이것이 과연의 최선의 선택이 될 수 있을까? 도살 과정에서 고통을 느끼지 못하도록 살생을 하면 좀 나은 것인가? 아니면 살아 있는 동안 조금 편안하게 지내게 하는 것이 나은 것인가? 이것은 톰 리건의 주장과는 조금은 다른 복지론이다. 삶을 살아가려는 동물들의 생명을 인간이 임의로 빼앗은 행위가 정당한가에 대한 물음에선 머뭇거리게 되는 것이다.

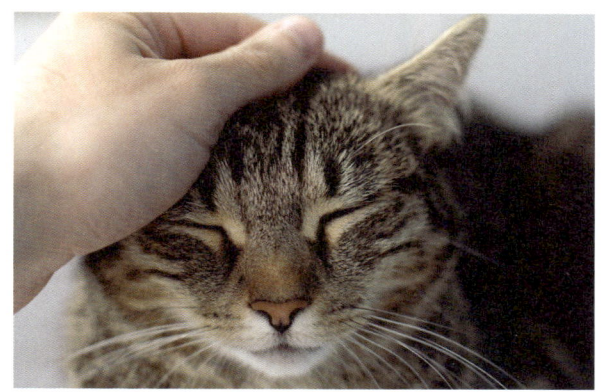

공리적 접근으로 바라보자면 자연계의 많은 생명체는 포식자에게 고통스럽게 잡혀먹거나 힘들게 먹잇감을 찾아다니면서 언제 나타날지 모르는 위협으로 평생 고통을 지고 살아가는 존재라고 할 수 있다. 쾌고 수치를 찾아보면 우리는 즐거움보다 고통을 느끼는 시간이 더 많으며 양적이나 질적으로 고통을 당하다 삶을 마감하는 경우가 많다.

그러니 도살의 고통만이라도 제거할 수 있다면 조금은 윤리적으로 접근하는 방식이 될 수 있다고 말한다. 이러한 사고는 위험한 발상일 수 있지만 공리적인 입장에서는 합리적이 될 수도 있다.

동물복지론은 여전히 근본적 질문에 대한 대답 대신에 이러한 현 상황에 대한 완화를 지향한다. 사실은 현실의 세계에서는 좀처럼 해결되기 어려운 문제로 보인다. 심지어 배양육을 대안으로 내세우기도 한다. 2050년 전

부록　마지막으로 **한 번 더 이해하기**

세계 인구가 9십억 명에 이르면 육류 소비량은 4백 6십 5만 톤에 이르게 되면서 가축을 사육하는 데 한계가 온다고 한다. 배양육은 가축을 사육하는 과정을 거치지 않고 연구실에 세포 증식을 통해 얻게 되는 식용 고기를 말한다. 차후 배양육의 가격이 저렴해지면 가난한 사람은 배양육만을 먹을 수도 있다는 상상이 떠오르지만 현재 많은 문제점이 해결되지 않은 상태로 논의만 계속되고 있다.

05
반려동물을 가족이라 여기고 함께 사는 행위의 의미

동물을 집안에서 키우는 행위가 과연 옳은 것인가에 대해 생각해보자. 사람이 동물을 어떤 형태로 바라보든 상관없이 그들 또한 인간과 동일한 사고 체계를 가지고 있다. 하지만 가끔 사람들은 그렇다는 것을 잊곤 한다.

인간 본성에 가장 중요한 본성 중 하나가 양육의 본성이다. 모성애는 비단 여성만의 고유한 본성은 아니며 모든 동물이 가진 것이다. 이러한 본성은 우리의 아이를 키우는 데 중요한 동기부여가 되기도 하지만 일상적으로 타인을 도울 때나 동물을 대할 때 발현되기도 한다. 그래서 우리는 반려동물을 키우면서 기꺼이 어미 역할을 도맡는다. 항상 밥을 주고 산책을 나가 똥오줌을 배출하는 장면을 흐뭇하게 바라본다. 때에 맞춰 목욕이나 미용도 시켜준다.

하지만 인간은 성인이 되면 독립하는데 반려동물은 타고난 취약성으로 인해 인간에게 평생 의존적일 수밖에 없다. 우리는 반려동물을 늙어 죽을 때까지 보호해야 한다. 아마도 인간의 욕심으로 인해 품종 개량을 한 결과일 것이다.

그러나 이러한 초기 단계의 근친교배는 유전적 취약성과 함께 자연계에서 홀로 살아남을 수 있는 능력을 상실시켰다. 더불어 유전질환도 생겼다. 이것은 자연의 법칙에 의해 진행된 것이 아니라 인간의 간섭으로 발생한 현상이다. 현재에도 펫숍이나 농장 등에선 여전히 교배라는 서비스를 제공하고 있으며 하나의 생산물로 판매되고 있다. 이미 우리는 일상적으로 윤리적 부분들이 간과된 동물을 키우고 있는 것이다.

인간은 동물을 사랑한다는 이유로, 혹은 동물에게 즐거움을 얻기 위해 신체적으로나 심리적으로 취약한 생명체를 만들어내도록 생산자에게 요구했고, 생산자는 최대한의 이윤을 얻기 위해 동물을 착취하여 새끼를 낳게 하면서 '상품'이라는 형태로 사고 판 것이다. 이것부터 윤리적으로 검토해야 한다. 이것이 더 많은 문제를 야기시키는 원흉이라는 점을 간과해서는 안 된다.

동물의 입장을 헤아려본다면 자신이 삶의 주체로 살아가기를 원하지는 않을까? 최근 많은 보호자들이 자신들이 키우는 반려동물이 좀더 주체적으로 살아갈 수 있도록 환경풍부화나 행동풍부화 프로그램을 이용하는 사례가 증가하고 있다. 이를 통해 반려동물의 무료함을 해소하고 그들의 본성을 충족시키기 위해서다.

하지만 개인적인 의견이지만 이러한 문제는 결국 동물들이 한정된 공간 안에서만 살아야 한다는 근본문제를 도외시한 임시방편이라는 생각이 든다. 최종적으로는

부록 마지막으로 한 번 더 이해하기

인간의 요구에 의해 정서적이나 신체적으로 취약한 동물의 생산은 중단되어야 한다. 그리고 그런 동물을 키우는 행위 또한 윤리적 문제를 야기시킬 수 있는 행위가 될 수 있음을 인식하고 있어야 한다.

06
현실적으로 생각해보기

윤리적 문제를 사고하는 것은 인간에게 일종의 고통일 수도 있다. 특히 우리나라의 경우 힘들었던 과거의 여파로 윤리나 철학 문제를 사고하는 것을 사치라고 생각하는 경향이 있었다. 하지만 점점 사람들의 사고는 고차원적으로 변모하면서 윤리의 핵심은 무엇인지에 대해 고민하게 되었다.

현재 TV나 언론들도 동물의 귀여움 등을 중심으로 자극적인 내용만 보낼 뿐이지 실제 이 사회가 나아가야 할 부분에 대한 내용은 찾아보기 힘들다. 개인적으로는 동물을 자주 접해야 하는 수의사로서 동물 윤리라는 핫이슈가 올바른 방향으로 논의가 진행되었으면 한다.

물론 극단으로 치우치는 것은 경계할 것이며, 많은 사람들의 동의를 이끌어낼 수 있는 내용을 중심으로 합의하고 순차적으로 동의를 만들면 더욱 좋을 것이다.

「워낭소리」는 산골의 노인 부부와 그들이 키우는 나이 먹은 일소의 마지막 몇 년간의 생활을 담은 다큐멘터리다. 역사적으로 우리는 동물을 수단으로 여겨왔지만 그 안에서 동물이 도구가 아니라 고통이나 기쁨을 공유할 수 있는 대상으로 여기기도 했다. 우리에게 「워낭소리」의 소만큼 소중한 존재는 지금 우리가 키우는 반려동물일 것이다.

그들에겐 이 세계에 태어남과 동시에 자신의 삶을 살도록 부여받은 자연권이 있다. 이를 최대한 존중하고 인간의 불필요한 탐욕을 줄이려는 노력이 있다면 우리는 사랑을 주고받을 수 있는 반려동물과 행복하게 살 수 있을 것이다. 더불어 그들의 죽음 또한 아름답게 받아들일 수 있을 것이다.

인덱스

거대결장증_313
거대식도증_293
개체 수 과잉 방지_234
구강질환_201
구강종양_217
구비강누공_208
고등급 위장관 림프종_317
고양이 감기_273
고양이 면역결핍 바이러스_136,143
고양이범백혈구감소증_163, 444, 446
고양이의 수분 섭취_091
고양이의 신체와 근육 상태치고양이의 수분 섭취_075
고양이 중성화 수술_233
고양이허피스바이러스-1(FHV-1)_136, 138
고양이칼리시바이러스_136, 139
고양이코로나바이러스_136, 155
고양이파보바이러스_136, 163
고양이 여드름_220
고양이 예방접종 Q&A_446
고양이 폐렴_281
고인산혈증_331, 377, 382
고환종양_247
고칼슘혈증_064, 089, 357
고혈당성 고삼투압성 비케톤성 증후군_345

기능성 사료_101
그레인 프리 사료_99
귀질환_170
귀 진드기_174
각막궤양_185
각막 섬유화_183
각막 혈관 신생_182
각막 착색_183
각막실질 녹아내림_183
각막부종_183
각막분리괴사증_186
간질환_320
간전성_061
간성_061
간후성_061
감염성 장염_303
갑상샘기능항진증_349
갑상샘기능저하증_356
강박장애_413
결막염_181
곰팡이성 피부염_224
공격성_422
근골격계_113
근육감소증_114
근육충실지수_115
글루카곤_327
글루코키나아제_083, 087
글루코코티코이드_162
글루콘산칼륨_394

급성감염_144,149
급성신부전_367
급성 요독_393, 403
급성위염_296
기흉_285
기생충 장염_305
기침_060
기저질환_052
과잉그루밍_414
과도한 울음_420
꼬리샘과증식_222

니아신(B3)_089
노령묘에서 흔히 발견되는 증상_113
난소종양_246
녹내장_192
눈꺼풀 경련_192
눈꺼풀연축_188
눈꺼풀 무형성증_178
눈꺼풀 주위 종양_179
뇌 형성_365

다낭성 신장질환_372, 384

다뇨증과 다음증_063
다지증_454
대사성산증_377, 380, 394
대장균_305
두려움_410
도약안구운동_029
디스크질환_231
단두종증후군_271
단백뇨_377, 382
단백질_080
담관간염증후군_324
당뇨_330
당뇨성 신경증_344
당뇨병 위기_344
당뇨성 케톤산혈증_344
당화혈색소검사_355
동물의 행동수정요법_427
동공산대_264
덴탈 사료와 간식류_219

라벨 이해하기_103
리파아제_328
레트로바이러스_133

마이코플라즈마_097, 138, 390
모낭충_148, 221
무감정성 갑상샘기능항진증_353
미만성 홍채 흑색증_190
메티오닌과 시스테인_081
만성구내염_143, 148, 212
만성기관지염_276
만성부비동염_273
만성신부전_371
만성위염_298
만성설사_158, 306
만성 호중구성 담관염_324, 327
만성고혈당증_344
맛있는 사료_108
문제행동_124, 235, 353, 409
면역계_112, 119
면역 노화_120
면역 영양_123

분리불안증_416, 418
변비_311
보르데텔라 브론키셉티카_138
복막과 혈액 투석_371
복수_061
복수액의 특성에 따른 진단_062
복통_042
비만_084, 275, 313
비타민A_088
비타민D_089
비후성 심장근육병증_249, 253
비루(콧물)_056
빈혈_063

부정맥_251, 260
부신피질호르몬질환_361
부신피질기능항진증_362
배설행동 문제_420
백내장_191
백신 접종_444

사구체신염_389
사구체 여과_366
사료 등급_100
세균성 혹은 곰팡이성 외이염_172
세균성 장염_304
세뇨관 재흡수_366
세뇨관 분비_367
세로토닌_090
소뇌 저형성증_227
스크래칭_435
삼환계 항우울제_439
상부호흡기감염증_273

선태적 세로토닌 재흡수 억제제_439, 440

성 성숙기 문제행동 개선_234

생식_094, 095

신경근육질환_226

신우신염_388

신장질환_364

신장종양_388

신장 및 요로계_364

신장 아밀로이드증_387

심장근육병증_251

심장사상충_266

심부전_250, 256

수신증_393

수정체질환_190

수정체 탈구증_193

수컷 고양이의 중성화 수술_236

스모기효과_343

스트루바이트 결석_400

스코티시폴드 골연골이형성증_229

새끼고양이의 식사_076

식도질환_290

식도염과 식도협착_290

식도 이물_290

식도열공 헤르니아_294

생식기질환_240

아르기닌_069, 081

아래턱이 떨리는 경우_200

아토피 피부염_454

유루증(눈물흘림증)_180

오른쪽 대동맥궁 유잔증(혈관고리의 이형)_294

오줌 스프레이_420

오목가슴_286

이개혈종_175

이물 섭취_296

이식증_415

위장질환_295

위의 운동 장애 및 배출 지연_300

안검내반증_178

안구육종_190, 193

안구건조증_142

역재채기_058

역조건 형성_423, 430, 431

염증성 장질환_301

유선종양_242

유선염_246

유전질환_452

요관과 신장 결석_392

요도 플러그와 요도폐쇄_402

요도개통술_403

요로결석_400

요골신경 마비_227, 229

외이염_170

에나멜저형성증_201

암컷 고양이의 중성화 수술_235
앞발로 얼굴을 자꾸 비비는 경우_200
옴 진드기_226
인슐린 종류_345
인슐진 제재_346
인지기능장애증후군_125
인플루엔자바이러스_136, 141
임신기간의 식사_078
입 냄새_199
잇몸염_205
연령별 사료_107
엽산_090
웰치간균_304

장폐색증_308
중년과 노령묘의 식사_078
중성화 수술_233

처방 사료_107
치수와 치근단질환_204
치주질환_205
치주염_206
치아 발치_213
치아 흡수성 병변_214
췌장염_327
체중 감소와 탈수_113
천식_057, 276
침 흘림_199

자궁축농증_240
저등급 위장관 림프종_315
저칼륨혈증_384
저혈당 증상 주의_348
재채기_058
지방_080, 084, 085
지아디아증_303, 307
지루성 피부염_226
전신성 고혈압_261, 262
전염성 복막염_043, 156, 157, 162
잠복고환_247
장겹침증_310

쿠싱증후군_332
크레아티닌_368
칼시토닌의 작용_359
칼슘옥살산염 결석_401
클라미도필라 펠리스_138
클라미도필라 펠리스 감염증_186
클린다마이신_290

타우린_082
티아민(B1)_090
탈수 교정_379
트리코모나스증_306
특발성 간지질증_320
특발성 방광염_394
특발성 유미흉_284

피리독신(B6)_090
폐수종_255
폐부종_254
폐울혈_254
팔신경얼기 발인 손상_228
편평세포암종_171, 217
필수 백신과 권장 백신_444
필수아미노산_080
품종별 사료_106

하루에너지요구량_073, 074
하부요로계질환_394
하부요로계 감염_405
호모형(Fd/Fd) 고양이_230

호우증후군_180
호산구성 육아종_217
호흡곤란_276, 280, 282 등
후각_030
후두질환_274
후두 마비_274
후두염_275
후두종양_275
헤테로형(Fd/fd) 고양이_231
회음요도조루술_405
휴식대사량_073
항문낭질환_318
항히스타민_439
항콜린_439
행동풍부화를 위한 환경 관리_432
횡경막 헤르니아_286
혈당_330
혈중요소질소(BUN)_369
흉강질환_282
흉강천자_283, 288
흉수_059, 283
헬리코박터 위염_297

24시간 고양이 병원

초판 1쇄 인쇄 2020년 4월 10일
초판 1쇄 발행 2020년 4월 20일

지음 오세운
일러스트 김진희

발행인 이웅현
발행처 (주)퍼시픽 도도

전무 최명희
기획편집 홍진희
디자인 김진희
홍보·마케팅 이인택
제작 퍼시픽북스

출판등록 제 2014-000040호
주소 서울 중구 충무로 29 아시아미디어타워 503호
전자우편 dodo7788@hanmail.net
내용 및 판매문의 02-739-7656~9

ISBN 979-11-85330-88-4(13490)
정가 26,000 원

잘못된 책은 구입하신 곳에서 바꾸어 드립니다.
이 책에 실린 글과 사진은 저작권법에 의해 보호되고 있으므로 무단 전재와 복제를 일절 금합니다.

이 도서의 국립중앙도서관 출판예정도서목록(CIP)은 서지정보유통지원시스템 홈페이지(seoji.nl.go.kr)와
국가자료공동목록시스템(http://www.nl.go.kr/kolisnet)에서 이용하실 수 있습니다.(CIP제어번호: CIP2020013194)